INTRODUCTION À LA PSYCHOMÉTRIE

INTRODUCTION À LA PSYCHOMÉTRIE

Anne Anastasi

Département de psychologie, Université Fordham

Traduction:

Françoys Gagné, Ph.D.

Université du Québec à Montréal

Guérin Universitaire

4501, rue Drolet
Montréal (Québec) H2T 2G2 Canada
Tél.: (514) 842-3481
Téléc.: (514) 842-4923

Traduction autorisée de l'édition anglaise publiée par Macmillan Publishing Company, une division de Macmillan inc. (États-Unis).

Bibliothèque du Congrès, numéro de catalogue: 86-33227

ISBN 2-7601-3369-9

Version anglaise:

Toute correspondance avec l'éditeur doit être adressée à:

Macmillan Publishing Company
866 Third Avenue,
New York,
New York 10022

Version française:

Directeur de la production: Fernand Larochelle
Révision linguistique: Marie-Josée Guy
Équipe de production: Guérin éditeur ltée

Imprimé et relié au Canada

PRÉFACE DE L'AUTEURE

La décennie des années 1980 s'est avérée une période de progrès exceptionnels dans le domaine du testage psychologique. Les événements en constante évolution ont mis en évidence tout autant des progrès technologiques, que des raffinements théoriques et une responsabilité professionnelle accrue.

Depuis la parution de la précédente édition anglaise de ce volume (1982), de nombreux changements se sont produits concernant les tests eux-mêmes. Mentionnons d'abord la moisson usuelle des révisions périodiques d'instruments bien établis, tels le *Cognitive Abilities Test*, les *Metropolitan Achievement Tests*, le *Boehm Test of Basic Concepts*, et l'édition 1985 de l'inventaire d'intérêts *Strong* (SVIB-SCII). De nouveaux tests sont apparus, tels la *Kaufman Assessment Battery for Children* (K-ABC), et la *Multidimensional Aptitude Battery* (MAB); parallèlement des tests classiques faisaient l'objet de révisions majeures, tels les *Vineland Adaptive Behavior Scales* et le *Stanford-Binet*, 4e édition. Plusieurs autres instruments bien connus subissent présentement une révision. Mentionnons, à titre d'exemple, le *Minnesota Multiphasic Personality Inventory* (MMPI), le *California Psychological Inventory* (CPI), et le *Wechsler Preschool and Primary Scale of Intelligence* (WPPSI-R). On note également le développement accru de tests destinés à des domaines en émergence, notamment la psychologie de la santé et la psychologie de l'environnement, tel qu'illustré par des instruments de mesure en toxicologie behaviorale et en médecine de l'environnement, deux spécialités qui chevauchent ces deux domaines.

On note au cours de cette même période une nette croissance de l'attention accordée à l'usager des tests. Ce souci transparaît de façon particulièrement évidente dans le contenu de la révision des *Standards for Educational and Psychological Testing* publiée en 1985. Les échanges avec les utilisateurs se renforcent de diverses façons, entre autres grâce à l'expansion des sources d'information à propos des tests. Notons à ce propos la récente mise en service d'un accès direct par ordinateur à la base de données de l'institut Buros, laquelle inclut des mises au point mensuelles pour tous les tests publiés et recensés au cours de l'intervalle entre la parution des *Yearbooks* (annuaires) successifs. Le matériel de sensibilisation aux tests à l'intention des sujets s'est également considérablement accru; plusieurs de ces documents sont sous la forme de logiciels.

Les interventions législatives et légales visant le testage se sont poursuivies à un rythme accéléré. Certaines ont pour objet l'utilisation appropriée des tests avec des personnes physiquement ou mentalement handicapées, ou encore appartenant à des minorités ethniques ou culturelles. D'autres problèmes légaux ont pour source de possibles conflits entre, d'une part, les droits de propriété des auteurs et éditeurs de tests et, d'autre part, le maintien de standards techniques élevés. En lien avec ces problèmes, signalons la rédaction de divers ensembles de normes et directives professionnelles, certaines d'entre elles résultant d'une étroite collaboration entre des associations professionnelles et des représentants des éditeurs de tests. Mentionnons, à titre d'exemples, les *Guidelines for Computer-Based Tests and Interpretations*, publiés en 1986 par l'American Psychological Association, ainsi qu'un projet en cours pour définir les qualifications professionnelles requises des acheteurs de tests.

Les années 1980 ont aussi été le théâtre de développements méthodologiques et théoriques significatifs qui devraient avoir des effets majeurs sur le testage psychologique. Plusieurs progrès méthodologiques sont étroitement reliés à la disponibilité accrue des micro-ordinateurs, en même temps qu'à une meilleure utilisation des ordinateurs, comme l'illustrent le testage adaptatif par ordinateur (TAO) et d'autres modes interactifs d'utilisation de l'ordinateur. Les exemples les plus significatifs incluent le remplacement des points de coupure multiples par des équations de régression, ainsi que la généralisation des indices de validité dans l'interprétation des scores de la *General Aptitude Test Battery* (GATB) de l'USES; notons également la mise au point d'une version TAO de la *Armed Forces Vocational Aptitude Battery* (CAT-AFVAB), de même qu'un couplage de l'évaluation dynamique utilisée en psychologie clinique avec la théorie des réponses aux items (TRI) et le TAO provenant de la psychométrie. Diverses découvertes provenant de la psychologie cognitive ont un impact sur plusieurs aspects de la construction et de l'utilisation des tests, spécialement en ce qui concerne la validation de construit, les techniques d'analyse de tâches et le diagnostic des difficultés d'apprentissage.

Sur le plan théorique, signalons un développement particulièrement significatif, soit la reformulation conceptuelle de divers traits psychologiques pour donner naissance à des modèles plus généraux. Cette tendance se manifeste par une distanciation de distinctions rigoureuses en faveur d'une plus grande continuité concernant: la généralité versus la spécificité des niveaux de traits, le caractère stable versus transitoire des traits, et l'importance relative des sources de variance personnelle versus situationnelle. On note une tendance parallèle vers une plus grande flexibilité dans le choix des points appropriés sur chacun des continuums dans le but de respecter divers objectifs d'évaluation. L'accroissement des préoccupations d'ordre théorique se manifeste également dans l'évolution des concepts de validation d'un test.

Tel qu'on pouvait s'y attendre, le rythme de croissance des publications pertinentes s'est rapidement accru. Parmi les quelque 1900 références citées dans cette édition, plus du tiers datent des années 1980. Néanmoins, lors de la mise à jour d'un manuel sur le testage psychologique, les documents publiés ne suffisent plus de nos jours. Je dois beaucoup aux nombreux chercheurs, auteurs et éditeurs de tests qui m'ont permis d'inclure des informations toutes récentes en me fournissant des rapports internes, des manuscrits non publiés, des textes en voie de publication, des spécimens de tests à divers stades de leur développement et des réponses à mes innombrables demandes d'information par voie postale, téléphonique ou lors de rencontres personnelles. Pour leurs contributions, bien au-delà des attentes normales, je tiens à remercier spécialement les personnes suivantes.

Dans des organismes gouvernementaux ou privés: Debra Boltas, American Psychological Association; Raymond S. Nickerson, BBN Laboratories; Gretchen W. Rigol, The College Board; Lillian Avery, Cooperative Personnel Services; David J. Kleinke, Edison Electric Institute; William H. Angoff, Garlie A. Forehand, and Jerome R. Murphy, Educational Testing Service; David O. Herman, Measurement Research Services; Gerald A. Rosen, Professional Examination Service; John Hawk, U.S. Department of Labor; Mary K. Schratz and Martin F. Wiskoff, U.S. Navy Personnel Research and Development Center; Lorraine D. Eyde, U.S. Office of Personnel Management.

Chez les éditeurs de tests: Gary J. Robertson, American Guidance Services; John D. Black, Consulting Psychologists Press; Kevin L. Moreland, National Computer Systems; R. Bob Smith, III, Psychological Assessment Resources; John H. Oswald, Joan L. Sonneschien, Thomas A. Williamson, and Robert A. Zachary, The Psychological Corporation; Frederick L. Finch, Riverside Publishing Company; Rita K. Bode, Science Research Associates; Ira R. Manson, Western Psychological Services.

Dans les universités: Harrison Gough, University of California at Berkely; Kurt F. Geisinger, Marvin Reznikoff, and Warren W. Tryon, Fordham University; J. McV. Hunt, University of Illinois; Frank L. Schmidt, University of Iowa; Susan Embretson, University of Kansas; James N. Butcher and Jo-Ida C. Hansen, University of Minnesota; Terry B. Gutkin, University of Nebraska; Charles D. Spielberger, University of South Florida; Douglas A. Jackson, University of Western Ontario; Robert J. Sternberg, Yale University.

À tous mes collègues du département de Psychologie de l'Université Fordham, je tiens à dire toute ma reconnsaissance pour leur intérêt soutenu et leurs commentaires stimulants. Il me fait plaisir de souligner l'aide toujours disponible et compétente du personnel des bibliothèques de l'Université Fordham, tout spécialement Lucy Valentino, responsable de la mise en circulation et des documents en réserve, qui a très efficacement coordonné les ressources disponibles de la bibliothèque pour répondre à mes besoins diversifiés à chacune des étapes de la préparation de ce volume. Je désire exprimer toute mon appréciation à Peggy Mackiewicz, qui s'est acquittée avec sa compétence et sa gentillesse habituelles des multiples tâches cléricales, ainsi qu'à Julie A. West qui a préparé avec une patience, une précision et une habileté admirables le long index des noms propres. Je dois des remerciements spéciaux à mon mari, John Porter Foley, Jr., dont la participation s'est accrue en ampleur et en diversité à chaque nouvelle édition.

A. A.

PRÉFACE DU TRADUCTEUR

Au cours de mes années d'enseignement universitaire à l'UQAM, j'ai constaté que les étudiants[1] devenaient de moins en moins à l'aise pour lire l'anglais. Malheureusement, dans la plupart des cours que j'enseigne (de fait dans la plupart des champs de la psychologie scientifique), je suis confronté à une carence de documentation intéressante en langue française. Cette carence s'est manifestée tout spécialement dans le cas d'un cours optionnel d'initiation à la psychométrie, cette science qui guide l'élaboration et la validation des instruments de mesure en psychologie. Au terme de recherches infructueuses, j'ai dû adopter un manuel anglais. J'ai alors choisi le volume *Psychological Testing* d'Anne Anastasi, l'un des grands classiques dans ce domaine.

Associé (à tort) à la statistique, ce cours n'était suivi chaque année que par un petit nombre d'étudiants. Dans le cadre d'une révision majeure du programme de baccalauréat en psychologie, il devenait obligatoire en 1989, entraînant une forte croissance de la clientèle, ce qui augmentait d'autant le problème linguistique. En janvier 1990, j'invitais les étudiants inscrits dans les deux premiers groupes du nouveau cours obligatoire PSY 4130 (Introduction à la psychométrie) à participer à une vaste opération de traduction des deux premières parties du manuel d'Anastasi. Les quelque 200 pages à traduire furent découpées en une trentaine de modules, distribués à autant de volontaires (individus ou équipes de deux personnes). Au bout de quatre semaines, j'avais en main la totalité des efforts de traduction des étudiants.

Malheureusement, il s'avéra que le travail de révision, que je m'étais réservé, prenait plus de temps que si je m'installais à traduire moi-même le texte. C'est pourquoi, à regret, je dus mettre de côté les productions de mes étudiants. Cependant, leur accueil enthousiaste au projet et leurs efforts pour compléter leur part de cette œuvre collective me donnèrent le courage nécessaire pour mener à terme ce travail de traduction.

Cette traduction inclut deux des trois chapitres de la première partie du manuel d'Anastasi, lesquels traitent respectivement de l'historique du testage (surtout aux États-Unis), de la nature d'un test psychologique et de quelques problèmes associés à son administration aux examinés. Cependant, le

[1] J'ai choisi de retenir le genre masculin pour parler des examinateurs et des examinatrices, des examinées et des examinés, des professionnels et des professionnelles, des étudiantes et des étudiants, ainsi que de toutes ces autres personnes impliquées de près ou de loin dans une démarche de testage psychologique. En adoptant cette approche plus traditionnelle, je n'ai d'autre but que d'alléger la tâche du lecteur ou de la lectrice.

troisième chapitre, consacré en grande partie à la transmission des résultats aux clients, ainsi qu'aux problèmes éthiques que pose le testage psychologique, ne fut pas jugé pertinent pour un cours d'initiation à la psychométrie. Le corps de cette traduction est constitué des cinq chapitres de la deuxième partie du manuel, où sont abordés en détail tous les problèmes relatifs aux diverses étapes d'élaboration et de validation des tests, notamment la préparation des normes, l'évaluation de la fidélité et de la validité d'un test, ainsi que les techniques d'analyse des items.

Il s'agit d'une traduction aussi fidèle que possible du manuel américain. Il m'est arrivé à quelques reprises, lorsque je ne trouvais pas le texte anglais suffisamment clair, d'ajouter des compléments d'information; ils apparaissent à l'intérieur de crochets. Ces crochets servent également à donner l'équivalent anglais de diverses expressions. La grande majorité des traductions de termes techniques proviennent du *Dictionnaire actuel de l'éducation* réalisé par Renald Legendre (Éditions Larousse, 1988). Cette œuvre exceptionnelle m'a épargné un nombre incalculable d'heures de recherche en bibliothèque et, surtout (je suis Balance!), de longues hésitations entre certains choix de termes. Je me suis quand même permis à quelques rares occasions de ne pas retenir le choix proposé par ce dictionnaire, surtout lorsque ce choix servait à traduire deux termes anglais différents. Par exemple, le terme «entraînement» sert à traduire les termes training et coaching. J'ai adopté le terme «monitorat» pour traduire *coaching*.

Afin d'offrir au lecteur une vue d'ensemble du manuel d'Anastasi, j'ai inclus en annexe une traduction de la table des matières du manuel anglais. J'ai également traduit l'appendice B, dont le contenu pourrait servir de guide à des travaux d'étudiants. La liste des références, l'index des noms propres et l'index thématique ont été complètement refaits pour les adapter au texte traduit.

J'espère vivement que cette traduction, initialement conçue pour un cours particulier, servira de manuel de base ou de volume d'appoint dans bon nombre de cours similaires en milieu francophone ou dans des cours d'introduction à cette discipline «cousine» de la psychométrie qu'est la docimologie.

Françoys Gagné
Longueuil, novembre 1993.

TABLE DES MATIÈRES

PREMIÈRE PARTIE
LE CONTEXTE DU TESTAGE PSYCHOLOGIQUE

DEUXIÈME PARTIE
PRINCIPES TECHNIQUES ET MÉTHODOLOGIQUES

PREMIÈRE PARTIE

LE CONTEXTE DU TESTAGE PSYCHOLOGIQUE

CHAPITRE 1

Fonctions et origines du testage psychologique

QUICONQUE lit aujourd'hui ce volume pourrait fort probablement illustrer ce que désigne l'expression **test psychologique**. Ce lecteur pourrait aisément se souvenir d'un test qu'il aura passé à l'école, au collège, dans les forces armées, dans un centre de consultation psychologique ou dans un centre d'embauche. Ou peut-être aura-t-il participé à une expérience dans laquelle on se servait de tests standardisés. Depuis ses modestes débuts au tournant du siècle, le testage psychologique moderne s'est développé à un rythme de plus en plus accéléré et ses applications ont touché de plus en plus d'aspects de la vie quotidienne. Cette croissance s'est accompagnée de certaines attentes irréalistes, de certaines utilisations impropres et d'un certain scepticisme. Pour profiter de tous les bénéfices que peut apporter le testage, il est essentiel d'examiner les deux côtés de la médaille.

USAGES DIVERS DES TESTS PSYCHOLOGIQUES

Depuis toujours, les tests psychologiques ont servi à mesurer des différences entre des personnes ou entre les réactions d'une même personne dans des situations différentes. L'identification des déficients mentaux fut l'un des premiers problèmes qui stimulèrent l'élaboration de tests psychologiques; ce dépistage demeure de nos jours un champ d'application important pour certains types de tests psychologiques. Dans le domaine des utilisations cliniques, on retrouve l'examen des personnes émotivement perturbées, des délinquants et d'autres types de déviances. Divers problèmes vécus dans le milieu de l'éducation ont également constitué un stimulant important pour l'élaboration des premiers tests. D'ailleurs, les écoles demeurent aujourd'hui parmi les plus importants utilisateurs de tests; ceux-ci servent notamment à effectuer le classement des enfants selon leurs habiletés afin de leur offrir un enseignement mieux adapté, à identifier aussi bien les élèves déficients que les élèves doués, à diagnostiquer les échecs scolaires, à aider les étudiants du secondaire et du collégial dans la planification d'études plus avancées et d'une carrière, ou encore, à sélectionner les candidats dans les écoles professionnelles ou d'autres écoles spécialisées.

La sélection et la classification de la main-d'œuvre industrielle constituent une autre application majeure des tests psychologiques. Depuis l'ouvrier qui travaille sur une chaîne de montage ou le commis au classement jusqu'au cadre supérieur, rares sont les postes pour lesquels un test psychologique ne s'est pas révélé utile, soit pour l'embauche, les affectations, les mutations, les promotions ou les mises à pied. Il va de soi que l'utilisation efficace des tests dans bon nombre de ces situations, tout spécialement dans le cas de postes de niveau élevé, exige habituellement qu'on leur associe des entrevues adroitement menées, pour que l'interprétation des résultats de tests puisse tenir compte d'autres informations sur les antécédents du candidat. Malgré tout, les tests représentent un élément important de tout programme de gestion des ressources humaines. La sélection et la classification du personnel militaire constituent un domaine connexe d'application du testage psychologique. Depuis leurs débuts fort modestes au cours de la Première Guerre mondiale, les tests psychologiques utilisés en milieu militaire ont connu une croissance phénoménale au cours de la Seconde Guerre mondiale, tant par leur variété que par la diversité des postes couverts. Après la guerre, les recherches psychométriques se sont poursuivies sur une très grande échelle dans tous les services des forces armées.

Alors qu'au début, les tests utilisée en counseling ne servaient qu'à guider le choix d'un plan d'études ou de carrière, leur rôle s'est élargi pour tenir compte de tous les aspects de la vie d'une personne. L'équilibre émotif et la qualité des relations interpersonnelles sont devenus des objectifs de plus en plus importants en counseling. On attache aussi de plus en plus d'importance à l'utilisation des tests comme outils d'approfondissement de la connaissance de soi et de promotion du développement personnel. Dans ce cadre, les résultats de tests font partie des informations que l'ont transmet au client pour l'aider à prendre des décisions judicieuses.

De toute évidence, les tests psychologiques servent de nos jours à résoudre un vaste éventail de problèmes d'ordre pratique. Il ne faudrait cependant pas oublier que ces mêmes tests jouent, en outre, un rôle important en recherche fondamentale. Par exemple, presque tous les problèmes de psychologie différentielle font appel aux tests comme outils pour la collecte de données. Mentionnons, à titre d'exemple, les études sur la nature et l'importance des différences individuelles, sur la structure des traits psychologiques, sur la mesure des différences entre groupes, de même que sur l'identification des facteurs biologiques et culturels qui sous-tendent les différences de comportement. Pour tous ces champs de recherche, comme pour bien d'autres, la mesure précise des différences individuelles que des tests bien construits rendent possible est vraiment indispensable. Parallèlement, les tests psychologiques fournissent des outils standardisés pour étudier des problèmes aussi variés que les changements qui surviennent dans le développement d'une personne tout au long de sa vie, l'efficacité relative de diverses méthodes d'enseignement, le succès d'une psychothérapie, l'impact de programmes d'intervention communautaire, ou encore l'influence de diverses variables environnementales sur la performance des humains.

À cause de cette diversité d'utilisation des tests psychologiques, il s'ensuit qu'une certaine connaissance de ce genre de tests est essentielle pour pouvoir maîtriser adéquatement la plupart des champs de la psychologie contemporaine. C'est précisément dans ce but que ce volume a été rédigé. En effet, il n'a pas été conçu pour habiliter le lecteur à devenir un excellent examinateur et interprète de tests, non plus qu'un expert en élaboration de tests. Il ne s'adresse pas au spécialiste des tests, mais à l'étudiant de premier cycle en psychologie. Il est en effet essentiel de connaître les principaux tests en circulation pour pouvoir comprendre les mentions que l'on fait de leur utilisation dans les écrits sur la psychologie. Une évaluation correcte et une interprétation juste des résultats de tests doivent en définitive s'appuyer sur une connaissance de leurs principes de rédaction, de la signification qu'on peut donner aux scores et de leurs limites particulières. De nos jours, ce ne sont pas seulement les psychométriciens et les administrateurs de tests qui doivent bien connaître ces instruments, mais aussi tout psychologue praticien.

Un bref survol des antécédents historiques et des origines du testage psychologique donnera une perspective à ce domaine et devrait aider à mieux comprendre les tests contemporains[1]; en effet, l'éclairage fourni par les précurseurs des tests contemporains permet de mieux comprendre la direction dans laquelle ces derniers ont progressé. Les avantages et les limites spécifiques qui caractérisent les tests actuels prennent plus de sens lorsqu'on les situe dans le contexte où ils ont pris naissance.

Les racines du testage se perdent dans l'antiquité. P. H. Dubois (1966) a décrit d'une façon captivante et qui donne à penser le système d'examens de sélection des fonctionnaires, qui a eu cours dans l'Empire chinois pendant trois millénaires. Chez les Grecs de l'Antiquité, le testage constituait une partie intégrante du processus d'éducation. On utilisait des tests pour évaluer la maîtrise d'habiletés aussi bien intellectuelles que physiques. La méthode socratique d'enseignement, qui entremêle les tests et l'enseignement, a

[1] On trouvera dans F. L. Goodenough (1949) et dans J. Peterson (1926) une description plus détaillée des origines des tests psychologiques. On peut consulter également Boring (1950), ainsi que Murphy et Kovach (1972), pour obtenir un contexte plus général, P. H. Dubois (1970) pour les antécédents historiques de l'étude des différences individuelles.

beaucoup de points communs avec l'enseignement programmé qu'on retrouve dans nos écoles. Depuis leur création au Moyen Âge, les universités européennes ont fait appel à des examens officiels pour décerner les diplômes et les prix d'excellence. Toutefois, s'il s'agit d'identifier les progrès majeurs qui ont façonné le testage contemporain, il n'est pas nécessaire de reculer plus loin que le dix-neuvième siècle. C'est cette évolution que nous allons maintenant décrire.

PREMIÈRES MANIFESTATIONS D'INTÉRÊT POUR LA CLASSIFICATION ET L'ENTRAÎNEMENT DES DÉFICIENTS MENTAUX

C'est au cours du dix-neuvième siècle qu'on vit apparaître un réel intérêt pour le traitement plus humain des déficients et des malades mentaux. Avant cette époque, ces infortunés étaient généralement victimes de négligence, de ridicule et même de torture. C'est justement cette préoccupation plus grande pour le bien-être des déviants mentaux qui mit en évidence l'urgence d'établir des critères uniformes d'identification et de classification de ces cas. La création, aussi bien en Europe qu'aux États-Unis, de plusieurs institutions spéciales pour prendre soin des déficients mentaux confirma l'urgence de définir des normes d'admission et un système objectif de classification. Il fallait d'abord distinguer les déficients mentaux des malades mentaux. Ces derniers présentaient des troubles émotifs qui pouvaient, dans certains cas, être accompagnés d'une détérioration de fonctions intellectuelles initialement normales; les autres se caractérisaient essentiellement par une déficience intellectuelle présente dès la naissance ou la petite enfance. C'est dans une œuvre en deux tomes, publiée en 1838 par le médecin français Esquirol, qu'apparut un texte qui constitue probablement le premier énoncé explicite de cette distinction; plus de cent pages y étaient consacrées à la déficience mentale. Esquirol nota également qu'il existe plusieurs degrés de déficience mentale, sur un continuum qui va du normal à l'*idiotie profonde*. Dans ses efforts pour développer un système de classification des divers degrés et des divers types de déficiences, Esquirol mit à l'essai plusieurs techniques, pour finalement conclure que la façon dont la personne utilisait le langage constituait le critère le plus fiable de son niveau intellectuel. Il est intéressant de constater que les critères actuels de retard mental ont également une forte composante linguistique et que les tests d'intelligence actuels comportent une forte proportion de contenus verbaux. D'ailleurs, nous rappellerons régulièrement, dans les chapitres subséquents, le rôle important que jouent les habiletés verbales dans notre conception de l'intelligence.

Les contributions d'un autre médecin français, Séguin, ont une signification toute spéciale, puisque celui-ci fut un pionnier de l'entraînement des déficients mentaux. Ayant rejeté la notion de l'incurabilité de la déficience mentale, Séguin (1866/1907) expérimenta durant plusieurs années une méthode d'entraînement qu'il qualifia de *physiologique*; en 1837, il fonda la première école consacrée à l'éducation des enfants déficients mentaux. En 1948, il émigra aux États-Unis, où ses idées connurent une grande popularité. Séguin mit au point plusieurs des techniques d'apprentissage d'habiletés sensorielles et musculaires qui furent subséquemment employées dans les institutions pour déficients mentaux. Ces méthodes consistent à faire répéter, à des enfants profondément déficients, des exercices intensifs pour développer leur discrimination sensorielle et leur contrôle moteur. Certaines des techniques imaginées par Séguin dans ce but ont fini par être intégrées dans des tests d'intelligence de type non verbal. Mentionnons, à titre d'exemple, le *Seguin Form Board*, dans lequel la personne doit insérer le plus rapidement possible des pièces de formes variées dans des cavités de formes correspondantes.

Plus d'un demi-siècle après les travaux d'Esquirol et de Séguin, le psychologue français Alfred Binet insista pour que les enfants qui ne s'adaptaient pas à l'enseignement scolaire régulier soient examinés avant d'être renvoyés; s'ils étaient jugés éducables, ils devraient être placés dans des classes spéciales (T. H. Wolf, 1973). Avec ses collègues de la Société pour l'étude psychologique de l'enfant, Binet convainquit le ministère de l'Instruction publique de prendre diverses mesures pour améliorer le sort des enfants déficients. L'un des résultats concrets fut la mise sur pied d'une commission ministérielle pour l'étude des enfants déficients, dont Binet fit partie. Cette nomination fut l'un des événements majeurs de l'histoire du testage psychologique, ce dont nous parlerons en détail un peu plus loin.

LES PREMIERS MAÎTRES DE LA PSYCHOLOGIE EXPÉRIMENTALE

Les premiers maîtres de la psychologie expérimentale du dix-neuvième siècle ne se préoccupaient pas, pour la plupart, de la mesure des différences individuelles. Les psychologues de cette période avaient pour objectif principal de formuler des descriptions générales du comportement humain. Leur attention se concentrait beaucoup plus sur les aspects uniformes du comportement que sur les différences individuelles, lesquelles étaient ignorées ou considérées comme un mal nécessaire qui limitait la généralisation de leurs observations. Ainsi, le fait qu'un individu réagisse différemment d'un autre dans des conditions identiques était considéré comme une forme d'erreur. La présence de ces erreurs, ou variations individuelles, faisait que les généralisations étaient approximatives plutôt qu'exactes. Voilà l'attitude qui prévalait dans les laboratoires, comme celui que fonda Wundt à Leipzig en 1879; plusieurs des premiers spécialistes de la psychologie expérimentale y reçurent leur formation.

Tant par le choix des sujets que par la méthodologie adoptée, les travaux des fondateurs de la psychologie expérimentale reflétaient l'influence de leur formation en physiologie et en physique. Les problèmes qu'ils étudiaient dans leurs laboratoires concernaient surtout la sensibilité à des stimuli visuels, auditifs ou autres, ainsi que les temps de réaction simples. Cet accent mis sur les phénomènes sensoriels se refléta à son tour dans le contenu des premiers tests psychologiques, ainsi qu'on le verra dans les prochains paragraphes.

Mentionnons une autre façon par laquelle la psychologie expérimentale du XIXe siècle influença l'évolution du testage. Les premières expériences psychologiques mirent en évidence la nécessité d'un contrôle rigoureux des conditions qui entouraient la collecte des observations. Par exemple, la formulation des consignes données au sujet, dans une expérience de temps de réaction, pouvait augmenter ou diminuer de façon appréciable la vitesse de réaction de la personne; ou encore, la luminosité ou la couleur du champ environnant pouvait modifier considérablement l'apparence d'un stimulus visuel. Ceci démontrait de façon éclatante l'importance d'effectuer les observations en plaçant tous les sujets de l'expérience dans des conditions standardisées. Cette standardisation des protocoles d'expérimentation devait devenir l'une des caractéristiques distinctives des tests psychologiques.

CONTRIBUTIONS DE FRANCIS GALTON

C'est au biologiste anglais Francis Galton qu'on doit d'avoir explicitement lancé le mouvement du testage. L'intérêt de Galton pour l'hérédité humaine constitue sans contredit un facteur unificateur de ses activités de recherche multiples et diversifiées. Au cours de ses études sur l'hérédité, Galton prit conscience de l'intérêt que présentait la mesure des caractéristiques de personnes apparentées et non apparentées. C'était la seule façon pour lui de découvrir le degré exact des ressemblances, par exemple, entre des parents et leurs enfants, entre frères et sœurs, entre cousins ou entre jumeaux. Dans la poursuite de cet objectif, Galton prit l'initiative de convaincre un certain nombre de maisons d'éducation d'établir et de maintenir des dossiers anthropométriques systématiques sur les élèves. Il installa également un laboratoire anthropométrique sur le site de l'Exposition internationale de 1884 où, pour trois sous, les visiteurs se soumettaient à la mesure de certains traits physiques et pouvaient passer des tests d'acuité visuelle et auditive, de force musculaire, de temps de réaction et d'autres fonctions sensorimotrices simples. À la fermeture de l'exposition, le laboratoire fut transféré au musée South Ken-sington, à Londres, où ses opérations furent poursuivies durant six ans. C'est par ces moyens que fut constituée la première grande banque systématique de données sur les différences individuelles dans des processus psychologiques simples.

Galton lui-même conçut la plupart des tests simples administrés dans son laboratoire d'anthropométrie; plusieurs d'entre eux sont encore en usage sous leur forme originale ou dans des versions modifiées. Mentionnons, à titre d'exemple, la barre de Galton pour la discrimination visuelle des longueurs, le sifflet de Galton pour déterminer le son audible le plus élevé, ainsi que des séries graduées de poids pour mesurer la discrimination kinesthésique. Galton était convaincu que des tests de discrimination sensorielle pouvaient servir à évaluer l'intelligence d'une personne. Sur ce point, il fut partiellement influencé par les théories de Locke. Ainsi, Galton écrivit-il: «La seule information qui se rende jusqu'à nous à propos d'événements extérieurs semble passer par la voie de nos sens; et plus les sens peuvent percevoir les différences, plus le champ sur lequel peuvent agir notre jugement et notre intelligence est étendu» (Galton, 1883, p. 27). Galton avait aussi remarqué que les déficients mentaux profonds avaient souvent beaucoup de difficulté à discriminer la chaleur, le froid et la douleur, une constatation qui renforça encore plus sa conviction que les capacités de discrimination sensorielle «seraient dans l'ensemble plus élevées chez les personnes les plus douées intellectuellement» (Galton, 1883, p. 29).

Galton se révéla également un pionnier dans l'application des méthodes d'échelle d'appréciation [*rating scale*] et d'enquête par questionnaire, de même que dans l'utilisation de la technique de l'association libre, laquelle fut subséquemment employée à d'autres fins. On peut finalement créditer à Galton une contribution additionnelle, soit la mise au point de méthodes statistiques pour l'analyse de données sur les différences individuelles. Galton sélectionna et adapta un certain nombre de techniques déjà mises au point par des mathématiciens. Il réussit à transformer ces techniques de façon à les rendre utilisables par des personnes qui, sans formation mathématique spéciale, souhaitaient analyser quantitativement des résultats de tests. Il étendit ainsi considérablement l'application des méthodes statistiques à l'analyse des résultats de tests. Cet aspect de Galton fut poursuivi par plusieurs de ses étudiants, dont le plus éminent fut Karl Pearson.

CATTELL ET LES PREMIERS «TESTS MENTAUX»

Le psychologue américain James McKeen Cattell occupe une place particulièrement importante dans le développement du testage psychologique. Ses travaux marquèrent l'intégration de la jeune science de la psychologie expérimentale et du tout nouveau mouvement du testage. En dépit des résistances de Wundt vis-à-vis de ce type d'étude, Cattell rédigea une thèse de doctorat à Leipzig sur les différences individuelles dans les temps de réaction. Alors qu'il enseignait à Cambridge en 1888, Cattell vit son intérêt pour les différences individuelles renforcé par ses contacts avec Galton. Après son retour en Amérique, il participa activement à la mise sur pied de laboratoires de psychologie expérimentale et à la diffusion du mouvement du testage.

C'est dans un article publié en 1890 par Cattell qu'apparut pour la première fois l'expression **test mental** dans un texte de psychologie. Cet article décrivait une série de tests qu'on administrait annuellement à des étudiants de collèges afin d'évaluer leur niveau intellectuel. Administrés individuellement, ces tests incluaient des mesures de force musculaire, de rapidité des mouvements, de sensibilité à la douleur, d'acuité visuelle et auditive, de discrimination de poids, de temps de réaction, de mémoire et d'autres paramètres. Ce choix de tests indiquait que Cattell partageait les positions de Galton, soit qu'on pouvait mesurer les fonctions intellectuelles par le biais de tests de discrimination sensorielle et de temps de réaction. Les préférences de Cattell pour de tels tests trouvaient un appui additionnel dans le fait qu'il était facile de mesurer avec précision des fonctions simples, alors que la mise au point de mesures objectives pour des fonctions plus complexes paraissait alors une tâche quasi impossible.

Les tests de Cattell étaient typiques de ceux qu'on retrouvait dans plusieurs batteries de tests élaborées au cours de la dernière décennie du dix-neuvième siècle. Ces batteries de tests furent administrées à des écoliers, à des collégiens et à divers groupes d'adultes. Lors de l'Exposition colombienne, qui se tint à Chicago en 1893, Jastrow installa un stand où les visiteurs étaient invités à passer des tests simples de fonctions sensorielles, perceptuelles et motrices, ainsi qu'à comparer leurs résultats à des normes (J. Peterson, 1926; Philippe, 1894). Quelques tentatives d'évaluation de ces premiers tests aboutirent à des résultats décevants. Les performances des sujets se révélèrent peu comparables d'un test à l'autre (Sharp, 1898-1899; Wissler, 1901), cependant qu'elles n'entretenaient pas non plus de liens avec des estimations indépendantes du niveau intellectuel, telles les appréciations des enseignants (Bolton, 1891-1892; J. A. Gilbert, 1894) ou les notes scolaires (Wissler, 1901).

Un certain nombre de batteries de tests conçues par des psychologues européens de l'époque s'efforçaient parfois d'évaluer des fonctions un peu plus complexes. Kraepelin (1895), qui s'intéressait surtout à l'examen clinique des patients psychiatriques, élabora une série de tests destinés à mesurer des caractéristiques qu'il considérait comme des fonctions humaines fondamentales. Ces tests, surtout composés d'opérations arithmétiques simples, avaient pour but de mesurer les effets de la pratique, la mémoire, ainsi que la résistance à la fatigue et aux distractions. Un autre psychologue allemand, Ebbinghaus (1897), administra à des écoliers des tests de calcul, d'empan mnémonique et de phrases à compléter. Seul le plus complexe de ces trois tests, soit les phrases à compléter, se révéla clairement relié au rendement scolaire des enfants.

Dans un article publié en France, en 1895, Binet et Henri critiquèrent la plupart des batteries de tests existantes à cause de leur abus de mesures sensorielles et de leur accent indu sur des tâches trop simples et spécialisées. Ils soutinrent de plus que la mesure de fonctions plus complexes n'exigeait pas une très grande précision, étant donné que les différences individuelles y étaient plus grandes. Ils proposèrent un large éventail de tests destinés à mesurer des fonctions aussi diverses que la mémoire, l'imagination, l'attention, la compréhension, la suggestibilité, le sens esthétique et bien d'autres caractéristiques. On peut déceler dans ces tests une tendance qui préfigurait les célèbres échelles d'intelligence de Binet.

BINET ET LA MONTÉE DES TESTS D'INTELLIGENCE

Binet et ses collègues consacrèrent de nombreuses années à rechercher des façons ingénieuses pour mesurer l'intelligence. Ils mirent à l'essai plusieurs types de mesures, incluant même des mensurations du crâne, du visage et de la main, ainsi que la graphologie. Toutefois, leurs résultats les convainquirent progressivement que c'était la mesure directe, même grossière, des fonctions intellectuelles complexes qui offrait le plus de promesses. C'est alors que survint un événement qui offrit à Binet l'occasion d'appliquer concrètement ses instruments. En 1904, le ministère de l'Instruction publique le nomma membre de la commission citée plus haut, laquelle avait pour mandat d'explorer des moyens de donner une éducation appropriée aux enfants retardés. C'est dans le cadre des travaux de cette commission que Binet, en collaboration avec Simon, mit au point la première échelle Binet-Simon (Binet et Simon, 1905).

Connue sous le nom d'échelle 1905, celle-ci était composée de 30 problèmes ou tests agencés en ordre croissant de difficulté. Le niveau de difficulté fut établi empiriquement en administrant la série de tests à 50 enfants normaux de 3 à 11 ans, ainsi qu'à quelques enfants et adultes déficients mentaux. Ces tests avaient été conçus pour évaluer un large éventail de fonctions, mais en mettant l'accent sur celles que Binet considérait comme les composantes essentielles de l'intelligence, soit le jugement, la compréhension et le raisonnement. S'il est vrai que la batterie incluait des tests sensoriels et perceptuels, on y trouvait une proportion beaucoup plus grande de contenus verbaux que la plupart des séries de tests de cette époque. Les auteurs présentèrent leur échelle 1905 en la qualifiant d'instrument préliminaire et incomplet, et ils ne proposèrent aucune méthode pour calculer un score global.

Dans le cas de la seconde échelle, celle de 1908, les auteurs augmentèrent le nombre d'épreuves, éliminèrent certains problèmes de l'échelle précédente jugés peu satisfaisants et s'appuyèrent sur la performance de 300 enfants normaux de 3 à 13 ans pour fixer le niveau d'âge de tous les tests. Ainsi, on plaça au niveau 3 ans tous les tests réussis par 80 % à 90 % des enfants normaux de 3 ans, au niveau 4 ans tous les tests réussis de la même façon par les enfants de 4 ans, et ainsi de suite jusqu'à l'âge de 13 ans. Ceci permettait d'exprimer le score global d'un enfant sous la forme d'un **niveau mental** correspondant à l'âge chronologique des enfants normaux auxquels la performance du sujet était équivalente. Lors des diverses traductions et adaptations des échelles de Binet, on remplaça habituellement le terme **niveau mental** par celui d'**âge mental**. Étant donné que le concept d'âge mental est fort simple à comprendre, l'introduction de ce terme contribua probablement à rendre populaire le testage de l'intelligence[2]. Cependant, Binet lui-même évita d'utiliser le terme **âge mental** à cause de ses implications développementales non vérifiées, et lui préféra le terme plus neutre de **niveau mental** (T. H. Wolf, 1973).

Une troisième révision de l'échelle Binet-Simon parut en 1911, année du décès prématuré de Binet. Cette nouvelle échelle ne comportait aucune modification majeure; on effectuait quelques changements mineurs au contenu ou à la localisation des tests spécifiques, on ajoutait des tests additionnels à certains niveaux d'âge et l'échelle était prolongée jusqu'à l'âge adulte.

Même avant la révision de 1908, les tests Binet-Simon attirèrent l'attention de nombreux psychologues à travers le monde. Des traductions et des adaptations parurent dans plusieurs langues. En Amérique, diverses révisions furent élaborées, dont la plus célèbre est sans contredit celle mise au point sous la direction de L. M. Terman à l'Université Stanford et qui reçut le nom de Stanford-Binet (Terman, 1916). C'est dans ce test qu'on utilisa pour la première fois le quotient intellectuel (QI), c'est-à-dire le rapport de l'âge mental sur l'âge chronologique. Les révisions ultérieures de ce test connurent beaucoup de succès et seront analysées plus en détail au chapitre 9. Mentionnons, à titre de phénomène particulièrement intéressant, la première révision Kuhlmann-Binet, qui prolongeait l'échelle vers le bas jusqu'à l'âge de 3 mois (Kuhlmann, 1912). Cette échelle constitue l'un des premiers efforts pour construire des tests d'intelligence pour les bébés et les enfants d'âge préscolaire.

LE TESTAGE COLLECTIF

Les tests de Binet, ainsi que toutes leurs révisions, sont des **échelles individuelles**, en ce sens qu'on ne peut les administrer qu'à une seule personne à la fois. Plusieurs de leurs épreuves exigent de l'examiné des réponses orales ou requièrent la manipulation de matériel. Dans certains cas, il faut noter le temps pris pour fournir chaque réponse. Pour ces raisons et quelques autres, de tels tests ne peuvent être administrés en groupe. Ajoutons que l'administration de tests de type Binet exige une bonne formation préalable. Ces tests sont essentiellement des outils cliniques, conçus pour l'étude approfondie de cas individuels.

Tout comme ce fut le cas pour la première échelle de Binet, le **testage collectif** fut mis au point pour répondre à un besoin pressant. Lorsque les

[2] F. L. Goodenough (1949, p. 50-51) signala qu'en 1887, soit 21 ans avant la parution de l'échelle 1908 de Binet-Simon, S. E. Chaille publia dans le *New Orleans Medical and Surgical Journal* une série de tests pour les jeunes enfants, agencés selon l'âge auquel ces tests étaient normalement réussis. Cette proposition ingénieuse d'échelle d'âges passa inaperçue à l'époque, à cause de la diffusion restreinte de cette revue, peut-être également parce que la communauté scientifique n'était pas encore prête à recevoir cette idée nouvelle. Binet lui-même fut influencé par les travaux de certains de ses contemporains, notamment Blin et Damaye, lesquels préparèrent un ensemble de questions orales d'où était calculé un unique score global pour chaque enfant (T. H. Wolf, 1973).

États-Unis se joignirent aux combattants de la Première Guerre mondiale, en 1917, l'*American Psychological Association* mit sur pied un comité chargé de proposer des moyens qui permettraient à la psychologie de contribuer à l'effort de guerre. Dirigé par Robert M. Yerkes, ce comité prit conscience de l'urgent besoin de classer rapidement un million et demi de recrues selon leur niveau intellectuel général. Cette information pouvait faciliter plusieurs décisions administratives, incluant la libération du service militaire, l'affectation à divers types de postes, ou encore l'admission au camp de formation des officiers. C'est dans ce contexte que fut imaginé le premier test collectif d'intelligence. Pour ce faire, les psychologues de l'armée puisèrent dans tous les tests disponibles, plus spécialement dans un test collectif d'intelligence inédit, préparé par Arthur S. Otis, que celui-ci offrit à l'armée. La principale innovation du test d'Otis, qu'il composa alors qu'il suivait un des cours universitaires de Terman, fut d'introduire des questions à choix multiples et d'autres types similaires d'items **objectifs**.

Les tests que mirent finalement au point les psychologues de l'armée furent éventuellement connus sous les noms de Alpha et Beta; le premier servait au testage de routine, cependant que le second était un test non verbal qu'on administrait aux illettrés ou aux recrues nées à l'étranger qui ne comprenaient pas suffisamment l'anglais. Dans les deux cas, il était possible de les administrer à de grands groupes.

Peu de temps après la fin de la Première Guerre mondiale, l'armée renonça à leur usage exclusivement militaire et permit leur utilisation civile. Non seulement les tests Alpha et Beta subirent-ils de multiples révisions, mais ils servirent de modèles pour la plupart des tests collectifs d'intelligence. Le mouvement du testage connut alors une incroyable poussée de croissance. On se mit rapidement à créer des tests collectifs pour tous les âges et toutes les catégories, des élèves du préscolaire jusqu'aux étudiants universitaires. Des programmes de testage de grande envergure, jusque-là irréalisables, furent mis sur pied avec enthousiasme et optimisme. Parce que les tests collectifs étaient conçus pour du testage de masse, non seulement permettaient-ils d'examiner simultanément de grands groupes de personnes, mais, grâce à leurs consignes et règles d'administration simplifiées, les examinateurs n'avaient pas besoin d'une longue formation. Les enseignants se mirent à administrer des tests d'intelligence dans leurs classes. L'examen des candidats aux études collégiales devint routinier. On entreprit l'étude approfondie de certains groupes d'adultes, comme les prisonniers. En peu de temps, la plupart des gens devinrent fascinés par la mesure du QI.

Malheureusement, ces tests collectifs d'intelligence eurent une diffusion bien plus grande que le justifiaient leurs qualités techniques. Dans la ruée vers la collecte des scores et l'interprétation pratique des résultats, on oublia trop souvent que ces outils n'avaient pas atteint un haut niveau de raffinement technique. Lorsque ces tests ne se révélèrent pas à la hauteur d'attentes par ailleurs irréalistes, ils suscitèrent souvent du scepticisme et de l'hostilité à l'égard de tout testage. En définitive, la vague de testage des années vingt, caractérisée par une utilisation sans discernement des tests, aura probablement contribué tout autant au recul qu'au progrès du testage psychologique.

LE TESTAGE DES APTITUDES

Bien que les tests d'intelligence aient été initialement conçus pour puiser leurs contenus au sein d'un large éventail de fonctions mentales, et ce, dans le but de produire une estimation du niveau intellectuel général de la personne, on réalisa bien vite que les habiletés évaluées n'étaient pas si diversifiées. Toutes les fonctions jugées importantes n'étaient pas représentées. De fait, la plupart des tests d'intelligence mesuraient surtout des habiletés verbales et, à un moindre degré, l'habileté à manier des relations numériques ou d'autres formes de relations abstraites et symboliques. Les psychologues prirent progressivement conscience que le terme **test d'intelligence** n'était pas du tout approprié, puisque ces tests ne mesuraient que certains aspects de l'intelligence.

Certes, ils évaluaient des habiletés de toute première importance dans notre culture. Mais on jugea qu'il serait préférable de les désigner d'une façon qui préciserait mieux le type d'information que ces tests pouvaient fournir. Par exemple, un certain nombre de tests qui, au cours des années vingt, auraient probablement porté le nom de test d'intelligence furent plus tard connus sous le nom de test d'aptitudes scolaires. Cette substitution terminologique ne faisait que confirmer que plusieurs soi-disant tests d'intelligence mesurent de fait cette combinaison d'habiletés jugées essentielles pour accomplir des tâches scolaires, en même temps que développées grâce à ces tâches.

Même avant la Première Guerre mondiale, les psychologues avaient commencé à reconnaître la nécessité de tests d'aptitudes spéciales comme compléments aux tests d'intelligence générale. Ces **tests d'aptitudes spéciales** furent conçus surtout pour servir à l'orientation professionnelle, ainsi qu'à la sélection et à la classification de la main-d'œuvre industrielle et du personnel militaire. Parmi les plus courants, mentionnons les tests d'aptitudes mécaniques, d'aptitudes musicales, d'aptitudes artistiques et d'aptitudes pour le travail de bureau.

L'évaluation critique des tests d'intelligence, qui fit suite à leur utilisation sans discernement durant les années vingt, révéla un autre fait important: la performance d'un sujet à diverses parties de ces tests pouvait parfois fluctuer de façon assez marquée. Ceci était particulièrement évident dans le cas de tests collectifs, dont les items sont habituellement regroupés en sous-tests assez homogènes. Par exemple, une personne pouvait obtenir un score assez élevé à un sous-test verbal en même temps qu'un score plutôt faible à un sous-test numérique, ou vice versa. On peut également observer jusqu'à un certain point ce type de variabilité interne dans un test comme le Stanford-Binet; en effet, une personne pourrait, par exemple, trouver difficiles tous les problèmes utilisant des mots, cependant qu'elle serait avantagée par des items utilisant des dessins ou des figures géométriques.

Les usagers des tests, surtout les cliniciens, effectuaient couramment ce type de comparaison pour approfondir leur compréhension de l'ossature psychologique des individus. L'évaluation de cas individuels impliquait donc, non seulement l'examen du QI ou d'un autre score global, mais aussi celui de sous-groupes de tests ou d'épreuves isolées. Toutefois, cette pratique n'est pas à recommander, parce que les tests d'intelligence n'ont pas été conçus pour permettre une analyse différentielle des aptitudes. Souvent, les sous-tests mis en comparaison comptent trop peu d'items pour fournir une estimation fidèle et stable d'une habileté spécifique. Il s'ensuit que la différence observée entre deux sous-tests pourrait fort bien s'inverser si l'individu passait une version parallèle de ce test quelques jours plus tard. Bref, si l'on s'intéresse aux comparaisons **intra**-individuelles, il faut se servir de tests spécialement conçus pour détecter des différences de performance entre diverses fonctions.

Au moment même où l'application pratique des tests mettait en évidence le besoin de tests d'aptitudes multiples, des progrès parallèles dans l'étude de la structure des traits fournissaient peu à peu les moyens de construire de tels tests. En effet, dans le cadre d'études statistiques sur la nature de l'intelligence, on analysait les liens entre les scores provenant de l'administration d'un éventail très diversifié de tests à de larges échantillons de personnes. Le psychologue anglais Charles Spearman (1904, 1927) fut le premier, durant la première décennie du vingtième siècle, à s'intéresser à cette question. Les découvertes méthodologiques subséquentes, fondées sur les travaux de psychologues américains tels que T. L. Kelley (1928) et L. L. Thurstone (1938, 1947b) et sur ceux d'autres chercheurs américains et anglais, devinrent finalement connues sous le nom d'**analyse factorielle**.

Les contributions de l'analyse factorielle à l'élaboration de tests seront examinées et illustrées plus en détail dans le chapitre 13. Qu'il nous suffise pour l'instant de noter que l'application de cet ensemble de techniques a révélé la présence d'un certain nombre de facteurs, ou traits, assez indépendants. Certains de ces traits, tels la compréhension verbale et le raisonnement numérique, étaient représentés de façon assez détaillée dans les tests d'intelligence traditionnels. D'autres, par contre, comme les aptitudes spatiales, perceptuelles ou mécaniques, apparaissaient plus souvent dans les tests d'aptitudes spéciales que dans les tests d'intelligence.

L'un des principaux débouchés concrets de l'analyse factorielle fut l'élaboration de **batteries d'aptitudes multiples**. Ces batteries ont pour but d'établir la performance d'une personne en regard de plusieurs traits différents. Plutôt que de produire un unique score global ou un QI, elles fournissent un score séparé pour chaque trait, tels la compréhension verbale, les aptitudes numériques, la visualisation spatiale, le raisonnement arithmétique et la vitesse perceptuelle. Ces batteries constituent ainsi un outil approprié pour procéder à cette analyse intra-individuelle, ou diagnostic différentiel, que les usagers des tests tentaient (avec des résultats approximatifs et souvent erronés) d'obtenir depuis plusieurs années à l'aide de tests d'intelligence. Ces batteries intègrent en un système de testage complet et systématique une bonne partie de l'information précédemment extraite des tests d'aptitudes spéciales, puisque les batteries d'aptitudes multiples évaluent certains des traits qui ne sont pas habituellement couverts par les tests d'intelligence.

Les batteries d'aptitudes multiples représentent une innovation assez récente dans le domaine du testage. La plupart sont apparues après 1945. Il faut mentionner dans ce contexte les travaux des psychologues des forces armées au cours de la Seconde Guerre mondiale. La majorité des études psychométriques réalisées dans les forces armées utilisaient l'analyse factorielle et avaient pour objectif la mise au point de batteries d'aptitudes multiples. Dans les forces de l'air, par exemple, on mit au point des batteries spécifiques pour les pilotes, les bombardiers, les opérateurs de radio, les analystes de distances de tir, et plusieurs autres postes militaires spécialisés. La présentation des batteries construites pour les forces de l'air occupe à elle seule neuf des dix-neuf tomes qui décrivent le programme de psychologie de l'aviation américaine durant la Seconde Guerre mondiale (*Army Air Force*, 1947-1948). Les travaux de recherche dans ce domaine se poursuivent encore de nos jours dans diverses armes du corps militaire. Un certain nombre de batteries d'aptitudes multiples ont également été élaborées à des fins d'utilisation civile; elles servent énormément en orientation scolaire et professionnelle, de même que pour la sélection et la classification de la main-d'œuvre.

Afin d'éviter toute confusion, une précision terminologique s'impose. L'expression **test d'aptitudes** sert traditionnellement à désigner des tests qui mesurent des habiletés clairement circonscrites et assez homogènes; l'expression **test d'intelligence** désigne habituellement des tests plus hétérogènes d'où est extrait un score global, tel le QI. Les tests d'aptitudes spéciales mesurent typiquement une seule aptitude. Enfin, les batteries d'aptitudes multiples mesurent un certain nombre d'aptitudes, mais fournissent un profil de scores, un pour chaque aptitude.

LES TESTS STANDARDISÉS DE RENDEMENT SCOLAIRE

Durant cette période où les psychologues étaient fort occupés à élaborer des tests d'intelligence et d'aptitudes, les examens scolaires traditionnels subissaient un certain nombre d'améliorations techniques (Caldwell & Courtis, 1923; Ebel & Damrin, 1960). Les écoles publiques de Boston firent un pas important dans cette direction lorsque, en 1845, elles substituèrent des examens écrits à un examen oral des étudiants par des inspecteurs itinérants. Dans ses commentaires favorables sur cette innovation, Horace Mann utilisa des arguments fort similaires à ceux qu'on invoqua beaucoup plus tard pour justifier le remplacement des questions à développement par des items objectifs à choix multiples. Mann souligna que les examens écrits plaçaient tous les étudiants dans une situation uniforme, permettaient de mieux couvrir le programme, réduisaient l'effet du hasard dans le choix des questions et éliminaient toute possibilité de favoritisme de la part de l'examinateur.

Les premiers tests standardisés pour évaluer les apprentissages scolaires apparurent au tout début du siècle. Issus des travaux de E. L. Thorndike, ces tests appliquaient des principes de mesure découverts dans les laboratoires de psychologie. Mentionnons, à titre d'exemples, des échelles pour apprécier la qualité de l'écriture ou celle des compositions, de même que des tests d'épellation, de calcul arithmétique et de raisonnement arithmétique. Les batteries d'évaluation du rendement scolaire survinrent un peu plus tard avec la parution, en 1923, de la première édition du *Stanford Achievement Test*. Il avait pour auteurs trois des premiers leaders en élaboration de tests: Truman L. Kelley, Giles M. Ruch et Lewis M. Terman. Cette batterie, dont la forme et le contenu préfiguraient plusieurs caractéristiques de tests plus modernes, permettait de comparer les performances dans plusieurs matières grâce à l'utilisation d'un seul et même échantillon de normalisation.

À la même époque, les preuves s'accumulaient à propos du piètre accord entre les enseignants dans la correction d'examens à développement. Vers 1930, on s'accordait pour reconnaître que ces examens, non seulement exigeaient plus de temps de la part des examinateurs et des examinés que les **nouveaux types** de questions objectives, mais qu'ils produisaient également des ré-sultats moins fidèles[3]. À mesure que se généralisait l'emploi de questions objectives dans les tests standardisés de rendement scolaire, on mit de plus en plus l'accent sur la rédaction d'items qui jaugeaient la compréhension et l'application des connaissances, ainsi que d'autres objectifs éducatifs généraux. C'est également au cours des années trente que furent mis en marché des appareils qui corrigeaient automatiquement les tests; il fut facile d'adapter en conséquence les nouveaux examens objectifs.

L'implantation de programmes de testage nationaux, ainsi qu'à l'échelle d'États ou de régions, constitue une autre réalisation apparentée digne de mention. Le plus connu de ces programmes est probablement celui du *College Entrance Examination Board* (CEEB). Mis sur pied au tournant du siècle, dans le but de réduire le dédoublement des examens d'admission pour les candidats aux études collégiales, ce programme a subi des changements profonds, tant sur le plan de ses procédures administratives que sur celui du nombre et des caractéristiques des collèges participants, des changements qui reflètent l'évolution du testage et du monde de l'éducation. En 1947, on fusionna les activités de testage du CEEB avec celles de la *Carnegie Corporation* et de l'*American Council on Education* pour créer la compagnie *Educational Testing Service* (ETS). Depuis sa création, ETS a pris en charge un nombre croissant de programmes de testage pour le compte d'universités,

[3] Dans le chapitre 14, consacré à l'utilisation des tests en milieu scolaire, nous ferons état des recherches sur l'efficacité relative des questions objectives et à développement.

d'écoles professionnelles, d'agences gouvernementales et d'autres institutions. Mentionnons également l'*American College Testing Program*, mis sur pied en 1959 pour effectuer la sélection des candidats à des collèges non inclus dans le programme du CEEB, de même que plusieurs programmes nationaux de testage servant à l'attribution de bourses d'études à des jeunes très talentueux.

Les tests de rendement ne servent pas uniquement à des fins éducatives; ils sont également utilisés pour la sélection de candidats à des postes dans l'industrie ou les services gouvernementaux. Nous avons déjà mentionné que, dès le XIIe siècle avant l'ère chrétienne, l'Empire chinois utilisait de façon systématique des tests de sélection pour ses fonctionnaires. À l'époque moderne, la sélection par examen des fonctionnaires gouvernementaux est apparue en Europe à la fin du XVIIIe siècle et au début du XIXe siècle. La *U.S. Civil Service Commission* implanta sur une base régulière des examens compétitifs en 1883 (Kavruck, 1956). Les techniques psychométriques mises au point avant et durant la Première Guerre mondiale furent intégrées au programme d'examens du *U.S. Civil Service* avec la nomination, en 1922, de L. J. O'Rourke au poste de directeur de son nouveau service de recherche. De nos jours, ce travail est réalisé par une large équipe de spécialistes chevronnés au sein d'un service qui porte le nom de *U.S. Office of Personnel Management*.

À mesure que s'accroissait le nombre des psychologues spécialisés en psychométrie qui participaient à l'élaboration de tests standardisés de rendement, ceux-ci vinrent à ressembler de plus en plus aux tests d'intelligence et d'aptitudes. Les techniques de rédaction et d'évaluation de ces deux types de tests ont d'ailleurs beaucoup de points en commun. Les efforts croissants pour rédiger des tests de rendement qui mesurent l'atteinte d'objectifs éducatifs généraux, plutôt que le simple rappel de détails factuels, ont également contribué à rapprocher leurs contenus de ceux des tests d'intelligence. De nos jours, ces deux types de tests se distinguent surtout par le niveau de spécificité de leurs contenus et par l'appui plus ou moins grand sur un programme précis d'apprentissages préalables.

L'ÉVALUATION DE LA PERSONNALITÉ

Les aspects affectifs ou non intellectuels du comportement constituent un autre domaine du testage psychologique. Les tests de ce type portent habituellement le nom de tests de personnalité, même si certains psychologues préfèrent donner au terme **personnalité** un sens plus large, celui de désigner l'ensemble des caractéristiques psychologiques de la personne; cette signification inclurait alors les aspects intellectuels et non intellectuels. Toutefois, dans le langage du testage, l'expression **test de personnalité** désigne habituellement la mesure de caractéristiques telles que les états émotifs, les relations interpersonnelles, la motivation, les intérêts et les aptitudes.

Parmi les précurseurs du testage de la personnalité, mentionnons Kraepelin qui utilisa un test d'associations libres avec des patients psychiatriques. Ce test consiste à présenter à l'examiné des stimuli spécialement sélectionnés, auxquels il doit réagir par le premier mot qui lui vient à l'esprit. Kraepelin (1892) utilisa également cette technique pour étudier les effets psychologiques de la fatigue, de la faim et des médicaments; il conclut que tous ces agents augmentent la proportion d'associations superficielles. Sommer (1894) proposa d'utiliser le test d'associations libres pour différencier les unes des autres les diverses formes de maladie mentale. La technique de l'association libre servit par la suite à de multiples objectifs de testage et demeure couramment employée de nos jours. Il faut aussi mentionner la contribution de Galton, Pearson et Cattell au perfectionnement des questionnaires standardisés et de la technique de l'échelle d'appréciation. Bien qu'initialement conçues pour d'autres usages, ces techniques furent ultérieurement utilisées par d'autres chercheurs pour élaborer quelques-uns des types les plus courants de tests de personnalité.

Le test *Personal Data Sheet* élaboré par Woodworth durant la Première Guerre mondiale (P. H. DuBois, 1970; Franz, 1919, p. 171-176; L. R. Goldberg, 1971; Symonds, 1931, chap. 5) constitue le prototype du questionnaire de personnalité, ou **inventaire personnel auto-administré**. Ce test était destiné à effectuer un dépistage sommaire des individus gravement perturbés pour les dispenser du service militaire. L'inventaire était composé d'un certain nombre de questions, traitant de symptômes psychopathologiques courants, auxquelles les sujets répondaient à propos d'eux-mêmes. Le score total correspondait au nombre de symptômes mentionnés. La mise au point du test *Personal Data Sheet* ne fut pas achevée suffisamment tôt pour qu'il puisse être utilisé avant la fin de la guerre. Cependant, dès la fin de celle-ci, des versions civiles furent rédigées, incluant une version spéciale pour les enfants. De plus, le *Woodworth Personal Data Sheet* servit de modèle pour la plupart des inventaires ultérieurs d'adaptation émotive. Dans le cas de certains de ces questionnaires, on tenta de subdiviser l'adaptation émotive en manifestations plus spécifiques, telles que l'adaptation à la maison, à l'école ou au travail. D'autres tests mirent l'accent de façon plus exclusive sur un aspect plus restreint du comportement, ou s'intéressèrent à des réactions plus sociales, comme la dominance et la soumission dans les relations interpersonnelles. Plus tard, on élabora des tests pour quantifier les intérêts et les attitudes. Ces tests, eux aussi, s'appuyèrent essentiellement sur la méthodologie du questionnaire.

L'administration de **tests situationnels** ou **de performance** constitue une autre approche pour mesurer la personnalité. Dans le cas de ces tests, le sujet doit accomplir une tâche dont la véritable nature est souvent camouflée; la plupart simulent de manière très minutieuse des situations de la vie quotidienne. Les tests mis au point par Hartshorne, May et leur collègues (1928, 1929, 1930) représentent la première utilisation d'envergure de ces techniques. Cette série de tests, standardisée auprès d'écoliers, s'intéressait à des comportements tels que la tricherie, le mensonge, le vol, la coopération et la persévérance. On obtenait des scores objectifs pour chacun des multiples tests spécifiques. Un autre exemple, cette fois chez les adultes, est la série de tests situationnels mis au point durant la Seconde Guerre mondiale dans le cadre du programme d'évaluation de l'*Office of Strategic Services* (OSS, 1948). Ces tests mesuraient des comportements sociaux et émotifs assez complexes et subtils; leur administration exigeait un équipement très élaboré et du personnel soigneusement formé. De plus, l'interprétation des réponses des sujets demeurait passablement subjective.

Les **techniques projectives** forment une troisième approche à l'étude de la personnalité, une approche qui a connu une croissance phénoménale, surtout chez les cliniciens. Ces tests consistent à présenter au sujet une tâche assez peu structurée dont la solution peut prendre des formes fort diverses. Le postulat sous-jacent à l'emploi de telles méthodes est que la personne projette ses modes personnels de réaction dans la résolution de telles tâches. Tout comme c'était le cas pour les tests situationnels et de performance, les tests projectifs camouflent plus ou moins leurs objectifs réels, réduisant ainsi les chances que le sujet puisse présenter délibérément une image désirable de lui-même. Le test d'associations libres, précédemment mentionné, représente l'une des plus anciennes formes de technique projective. Des tests de phrases à compléter ont également servi à cette fin. Parmi les autres tâches utilisées comme techniques projectives, mentionnons le dessin, l'agencement de jouets pour créer une scène, le jeu dramatique improvisé et l'interprétation d'images ou de taches d'encre.

Tous les types existants de tests de personnalité comportent des faiblesses, aussi bien pratiques que théoriques. Chaque approche comporte ses avantages et ses désavantages particuliers. Dans l'ensemble, le testage de la personnalité accuse un net retard sur celui des aptitudes. Mais ce succès mitigé n'est surtout pas dû à un manque d'efforts. Les recherches sur la mesure de la personnalité se sont énormément développées depuis 1950; plusieurs formules ingénieuses et améliorations techniques sont présentement à l'étude. Ce sont plutôt les difficultés propres à la mesure de la personnalité qui expliquent les progrès plus lents dans ce domaine.

SOURCES D'INFORMATION À PROPOS DES TESTS

Le testage psychologique vit présentement une situation d'évolution rapide. On y observe des changements d'orientation, la mise ne marché régulière de nouveaux tests ou de versions révisées d'anciens tests, ainsi que la publication de résultats d'études qui viennent raffiner ou modifier l'interprétation des scores des tests existants. Le rythme croissant de ces changements et l'énorme quantité de tests en circulation rendent impossible l'inventaire détaillé dans un même volume de tous les tests en usage. C'est dans des volumes consacrés à l'utilisation des tests dans des champs tels que le counseling, la pratique clinique, la sélection du personnel et l'éducation qu'on peut retrouver une analyse plus approfondie des instruments en usage et des problèmes de testage plus spécifiques. On trouvera dans les chapitres pertinents du présent manuel des références à de tels volumes. Mais tout usager qui désire se tenir au courant des plus récents développements dans le domaine se doit de consulter des sources d'information plus directes à propos des tests.

L'une des sources les plus importantes est le *Mental Measurements Yearbook* (MMY), lancé par Oscar K. Buros et édité par lui jusqu'en 1978. Le MMY est maintenant publié par le *Buros Institute of Mental Measurements*, logé à l'Université du Nebraska (J. V. Mitchell, 1985). Cette série d'annuaires traite de la quasi-totalité des tests psychologiques, éducatifs et professionnels publiés en anglais et disponibles commercialement. Chaque annuaire inclut les tests publiés durant une période spécifique, complétant ainsi, plutôt que remplaçant, les annuaires précédents. Toutefois, pour tenir compte de l'accumulation de nouvelles données de recherche au sujet des tests les plus en vogue, ceux-ci peuvent réapparaître dans des annuaires successifs. Les premiers volumes de cette série n'étaient guère plus que des bibliographies de tests. Toutefois, à partir de 1938, l'annuaire prit sa forme actuelle, introduisant des analyses critiques, par un ou plusieurs experts, de la plupart des tests présentés, de même qu'une liste exhaustive des publications à propos de chaque test. Enfin, on retrouve dans presque tous les cas, les informations usuelles concernant la maison d'édition, les coûts, les versions disponibles et l'âge des sujets auxquels le test s'applique.

Les descriptions de tests du MMY, accompagnées des révisions critiques, sont maintenant régulièrement incluses dans la banque de données du service informatique par ligne téléphonique du *Buros Institute*, disponible par le biais de *Bibliographic Retrieval Services* (BRS). On peut obtenir des informations à propos de ce service en s'adressant à l'éditeur de l'annuaire au *Buros Institute*, ou directement à BRS. Chaque mois, des mises à jour sont transmises à BRS. La banque de données de BRS a eu pour point de départ le contenu du 8e MMY (Buros, 1978), auquel se sont ajoutées quelques sélections antérieures choisies. Il s'agit d'un service permanent, où les tests sont intégrés dès qu'ils deviennent disponibles entre les dates de parution des annuaires successifs. *Tests in Print* est une autre publication du *Buros Institute* (J. V. Mitchell, 1983); elle fournit un inventaire cumulatif de tous les tests connus publiés commercialement en anglais, ainsi que des informations factuelles et des listes de références. Chaque édition successive de *Tests in Print* peut également servir d'index à tous les annuaires MMY qui l'ont précédée.

Les *Test Collection Bibliographies* préparées par *Educational Testing Service* (ETS) constituent une autre source majeure d'informations à propos des tests. Des bibliographies annotées de tests sont disponibles pour des domaines spécifiques; la liste est exhaustive, elle inclut tous les types de tests, de même que des tests destinés à des usages particuliers ou à des populations spéciales, comme les handicapés physiques. Chaque inscription fournit des données factuelles à propos du test, notamment l'auteur, la date de publication, la maison d'édition, la population cible, le but du test, ainsi que tous les sous-scores calculés et les variables mesurées. En s'adressant au service *Test Collection* d'ETS (adresse à l'appendice C), on peut se procurer, à coût minime, des bibliographies de tests pour des champs particuliers. C'est là l'une des nombreuses publications d'ETS qui offrent des informations courantes sur les test et le testage.

Outre les tests publiés, il existe un vaste réservoir de tests inédits dont on peut retrouver une description ou un exemplaire dans des volumes, des revues ou des rapports inédits. Ces tests, qui intéressent surtout les chercheurs, ont été recensés dans divers compendium (voir Redick, 1975). La série *Tests in Microfiche*, distribuée par le service *Test Collection* d'ETS, permet d'obtenir de l'information récente à propos de tests inédits. On y ajoute annuellement un nouvel ensemble de tests dont on peut obtenir la liste. Les usagers dûment qualifiés peuvent se procurer des tests individuels ou des ensembles de tests.

Pour l'usager de tests psychologiques, les catalogues des éditeurs de tests et les manuels qui accompagnent chaque test offrent l'information la plus directe à propos de tests couramment utilisés. On trouvera dans le plus récent *Mental Measurements Yearbook* une liste complète des éditeurs de tests, avec leurs adresses. Sur simple demande, on peut obtenir de ceux-ci le catalogue de leurs tests en circulation. Toutefois, seuls les usagers dûment qualifiés peuvent acheter des manuels et des spécimens de tests.

Le manuel du test contient normalement l'information essentielle pour administrer, corriger et interpréter le test en question. On devrait y retrouver des consignes détaillées, des clefs de correction, des normes et des résultats d'études de fidélité et de validité. Le manuel devrait en outre préciser les caractéristiques et la taille des échantillons utilisés pour établir les normes et obtenir les indices de fidélité et de validité, ainsi que les méthodes de calcul de ces derniers indices. Advenant que ces informations soient trop nombreuses pour qu'on puisse les regrouper aisément dans un seul manuel, celui-ci doit fournir les références à un manuel technique ou à d'autres publications qui présentent les informations en question. Bref, le manuel du test devrait permettre aux éventuels usagers de se faire une idée claire à propos de ce test avant de l'adopter pour leurs objectifs de testage. Faut-il souligner que bon nombre de manuels de tests sont encore loin de respecter ces normes de qualité. Toutefois, plusieurs organismes qui se spécialisent dans l'édition de tests se soucient de plus en plus de rédiger des manuels qui respectent des normes scientifiques adéquates. La présence d'un large groupe d'usagers psychométriquement bien informés constitue la meilleure garantie que de tels standards seront maintenus et améliorés.

Le volume *Standards for Educational and Psychological Testing*, publié par l'*American Psychological Association* en collaboration avec deux autres associations qui s'intéressent au testage (l'*American Educational Research Association* et le *National Council on Measurement in Education*), présente un guide succinct, mais complet, pour l'évaluation de tests psychologiques.

STANDARDS À PROPOS DU TESTAGE PSYCHOLOGIQUE ET ÉDUCATIF

Partie I. Standards techniques pour la rédaction et l'évaluation de tests

1. Validité.
2. Fidélité et erreurs de mesure.
3. Élaboration et révision des tests.
4. Standardisation, normalisation, comparaison de scores et calibrage.
5. Publication des tests: manuels techniques et guides de l'usager.

Partie II. Standards professionnels pour l'utilisation des tests

6. Principes généraux de l'utilisation des tests.
7. Testage clinique.
8. Testage éducatif et testage psychologique dans les écoles.
9. Utilisation des tests en counseling.
10. Testage en milieu de travail.
11. Certification professionnelle et réglementation des emplois.
12. Évaluation des programmes.

Partie III. Standards pour des applications spéciales

13. Le testage de minorités linguistiques.
14. Le testage de personnes handicapées.

Partie IV. Standards visant des gestes administratifs

15. L'administration et la correction des tests; la rédaction et la transmission des rapports.
16. La protection des droits des examinés.

Figure 1-1. Sujets traités dans le texte *Standards for Educational and Psychological Testing* (AERA, APA, NCME, 1985). La table des matières comprend aussi une introduction, des références et un index des noms propres.

Publié pour la première fois en 1954, ce volume fut révisé en 1966, 1974 et 1985. Les éditions successives ont accordé de plus en plus d'importance à l'utilisation appropriée des tests et à l'interprétation correcte de leurs résultats. Dans la plus récente édition ce changement d'orientation se reflète de plusieurs façons, notamment dans le remplacement du mot **tests** par le mot **testage** [*testing*] dans le titre. Cette substitution attire l'attention sur la démarche correcte d'utilisation des tests, tout autant que sur leurs qualités psychométriques. Le contenu et la structure de l'édition 1985 des *Standards* confirment tout à fait cette orientation, ainsi que l'illustre la table des matières reproduite à la figure 1-1. Une première section de cinq chapitres fait le tour des standards qui concernent l'élaboration et l'évaluation des tests. Trois sections (onze chapitres) sont consacrées aux standards qui concernent l'utilisation des tests, incluant des standards qui visent différentes applications professionnelles des tests, des standards qui ont trait à l'utilisation des tests avec des populations spéciales et, enfin, des standards qui ont pour but d'encadrer divers gestes administratifs et de protéger les droits des examinés. Nous reviendrons, dans des chapitres subséquents, sur les sections de ce volume qui sont pertinentes aux sujets abordés. Pour faire plus court et suivre l'usage courant, je le nommerai simplement *Testing Standards* dans ces chapitres.

CHAPITRE 2

Nature et utilisation des tests psychologiques

L'INTRODUCTION historique, présentée au chapitre 1, a permis de décrire quelques-unes des multiples utilisations des tests psychologiques et de montrer la grande variété des tests disponibles. Même si le grand public continue d'associer le concept de test psychologique aux «tests de QI» et à ceux qui ont pour fonction de dépister les troubles émotifs, ces tests ne représentent qu'une bien faible proportion des types d'instruments disponibles. Les principales catégories de tests psychologiques seront décrites et illustrées dans les parties **trois**, **quatre** et **cinq** de ce volume, lesquelles traitent respectivement: a) des tests d'habiletés cognitives générales, traditionnellement nommés tests d'intelligence; b) des tests d'habiletés spécifiques, incluant les batteries d'aptitudes multiples, les tests d'aptitudes spéciales et les tests de rendement; c) des tests de personnalité, qui ont pour but de mesurer des traits associés aux émotions et à la motivation, divers aspects du comportement interpersonnel, des intérêts, des attitudes et d'autres variables affectives.

En regard de pareille diversité de contenus et de fonctions, quelles sont les caractéristiques différentielles communes aux tests psychologiques? En quoi ceux-ci diffèrent-ils d'autres méthodes de collecte d'information sur les individus? La réponse à ces questions se trouve dans un certain nombre de caractéristiques fondamentales associées à l'élaboration et à l'utilisation des tests. Ce sont ces caractéristiques qui constituent le sujet du présent chapitre.

QU'EST-CE QU'UN TEST PSYCHOLOGIQUE?

Échantillon De Comportements. Un test psychologique est essentiellement une mesure objective et standardisée d'un échantillon de comportements. Les tests psychologiques ressemblent aux tests de toute autre discipline scientifique, en ce sens que les observations sont effectuées sur un **échantillon** restreint, mais soigneusement sélectionné, des comportements de l'individu. De ce point de vue, le psychologue procède à peu près de la même façon que le biochimiste qui teste le sang d'un patient ou l'eau de l'aqueduc municipal en analysant un ou plusieurs échantillons. Lorsqu'un psychologue souhaite vérifier l'étendue du vocabulaire d'un enfant, l'habileté d'une commis à effectuer des calculs mathématiques ou la coordination visuo-motrice d'un pilote, il évalue leur performance à l'aide d'un ensemble représentatif de mots, de problèmes d'arithmétique ou de tests de motricité. C'est le nombre et la nature des items qui composent chaque échantillon qui déterminent jusqu'à quel point cet ensemble représente adéquatement les comportements visés. Par exemple, un test d'arithmétique qui ne compterait que cinq problèmes ou qui ne contiendrait que des problèmes de multiplication constituerait une bien piètre mesure des habiletés de calcul d'un individu. Un test de vocabulaire qui ne contiendrait que des termes de base-ball aurait peu de chances de fournir une estimation fiable de l'étendue du vocabulaire d'un enfant.

La valeur **diagnostique** ou **prédictive** d'un test psychologique dépend directement de sa capacité de représenter un champ assez large et significatif du comportement humain. On ne s'intéresse à peu près jamais à l'échantillon précis des comportements mesurés par le test. La connaissance qu'un enfant possède d'un ensemble particulier de 50 mots offre en soi peu d'intérêt; la performance que le candidat à un poste obtient à un ensemble particulier de 20 problèmes d'arithmétique n'est pas non plus très importante. Si l'on peut toutefois démontrer qu'il existe un lien étroit entre la connaissance que l'enfant possède de cette liste de mots et sa maîtrise générale du vocabulaire, ou entre le score du candidat aux problèmes du test d'arithmétique et ses habiletés mathématiques en situation d'emploi, alors les tests jouent efficacement leur rôle.

Il convient de noter, à ce propos, qu'il n'est pas nécessaire pour les items du test de ressembler étroitement aux comportements que celui-ci a pour but de prédire: il suffit de démontrer une **correspondance empirique** entre les deux. Le degré de similitude entre le contenu du test et le comportement prédit peut varier considérablement. Dans certains cas, un test peut reproduire exactement un aspect du comportement à prédire. Par exemple, un test de langue étrangère peut contenir 20 des 50 nouveaux mots qu'ont appris les étudiants; c'est également le cas du test sur route des candidats au permis de conduire. Plusieurs tests d'aptitudes administrés au début d'un programme de formation à un emploi constituent des exemples d'un moindre niveau de similitude, en ce sens qu'il n'y a qu'une ressemblance modérée entre les tâches du poste et celles qui composent le test. On trouve à l'autre extrême des tests projectifs de personnalité, comme le test de taches d'encre de Rorschach, où l'on s'efforce de prédire, à partir des associations que suggèrent à l'examiné ces taches d'encre, comment il réagira à d'autres personnes, à des stimuli de type émotif, ou à d'autres situations complexes de la vie quotidienne. En dépit de leurs différences superficielles, tous ces tests sont constitués d'échantillons de comportement d'un individu; chacun d'eux doit démontrer sa valeur par le biais d'une correspondance empirique entre la performance de l'examiné au test et son comportement dans d'autres situations.

Le fait d'utiliser à ce propos le terme **diagnostic** ou le terme **prédiction** ne représente qu'une distinction mineure. La prédiction implique habituellement une estimation temporelle d'une performance, par exemple, celle d'un individu dans un emploi, à partir de la performance actuelle au test. Cependant, dans un sens plus large, même le diagnostic d'une condition présente, comme un retard mental ou un trouble émotif, implique une prédiction des comportements de la personne dans des situations autres que le test. Il est logiquement plus simple de considérer tous les tests comme des échantillons de comportements à partir desquels on formule des prédictions à propos d'autres comportements. Les divers types de tests peuvent alors être caractérisés comme des variantes de ce modèle de base.

Une autre précision devrait être immédiatement signalée: elle concerne le concept de **capacité**. Il est tout à fait possible, par exemple, d'imaginer un test destiné à prédire le degré de succès d'une personne dans l'apprentissage d'une langue étrangère avant même qu'elle amorce son apprentissage de cette langue. Un tel test contiendrait un échantillon du type de comportements requis pour apprendre cette nouvelle langue, mais n'exigerait aucune connaissance de la langue en question. On pourrait alors affirmer que ce test mesure la «capacité» ou le «potentiel» de la personne pour apprendre cette langue. Il importe toutefois d'utiliser ces termes avec précaution en ce qui concerne les tests psychologiques; en effet, aucun d'eux ne mesure autre chose que des comportements. Seule une étude empirique permettra d'établir dans quelle mesure tel ensemble de comportements constitue un prédicteur efficace des autres comportements.

STANDARDISATION. On se souviendra que, dans notre définition initiale, nous avons décrit le test psychologique comme une mesure standardisée; ce terme réfère à **l'uniformité de la démarche** d'administration et de correction du test. Si nous voulons comparer les scores obtenus par différentes personnes, il importe de toute évidence que les conditions de passation soient les mêmes pour tous. Cette exigence n'est que l'application particulière du principe général de contrôle rigoureux de la démarche pour toute observation scientifique. Dans une situation de testage, l'examiné est souvent l'unique variable indépendante.

Dans le but d'assurer l'uniformité des conditions de passation, l'auteur de tout nouveau test fournit des consignes détaillées pour son administration. La rédaction des consignes est une partie importante du processus de standardisation d'un nouveau test. Cette standardisation s'étend au matériel précis à utiliser, aux limites de temps, aux consignes orales, aux démonstrations préliminaires, à la façon de répondre aux questions des examinés, ainsi qu'à tout autre détail de la situation de testage. Plusieurs autres facteurs, plus subtils, peuvent influencer la performance à certains tests. Ainsi, lorsqu'on présente oralement des consignes ou des problèmes, il faut surveiller le rythme d'élocution, le ton de la voix, l'inflexion, les pauses et l'expression du visage. Dans le cas, par exemple, d'un test de détection d'absurdités, on peut révéler la bonne réponse en souriant ou en faisant une pause au moment de prononcer le mot crucial. Dans une section ultérieure de ce chapitre, consacrée aux problèmes d'administration des tests, nous discuterons plus en détail la standardisation de la démarche de testage du point de vue de l'examinateur.

La préparation de **normes** constitue une autre étape importante dans le processus de standardisation d'un test. Les tests psychologiques ne comportent aucun seuil prédéterminé de réussite ou d'échec; la performance à chaque test est évaluée par comparaison à des données empiriques. Dans la plupart des situations, on interprète le score d'un individu à un test en le comparant à ceux que d'autres personnes ont obtenus à ce même test. Comme son nom l'indique, une norme correspond à une performance normale ou moyenne. Par exemple, si des enfants normaux de 8 ans réussissent 12 des 50 problèmes d'un test particulier de raisonnement arithmétique, la norme de ce test sera 12 pour les enfants de 8 ans. Le score 12 est appelé score brut. Il peut prendre la forme d'un nombre de réponses correctes, d'un temps requis pour compléter une tâche, d'un nombre d'erreurs, ou de toute autre mesure objective découlant du contenu du test. Ces scores bruts n'ont aucune signification tant qu'ils n'ont pas été confrontés à des données interprétatives appropriées.

Pour procéder à la standardisation[1] d'un test, on l'administre à un large échantillon représentatif des personnes auxquelles il est destiné. Ce groupe, qu'on nomme l'échantillon de standardisation, sert à établir les normes; celles-ci ne précisent pas seulement la performance moyenne, mais aussi la fréquence relative de divers degrés d'écart au-dessus et au-dessous de cette moyenne. Il devient ainsi possible d'évaluer divers niveaux de supériorité et

[1] **Note du traducteur.** Anastasi emploie indistinctement les termes *standardisation sample* et *normalisation [normative] sample*. À l'avenir, lorsqu'il sera spécifiquement question de la préparation des normes, j'utiliserai les expressions «échantillon de normalisation» ou «échantillon normatif». L'expression «échantillon de standardisation» deviendra ainsi une expression plus générale. Par ailleurs, les termes «étalonnage» et «calibrage», parfois utilisés en Europe pour désigner la préparation des normes, seront réservés à l'opération de «test equating», qui consiste à rendre comparables, soit les scores à des tests différents mesurant un même construit, soit ceux de versions différentes d'un même test (voir le chapitre 4).

d'infériorité. Nous examinerons dans le chapitre 4 les multiples façons d'exprimer ces normes. Elles permettent toutes de préciser la position d'un individu à l'intérieur d'un échantillon de normalisation.

On pourrait également souligner que les normes des tests de personnalité sont préparées à peu près de la même façon que celles des tests d'aptitudes. La norme d'un test de personnalité ne correspond pas nécessairement à la performance la plus souhaitable ou «idéale», pas plus qu'un score parfait ou sans erreurs ne constitue la norme dans un test d'aptitudes. Dans ces deux types de tests, la norme correspond à la performance de personnes typiques ou moyennes. Dans le cas de tests de dominance-soumission, par exemple, la norme se situe à un point intermédiaire qui représente le degré de dominance ou de soumission manifesté par une personne moyenne. De même, dans un inventaire d'adaptation émotive, la norme ne correspond pas habituellement à l'absence totale de réponses défavorables ou inadaptées, puisque la grande majorité des individus «normaux» de l'échantillon normatif donnent un petit nombre de réponses de ce type.

Mesure objective du niveau de difficulté. Si l'on retourne à la définition d'un test psychologique, présentée au tout début du chapitre, on y verra qu'il fut décrit comme une mesure à la fois standardisée et objective. De quelle façon ces tests sont-ils objectifs? Nous avons abordé quelques aspects de l'objectivité des tests psychologiques dans notre discussion de la standardisation. Ainsi, l'administration et la correction des tests, de même que l'interprétation des scores, sont objectives dans la mesure où elles ne dépendent pas du jugement subjectif d'un examinateur quelconque. Tout examiné devrait théoriquement obtenir un même score au test quelle que soit la personne qui l'administre. Ceci n'est pas tout à fait vrai, bien sûr, puisque nous n'avons pas encore atteint la perfection sur le plan de la standardisation et de l'objectivité. Mais, à tout le moins, tout auteur d'un test vise cette parfaite objectivité, et on peut dire que bon nombre de tests s'en approchent d'assez près.

Il existe bien d'autres façons importantes de parler de l'objectivité des tests. L'établissement du niveau de difficulté des items ou de l'ensemble du test s'appuie sur des démarches empiriques et objectives. Lorsque Binet et Simon rédigèrent leur échelle initiale, celle de 1905, pour mesurer l'intelligence, ils placèrent ses 30 items en ordre de difficulté croissante. Celle-ci fut établie, on s'en souviendra, en administrant ces items à 50 enfants normaux et à quelques enfants déficients mentaux. Les items réussis par le plus grand nombre d'enfants furent jugés *ipso facto* les plus faciles, cependant que ceux qu'un petit nombre seulement réussissait furent jugés plus difficiles. Cette méthode permit d'établir un ordre de difficulté empirique. Il s'agit là d'un des premiers exemples de mesure objective du niveau de difficulté, une technique qu'on retrouve couramment de nos jours dans l'élaboration de tests psychologiques.

La proportion des sujets qui réussissent chaque item lors des étapes expérimentales peut servir non seulement à les agencer, mais aussi à les sélectionner. Ainsi, lorsqu'on observe une concentration d'items à l'une ou l'autre extrémité de l'échelle de difficulté, on pourra retrancher certains d'entre eux. De même, si l'une des zones de l'échelle de difficulté compte peu d'items, on pourra en composer de nouveaux pour combler les espaces vacants. Nous examinerons au chapitre 8 d'autres aspects techniques de l'analyse des items.

FIDÉLITÉ. Dans quelle mesure ce test est-il bon? Fonctionne-t-il vraiment? Ces questions pourraient faire l'objet, et elles le font souvent, de longues heures de discussions futiles. Les opinions subjectives, les intuitions et les biais personnels peuvent susciter aussi bien des déclarations exagérées quant aux possibilités interprétatives d'un test qu'un rejet obstiné. La vérification empirique demeure la seule façon de répondre de façon concluante à de telles questions. L'**évaluation objective** des tests psychologiques implique de façon primordiale qu'on établisse leur fidélité et leur validité dans des situations spécifiques.

En psychométrie, le terme **fidélité** signifie toujours reproductibilité [*consistency*]. La fidélité d'un test correspond à la reproductibilité des scores obtenus par les mêmes examinés lorsqu'ils passent de nouveau le même test ou une version parallèle de ce test. Si un enfant obtient un QI de 110 le lundi et un QI de 80 le vendredi suivant, il est évident qu'on ne peut accorder beaucoup de confiance à l'un ou à l'autre score. De même, si un examiné identifie correctement 40 mots d'une série de 50, alors qu'il n'en identifie correctement que 20 dans une série supposément équivalente de 50 autres mots, on ne peut considérer ni l'un ni l'autre score comme un indice fiable du niveau de compréhension verbale de la personne. Il se peut fort bien dans ces deux cas qu'un seul des deux scores soit erroné; mais ce n'est qu'au prix de nouveaux testages qu'on le saurait. À partir des données recueillies, on peut seulement conclure que ces scores ne peuvent tous deux être exacts; sans la collecte d'informations additionnelles, on ne peut savoir si un seul ou ni l'un ni l'autre de ces scores constitue une estimation juste du vocabulaire maîtrisé par l'examiné.

Il est essentiel de vérifier soigneusement et objectivement le degré de fidélité d'un nouveau test avant sa parution. Nous étudierons au chapitre 5, les divers types de fidélité, ainsi que les méthodes pour les mesurer. Il est possible d'évaluer le degré de fidélité en comparant les scores obtenus par les mêmes sujets à des moments différents, avec des ensembles d'items différents, avec des examinateurs ou des correcteurs différents, ou en modifiant d'autres conditions pertinentes de passation. Il est essentiel de spécifier le type de fidélité évalué et la méthode de mesure utilisée, car la fidélité d'un même test peut varier nettement selon la source d'erreur évaluée. Il faut également préciser le nombre et les caractéristiques des personnes auprès desquelles chaque type de fidélité fut mesuré. Grâce à ces informations, les usagers pourront estimer la probabilité que le test soit aussi fidèle, plus fidèle ou moins fidèle dans le cas des groupes auprès desquels ils prévoient l'utiliser.

Validité. La question la plus importante qu'il faut se poser à propos d'un test concerne sans aucun doute sa validité, c'est-à-dire jusqu'à quel point il mesure réellement ce qu'il a pour but de mesurer. La validité nous indique clairement dans quelle mesure le test joue son rôle. Pour établir la validité, nous avons habituellement besoin de **critères** externes et indépendants des caractéristiques que le test a pour but de mesurer. Par exemple, si l'on songe à utiliser un test d'aptitudes médicales pour sélectionner les candidats les plus prometteurs, le niveau de succès au terme de ce programme d'études constituerait un excellent critère. Dans le cadre du processus de validation de ce test, il serait administré à un large groupe d'étudiants lors de leur admission à la faculté de médecine. Plus tard, on recueillerait pour chaque étudiant une quelconque mesure de performance, en faisant appel, par exemple, aux notes d'examens, aux appréciations des professeurs, au succès ou à l'échec lors de stages pratiques, ou à d'autres indices similaires. Une telle mesure composite représenterait le critère auquel serait confronté le score initial de chaque étudiant au test. Une corrélation élevée, nommée **cœfficient de validité**, signifierait que les personnes qui ont obtenu un score plus élevé au test ont également mieux réussi leurs études médicales, contrairement à ceux qui auraient moins bien réussi le test. Une corrélation faible signifierait qu'il existe peu de lien entre le résultat au test et le critère externe, donc que ce test est peu valide. Le cœfficient de validité nous permet de vérifier avec quel degré de précision la performance au critère aurait pu être prédite à l'aide des scores au test.

Il est possible de valider de façon similaire des tests destinés à d'autres usages en les confrontant à des critères appropriés. On validera ainsi un test d'aptitudes professionnelles en comparant ses scores à la performance au travail d'un échantillon de nouveaux employés. Une batterie d'aptitudes au pilotage utilisera comme critère de validation le succès au terme de l'entraînement. Dans le cas de tests destinés à des usages plus étendus et variés, plusieurs indices indépendants serviront à leur validation; cette dernière ne sera acquise qu'au terme d'une longue accumulation de données provenant d'un grand nombre d'études très variées.

Le lecteur aura peut-être noté un paradoxe apparent dans la présentation du concept de validité. S'il est nécessaire de suivre le cheminement des examinés ou s'il faut de quelque façon obtenir des mesures indépendantes des comportements que le test tente de prédire, pourquoi ne pas se passer du test? La réponse à cette question se trouve dans la distinction à établir entre, d'une part, le groupe de validation et, d'autre part, les divers groupes auprès desquels le test sera utilisé après sa mise en circulation. Avant que le test soit prêt pour cette mise en service, il faut établir sa validité auprès d'un groupe représentatif de personnes. Les scores de ces personnes ne sont pas utilisés pour prendre des décisions à leur sujet; il servent strictement à vérifier la validité du test. Si ces analyses la confirment, il pourra désormais être administré à d'autres groupes sans qu'il soit nécessaire de confronter les scores à un critère externe.

On pourrait ainsi soutenir qu'il suffirait d'attendre pour **tout** groupe la maturation, c'est-à-dire la disponibilité des mesures servant de critères, ce qui nous fournirait directement l'information que le test s'efforce de prédire. Mais cette approche impliquerait un tel gaspillage de temps et d'énergie qu'elle ne pourrait être appliquée dans la majorité des cas. En effet, nous pourrions déterminer quels candidats réussiront dans un emploi ou quels étudiants complèteront avec succès leurs études collégiales en acceptant tous ceux et celles qui font une demande d'inscription (ou un échantillon au hasard de ces personnes), pour ensuite laisser le temps s'écouler! C'est le gaspillage qu'entraîne cette façon de procéder (en même temps que son impact émotif sur les individus) que les tests ont pour but de minimiser. Grâce à eux, il est possible d'évaluer avec une marge d'erreur connue, le niveau actuel des habiletés préalables, des connaissances et d'autres caractéristiques pertinentes. Plus le test sera fidèle et valide, plus cette marge d'erreur sera faible.

Nous étudierons aux chapitres 6 et 7, les problèmes particuliers associés à l'étude de la validité de types variés de tests, de même que les critères spécifiques et les méthodes statistiques utilisés. Une dernière remarque se doit d'être ici mentionnée. La validité nous apprend plus que le degré avec lequel le test remplit sa fonction. De fait, elle nous dit **ce** que le test mesure. L'examen des données issues des activités de validation permet de préciser objectivement ce que le test mesure. Il serait par conséquent plus juste de définir la validité en tant qu'indice de notre degré de connaissance de ce que le test mesure. L'interprétation des scores aux tests serait sûrement plus claire et moins ambiguë si les tests portaient habituellement un nom qui reflète bien les liens empiriques établis dans le cadre du processus de validation. Le remplacement de la vague appellation «test d'intelligence» par des noms tels que «test d'aptitudes scolaires» ou «test de classification du personnel» constitue un bon exemple d'effort dans cette direction.

POURQUOI CONTRÔLER L'UTILISATION DES TESTS PSYCHOLOGIQUES?

«Puis-je avoir une feuille d'enregistrement des scores du test Stanford-Binet? Mon neveu doit passer ce test la semaine prochaine dans le cadre de son admission à l'école X et j'aimerais le faire pratiquer un peu pour augmenter ses chances d'être admis.»

«Dans le but d'améliorer le programme de lecture de notre école, nous avons besoin d'un test de QI culturellement neutre pour mesurer le potentiel inné de chaque enfant.»

«Hier soir, j'ai répondu aux questions d'un test d'intelligence publié dans une revue et j'ai obtenu un QI de 80. Je crois que les tests psychologiques sont niaiseux.»

«Ma camarade de chambre étudie en psychologie. Elle m'a administré un test de personnalité et les résultats m'ont classée parmi les névrosés. Depuis, je me sens trop troublée pour pouvoir assister à mes cours.»

«Vous avez administré l'an dernier un test de personnalité à nos employés pour fins de recherche. Nous aimerions maintenant obtenir leurs scores pour les placer dans leur dossier d'emploi.»

Les remarques ci-dessus n'ont pas été inventées. Chacune d'elles a pour origine un fait réel, et tout psychologue pourrait aisément en ajouter bien d'autres. De telles remarques illustrent des usages impropres ou des interprétations erronées de tests psychologiques, lesquels sont susceptibles d'invalider totalement les résultats ou de blesser des personnes. Comme tout autre instrument scientifique ou de précision, les tests psychologiques ne sont efficaces que lorsqu'ils sont utilisés correctement. Entre les mains de personnes sans scrupules, ou encore bien intentionnées mais mal informées, de tels tests peuvent causer des torts majeurs. Deux raisons principales justifient le contrôle de l'utilisation des tests psychologiques: a) dans le but de s'assurer que le test est utilisé par un examinateur qualifié; b) afin d'éviter que le public connaisse le contenu précis du test, ce qui le rendrait invalide.

Examinateurs qualifiés. La nécessité d'avoir des examinateurs qualifiés ressort clairement de chacune des trois composantes d'une situation de testage: le choix du test à administrer, l'administration et la correction, ainsi que l'interprétation des scores. On ne choisit pas un test de la même façon qu'une tondeuse dans un catalogue de vente par correspondance. Leur nom, leur auteur ou quelque autre marque simple d'identification ne peuvent servir à les évaluer. Aucune formation en psychologie n'est bien sûr nécessaire pour juger de facteurs tels que le coût, la quantité de matériel et l'aisance à le transporter, le temps requis pour l'administrer, ou encore la facilité et le temps nécessaire pour le corriger. On trouve habituellement dans un catalogue ces types d'informations pratiques, dont ils doivent tant tenir compte lors de la planification d'un programme de testage. Cependant, pour que le test remplisse le rôle qui lui sera dévolu, il est essentiel d'évaluer ses caractéristiques techniques, telles sa fidélité, sa validité, son niveau de difficulté et ses normes. Ce n'est qu'ainsi que les usagers pourront juger de l'à-propos de tout test en regard de leurs objectifs particuliers et des types de personnes auxquelles il sera administré.

Notre brève discussion, ci-dessus, du thème de la standardisation a déjà permis de signaler l'importance d'avoir des examinateurs bien formés. Si on veut comparer les scores obtenus par différents examinateurs ou confronter le score d'un sujet à des normes publiées, il est essentiel que les examinateurs connaissent parfaitement les consignes d'administration et les appliquent méticuleusement. Il faut également contrôler soigneusement les conditions de passation du test. De plus, une correction impropre ou imprécise peut invalider les résultats du test. En l'absence de procédures de vérification appropriées, des erreurs de correction peuvent survenir bien plus fréquemment qu'on serait porté à le croire.

L'interprétation juste des scores exige une connaissance approfondie du test, de l'examiné et des conditions de testage. Ce qui est mesuré de fait ne peut être objectivement précisé qu'en référence à la démarche de validation utilisée pour chaque test particulier. Il faut également tenir compte d'autres informations, telles la fidélité du test, les caractéristiques du groupe utilisé pour établir les normes, et ainsi de suite. Il faut connaître certains antécédents de l'examiné pour pouvoir interpréter correctement ses résultats au test. En effet, des personnes différentes peuvent obtenir un même score à un test pour des raisons fort différentes; par conséquent, on ne tirera par les mêmes conclusions de ces scores. Finalement, il faut tenir compte de facteurs spéciaux qui pourraient avoir influencé un score particulier, comme des conditions de testage inhabituelles, l'état physique ou émotif passager de l'examiné et son degré d'accoutumance à une situation de testage.

Sécurité des contenus des tests. Il va de soi que si quelqu'un mémorisait les réponses correctes à un test de daltonisme, ce test perdrait toute valeur pour évaluer la vision de cette personne. Dans de telles conditions, le test deviendrait totalement invalide. Il est clair que le contenu des tests doit être protégé contre toute tentative délibérée pour fausser les scores. Dans d'autres circonstances, toutefois, l'impact de la connaissance des contenus peut être moins clair, ou encore le test peut être invalidé de bonne foi par des personnes mal informées. Un enseignant peut, par exemple, faire pratiquer ses élèves à l'aide de problèmes qui ressemblent étroitement à ceux d'un test d'intelligence «pour qu'ils soient mieux préparés à passer le test». Pareille attitude ne fait que refléter la pratique usuelle de préparer les élèves aux examens scolaires. Toutefois, lorsqu'on l'applique à un test d'intelligence, il est fort probable que ce type de monitorat [*coaching*] augmentera les scores au test sans modifier de façon sensible le champ plus large des comportements que le test s'efforce d'évaluer. Ceci aura pour effet de réduire la validité du test en tant qu'outil de diagnostic ou de prédiction.

La protection des contenus spécifiques des tests ne nuit pas nécessairement (et ne devrait pas nuire) à une bonne diffusion d'informations techniques aux examinés, aux professionnels concernés, ainsi qu'au grand public. Cette information répond à divers besoins. En premier lieu, elle a pour but de faire disparaître le mystère qui entoure souvent le testage; elle aide ainsi à corriger toute image erronée quant aux objectifs des tests et quant à la signification de leurs scores. Les principaux éditeurs de tests ont préparé dans ce but un certain nombre de publications fort bien rédigées. Un second type d'information vise à expliquer en détail les étapes de la démarche choisie pour élaborer un test particulier et évaluer ses qualités psychométriques, ainsi qu'à présenter des données pertinentes à propos de sa fidélité, de sa validité et de ses autres qualités psychométriques. Ces informations sont habituellement regroupées dans le manuel technique préparé pour chaque test et sont accessibles à toute personne intéressée.

La diffusion d'informations à propos des tests poursuit un troisième objectif: familiariser les examinés avec la situation de testage, atténuer leurs craintes et s'assurer que chacun fonctionnera en séance au meilleur de ses habiletés. Plusieurs dépliants ont été rédigés dans ce but, certains dans une perspective générale et d'autres pour la préparation à des tests spécifiques, comme le *Scholastic Aptitude Test du College Board*. Nous reparlerons de ces textes plus loin dans ce chapitre. Une quatrième et dernière forme de communication est la rétroaction donnée aux examinés concernant leur propre performance à tout test qu'ils ont subi. Les psychologues ont mis beaucoup de soin pour déterminer les meilleures façons de transmettre ces types d'informations en tenant compte de différents contextes.

La diffusion d'informations au sujet des tests est d'une importance primordiale. Il existe des façons de procéder qui sont efficaces, et d'autres qui peuvent être nuisibles. À titre d'exemple d'une approche nuisible, mentionnons certaines tentatives irréfléchies de législation, tant au niveau fédéral qu'au niveau des États, pour contrôler le testage (Bersoff, 1981, 1983; Lerner, 1980b). Des lois furent effectivement promulguées vers la fin des années soixante-dix, en Californie et dans l'État de New York, pour encadrer la diffusion d'informations sur les tests. La plus extrême des deux lois, celle de l'État de New York, exigeait la publication sans réserves des questions et réponses aux tests dans le cas de tout programme de testage majeur pour l'admission aux institutions d'enseignement supérieur.

Étant donné que cette exigence de publication oblige les éditeurs à préparer une nouvelle version du test pour chacune de ses administrations, elle peut avoir de multiples effets négatifs. Mentionnons, entre autres, la réduction du nombre de séances de testage au cours de l'année, la hausse des coûts chargés aux candidats, ainsi qu'une application moins rigoureuse des procédures de contrôle de qualité lors de l'élaboration du test. Malgré les efforts investis pour mettre au point des techniques alternatives d'élaboration de tests, de nombreuses études devront encore être poursuivies pour évaluer la faisabilité technique et la rentabilité d'approches méthodologiques qui respectent cette loi sur la publication intégrale des contenus de tests (Marco, 1981).

L'effet le plus tangible de ces lois fut la diminution du nombre annuel de séances de testage dans ces États; les versions administrées à ces dates sont ensuite diffusées à l'échelle nationale. Dans les autres États, des tests sont administrés à des dates additionnelles; leurs contenus protégés permettent de réutiliser les items dans des versions ultérieures. Il est intéressant de remarquer que très peu d'examinés se prévalent de leur droit de connaître les réponses au test qu'ils ont passé et que ceux qui le font n'obtiennent pas une performance significativement meilleure lors d'une passation subséquente (Stricker, 1984b). Les objectifs louables qui furent à l'origine de cette proposition de dévoilement des contenus de tests peuvent être atteints de façon plus efficace et sans effets secondaires indésirables en améliorant les moyens disponibles pour communiquer aux futurs examinés de l'information à propos des tests.

L'ADMINISTRATION DES TESTS

La justification sous-jacente à tout testage se trouve dans la capacité de généraliser, à partir des comportements échantillonnés dans la situation de testage, à d'autres comportements hors de cette situation. Le score à un test devrait nous aider à prédire comment le client se sentira et agira à l'extérieur de la clinique, dans quelle mesure l'étudiant réussira son programme d'études collégiales, comment le candidat à un poste fonctionnera en milieu de travail. Toute influence spécifique provenant de la situation de testage crée de la variance d'erreur et atténue la validité du test. Voilà pourquoi il est important d'identifier tous ces facteurs spécifiques au testage qui sont susceptibles de nuire à la généralisation des résultats de tests.

Il serait facile de consacrer un volume entier à l'analyse des méthodes appropriées d'administration de tests. Mais un tel tour d'horizon déborde le cadre du présent texte. De plus, il est préférable d'acquérir ces techniques à l'intérieur d'environnements spécifiques, car aucun professionnel n'aura normalement à s'intéresser à tous les types de testages, de l'examen des nourrissons au testage clinique des patients psychotiques, ou encore à la gestion d'un programme de testage de masse pour le personnel militaire. La discussion qui suit traitera donc surtout des principes généraux de l'administration des tests, plutôt que de questions reliées à des applications plus spécifiques. On trouvera dans Sattler (1982, chapitre 5) de multiples suggestions concernant la marche à suivre pour effectuer des évaluations cliniques individuelles.

Préparation des examinateurs. Les activités de préparation à l'avance demeurent l'élément le plus important d'une démarche de testage correctement appliquée. Il faut notamment s'efforcer de prévoir et d'anticiper toutes les situations d'urgence imaginables; c'est là l'unique façon de garantir l'uniformité de la démarche d'administration d'un test.

La préparation à l'avance d'une séance de testage prend plusieurs formes. Une parfaite mémorisation des consignes verbales est essentielle dans la plupart des situations de testage. Même dans une situation de testage collectif, où on peut lire les consignes aux examinés, une lecture préalable du texte permettra d'éviter des erreurs de lecture et des hésitations, assurant ainsi un débit plus naturel et spontané lors de l'administration du test. La préparation du matériel de testage comporte une autre étape préliminaire importante. Dans des situations de testage individuel et surtout lors de l'administration de tests de rendement, cette préparation consiste à effectuer une véritable mise en place du matériel nécessaire, de façon à pouvoir le retrouver sans hésitations lors de l'administration proprement dite. On conseille de disposer le matériel sur une table adjacente à la table de testage, de façon à ce qu'il soit à la portée de l'examinateur sans toutefois distraire l'examiné. Lorsqu'on utilise un appareil, il importe d'en vérifier régulièrement le fonctionnement mécanique et de le calibrer à nouveau au besoin. Dans le cas de testage collectif, il faut vérifier, compter à l'avance, puis disposer toutes les copies du test, les feuilles-réponses, les crayons spéciaux, ou tout autre matériel requis.

Une bonne connaissance de la situation spécifique de testage constitue une importante condition préalable, qu'il s'agisse de testage individuel ou collectif. Dans le cas de testage individuel, il est habituellement essentiel d'avoir subi un entraînement supervisé pour chacun des tests utilisés. Selon le type de test ou de personne à examiner, cette formation pourra se limiter à quelques séances de démonstration ou nécessiter plus d'une année de formation. Dans le cas de testage collectif, surtout s'il s'agit d'un programme d'envergure, la préparation pourra inclure une séance d'information pour les examinateurs et les surveillants, de façon à ce que chacun d'eux sache exactement quelles tâches il devra accomplir. De façon générale, l'examinateur lit les consignes, surveille le minutage et il est responsable de toutes les personnes qui travaillent dans une même salle d'examen. Les surveillants distribuent et recueillent le matériel du test, s'assurent du respect des consignes, répondent aux questions individuelles des examinés en cours de testage en respectant les restrictions indiquées dans le manuel du test, et surveillent le plagiat.

CONDITIONS DE TESTAGE. La standardisation de la démarche ne s'applique pas qu'aux consignes verbales, au minutage, au matériel et autres aspects des tests eux-mêmes, mais également à l'environnement du testage. Il faut choisir avec soin la salle de testage. Elle devrait être exempte de bruits et de distractions indus, offrir un éclairage, une aération, des sièges et un espace de travail adéquats pour les examinés. Il faut prendre les mesures nécessaires pour ne pas être dérangé durant le testage. Il suffira simplement de fixer sur la porte, une affiche indiquant qu'un testage est en cours, dans la mesure où l'ensemble des occupants de l'édifice savent que cette affiche signifie que personne, sans exception, n'a accès à cette salle. Lorsqu'il y a testage de très grands groupes, il peut s'avérer nécessaire de barrer les portes ou de placer un surveillant à l'extérieur de chacune d'elles de façon à empêcher l'entrée des retardataires.

Il est très important de prendre conscience de l'impact potentiel des conditions de testage sur les scores des examinés. Même des éléments apparemment mineurs de cette situation peuvent modifier la performance de façon appréciable. Par exemple, le fait d'utiliser des pupitres plutôt que des chaises munies de tablettes amovibles se révéla un aspect significatif de la performance d'élèves du secondaire dans un programme de testage collectif; ceux qui bénéficièrent de pupitres eurent en moyenne de meilleurs scores (Kelley, 1943; Traxler & Hilkert, 1942). Il existe des preuves à l'effet que le type de feuille-réponses influence la performance des examinés (Bell, Hoff, & Hoyt, 1964). Il existe de nos jours des compagnies privées qui assurent la correction des tests et la préparation de rapports individuels et de groupe; celles-ci utilisent leurs propres feuilles-réponses à lecture mécanique, de telle sorte que les examinateurs utilisent souvent des feuilles-réponses différentes de celles qu'utilisèrent les membres de l'échantillon de standardisation. En l'absence de vérification empirique, on ne peut pas postuler l'équivalence de ces feuilles-réponses. En deçà de la cinquième année primaire, l'utilisation de **toute** feuille-réponses séparée peut diminuer significativement les scores (Cashen & Ramseyer, 1969; Ramseyer & Cashen, 1971). Dans ces classes, il est préférable de demander aux enfants d'inscrire leurs réponses directement dans le cahier du test.

On risque d'observer des différences encore plus significatives à tout niveau d'âge entre l'administration d'un même test sous forme papier-crayon ou par ordinateur. On s'est intéressé de très près à l'impact de cette différence dans les conditions de testage sur les normes, la fidélité et la validité, en tenant compte du type de test et des caractéristiques des populations d'examinés. Des lignes directrices spéciales ont été formulées pour aider les usagers des tests à évaluer la comparabilité des scores obtenus dans l'une ou l'autre condition (*Guidelines*, 1986; Hofer & Green, 1985).

On a découvert que plusieurs autres conditions de testage, certaines fort subtiles, avaient un impact sur les scores aux tests d'habiletés et aux tests de personnalité. Ainsi, le fait que l'examiné connaisse ou non l'examinateur peut modifier les scores de façon significative (Sacks, 1952; Tsudzuki, Hata, & Kuze, 1957). Une autre étude a révélé que l'attitude générale et le comportement de l'examinateur, comme le fait de sourire, d'opiner de la tête, de formuler des commentaires tels que **bien** ou **bravo**, avaient un effet significatif sur les résultats au test (Wickes, 1956). Dans le cas d'un test projectif où l'examiné devait rédiger des histoires suggérées par des images qui lui étaient présentées, la présence de l'examinateur dans la pièce tendait à diminuer la quantité de contenus fortement émotifs (Bernstein, 1956). Dans le cas de l'administration d'un test de dactylographie, les candidats à un poste dactylographiaient à un rythme significativement plus rapide lorsqu'ils étaient testés seuls plutôt qu'en petits groupes de deux ou plus (Kirchner, 1966).

On pourrait multiplier de tels exemples. Trois conclusions se dégagent de ces observations. Premièrement, respectez les consignes dans leurs moindres détails. L'auteur et l'éditeur d'un test ont la responsabilité de décrire en détail ces consignes dans le manuel du test. Deuxièmement, notez toute condition inhabituelle de testage, si minime soit-elle. Troisièmement, tenez compte des conditions de testage lors de l'interprétation des résultats au test. Dans des situations d'évaluation en profondeur à l'aide de testage individuel, il arrivera qu'un examinateur expérimenté s'écarte de la démarche standard dans le but d'obtenir des informations additionnelles pour des raisons spéciales. Dans ce cas, il n'est plus possible d'interpréter les résultats du test en utilisant les normes; le matériel du test ne sert alors qu'à une exploration qualitative. Les réponses devraient par conséquent être analysées de la même façon que toute observation informelle du comportement ou que tout matériel d'entrevue.

La présentation du test: climat interpersonnel et motivation de l'examiné. Dans le cadre de l'administration d'un test, le terme **climat interpersonnel** [*rapport*] désigne ici les efforts de l'examinateur pour susciter l'intérêt de l'examiné vis-à-vis du test, obtenir sa coopération et l'encourager à répondre d'une façon appropriée en regard des objectifs du test. Dans le cas de tests d'habiletés, ce climat est établi lorsque l'examiné se concentre bien sur les tâches présentées et fournit tous les efforts dont il est capable pour bien réussir. Dans le cas d'inventaires autoadministrés, la situation requiert de l'examiné qu'il donne des réponses franches et honnêtes à des questions qui traitent de ses comportements usuels; certains tests projectifs demandent de rapporter toutes les évocations suscitées par les stimuli, sans aucune censure ni révision de ces contenus. D'autres tests peuvent requérir d'autres approches. Mais, dans tous les cas, l'examinateur s'efforce de motiver les répondants à respecter les consignes de façon aussi rigoureuse et consciencieuse que possible.

La formation des examinateurs inclut l'apprentissage de techniques pour établir un climat interpersonnel approprié, tout autant que celles qui concernent plus directement l'administration du test lui-même. Comme tous les autres aspects du testage, l'établissement du climat interpersonnel exige des conditions uniformes afin d'assurer la comparabilité des résultats. Si un enfant reçoit un cadeau chaque fois qu'il réussit un problème du test, on ne pourra pas comparer sa performance aux normes, pas plus qu'à celle d'autres enfants qui n'ont reçu pour tout encouragement que les commentaires et les louanges usuels. Tout écart aux conditions normales de motivation des examinés devrait être noté dans le rapport du test et pris en considération dans l'interprétation des résultats.

Bien qu'il soit plus facile d'établir un bon climat en situation de testage individuel, il est également possible, en situation de testage collectif, de prendre diverses mesures pour motiver les sujets et atténuer leur anxiété. Les techniques spécifiques pour l'établissement du climat varient selon la nature du test, l'âge ou d'autres caractéristiques des examinés. Dans le cas d'enfants d'âge préscolaire, les facteurs spéciaux qu'il faut surveiller incluent la timidité avec les étrangers, la distractivité et le négativisme. L'examinateur pourra contribuer à rassurer l'enfant en adoptant une attitude joviale, amicale et détendue. L'enfant timide nécessite une plus longue période préliminaire d'acclimatation à l'environnement. Pour cette raison, il est préférable que l'examinateur ne se montre pas trop démonstratif au début, mais attende que l'enfant soit prêt à établir un premier contact. Les séances de testage devraient être courtes; les tâches présentées devraient être variées et intrinsèquement intéressantes pour l'enfant. Il est préférable de présenter le testage à l'enfant comme un jeu et d'éveiller son intérêt au début de chaque nouvelle tâche.

Une certaine flexibilité d'approche est requise à ces âges, à cause d'un refus possible de collaborer, de perte d'intérêt ou d'autres manifestations de négativisme.

Les élèves du premier cycle du primaire posent souvent des problèmes de testage similaires à ceux d'âge préscolaire. L'approche par le jeu demeure le moyen le plus efficace pour éveiller leur intérêt vis-à-vis du test. L'enfant plus âgé peut habituellement être motivé en faisant appel à son esprit compétitif et à son désir de bien réussir le test. Cependant, lorsqu'il s'agit de tester des enfants de milieu défavorisé ou de culture différente, l'examinateur ne peut postuler qu'ils auront le même désir de réussir des tâches scolaires que les enfants de l'échantillon de standardisation. Ce problème, de même que d'autres associés au testage de personnes provenant de milieux moins habituels, seront étudiés plus en détail au chapitre 7.

On risque de faire face à des problèmes spéciaux de motivation lors du testage de personnes émotivement troublées, de prisonniers ou de jeunes délinquants. Surtout lorsqu'elles sont examinées en milieu institutionnel, ces personnes peuvent fort bien manifester un certain nombre d'attitudes défavorables, telles le soupçon, l'insécurité, la peur ou l'indifférence cynique. Diverses conditions découlant de leurs expériences passées risquent également d'avoir un impact négatif sur leur performance aux tests. Par exemple, à la suite d'échecs et de frustrations dès leurs premières années d'école, ils peuvent avoir développé des sentiments d'hostilité et d'infériorité vis-à-vis des tâches scolaires, auxquelles le test ressemble. L'examinateur expérimenté doit faire des efforts spéciaux pour établir un bon climat interpersonnel en dépit de ces conditions défavorables. De toute façon, il doit être sensible à ces difficultés et en tenir compte lors de l'interprétation des résultats et de leur transmission aux examinés.

Il faut garder à l'esprit que le testage de tout enfant ou adulte constitue une menace possible au prestige de la personne. Il faut donc rassurer l'examiné dès le début. Il peut être utile, par exemple, de lui expliquer qu'on ne s'attend aucunement à ce que les sujets puissent compléter ou réussir tous les problèmes. Sinon, l'examiné pourra ressentir un sentiment croissant d'échec à mesure qu'il progresse vers les items les plus difficiles ou qu'il n'arrive pas à terminer une seule épreuve dans les délais impartis.

Il est également souhaitable d'éliminer autant que possible de la situation de testage tout élément de surprise, car l'inattendu et l'inconnu tendent à engendrer de l'anxiété. Plusieurs tests collectifs incluent dans leurs consignes un texte explicatif préliminaire que l'examinateur doit lire au groupe. Mieux encore, on peut remettre à l'avance aux examinés des documents qui expliquent les buts et la nature du test, donnent des suggestions générales sur la façon de répondre aux items et présentent quelques problèmes types. Plusieurs programmes de testage à grande échelle, comme ceux que réalise le College Board, incluent la remise de tels livrets explicatifs aux examinés.

Le testage des adultes suscite d'autres problèmes. Contrairement aux enfants, il est moins probable qu'un adulte s'efforce de réussir simplement parce que la tâche lui a été proposée. Il devient par conséquent plus important de **vendre** les objectifs du test à l'adulte; même les étudiants du secondaire et du collégial réagiront bien à de tels arguments. On réussit habituellement fort bien à obtenir la coopération? des examinés en les convainquant qu'il est dans leur intérêt d'obtenir un score valide, c'est-à-dire un score qui reflète exactement ce qu'ils peuvent faire plutôt que de surestimer ou de sous-estimer leurs habiletés. La plupart des gens comprendront qu'une décision erronée, résultat probable de scores invalides, signifierait un échec ultérieur, une perte de temps et de nombreuses frustrations. Cette approche peut s'avérer utile, non seulement pour motiver les examinés à faire de leur mieux aux tests d'habiletés, mais aussi pour réduire les tentatives de fausses réponses aux tests de personnalité; les répondants réalisent en effet qu'eux-mêmes seraient les perdants. Ce n'est sûrement pas intéressant d'être admis à un programme d'études pour lequel on ne possède pas les habiletés préalables ou d'obtenir un emploi qu'on ne peut exercer correctement ou qui ne correspondrait pas à nos besoins et intérêts.

VARIABLES RELIÉES À LA SITUATION ET À L'EXAMINATEUR

Des recensions très détaillées de l'impact sur les scores aux tests de diverses variables associées à l'examinateur ou à la situation ont été périodiquement publiée? (Lutey & Copeland, 1982; Masling, 1960; S. B, Sarason, 1954; Sattler, 1970, 1982, p. 361-363, 370; Sattler & Theye, 1967). Bien que certains effets aient été observés dans le cas de tests collectifs, la plupart de ces études ont été réalisées en utilisant des tests projectifs ou des tests individuels d'intelligence. Ces facteurs ont plus de chances d'exercer un effet lorsque les stimuli sont peu structurés et ambigus, ou lorsque les tâches sont nouvelles et difficiles plutôt que bien circonscrites et maîtrisées. De façon générale, les enfants sont plus facilement influencés que les adultes par ces variables relevant de l'examinateur ou de la situation. Le rôle de l'examinateur est particulièrement crucial lorsqu'il s'agit d'examiner des enfants d'âge préscolaire. Il y a égale-ment plus de chances que les personnes émotivement troublées soient plus affectées par ces variables que les personnes bien équilibrées.

Plusieurs caractéristiques des examinateurs ont été étudiées pour en vérifier l'impact sur la performance des sujets aux tests individuels d'intelligence et aux tests projectifs: l'âge, le sexe, l'ethnie, le statut professionnel ou socio-économique, la formation et l'expérience, certains traits de personnalité, ainsi que l'apparence physique. Bien qu'on ait obtenu un certain nombre de liens significatifs, les résultats sont souvent peu concluants ou difficiles à interpréter, parce que le devis de recherche ne permettait pas d'isoler ou de contrôler adéquatement l'influence de diverses caractéristiques des examinateurs ou des examinés. Par conséquent, les effets de deux ou plusieurs variables étaient souvent confondus.

On a réussi à démontrer de façon plus concluante que le comportement de l'examinateur immédiatement avant ou pendant l'administration d'un test pouvait avoir un impact sur les résultats. Par exemple, des études bien contrôlées ont permis de mettre en évidence des écarts significatifs de performance à des tests d'intelligence selon que la relation entre l'examinateur et les examinés était «chaleureuse» plutôt que «froide», ou selon que l'examinateur adoptait une attitude rigide et distante plutôt que naturelle (Exner, 1966; Masling, 1959). De plus, il peut exister des interactions significatives entre les caractéristiques des examinateurs et celles des examinés, en ce sens qu'une même caractéristique ou attitude de l'examinateur peut avoir un impact différent chez des examinés différents en fonction des caractéristiques personnelles de ces derniers. Des interactions similaires sont possibles vis-à-vis de composantes de la tâche, telles la nature du test, l'objectif du testage et les consignes données aux examinés. Dyer (1973) allonge davantage la liste de ces variables, mentionnant notamment l'impact possible des perceptions différentielles que les examinateurs et les examinés entretiennent vis-à-vis des rôles et des fonctions du testage.

Les attentes que l'examinateur entretient vis-à-vis du sujet peuvent influencer par inadvertance les résultats des examinés; il s'agit là d'un cas particulier de prophétie autoréalisatrice [*self-fulfilling prophecy*] (Harris & Rosenthal, 1985; Rosenthal, 1966; Rosenthal & Rosnow, 1969). Nous allons l'illustrer à l'aide d'une expérience réalisée avec le Rorschach (Masling, 1965). Quatorze étudiants à la maîtrise s'étaient portés volontaires pour administrer ce test. On mentionna à sept d'entre eux que les examinateurs expérimentés suscitaient plus de réponses humaines qu'animales, cependant que les sept autres recevaient le message opposé. Sous ces conditions, les deux groupes d'examinateurs obtinrent de leurs examinés des proportions significativement différentes de réponses humaines par rapport aux réponses animales. Ces différences se produisirent en dépit du fait que ni les examinateurs ni les examinés ne rapportèrent avoir eu conscience d'une quelconque tentative pour les influencer. De plus, l'analyse des bandes sonores de toutes les séances de testage ne révéla aucune preuve d'influence verbale de la part des examinateurs. Apparemment, ces derniers manifestèrent leurs attentes par le biais d'indices posturaux ou faciaux très subtils, auxquels réagirent les examinés.

Outre l'examinateur, d'autres aspects de la situation de testage peuvent avoir un impact significatif sur la performance au test. Par exemple, les recrues militaires ont souvent été examinées peu de temps après leur incorporation, en pleine période d'adaptation intensive à une situation peu familière et remplie de stress. Dans le cadre d'une étude qui visait à vérifier l'impact d'un tel processus d'acclimatation sur la performance aux tests, 2 724 recrues reçurent la batterie *Navy Classification* durant leur 9e journée au centre de formation navale (Gordon & Alf, 1960). Lorsqu'on compara leurs scores à ceux d'un groupe de 2 180 recrues qui avaient été testées à la période habituelle, soit le 3e jour, le premier groupe obtint des scores significativement plus élevés à tous les sous-tests de la batterie.

Les activités que font les examinés immédiatement avant la passation du test peuvent également affecter leur performance, surtout si ces activités engendrent des perturbations émotives, de la fatigue ou d'autres conditions nuisibles. Lors d'une étude auprès d'élèves de 3e et 4e années du primaire, les résultats indiquèrent que l'activité scolaire qui avait immédiatement précédé la passation du test *Dessin d'une personne* avait quelque peu influencé le QI obtenu (McCarthy, 1944). Lors d'un premier testage, ils avaient eu pour tâche préalable de rédiger une composition sur le sujet «La meilleure chose qui me soit jamais arrivée»; lors de la seconde séance de testage, ils avaient également rédigé une composition, mais cette fois sur le sujet «La pire chose qui me soit jamais arrivée». Les QI obtenus au second test, faisant suite à une expérience potentiellement déprimante, étaient en moyenne de quatre à cinq points inférieurs à ceux du premier test. Ces résultats furent confirmés lors d'une étude subséquente spécifiquement destinée à vérifier l'impact d'une tâche immédiatement préalable sur le test *Dessin d'une personne* (Reichenberg-Hackett, 1953). Dans cette étude, des enfants qui avaient vécu une expérience agréable, où ils avaient réussi un casse-tête intéressant et reçu en conséquence un cadeau et des bonbons, améliorèrent plus leur score au test que ceux qui avaient vécu des expériences neutres ou moins agréables. W. E. Davis (1969a, 1969b) obtint des résultats similaires avec des étudiants de niveau collégial. La performance à un test de raisonnement arithmétique se révéla significativement plus faible dans un groupe où la passation était précédée d'une expérience d'échec à un test de compréhension verbale que dans un groupe de contrôle qui n'avait reçu aucun test préalable, ou que dans un troisième qui avait reçu un test standard de compréhension verbale, administré dans des conditions normales.

Plusieurs études se sont intéressées à l'impact de la transmission des résultats aux tests sur la performance subséquente des individus. Au terme d'une recherche particulièrement bien structurée auprès d'élèves de 7e année du primaire, Bridgeman (1974) a découvert que la transmission de messages de réussite était suivie de performances significativement plus élevées que celle de messages d'échec chez des élèves qui avaient de fait obtenu des résultats initiaux identiques. Ce type de rétroaction exercerait surtout son effet sur la motivation par l'intermédiaire des objectifs que les participants se fixent lors des essais subséquents; il constituerait par conséquent un exemple additionnel de prophétie autoréalisatrice. Il ne faut toutefois pas confondre ce type de rétroaction **motivationnelle** avec la rétroaction correctrice, où l'on pointe à l'examiné les items qu'il a échoués en y ajoutant un enseignement correctif; dans de telles conditions, il y a de fortes chances que la rétroaction améliore la performance des sujets qui avaient obtenu des scores initiaux faibles.

Les exemples présentés dans cette section illustrent la diversité des variables de la situation de testage qui peuvent influencer les scores aux tests. Dans la plupart des programmes de testage bien gérés, ces variables ont, en pratique, un impact négligeable. L'examinateur expérimenté demeure toutefois constamment à l'affût de leur présence potentielle afin de minimiser leur influence. Lorsque les circonstances ne permettent pas de contrôler ces conditions, il faudra formuler avec prudence toute conclusion concernant la performance des examinés au test.

L'ANXIÉTÉ À L'ÉGARD DES TESTS

Tous les gestes que l'examinateur pose pour établir un bon climat contribuent simultanément à réduire l'anxiété. Tous ces aspects de la situation de testage destinés à dissiper la surprise et l'étrangeté, ainsi qu'à rassurer et encourager l'examiné, devraient sûrement aider à diminuer l'anxiété. L'attitude de l'examinateur, tout autant qu'une démarche de testage bien organisée et exempte de cafouillage, devrait concourir à atteindre ce but.

Les différences individuelles sur le plan de l'anxiété à l'égard des tests ont été étudiées auprès d'élèves du primaire et de collégiens (Gaudry & Spielberger, 1974; I. G. Sarason, 1980; Spielberger, 1972). La plupart de ces recherches ont été réalisées par S. B. Sarason et ses collègues à l'université Yale (Sarason, Davidson, Lighthall, Waite, & Ruebush, 1960). La première étape consista à construire un questionnaire pour évaluer les attitudes des sujets vis-à-vis du testage. La version mise au point pour les enfants contenait des items similaires à ceux-ci:

Êtes-vous très inquiet avant de passer un test?

Lorsque l'enseignante annonce qu'elle va vérifier ce que vous avez appris, est-ce que votre cœur se met à battre plus vite?

Pendant que vous répondez à un test, vous dites-vous habituellement que ça ne va pas très bien?

Le résultat le plus important était que les scores aux tests d'intelligence et les notes scolaires entretenaient un lien négatif avec l'indice d'anxiété vis-à-vis des tests. On a obtenu des corrélations similaires avec des collégiens (I. G. Sarason, 1961). Des études diachroniques ont pour leur part révélé un lien inverse entre le changement du niveau d'anxiété et celui de la performance aux tests d'intelligence ou de rendement scolaire (Hill & Sarason, 1966; Sarason, Hill, & Zimbardo, 1964).

De tels résultats ne précisent pas, bien sûr, la direction des liens causals. Il se peut que les élèves développent de l'anxiété à l'égard des tests parce qu'ils ne réussissent pas très bien et qu'ils ont par conséquent vécu des expériences d'échec et des frustrations lors de testages antérieurs. En guise d'appui à cette interprétation, mentionnons cette découverte, qu'au sein de sous-groupes de sujets ayant obtenu des scores élevés à des tests d'intelligence, la corrélation négative entre l'anxiété à l'égard des tests et la performance disparaissait (Denny, 1966; Feldhusen & Klausmeier, 1962). D'autre part, certains résultats d'études suggèrent que ce lien négatif serait attribuable au moins partiellement à l'impact nocif de l'anxiété sur la performance aux tests. En effet, dans le cadre de l'une de ces études (Waite, Sarason, Lightall, & Davidson, 1958), des enfants très anxieux et peu anxieux, qui avaient par ailleurs obtenu des scores comparables à un test d'intelligence, eurent l'occasion de pratiquer à plusieurs reprises une tâche d'apprentissage. Les deux groupes obtinrent des performances initiales comparables à cette tâche, mais les sujets peu anxieux s'améliorèrent significativement plus vite que les sujets très anxieux.

Plusieurs chercheurs ont comparé les performances de personnes placées dans des conditions anxiogènes ou détendues. Mandler et Sarason (1952) découvrirent, par exemple, que des consignes **engageantes** [*ego-involving*], comme le fait de rappeler aux examinés que tous devraient terminer à l'intérieur du temps alloué, avaient un effet positif sur les performances des personnes peu anxieuses, mais un effet négatif dans le cas de personnes très anxieuses. D'autres chercheurs ont, de façon similaire, observé un effet d'interaction entre certaines conditions de testage et des caractéristiques des sujets, telles que le degré d'anxiété et la motivation à réussir (Lawrence, 1962; Paul & Eriksen, 1964). Il semblerait donc que la relation entre l'anxiété et la performance aux tests ne soit pas linéaire: une anxiété légère serait bénéfique, tandis qu'un niveau élevé serait nuisible. Les personnes qui ne sont pas habituellement anxieuses tirent avantage de conditions de testage qui éveillent un peu d'anxiété, tandis que les personnes habituellement anxieuses fonctionnent à leur mieux dans des conditions plus détendues.

Il ne fait aucun doute qu'une anxiété chronique exerce un effet nuisible sur l'apprentissage scolaire et sur le développement de l'intelligence. Il faut cependant distinguer ce type d'anxiété de ce qui nous préoccupe ici, soit une anxiété circonscrite au testage. Dans quelle mesure l'anxiété à l'égard du testage rend-elle la performance d'un individu à un test peu représentative de son niveau de performance dans des situations de la vie courante? Tenant compte de la forte compétition à laquelle doivent faire face les finissants du secondaire qui se destinent à des études collégiales, on a soutenu que la performance aux tests d'admission aux études collégiales pouvait être indûment influencée par l'anxiété à l'égard des tests. Dans le cadre d'une étude approfondie et bien contrôlée de ce problème, French (1962) compara la performance d'étudiants du secondaire à un test qu'ils avaient subi dans le cadre de l'administration normale du *Scholastic Aptitude Test*, à leur performance lors d'une version parallèle de ce test, administrée à un moment différent dans une atmosphère détendue. Les consignes données lors de cette seconde occasion spécifiaient que le test était administré strictement pour des fins de recherche et que leurs scores ne seraient transmis à aucun collège. Les résultats démontrèrent que la performance n'était pas inférieure dans les conditions normales par opposition aux conditions détendues. De plus, la validité concomitante des scores au test, en regard d'un critère de rendement scolaire dans les cours de niveau secondaire, n'était pas significativement différente d'une condition à l'autre. Plusieurs études récentes ont également remis en question le stéréotype courant de l'étudiant anxieux qui connaît bien sa matière, mais qui devient complètement «paralysé» en situation de testage (voir Culler & Holahan, 1980). Ces chercheurs découvrirent que les étudiants qui obtiennent un score élevé, sur une échelle d'anxiété à l'égard des tests, ont des résultats scolaires inférieurs à ceux dont l'anxiété est moindre, mais aussi des habitudes de travail moins efficaces.

Les recherches sur la nature, la mesure et le traitement de l'anxiété vis-à-vis des tests se poursuivent à un rythme de plus en plus accéléré (I. G. Sarason, 1980; Spielberger, Anton, & Bedell, 1976; Spielberger, Gonzalez, & Fletcher, 1979; Spielberger, Gonzalez, Taylor, Algaze, & Anton, 1978; G. S. Tryon, 1980). En ce qui a trait à la nature de l'anxiété vis-à-vis des tests, deux composantes importantes ont été identifiées, nommément **l'émotivité** et **l'inquiétude**. La composante d'émotivité inclut des sentiments et des réactions physiologiques, telles que la tension et le rythme cardiaque accéléré. La composante d'inquiétude, dite cognitive, comprend des pensées négatives dirigées vers soi, telles que des prévisions de faible réussite et une préoccupation à propos des conséquences d'un échec. Ces pensées éloignent l'attention de l'examiné des comportements de résolution de problèmes requis par le test, sabotant ainsi sa performance. Plusieurs échelles d'anxiété à l'égard des tests mesurent ces deux composantes. Bien que fréquemment utilisées pour des fins de recherche, ces échelles n'étaient disponibles, jusqu'à tout récemment, qu'en fouillant dans des comptes rendus scientifiques. Le *Test Anxiety Inventory*, mis au point par Spielberger et ses collègues, est un exemple d'échelle commercialement diffusée.

On a consacré beaucoup d'efforts à l'élaboration et à l'évaluation de méthodes de traitement de l'anxiété à l'égard des tests. Celles-ci incluent diverses techniques de thérapie behaviorale destinées à réduire la composante émotive de l'anxiété à l'égard des tests. Ces techniques ont donné des résultats dans l'ensemble positifs; toutefois, à cause de failles méthodologiques dans les études évaluatives, il est difficile de préciser à quelle technique en particulier attribuer les améliorations (G. S. Tryon, 1980). De fait, la composante émotive de l'anxiété à l'égard des tests tend à diminuer d'un testage à l'autre, même dans les groupes de contrôle sans intervention thérapeutique ou dans ceux qui reçoivent une **pseudothérapie** crédible. De plus, la diminution de l'émotivité a peu ou pas d'effet sur le niveau de performance.

La performance, aussi bien aux tests que dans le travail scolaire, a plus de chances de s'améliorer lorsque le traitement est orienté vers les réactions cognitives dirigées contre soi. Les recherches réalisées jusqu'à présent indiquent que les meilleurs résultats proviennent de programmes d'intervention combinés, c'est-à-dire qui comprennent l'élimination de l'émotivité et de l'in-quiétude, en même temps que l'amélioration des habiletés d'étude. L'anxiété à l'égard des tests est un phénomène complexe; ses causes sont multiples et la contribution relative de chacune d'elles varie d'une personne à l'autre. Pour être efficaces, les programmes de traitement devraient être adaptés aux besoins individuels. Il faut également garder à l'esprit que l'anxiété à l'égard des tests n'est que l'une des manifestations d'un ensemble plus large de conditions qui nuisent à la performance des individus en situation d'apprentissage.

L'IMPACT DE L'ENTRAÎNEMENT SUR LA PERFORMANCE AUX TESTS

Lorsqu'il s'agit d'évaluer l'impact de l'entraînement ou de la pratique sur les scores aux tests, la question fondamentale qu'il faut se poser est la suivante: l'amélioration se limite-t-elle aux items spécifiques du test ou s'étend-elle au domaine plus large des comportements que le test a pour but d'évaluer? (Anastasi, 1981a, 1981b). La réponse à cette question reflète la différence entre le simple monitorat [*coaching*] et l'éducation. Il va sans dire que toute expérience éducative formelle ou informelle, vécue par une personne en milieu scolaire ou ailleurs, devrait se refléter dans sa performance à des tests qui échantillonnent ce domaine de comportements. De tels acquis éducatifs n'invalideront aucunement le test, dans la mesure où le score à ce test transmettra une image exacte du niveau d'habileté atteint par l'individu dans ce champ particulier. Cette différence comporte bien sûr des degrés. En effet, ces influences ne peuvent être classées dans deux catégories uniquement, restreintes ou étendues; leur amplitude varie largement, à partir de celles qui n'affectent qu'une seule passation d'un seul test jusqu'à celles qui ont un impact sur une majorité des activités de l'individu, en passant par celles qui ont un impact sur tous les items d'un type particulier. Toutefois, du point de vue d'un testage efficace, il demeure possible de formuler une distinction pratique. Ainsi, on peut affirmer que la validité d'un score à un test est compromise seulement si une expérience particulière augmente ce score sans modifier parallèlement de façon appréciable le domaine de comportements que le test a pour but de mesurer.

Le monitorat. Les effets du monitorat ont fait l'objet d'un grand nombre d'études. Parmi les plus anciennes, on retrouve un groupe d'études menées par des psychologues britanniques pour évaluer l'impact de la pratique et du monitorat sur les tests utilisés à l'époque pour assigner les jeunes de 11 ans à divers types d'écoles secondaires (Yates et al., 1953-1954). Comme on devrait s'y attendre, le degré d'amélioration dépend des habiletés des examinés et de leurs expériences éducatives antérieures, de la nature des tests, ainsi que de la quantité et du type de monitorat offert. Les personnes dont les antécédents éducatifs sont déficients ont plus de chances de profiter d'un monitorat spécial que ceux qui ont bénéficié d'excellentes expériences éducatives et qui sont déjà bien préparés à passer un test. Il est également évident que l'amélioration des scores au test sera d'autant plus considérable qu'il y aura une grande similitude entre le contenu du test et le matériel utilisé pour le monitorat. D'autre part, plus l'enseignement est circonscrit au contenu spécifique du test, moins il y a de chances que l'amélioration s'étende à la performance du sujet dans le domaine plus large représenté par le critère. De plus, plusieurs études sur l'impact du monitorat ont débouché sur des résultats ambigus et ininterprétables, à cause d'importantes faiblesses méthodologiques (Anastasi, 1981a; Bond, 1988; Messick, 1980a). La plus importante de ces faiblesses consiste à ne pas utiliser un groupe de contrôle sans monitorat qui soit en tous points comparable au groupe avec monitorat. Les étudiants qui, par exemple, s'inscrivent dans des programmes commerciaux de monitorat se sont autosélectionnés et tendent à se distinguer des membres du groupe de contrôle par leurs habiletés initiales, leur motivation ou d'autres caractéristiques personnelles susceptibles d'influencer leur performance au test. De plus, lorsqu'on utilise un devis expérimental avec un prétest et un post-test, il est difficile de s'assurer que les examinés manifesteront aux deux occasions un même désir de réussir; ce problème est particulièrement aigu lorsqu'un test est administré dans des conditions normales, tandis que l'autre est présenté lors d'une séance spéciale de pratique ou pour les fins d'une recherche.

Le *College Entrance Examination Board* s'est beaucoup inquiété de la dissémination de programmes de monitorat mal conçus, destinés aux candidats aux études collégiales. Dans le but d'éclaircir la question, le *College Board* a réalisé plusieurs expériences bien contrôlées pour évaluer l'impact de ce monitorat sur le *Scholastic Aptitude Test* (SAT); il a aussi recensé les résultats d'études similaires effectuées par des chercheurs indépendants (Donlon, 1984; Messick, 1980a, 1981; Messick & Jungeblut, 1981). Ces études comparaient une variété de méthodes de monitorat et incluaient des élèves d'écoles secondaires publiques et privées. On s'intéressa également à des échantillons d'étudiants de groupes minoritaires, provenant aussi bien de milieux urbains que ruraux. La conclusion qu'on peut tirer de l'ensemble de ces études est que ces exercices intensifs sur des items similaires à ceux du SAT ont peu de chances de produire des résultats supérieurs à ceux qu'on observerait lors d'une seconde passation du SAT au terme d'une année additionnelle d'études secondaires.

Il convient également de signaler que, dans le cadre de leur démarche d'élaboration de tests, des organismes comme le *College Board et le Graduate Record Examination Board* vérifient le degré de résistance de nouveaux types d'items au monitorat (Evans & Pike, 1973; Powers, 1983; Powers & Swinton, 1984; Swinton & Powers, 1985). On ne conserve pas dans les versions opérationnelles de ces tests des types d'items dont la réussite peut être sensiblement augmentée par des exercices intensifs de courte durée ou par un enseignement très circonscrit et focalisé. Mentionnons, à titre d'exemple, ce type de problème dont la solution exige la découverte d'un simple truc, qui une fois maîtrisé peut être directement appliqué à la solution de tous les problèmes de même type. Leur réapparition dans un test ultérieur évaluerait la mémoire de rappel plutôt que les habiletés de résolution de problèmes. Les types d'items très complexes, qui introduisent du matériel nouveau et peu familier et qui exigent des consignes longues et compliquées, constituent un autre exemple d'items sensibles au monitorat (Powers, 1986).

Dans son sens restreint et traditionnel, le monitorat a pour objectif de développer des habiletés très spécifiques, qui risquent d'être peu utiles dans la vie courante. De même, la pratique qui consiste à **enseigner en fonction d'un test** [*teaching to the test*] tend à concentrer les apprentissages sur l'échantillon restreint d'habiletés et de connaissances couvertes par le test, plutôt que sur le domaine de connaissances beaucoup plus large que le test tente d'évaluer. Les lois de divulgation, dites **vérité dans le testage** [*truth in testing*], qui exigent de rendre disponible au public le contenu d'un test après une seule administration, encouragent également la centration des individus sur des habiletés spécifiques aux tests, donc moins généralisables. Enfin, dans la mesure où le monitorat peut être accessible à certains et non à d'autres, il tend à introduire des différences individuelles sur le plan d'habiletés circonscrites à la passation de tests, ce qui diminue la valeur diagnostique du test.

Accoutumance. Les effets de l'accoutumance au testage, c'est-à-dire de la simple passation répétitive de tests, sont également pertinents dans le présent contexte. Dans les études où l'on utilise des versions parallèles d'un même test, on note une tendance à la hausse pour le second score. Des gains moyens significatifs ont été rapportés lorsque des versions parallèles étaient administrées, soit immédiatement l'une après l'autre, soit après des intervalles variant de un jour à trois ans (Donlon, 1984; Droege, 1966; Peel, 1951, 1952). On a noté des résultats similaires aussi bien avec des élèves normaux qu'intellectuellement doués, avec des élèves du secondaire et du collégial, ou avec des échantillons d'employés. On devrait normalement retrouver dans les manuels de tests des données sur la distribution prévisible des gains lors d'un retest avec une version parallèle; il faut évidemment tenir compte de tels gains, s'il y a lieu, lors de l'interprétation des scores.

La hausse des scores ne se limite pas aux versions parallèles. Toute personne qui a vécu de multiples expériences de passation de tests standardisés jouit d'un certain avantage par rapport à celle qui vit cette expérience pour la première fois (Millman, Bishop, & Ebel, 1965; Rodger, 1936). Cet avantage résulte en partie du fait de ne plus être confronté au sentiment initial de nouveauté, ainsi que d'avoir développé une plus grande confiance personnelle et de meilleures attitudes à l'égard du testage; il résulte également du dédoublement partiel des contenus et des fonctions mentales évalués par bon nombre de tests. Le fait de bien connaître certains types courants d'items et d'avoir maîtrisé l'utilisation des feuilles-réponses pour des questions objectives peut également augmenter légèrement la performance. Il est particulièrement important de tenir compte de cette accoutumance au testage lorsqu'on compare les scores de personnes dont les expériences antérieures de testage peuvent différer grandement. Dans le cas de tests administrés par ordinateur, il faut prêter attention à la connaissance que possède l'examiné de ce type particulier d'administration de tests (Guidelines, 1986; Hofer & Green, 1985).

De courtes séances de mise en situation et de pratique peuvent se révéler très efficaces pour diminuer les écarts individuels sur ce plan de l'accoutumance au testage (Anastasi, 1981a; Wahlstrom & Boersman, 1968). Ces exercices de sensibilisation réduisent l'impact différentiel spécifique des expériences antérieures de testage. Étant donné que ces différences individuelles sont spécifiques à la situation de testage, leur atténuation devrait contribuer à hausser la validité de l'évaluation du domaine général de comportements que le test a pour rôle de mesurer. À titre d'exemple d'une telle approche, mentionnons la brochure que publie le *College Board*; intitulée *Taking the SAT* (*College Board*, 1984), cette brochure est remise à tous les candidats à des études collégiales qui s'inscrivent à ce test. Cette brochure offre diverses suggestions pour améliorer le comportement en situation de testage, illustre et explique les divers types d'items que contient le test, et comprend une version complète du test, que les étudiants sont invités à passer en respectant le minutage prévu, puis à scorer à l'aide de la clef de correction fournie. Une brochure similaire, *About achievement tests* (*College Board*, 1984-1985), illustre et explique divers items provenant de tests de rendement dans diverses disciplines.

Les examens du *Graduate Record* (GRE) offrent eux aussi un matériel de sensibilisation. Le *Information Bulletin* distribué à tous les candidats inclut l'explication d'items types extraits du *General Test*, ainsi qu'une version complète qui n'est plus utilisée, avec sa clef de correction. Des versions additionnelles sont régulièrement publiées pour ce test sous la forme d'un volume (*Practicing to Take the GRE General Test*). Des brochures de pratique similaires sont également disponibles pour les tests du GRE dans plusieurs disciplines spécifiques.

La diffusion accrue de matériel de sensibilisation au testage, au cours des années soixante-dix et quatre-vingt, ne s'est pas limitée aux imprimés; elle comprend des diapositives, des transparents pour rétroprojecteur, des vidéocassettes et des logiciels. Plusieurs de ces documents ont été réalisés par *Educational Testing Service*, qui en assure la diffusion. Certains sont conçus pour préparer à la passation d'un test bien précis, tel le diaporama qui accompagne le texte *Taking the SAT* ou d'autres diaporamas sur l'interprétation des scores à ce test ou aux tests de rendement du *College Board* (*College Board*, 1983a, 1983b). On peut également se procurer un logiciel pour micro-ordinateur destiné à expliquer la signification des scores au SAT (*College Board*, 1985). Un logiciel assez élaboré de préparation au testage a été mis au point pour les étudiants qui projettent de passer le *GRE General Test* (*Practicing to Take*, 1986). Grâce à un programme informatique interactif, ce logiciel fournit: des items types, une situation de testage simulée et minutée, des explications concernant les items échoués, ainsi qu'une analyse des forces et faiblesses de l'examiné. D'autres productions (imprimés, films, ensembles multimédia, logiciels) poursuivent des objectifs de sensibilisation plus générale au testage; leur clientèle s'étend des élèves du primaire aux adultes. Mentionnons, à titre d'exemple, *On Your Own: Preparing for a Standardized Test* (1987), un vidéodisque destiné aux élèves du secondaire, à présenter individuellement ou collectivement. Le volume *How to Take a Test: Doing Your Best* (Dobbin, 1984) est un guide simple et très détaillé. Quelques éditeurs de tests, parmi les plus importants, ainsi que des services gouvernementaux, ont également rédigé des guides de sensibilisation au testage. Mentionnons, à titre d'exemple, l'ensemble de documents qui accompagnent le *General Aptitude Test Battery* (GATB) construit par le *U. S. Employment Service* (*U. S. Department of Labor*, 1968, 1971).

Enseignement d'habiletés cognitives générales. Quelques chercheurs poursuivent leur exploration d'une approche totalement différente pour améliorer la performance aux tests. Leur objectif consiste à développer des habiletés intellectuelles d'application étendue, de bonnes habitudes de travail et des stratégies de résolution de problèmes. Les effets de ces interventions devraient transparaître **à la fois** dans les scores aux tests et dans les comportements critères, tels les cours collégiaux. Selon la distinction que nous avons introduite au début de cette section, ce type de programme vise à accroître le niveau d'éducation plutôt qu'à fournir un simple monitorat. Quelques-uns de ces chercheurs ont travaillé avec des enfants et des adolescents déficients mentaux, mais éducables (Babad & Budoff, 1974; Belmont & Butterfield, 1977; A. L. Brown, 1974; Budoff & Corman, 1974; Campione & Brown, 1979, 1987; Feuerstein, 1979, 1980; Feuerstein, Rand, Jensen, Kaniel, & Tzuriel, 1987). D'autres se sont plutôt intéressés à des étudiants de collèges et d'écoles professionnelles provenant de milieux éducatifs désavantagés (Whimbey, 1975, 1977, 1980).

Bon nombre des techniques d'apprentissage utilisées dans ces programmes ont pour but de développer des comportements efficaces de résolution de problèmes. Mentionnons, par exemple, l'analyse attentive des problèmes ou des questions; la prise en considération, dans la démarche de résolution, de toutes les alternatives, de tous les détails pertinents et de toutes les implications; le recours à une démarche délibérée plutôt qu'impulsive dans le choix et la formulation d'une solution; l'utilisation de standards élevés pour évaluer sa propre solution. Il existe indéniablement des stratégies qui devraient améliorer notre fonctionnement intellectuel, non seulement en situation de testage, mais aussi dans le travail scolaire et dans bien d'autres activités quotidiennes qui font appel aux apprentissages scolaires. Une question cruciale se pose cependant, celle du degré possible de généralisation et de transfert au-delà des types précis de contenus et de situations utilisés en cours de formation. Les résultats rapportés jusqu'à présent sont encourageants. Mais ces programmes en sont encore à leur phase exploratoire et bien d'autres recherches sont encore nécessaires pour s'assurer de l'ampleur et de la durabilité des progrès réalisés.

Survol. Nous avons examiné trois types d'entraînement préparatoire au testage qui ne poursuivent pas du tout les mêmes objectifs. Comment ces trois types d'entraînement affectent-ils la validité d'un test et son utilité pratique à titre d'outil d'évaluation? Le premier de ces types est le monitorat, c'est-à-dire un ensemble intensif et concentré d'exercices avec des items similaires à ceux du test. Nous avons signalé que les tests bien construits contiennent des items sélectionnés de façon à minimiser l'impact de ce type d'exercice; on prend soin également de ne pas divulger le contenu précis des items. Dans la mesure où ce monitorat pourrait accroître la performance à un test, il le ferait sans produire une amélioration correspondante des comportements critères. Par conséquent, il diminuerait la validité du test; celui-ci deviendrait une mesure moins juste du domaine d'habiletés qu'il a pour mission d'évaluer, ainsi qu'un outil moins précis pour vérifier si la personne a acquis les habiletés et les connaissances requises pour réussir dans la situation critère.

Les instruments de sensibilisation, pour leur part, ont pour objectif de contrôler ou d'atténuer les différences individuelles sur le plan des expériences antérieures de testage. Tout comme c'est le cas pour le monitorat, ces différences représentent des conditions qui n'influencent que les scores aux tests, sans nécessairement exercer un effet sur le domaine plus large des comportements à évaluer. Par conséquent, ces instruments de sensibilisation devraient accroître la validité d'un test en atténuant l'impact de facteurs circonscrits à la situation de testage.

Enfin, l'apprentissage dirigé d'habiletés cognitives générales, s'il s'avère efficace, devrait améliorer les capacités des sujets entraînés à faire face à des tâches intellectuelles futures. Cette amélioration devrait transparaître dans la performance au test. Dans la mesure où l'amélioration touche à la fois les scores aux tests et les comportements critères, cet entraînement ne modifie en rien la validité d'un test; mais il permet à l'individu d'accroître ses chances d'atteindre les buts qu'il poursuit.

DEUXIÈME PARTIE

PRINCIPES TECHNIQUES ET MÉTHODOLOGIQUES

CHAPITRE 4

Les normes et l'interprétation des scores de tests

La deuxième partie, qui regroupe les chapitres 4 à 8, constitue une introduction aux concepts fondamentaux et aux méthodes qui permettent de comprendre les tests psychologiques et d'interpréter correctement leurs résultats. Ces chapitres traiteront successivement des normes, de la fidélité, de la validité et de l'analyse des items. On trouvera dans la troisième édition de *Educational Measurement*, éditée par Linn (1989), une description des plus récents progrès techniques dans chacun de ces domaines, de même qu'à propos d'autres sujets plus spécialisés. La publication de ce volume, fruit de l'effort conjoint de nombreux collaborateurs, marque un tournant important dans la littérature sur le testage.

Le présent chapitre a pour sujet l'élaboration et l'utilisation de normes, ainsi que d'autres méthodes qui rendent plus facile, pour l'utilisateur, l'interprétation des scores de tests. Le score brut d'un test n'a aucun sens s'il ne s'accompagne pas d'autres informations interprétatives. Dire qu'une personne a résolu correctement 15 problèmes d'un test de raisonnement mathématique, identifié 34 mots d'un test de vocabulaire ou assemblé correctement une pièce mécanique en 57 secondes, fournit peu ou pas d'informations sur sa position relative en regard de l'un ou l'autre de ces traits. Les scores en pourcentages, pourtant couramment utilisés, ne constituent pas non plus une solution satisfaisante au problème de l'interprétation des scores de tests. Par exemple, un score de 65 % de réponses correctes dans un test de vocabulaire pourrait fort bien équivaloir à un score de 30 % de réponses correctes dans un autre test similaire ou à un score de 80 % dans un troisième. C'est le niveau de difficulté des items de chacun de ces tests qui déterminera en définitive la signification du score. Tout comme les scores bruts, les scores en pourcentages ne peuvent être interprétés qu'à l'intérieur d'un cadre de référence uniforme et clairement défini. Les scores des tests psychologiques sont généralement interprétés en se référant à des **normes** qui représentent la performance au test des membres d'un échantillon de normalisation. On établit donc les normes de façon empirique en observant dans quelle mesure les membres d'un groupe représentatif réussissent effectivement le test en question. Il suffit ensuite de situer le score brut de tout individu à l'intérieur de la distribution de scores des membres de l'échantillon de normalisation, de façon à préciser sa position relative au sein de ce groupe. Le score coïncide-t-il avec la performance moyenne du groupe normatif? Est-il légèrement inférieur à cette moyenne? Se situe-t-il près de l'extrémité supérieure de la distribution?

Dans le but d'établir de façon plus précise la position exacte d'une personne à l'intérieur de l'échantillon normatif, le score brut doit être transformé en une mesure relative. Ces scores dérivés remplissent deux fonctions. Premièrement, ils déterminent la position relative de l'individu à l'intérieur de l'échantillon normatif et permettent ainsi de comparer sa performance à celle d'autres personnes. Deuxièmement, ils permettent de comparer directement la performance d'une même personne à différents tests. Par exemple, si une fillette obtient un score brut de 40 à un test de vocabulaire et un score brut de 22 à un test de raisonnement arithmétique, nous ne pouvons évidemment rien conclure quant à sa performance relative à ces deux tests. Est-elle meilleure en vocabulaire, en arithmétique, ou également bonne dans les deux matières? Il est impossible de comparer directement de tels scores, puisque les scores bruts de différents tests utilisent habituellement des unités différentes. Le niveau de difficulté des deux tests affectera également toute comparaison de leurs scores bruts. Par contre, les scores dérivés de plusieurs tests peuvent utiliser une même échelle de mesure et faire référence à des échantillons normatifs identiques ou très apparentés. Il devient alors possible de comparer la performance relative d'une personne à l'égard d'habiletés ou de traits fort distincts.

Il existe plusieurs façons de transformer des scores bruts pour leur permettre de remplir les deux fonctions mentionnées ci-dessus. Toutefois, les scores dérivés s'expriment habituellement selon l'une ou l'autre de deux modalités principales: 1) un niveau développemental atteint ou 2) une position relative au sein d'un groupe déterminé. Ces deux types de scores, ainsi que leurs variantes usuelles, seront analysés dans les diverses sections de ce chapitre. Mais, nous devrons d'abord examiner quelques concepts statistiques élémentaires qui sous-tendent la préparation et l'utilisation des normes. La section qui suit n'est incluse que pour rappeler la signification de quelques mesures statistiques usuelles. Les quelques exemples simples de calcul ne sont fournis que dans ce but; ils ne peuvent à eux seuls constituer une formation en statistique. Le lecteur qui désire plus de détails sur les techniques de calcul et sur les étapes spécifiques à suivre pour appliquer ces diverses notions doit consulter un manuel récent de statistique en sciences humaines.

CONCEPTS STATISTIQUES

L'un des principaux objectifs de la méthode statistique consiste à organiser et à synthétiser des données quantitatives de façon à en faciliter l'interprétation. Une liste de 1000 scores à un test peut décourager quiconque doit l'analyser; sous cette forme, elle a peu de signification. La première étape de mise en ordre d'un tel chaos de données brutes consiste à regrouper ces scores sous forme d'une *distribution de fréquences*, telle qu'illustrée dans le tableau 4-1. On prépare ce type de distribution en regroupant les scores à l'intérieur d'intervalles de classe commodes, c'est-à-dire en faisant une marque pour chaque score dans l'intervalle approprié. Lorsque tous les scores sont entrés, il suffit de compter les marques pour obtenir les fréquences ou nombre de sujets, dans chaque intervalle de classe. La somme de ces fréquences sera égale à N, le nombre total de sujets dans le groupe. Le tableau 4-1 présente les scores de 1000 étudiants du collégial à un test d'apprentissage de codes, lequel consistait à substituer une série de mots artificiels, ou syllabes nonsens, à une autre série similaire. Les scores bruts, correspondant au nombre de syllabes correctement substituées au cours d'un essai de deux minutes, se distribuaient entre 8 et 52. Ils ont été regroupés dans des intervalles de 4 points, de 52-55 au sommet de la distribution jusqu'à 8-11. La colonne des fréquences indique que deux personnes ont obtenu un score compris entre 8 et 11, trois entre 12 et 15, huit entre 16 et 19, et ainsi de suite.

TABLEAU 4-1 Distribution de fréquences des scores de 1000 étudiants du collégial à un test d'apprentissage de codes.
(Données extraites d'Anastasi, 1934, p. 34.)

Intervalles de classe	Fréquences
52–55	1
48–51	1
44–47	20
40–43	73
36–39	156
32–35	328
28–31	244
24–27	136
20–23	28
16–19	8
12–15	3
8–11	2
	$N = 1000$

On peut représenter graphiquement sous la forme d'une courbe, l'information fournie par une distribution de fréquences. La figure 4-1 illustre les données du tableau 4-1 sous forme graphique. Sur l'axe horizontal, ou abscisses, on retrouve les scores regroupés à l'intérieur des intervalles de classe; sur l'axe vertical apparaissent les fréquences, c'est-à-dire le nombre de sujets appartenant aux divers intervalles de classe. Le graphique a été dessiné de deux façons distinctes, toutes deux d'utilisation courante. Dans le cas de *l'histogramme*, la hauteur de la colonne érigée au-dessus de chaque intervalle de classe correspond au nombre de personnes dont le score appartient à cet intervalle. On peut imaginer chaque personne juchée sur les épaules de la précédente pour continuer la colonne. Dans le cas du *polygone de fréquences*, le nombre de personnes dans chaque intervalle est représenté par un point placé au centre de l'intervalle de classe au niveau de la valeur (*fréquence*) appropriée. On réunit ensuite les points successifs par des lignes droites.

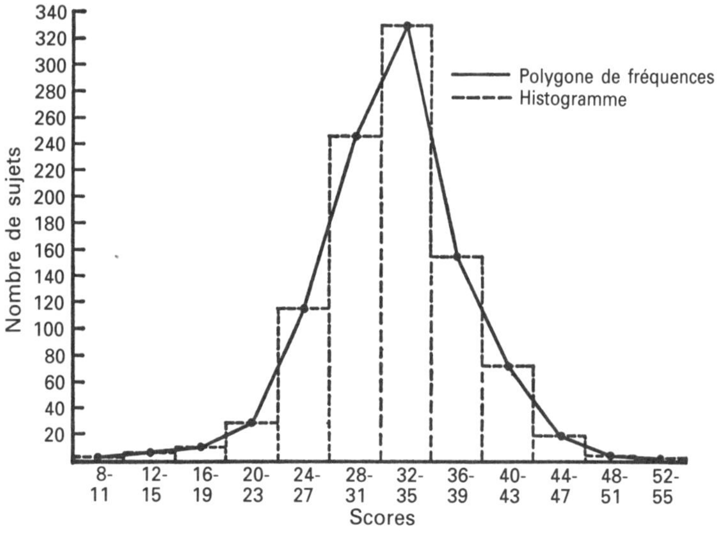

Figure 4-1. Courbes de distribution: polygone de fréquences et histogramme.
(Données extraites du tableau 4-1.)

Exception faite de quelques irrégularités, la distribution illustrée dans la figure 4-1 ressemble à la distribution normale en forme de cloche. On trouvera dans la figure 4-3 une courbe normale parfaite produite mathématiquement. Ce type de courbe possède des propriétés mathématiques importantes et sert de base à plusieurs sortes d'analyses statistiques. Toutefois, pour les fins du présent texte, nous ne noterons que quelques caractéristiques. Essentiellement, la courbe indique que la majorité des sujets se regroupent autour de la partie centrale de l'étendue et que leur nombre diminue progres-sive-ment de chaque côté lorsqu'on s'éloigne vers les extrémités. La courbe présente une symétrie bilatérale, avec un unique sommet au centre. La plupart des distributions de caractéristiques humaines, de la taille et du poids aux habiletés ou aux traits de personnalité, approchent la courbe normale. De façon générale, plus grand est le groupe, plus la distribution des scores ressemble à la courbe normale théorique.

On peut également décrire un groupe de scores à l'aide d'une mesure de *tendance centrale*. Une telle mesure fournit un unique score typique ou représentatif pour caractériser la performance du groupe dans son entier. La plus connue de ces mesures est la *moyenne* (*M*). Comme on le sait, la moyenne est obtenue en additionnant tous les scores, puis en divisant cette somme par le nombre total de sujets (*N*). Le *mode*, ou score le plus fréquent, est une autre mesure de tendance centrale. Dans une distribution de fréquences, le mode correspond au point milieu de l'intervalle de classe qui a la plus haute fréquence. Ainsi, dans le tableau 4-1, le mode se situe à mi-chemin entre 32 et 35, soit à 33,5. Notons que ce score correspond au point le plus élevé de la courbe de la figure 4-1. La *médiane* est une troisième mesure de tendance centrale; elle correspond au score qui occupe le milieu de la distribution lorsque tous les scores sont placés en ordre de grandeur. La médiane correspond au point qui coupe la distribution en deux, la moitié des sujets se retrouvant au-dessus de celle-ci et l'autre moitié au-dessous.

Des mesures de *variabilité*, c'est-à-dire de l'ampleur des différences individuelles autour de la tendance centrale, fournissent une information descriptive additionnelle d'un ensemble de scores à un test. La façon la plus évidente et la plus connue de décrire la variabilité consiste à donner *l'étendue* comprise entre le score le plus élevé et le score le plus faible. Toutefois, l'étendue est une mesure très grossière et instable, car elle n'est définie que par deux scores. Un unique score exceptionnellement élevé ou faible risque donc de modifier énormément sa valeur. Une façon plus précise de mesurer la variabilité s'appuie sur la différence entre le score de chaque individu et la moyenne du groupe.

À ce stade-ci, il peut être utile d'examiner l'exemple du tableau 4-2, dans lequel les diverses mesures discutées ici ont été calculées avec 10 sujets. On a choisi un petit groupe dans le but de faciliter la démonstration; il est clair qu'en situation réelle on n'effectuerait qu'exceptionnellement ces calculs avec aussi peu de sujets. Le tableau 4-2 sert aussi à introduire certains symboles statistiques conventionnels qui devraient être notés pour référence future. Les scores brut originaux sont représentés conventionnellement par la majuscule X, tandis que la minuscule x réfère aux écarts entre chaque score et la moyenne du groupe. Le symbole Σ signifie «somme de». On aura noté que la première colonne du tableau 4-2 présente les données pour le calcul de la moyenne et de la médiane. La moyenne est 40; la médiane est 40,5, se situant à mi-chemin entre 40 et 41; cinq sujets (50 %) se situent au-dessus de la médiane et cinq au-dessous. Il n'y a pas intérêt à identifier le mode

TABLEAU 4-2 Illustration de la tendance centrale et de la variabilité

	Scores (X)	Écarts à la moyenne ($x = X-M$)		Écarts mis au carré (x^2)
50 % des sujets	48	+8	+20	64
	47	+7		49
	43	+3		9
	41	+1		1
	41	+1		1
Médiane = 40,5 ⟶				
50 % des sujets	40	0	−20	0
	38	−2		4
	36	−4		16
	34	−6		36
	32	−8		64
	$\Sigma X = 400$			$\Sigma x^2 = 244$

$$M = \frac{\Sigma X}{N} = \frac{400}{10} = 40$$

$$\text{Variance} = \sigma^2 = \frac{\Sigma x^2}{N} = \frac{244}{10} = 24,40$$

$$\acute{E}T \text{ ou } \sigma = \sqrt{\frac{\Sigma x^2}{N}} = \sqrt{24,40} = 4,9$$

Note: Les symboles Σ et σ, présentés dans ce tableau, correspondent à la majuscule et à la minuscule de la même lettre grecque, prononcée «sigma». Dans de nombreux textes de statistique, *ÉT* réfère à l'écart type de l'échantillon auprès duquel les données furent recueillies, tandis que σ réfère à la valeur estimée de l'écart type dans la population d'où l'échantillon a été tiré.

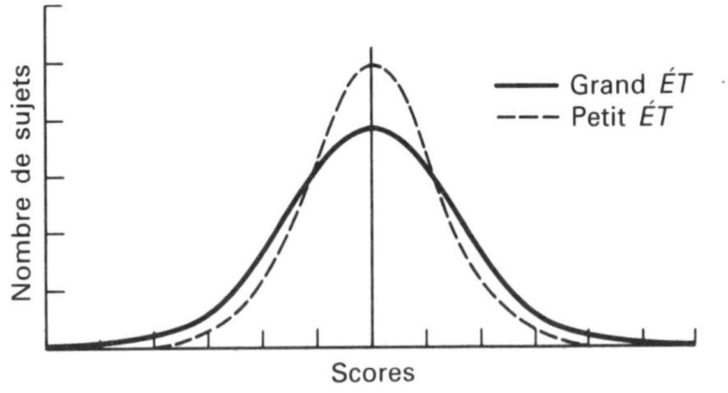

Figure 4-2. Distributions de fréquences ayant une moyenne identique mais des variabilités différentes.

d'une si petite distribution, puisque les sujets ne manifestent aucune tendance à se regrouper autour d'un score particulier. Toutefois, techniquement, 41 constituerait le mode puisque deux personnes ont obtenu ce score, tandis que les autres scores n'apparaissent qu'une seule fois.

La seconde colonne illustre jusqu'à quel point chaque score s'écarte de la moyenne de 40, au-dessus ou au-dessous. La somme de ces écarts sera toujours égale à zéro, car les écarts positifs et négatifs autour de la moyenne s'équilibrent ou s'annulent mutuellement $(+20 - 20 = 0)$. Si nous ne tenions pas compte des signes, nous pourrions évidemment calculer la moyenne de ces écarts en valeurs absolues, obtenant ainsi une mesure de la distance moyenne qui sépare chaque sujet de la moyenne du groupe. Bien qu'il ait une certaine valeur descriptive, un tel «écart moyen» ne peut servir à effectuer d'autres analyses mathématiques à cause de l'élimination arbitraire des signes; en pratique, donc, on ne l'utilise pas.

L'*écart type* (représenté par les symboles *ÉT* ou σ) est une mesure de variabilité beaucoup plus utile; ici les signes négatifs sont éliminés de façon légitime en mettant chaque écart au carré. C'est cette procédure qu'on retrouve dans la dernière colonne du tableau 4-2. La somme de cette colonne, divisée par le nombre de sujets[1] $\left(\frac{\Sigma x^2}{N}\right)$ est connue sous le nom de *variance*. La variance s'est révélée extrêmement utile pour départager la contribution de divers facteurs à l'explication des différences individuelles dans la

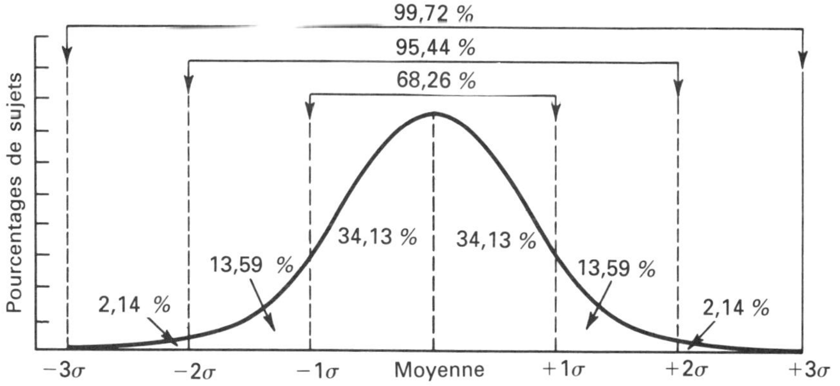

Figure 4-3. Distribution des sujets en pourcentages dans une distribution normale.

[1] Les calculs décrits dans ce chapitre appartiennent à la *statistique descriptive*, qui s'intéresse à l'échantillon réellement utilisé. Dans le cas de la *statistique inférentielle*, le *N* est remplacé par $N-1$ de façon à estimer les valeurs correspondantes pour la population à partir des données d'échantillonnages. Plus l'échantillon est petit, plus grande sera la différence entre les valeurs obtenues pour l'échantillon et pour la population. Pour plus de détails, consultez tout bon manuel de statistique (e.g., Guilford & Fruchter, 1978).

performance aux tests. Toutefois, aux fins du présent texte, notre intérêt se limite à l'*ÉT*, qui est la racine carrée de la variance, tel qu'indiqué dans le tableau 4-2. C'est cette mesure qu'on utilise habituellement pour comparer la variabilité de différents groupes. Dans la figure 4-2, par exemple, apparaissent deux distributions qui ont une même moyenne mais diffèrent sur le plan de la variabilité. La distribution qui offre des différences individuelles plus étendues produit un *ÉT* plus grand que celle où les différences individuelles sont plus concentrées autour de la moyenne.

L'*ÉT* sert aussi de base pour exprimer les scores d'un individu à divers tests sous la forme de normes; c'est ce que nous verrons dans la section sur les scores standard. L'interprétation de l'*ÉT* est particulièrement claire lorsqu'elle s'applique à une distribution normale ou quasi normale. Dans ce type de distribution, il existe une relation directe entre l'*ÉT* et le pourcentage de sujets, tel qu'illustré dans la figure 4-3. Sur l'abscisse de cette distribution, on a marqué des distances qui correspondent à 1, 2 ou 3 écarts types au-dessus et au-dessous de la moyenne. Ainsi, dans l'exemple présenté dans le tableau 4-2, la moyenne correspondrait à un score de 40; $+1\sigma$ correspondrait à 44,9 (c'est-à-dire 40 + 4,9); $+2\sigma$ à 49,8 ($40 + 2 \times 4{,}9$), et ainsi de suite. Le pourcentage de sujets qui se situent entre la moyenne et $+1\sigma$ dans une distribution normale est 34,13. Parce que la courbe normale est symétrique, 34,13 % des cas se retrouveront également entre la moyenne et -1σ, de telle sorte qu'entre -1σ et $+1\sigma$ se situent 68,26 % de tous les sujets. Presque tous les sujets (99,72 %) se retrouvent entre $\pm 3\sigma$ de la moyenne. Ces relations sont particulièrement pertinentes lors de l'interprétation de scores et de centiles, ce que nous discuterons un peu plus loin dans ce chapitre.

NORMES DÉVELOPPEMENTALES

On peut donner une signification aux résultats d'un test en décrivant l'étape atteinte par une personne à l'intérieur d'un cheminement développemental normal. Par exemple, si un enfant de 8 ans obtient, à un test d'intelligence, une performance égale à celle d'un enfant de 10 ans, on peut dire qu'il a un âge mental (AM) de 10 ans; un déficient mental adulte qui aurait un niveau de réussite similaire se verrait lui aussi attribuer un AM de 10 ans. Dans un autre contexte, on peut décrire le rendement scolaire d'un enfant en notant qu'il a atteint la norme de 6e année dans un test de lecture et celle de 3e année dans un test d'arithmétique. D'autres systèmes de normes développementales utilisent un langage beaucoup plus qualitatif pour décrire des fonctions psychologiques spécifiques, telles des activités sensorimotrices (locomotion, préhension, etc.) ou la compréhension de concepts logiques (conservation, classification, probabilités, etc.). Quel que soit leur mode de présentation, les scores basés sur des normes développementales sont plutôt rudimentaires sur le plan psychométrique et se prêtent mal à un traitement statistique rigoureux. Ce qui ne les empêche pas toutefois d'être fort attrayants en tant qu'outils descriptifs, spécialement dans le cas d'études détaillées de cas particuliers ou dans la poursuite de divers objectifs de recherche.

L'ÂGE MENTAL. Nous avons mentionné dans le chapitre 1 que l'expression «âge mental» s'était répandue grâce aux diverses traductions et adaptations des échelles Binet-Simon; pourtant, Binet lui-même utilisait une expression plus neutre, celle de «niveau mental». Dans le cas d'échelles d'âge, comme celles de Binet et leurs nombreuses révisions (jusqu'en 1986), les items étaient regroupés en niveaux d'âge; ainsi, les items réussis par une majorité des enfants de 7 ans, de l'échantillon de normalisation, constituaient l'épreuve de 7 ans, ceux qu'une majorité d'enfants de 8 ans avaient réussis étaient placés dans le niveau 8 ans, et ainsi de suite. Le score d'un enfant correspondait ainsi au niveau d'âge des problèmes les plus avancés qu'il avait réussis. On constata toutefois une certaine **dispersion** [inter-âges] des performances individuelles; en d'autres mots, les sujets échouaient certains problèmes sous leur âge mental et en réussissaient d'autres au-dessus. C'est pourquoi il était courant de calculer un **âge basal**, c'est-à-dire le niveau d'âge le plus avancé où tous les problèmes étaient réussis; on accordait ensuite des crédits additionnels, en mois, pour chaque épreuve réussie au-delà de cet âge basal. L'âge mental de l'enfant correspondait à la somme de ces deux composantes: âge basal + crédits additionnels.

On a également utilisé des normes d'âge mental avec des tests qui ne se subdivisent pas en niveaux d'âge. Dans ce cas, on calcule d'abord le score brut de l'enfant; il peut s'agir du nombre total de bonnes réponses au test, ou encore d'une mesure de rapidité, d'un nombre d'erreurs ou de toute combinaison de ces mesures. Les normes d'âge d'un tel test correspondent au score moyen obtenu par les sujets de chaque groupe d'âge à l'intérieur de l'échantillon normatif; ainsi, la norme de 8 ans correspond au score moyen des enfants de 8 ans. Si un enfant obtient un score brut égal à cette moyenne des enfants de 8 ans, alors on lui attribuera un AM de 8 ans pour ce test. Tous les scores bruts du test peuvent ainsi être convertis en AM, en situant tout simplement leur position sur l'échelle de normes d'âge.

Il importe de noter que l'unité d'âge mental ne demeure pas constante à tous les âges: elle tend à diminuer avec l'âge. Par exemple, un enfant qui, à 4 ans, manifeste un retard d'un an aura, à 12 ans, un retard d'environ 3 ans. Un an de croissance mentale entre 3 et 4 ans équivaut à trois ans de croissance mentale entre 9 et 12 ans. Parce que le développement intellectuel est plus rapide en bas âge et que son rythme ralentit progressivement à mesure que la personne s'approche de sa maturité, l'unité d'âge mental subit une diminution parallèle. On saisira peut-être mieux ce lien en transformant, de façon analogue, la taille d'un enfant en **âge grandeur**. La différence, en centimètres, entre des âges grandeur de 3 et 4 ans sera sûrement plus grande que la même différence entre 10 et 11 ans. À cause de cette réduction progressive des unités AM, une avance ou un retard d'un an à 5 ans sera jugée plus importante que la même année d'avance ou de retard à 10 ans.

Normes De Classe.[2] On utilise fréquemment des normes de classe pour interpréter les scores des tests de rendement scolaire. Cette pratique s'explique fort bien, puisque ces tests sont surtout administrés en milieu scolaire. Le fait de décrire la performance d'un élève comme équivalente, en épellation à celle des élèves de 7e année, en lecture à celle des élèves de 8e, et en arithmétique à celle des élèves de 5e année, s'est avéré tout aussi populaire que le recours à l'âge mental dans le cas des tests d'intelligence traditionnels.

On établit les normes de classe en calculant tout simplement le score brut moyen des élèves de chaque classe. Par exemple, si les élèves de 4e année de l'échantillon normatif ont réussi en moyenne 23 problèmes d'un test d'arithmétique, ce score moyen deviendra le score normatif de 4e. On utilisera habituellement l'interpolation pour identifier des scores normatifs intermédiaires, correspondant à des fractions de classe; on peut toutefois les obtenir directement en administrant le test à diverses périodes durant l'année scolaire. Puisque celle-ci s'étale sur 10 mois, les mois correspondront aux décimales. Par exemple, un score normatif de 4,0 représentera une performance typique au début de la 4e année (testage en septembre), 4,5 correspondra à une performance typique du milieu de la 4e année (testage en février), et ainsi de suite.

Nonobstant leur popularité, les normes de classe ont plusieurs défauts. D'abord, le contenu de l'enseignement varie quelque peu d'une classe à l'autre; il s'ensuit que les normes de classe n'ont de sens que pour des matières enseignées dans toutes les classes où le test s'applique; elles ne sont généralement pas appropriées au secondaire, car plusieurs matières n'y sont enseignées que durant une année ou deux. Mais, même dans le cas de matières enseignées dans toutes les classes, l'importance accordée aux diverses matières peut fluctuer d'une classe à l'autre, de telle sorte que le rythme de progression ne sera pas le même pour toutes les matières d'une classe donnée. Bref, les unités de classe n'ont pas toujours la même valeur et ces variations ne se produisent pas au même moment dans les diverses matières.

[2] **Note du traducteur.** Le choix du terme **classe** plutôt que **degré** pour désigner les années successives du cheminement scolaire a pour but de respecter la terminologie recommandée par le ministère de l'Éducation du Québec.

Les normes de classe peuvent aisément conduire à des interprétations erronées si l'on ne garde pas continuellement à l'esprit leur mode de dérivation. Par exemple, lorsqu'une élève de 4e année obtient un score normatif de 6,9 en arithmétique, cela ne signifie **pas** qu'elle a maîtrisé les notions d'arithmétique enseignées en 6e année; elle a fort probablement obtenu ce score grâce à sa maîtrise supérieure du programme d'arithmétique de 4e année. Il ne faudrait donc pas postuler qu'elle maîtrise les notions préalables au programme d'arithmétique de 7e année. Finalement, plusieurs interprètent faussement les normes de classe comme des standards de performance. Ainsi, l'enseignante de 6e année jugera souvent que tous les élèves de sa classe devraient se situer tout près du score normatif de 6e année aux divers tests de rendement scolaire. Il n'y a pas lieu de s'étonner que de telles interprétations erronées se produisent lorsqu'on utilise des normes de classe. Cependant, les différences individuelles sont à ce point importantes à l'intérieur d'une même classe [et souvent d'un même groupe-classe] que l'étendue des scores à ces tests cou-vrira inévitablement plusieurs classes adjacentes.

Échelles Ordinales. Un troisième type de norme développementale est issu de travaux de recherche en psychologie de l'enfant. Grâce à l'observation empirique du développement des comportements chez les bébés et les jeunes enfants, on a pu décrire les conduites typiques de divers âges pour des fonctions telles que la locomotion, la discrimination sensorielle, le langage et la compréhension de concepts logiques. Gesell et ses associés de l'Université Yale (Ames, 1937; Gesell et Amatruda, 1947; Halverson, 1933; Knobloch et Pasamanick, 1974) furent parmi les précurseurs de cette approche descriptive. Les *Gesell Developmental Schedules* précisent, en mois, le niveau développemental approximatif que l'enfant a atteint dans quatre grands domaines de comportement: la motricité, l'adaptation, le langage, les conduites sociales et personnelles. On obtient ces niveaux en comparant le comportement de l'enfant au comportement typique d'enfants de huit niveaux d'âge repères, s'échelonnant de 4 semaines à 36 mois.

Gesell et ses collaborateurs mirent en évidence la structure séquentielle du développement en bas âge; ils présentèrent de multiples exemples de séquences développementales régulières où les changements successifs se produisaient selon un ordre rigoureux. Par exemple, les réactions d'un enfant à l'égard d'un petit objet qu'on place devant lui évoluent selon une séquence chronologique bien typique sur le plan de la fixation visuelle et des mouvements de la main et des doigts; ainsi, l'utilisation de la main entière dans une tentative rudimentaire de préhension palmaire précède l'utilisation en opposition du pouce et de la paume, qui précède elle-même l'utilisation du pouce et de l'index pour créer ce mouvement de pince qui permet de saisir bien plus efficacement l'objet. On a identifié des séquences développementales similaires pour la marche, la montée d'un escalier et la plupart des acquis sensorimoteurs des premières années. Les échelles issues de ces travaux sont dites ordinales, parce que les étapes développementales se suivent selon une séquence rigoureuse, chacune d'elles présupposant la maîtrise de comportements préalables correspondant aux étapes antérieures[3].

Depuis le début des années soixante [aux États-Unis!], la théorie développementale du psychologue suisse Jean Piaget a connu un intérêt croissant (voir Flavell, 1963; Ginsburg & Opper, 1969; Green, Ford & Flamer, 1971). Piaget a concentré ses recherches sur le développement des processus cognitifs, de la petite enfance jusqu'à l'adolescence. Il s'est intéressé à des concepts spécifiques plutôt qu'à des habiletés générales. La permanence de l'objet est un exemple d'un tel concept, ou schème; elle correspond à la prise de conscience par l'enfant d'une stabilité de l'existence et de l'identité des objets lorsqu'ils sont observés sous divers angles ou qu'ils disparaissent de la vue. Piaget a également beaucoup étudié le concept de conservation, c'est-à-dire la reconnaissance par l'enfant que certains attributs des objets demeurent constants en dépit de changements apparents, par exemple lorsqu'une même quantité d'un liquide est versée dans des récipients de forme différente ou lorsqu'on crée des agencements spatiaux différents avec des tiges de même longueur.

Les tâches piagétiennes sont au cœur des recherches de nombreux spécialistes de la psychologie du développement et certaines d'entre elles ont été regroupées en échelles standardisées (Goldschmid & Bentler, 1968b; Pinard & Laurendeau, 1964; Užgiris & Hunt, 1975). Conformément à la théorie piagétienne, ces instruments constituent des échelles ordinales, en ce sens que l'atteinte d'un stade quelconque implique la maîtrise des stades antérieurs de développement du concept. Les tâches sont conçues pour mettre en évidence les caractéristiques de chaque stade développemental; ce n'est qu'ultérieurement qu'on recueillera des données empiriques sur l'âge typique de passage à chacun des stades. Ce mode de construction différencie les échelles ordinales des échelles d'âge, dont les items sont sélectionnés surtout parce qu'ils différencient bien des âges successifs.

En résumé, les échelles ordinales ont pour objectif prioritaire d'identifier le stade atteint par l'enfant dans le développement de fonctions behaviorales spécifiques. Bien qu'il soit possible de convertir ces stades en scores qui correspondent à des niveaux d'âge approximatifs, ces scores jouent un rôle secondaire par comparaison à la description qualitative des comportements caractéristiques de l'enfant. Le caractère ordinal de ces échelles tient à la

[3] Cette définition du terme «échelle ordinale» diffère de celle qu'on retrouve en statistique, où ce terme désigne tout simplement une échelle qui permet de mettre en rang les individus sans préciser l'ampleur des écarts entre eux; elles sont opposées aux échelles à intervalles égaux (échelles d'intervalle ou de rapport). Les échelles ordinales du développement de l'enfant sont de fait construites en s'inspirant du modèle de l'échelle (ou simplex) de Guttman, selon lequel la réussite d'un niveau quelconque implique celle de tous les niveaux inférieurs (Guttmann, 1944). Bart et Airasian (1974) ont poussé plus loin l'analyse de Guttman pour inclure des hiérarchies non linéaires, dont les échelles piagétiennes constitueraient un exemple.

séquence rigoureuse des progrès développementaux d'un stade à l'autre. Dans la mesure où ces échelles nous renseignent sur ce que l'enfant est capable de faire (ex.: monte un escalier sans aide; reconnaît que la quantité de liquide demeure identique lorsqu'on le verse dans des contenants de forme différente), elles partagent certaines de leurs caractéristiques principales avec les tests critériés dont nous parlerons un peu plus loin dans ce chapitre.

NORMES INTRAGROUPE

Presque tous les tests standardisés sont maintenant accompagnés d'une forme quelconque de normes intragroupe. Celles-ci permettent de situer la performance d'un individu en fonction de celle du groupe normatif le plus directement comparable. Par exemple, on compare le score brut d'un enfant à ceux d'enfants de même âge chronologique ou de même niveau scolaire. Les normes intragroupe ont une signification quantitative uniforme et clairement définie; elles peuvent de plus être validement utilisées dans la plupart des types d'analyse statistique.

CENTILES. Un centile correspond au pourcentage des personnes de l'échantillon de normalisation dont le score est inférieur à un score brut donné. Par exemple, si 28 % des personnes réussissent moins de 15 problèmes dans un test de raisonnement arithmétique, un score brut de 15 correspondra ainsi au 28e centile (C_{28}). Un centile indique la position relative d'un individu au sein de l'échantillon de normalisation. Les centiles peuvent également être considérés en tant que rangs dans un groupe de 100, sauf qu'une mise en rangs débute habituellement par le haut, la personne ayant le meilleur score obtenant ainsi le premier rang. Dans le cas des centiles, par contre, on débute le décompte par le bas. Ainsi, plus le centile est bas, plus le score de l'individu est faible.

Le 50e centile correspond à la médiane, cette mesure de tendance centrale présentée précédemment. Les centiles plus élevés que 50 représentent des performances supérieures à la médiane, alors que les centiles inférieurs à 50 désignent, pour leur part, des performances situées sous la médiane. Le 25e et le 75e centiles sont connus sous les noms respectifs de 1er et 3e **quartiles** (Q_1 et Q_3), parce qu'ils délimitent le quart inférieur et le quart supérieur de la distribution. Tout comme la médiane, ils fournissent des points de repère pratiques pour décrire une distribution de scores et permettre sa comparaison à d'autres distributions.

On ne doit pas confondre les centiles et les pourcentages. Ces derniers sont des scores bruts, exprimés sous la forme d'un pourcentage d'items réussis; les centiles sont des scores dérivés, représentant plutôt un pourcentage d'individus. Un score brut inférieur à tout autre score obtenu dans l'échantillon de normalisation recevra un centile de zéro (C_0); un score brut plus élevé que tout autre score de l'échantillon de normalisation recevra un centile de 100 (C_{100}). Attention: ces centiles ne représentent pas nécessairement un score brut de zéro ou un score brut parfait.

Les centiles ont plusieurs avantages. Ils sont faciles à calculer et peuvent être facilement compris, même par des personnes qui n'ont pas reçu de formation technique. De plus, les centiles sont universellement applicables. Il peuvent être utilisés aussi bien pour des enfants que pour des adultes et conviennent à tous les types de tests, qu'il s'agisse de mesurer des aptitudes ou des variables de la personnalité.

L'inconvénient majeur des centiles réside dans l'inégalité marquée de leurs unités, particulièrement aux extrémités de la distribution. Lorsqu'une distribution de scores bruts se rapproche d'une distribution normale, comme c'est le cas de la plupart des scores de tests, la transformation en centiles exagère les différences entre les scores bruts situés près de la médiane, tandis que cette même transformation rétrécit les différences entre les scores bruts situés aux extrémités de la distribution. La figure 4-4 permet d'observer cette distorsion des distances entre les scores. On se souviendra que, dans une courbe normale, les sujets se regroupent de façon plus dense autour du centre, alors qu'ils s'espacent lorsqu'on approche des extrémités. Par conséquent, n'importe quel pourcentage de sujets situés près du centre occupe une plus petite distance sur l'abscisse qu'un même pourcentage situé près des extrémités de la distribution. Dans la figure 4-4, cet écart variable des intervalles entre les centiles saute aux yeux si on compare la distance entre un C_{40} et C_{50} et celle entre C_{10} et C_{20}. L'écart entre ces distances et celui qui sépare C_{10} et C_1 est encore plus marqué. (Dans une courbe normale dérivée mathématiquement, le centile zéro n'est atteint qu'à l'infini; on ne peut ainsi l'illustrer sur le graphique).

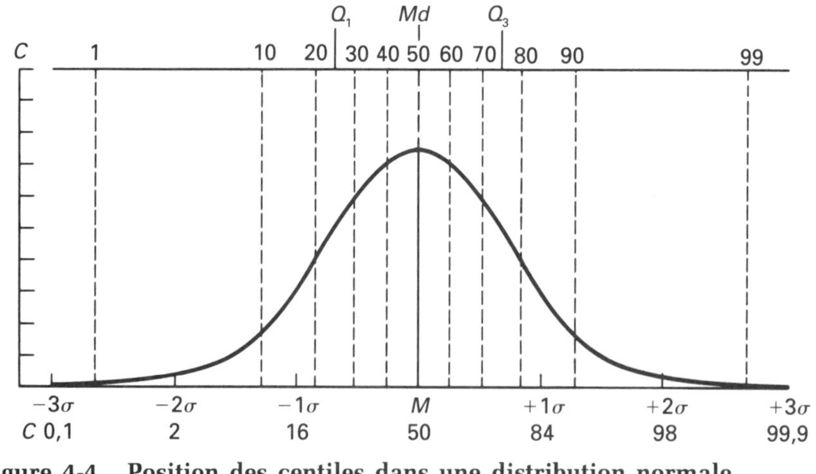

Figure 4-4. Position des centiles dans une distribution normale.

On observe le même phénomène en direction inverse, c'est-à-dire en examinant les centiles associés à des distances égales en unités d'écart type (*ÉT*) dans une distribution normale. Ces centiles sont présentés au bas de la figure 4-4. Ainsi, la différence en centiles entre la moyenne et +1 *ÉT* est de 34 (84−50); celle entre +1 *ÉT* et +2 *ÉT* n'est que de 14 (98−84).

Il ressort donc que les centiles indiquent correctement les positions individuelles relatives au sein d'un échantillon normatif, mais non l'ampleur de la différence entre les scores bruts. Cependant, il est possible d'obtenir avec les centiles, une image juste des différences entre les scores bruts; il suffit d'utiliser une feuille de probabilités arithmétiques. Il s'agit là d'une feuille quadrillée dont les lignes verticales sont espacées de la même façon que les centiles dans une distribution normale (comme dans la figure 4-4), alors que les lignes horizontales sont uniformément espacées, ou vice versa (comme dans la figure 4-5). De tels **diagrammes de centiles normalisés** peuvent être utilisés pour illustrer les scores d'un même individu à différents tests ou ceux de personnes différentes à un même test. Dans les deux cas, les différences réelles entre les scores seront correctement représentées. Plusieurs batteries de tests d'aptitudes et de rendement utilisent maintenant

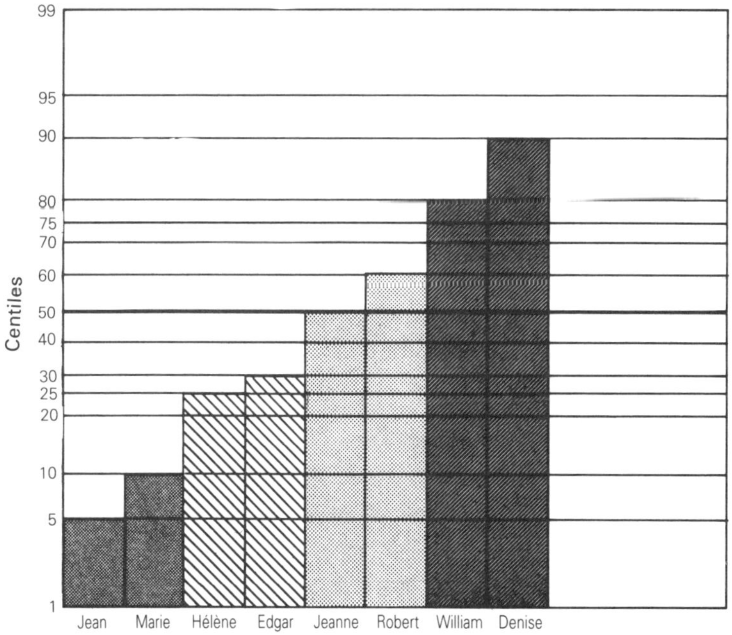

Figure 4-5. Un diagramme de centiles normalisés. L'espacement des centiles représente des distances égales dans une distribution normale. Comparez la distance entre les scores de Jean et Marie à celle des scores d'Hélène et Edgar; au sein de chaque paire, l'écart en centiles est de 5 points. Dans le cas de Jeanne et Robert, ainsi que de William et Denise, l'écart est de 10 points.

cette technique pour représenter leurs profils de scores; la performance de l'individu y est indiquée pour chaque test. Le formulaire de rapport individuel des tests différentiels d'aptitudes, reproduit au chapitre 5 (figure 5-6), constitue un exemple d'application de cette technique.

SCORES STANDARDS. Les tests en circulation utilisent de plus en plus les scores standards. Ces scores dérivés s'avèrent plus satisfaisants à plusieurs points de vue. Les scores standards expriment la distance qui sépare un score individuel de la moyenne en utilisant l'écart type de la distribution comme unité de mesure.

Les scores standards peuvent être calculés de deux façons, c'est-à-dire par une transformation linéaire ou non linéaire des scores bruts. Lorsqu'ils sont obtenus par transformation linéaire, les scores standards conservent les mêmes liens numériques qu'ont entre eux les scores bruts originels, puisqu'ils sont calculés en soustrayant de chaque score brut une constante, puis en divisant le résultat par une autre constante. Les différences entre les scores standards obtenus par une telle transformation linéaire correspondent exactement à celles qui existent entre les scores bruts. Toutes les propriétés de la distribution des scores bruts sont reproduites dans la distribution des scores standards. Pour cette raison, tout calcul pouvant être réalisé à partir des scores bruts originels peut également l'être à partir de scores standards linéaires, et ce, sans aucune distorsion des résultats.

Les scores standards dérivés de façon linéaire sont souvent désignés simplement sous le nom de **scores standards** ou **cotes *z***. Pour obtenir une cote *z*, on calcule la différence entre un score brut individuel et la moyenne du groupe normatif, puis on divise cette différence par l'*ÉT* du groupe normatif. Le tableau 4-3 illustre le calcul des cotes z de deux élèves, une dont la cote *z* se situe à 1 *ÉT* au-dessus de la moyenne du groupe, et un second dont la cote *z* est de 0,40 ÉT au-dessous de la moyenne. Tout score brut dont la valeur est égale à la moyenne se traduit par une cote z de zéro. Il est évident qu'une telle formule génère des scores dérivés négatifs pour tous les individus qui se situent sous la moyenne. De plus, étant donné que

TABLEAU 4-3 Calcul des scores standards

$$z = \frac{X - M}{ÉT} \qquad M = 60 \qquad ÉT = 5$$

LE SCORE D'HÉLÈNE	*LE SCORE DE WILLIAM*
$X_1 = 65$	$X_2 = 58$
$z_1 = \frac{65 - 60}{5}$	$z_2 = \frac{58 - 60}{5}$
$= +1{,}00$	$= -0{,}40$

l'étendue totale de la plupart des groupes ne dépasse pas 3 *ÉT* au-dessus et au-dessous de la moyenne, les scores standards devront être présentés avec au moins une décimale afin de différencier les individus avec suffisamment de précision.

Les deux caractéristiques mentionnées ci-dessus, soit la présence de valeurs négatives et de décimales, font que ces scores standards sont peu pratiques à utiliser, que se soit à des fins de calculs ou de présentation aux clients. Pour cette raison, des transformations linéaires supplémentaires sont habituellement effectuées, simplement pour donner une forme plus pratique à ces scores. Par exemple, les scores du *Scholastic Aptitude Test* (SAT) du *College Board*, un test d'admission aux études collégiales, sont des scores standards convertis en une distribution dont la moyenne est 500 et dont l'*ÉT* est 100. Ainsi, un score standard de -1 devient 400 ($500 - 100 = 400$). De la même façon, un score standard de $+1{,}5$ correspond à 650 ($500 + 1{,}5 \times 100 = 650$). Pour effectuer la conversion d'un score standard originel dans cette nouvelle échelle, on multiplie simplement le score standard par l'*ÉT* choisi (100), puis on additionne ou soustrait le résultat obtenu à la moyenne choisie (500). Toutes autres valeurs arbitraires pratiques peuvent être choisies comme moyenne et *ÉT*. Par exemple, les scores aux différents sous-tests des échelles d'intelligence de Wechsler sont convertis en une distribution dont la moyenne est 10 et l'*ÉT* est 3. Toutes ces mesures sont des exemples de conversions linéaires de scores standards.

Rappelons que la transformation de scores bruts en une échelle dérivée a entre autres pour but de rendre comparables les scores provenant de tests différents. Les scores standards dérivés de façon linéaire que nous avons présentés ci-dessus ne pourront être comparés que s'ils proviennent de distributions de forme semblable. Lorsque cette condition est respectée, un score correspondant à $+1$ *ÉT*, par exemple, signifie que l'individu occupe la même position relative à l'intérieur des deux groupes. Le score est supérieur au même pourcentage approximatif de scores individuels dans les deux distributions, et ce pourcentage peut être précisé lorsque la forme de la distribution est connue. Si une distribution est toutefois fortement asymétrique alors que l'autre est normale, une cote z de $+1{,}00$ pourrait être tout juste supérieure à 50 % des sujets dans un groupe tout en étant supérieure à 84 % des sujets dans l'autre.

Afin de permettre la comparaison de scores provenant de distributions de formes dissemblables, il est possible d'effectuer des transformations non linéaires qui permettront d'ajuster les scores à n'importe quel type particulier de distribution. L'âge mental et les centiles décrits dans les sections précédentes constituent des exemples de transformations non linéaires, mais sont sujets à d'autres faiblesses dont il a déjà été question. Même si, dans certaines circonstances, un autre type de distribution peut être plus approprié, la courbe normale est habituellement employée lors de ces transformations non linéaires. Une des principales raisons de ce choix est que la plupart des distributions de scores bruts ressemblent plus à la courbe normale qu'à n'importe quel autre type de courbe. De plus, des mesures telles que la grandeur et le poids, qui utilisent des échelles à intervalles égaux, dérivées d'opérations physiques de mesure, prennent habituellement la forme d'une distribution normale. Autre avantage important de la courbe normale: elle comporte plusieurs propriétés mathématiques qui facilitent les calculs subséquents[4].

Les **scores standards normalisés** sont des scores standards qui proviennent d'une distribution qu'on a transformée pour l'ajuster à une courbe normale. De tels scores peuvent être calculés à l'aide de tables qui indiquent le pourcentage de sujets délimité par différents *ÉT* à partir de la moyenne. D'abord, on trouve le pourcentage d'individus de l'échantillon de normalisation dont le score est égal ou supérieur à chaque score brut. Ce pourcentage est ensuite localisé dans la Table de probabilités de la distribution normale et le score normalisé correspondant est obtenu. Les scores standards normalisés prennent la même forme que les scores standards dérivés de façon linéaire, c'est-à-dire qu'ils ont une moyenne de zéro et un *ÉT* de 1. Ainsi, un score normalisé de zéro indique que l'examiné se situe au niveau de la moyenne d'une courbe normale, surpassant ainsi 50 % du groupe. Un score de −1 signifie qu'il surpasse approximativement 16 % du groupe, et un score de +1 qu'il est supérieur à 84 % d'entre eux. Ces pourcentages correspondent respectivement à des distances de 1 *ÉT* au-dessous et de 1 *ÉT* au-dessus de la moyenne d'une distribution normale, comme on peut le voir en examinant les points de repère sur l'abscisse de la figure 4-4.

Tout comme les scores standards dérivés de façon linéaire, les scores standards normalisés peuvent être convertis en n'importe quelle distribution plus pratique. Si le score standard normalisé est multiplié par 10 et qu'on lui ajoute 50, il devient un **score *T***, un type de score imaginé par W. A. McCall (1922). Sur cette échelle, un score de 50 correspond à la moyenne, un score de 60 correspond à +1 *ÉT*, et ainsi de suite. Une autre transformation bien connue est l'échelle des stanines, élaborée par les psychologues de l'aviation américaine durant la Deuxième Guerre mondiale. Cette échelle offre un système de scores à un chiffre avec une moyenne de 5 et un *ÉT* d'environ 2[5]. Les stanines (une abréviation de ***standard nine***) tirent leur nom du fait que les scores s'échelonnent entre 1 et 9. La restriction des scores à des nombres à un chiffre comporte certains avantages sur le plan des calculs, puisque chaque score ne requiert qu'une seule colonne dans un fichier informatique.

[4] En s'appuyant sur cette raison et sur d'autres considérations théoriques, on affirme fréquemment que la normalisation des scores bruts permet d'obtenir pour les mesures psychologiques des échelles à intervalles égaux, similaires à celles des mesures physiques. Il s'agit cependant d'un point controversé qui fait appel à des postulats discutables.

[5] Kaiser (1958) a proposé une modification de l'échelle des stanines qui change légèrement les pourcentages et engendre un *ÉT* d'exactement 2, facilitant ainsi les calculs mathématiques. L'échelle *C* (Guilford & Fruchter, 1978, p. 484-487), composée de 11 unités et comportant également un *ÉT* de 2, et l'échelle **sten** avec ses 5 unités sous la moyenne et ses 5 unités au-dessus (Canfield, 1951) constituent d'autres variantes de l'échelle des stanines.

TABLEAU 4-4 Pourcentages de la courbe normale utilisés pour le calcul des stanines.

Pourcentages	4	7	12	17	20	17	12	7	4
Stanines	1	2	3	4	5	6	7	8	9

Les scores bruts peuvent être facilement transformés en stanines en plaçant les scores originaux en ordre croissant; les stanines sont par la suite assignés en utilisant les pourcentages de la courbe normale reproduits dans le tableau 4-4. Par exemple, si un groupe est composé d'exactement 100 individus, les 4 scores les plus bas obtiennent un stanine 1, les 7 suivants un stanine 2, les 12 suivants un stanine 3, et ainsi de suite. Lorsque le groupe compte plus (ou moins) de 100 sujets, on calcule d'abord le nombre de sujets correspondant à chaque pourcentage, puis on leur attribue les stanines appropriés. Ainsi, dans un groupe de 200 sujets, 8 recevraient un stanine 1 (4 % de 200 = 8); dans un groupe de 150 sujets, 6 recevraient un stanine 1 (4 % de 150 = 6). Bartlett et Edgerton (1966) ont préparé une table permettant de convertir directement des rangs en stanines dans le cas de groupes composés de 10 à 100 sujets. À cause de leurs avantages à la fois pratiques et théoriques, les stanines sont utilisés de plus en plus souvent, particulièrement pour les tests d'aptitudes et de rendement.

Bien que les scores standards normalisés représentent le type le plus satisfaisant de scores pour la plupart des applications, il existe néanmoins des objections techniques à la normalisation routinière de toutes les distributions. Une telle transformation devrait être effectuée uniquement lorsque l'échantillon est suffisamment grand et représentatif et lorsqu'il y a des raisons de croire que l'asymétrie de la distribution résulte de défauts du test et non de caractéristiques de l'échantillon ou d'autres facteurs affectant le comportement mesuré. Notons également que si la distribution des scores bruts est presque normale les scores dérivés de façon linéaire et les scores standards normalisés se ressembleront beaucoup. Même si les méthodes employées pour dériver ces deux types de scores sont complètement différentes, les scores obtenus dans de telles conditions seront presque identiques. Évidemment, le processus de normalisation d'une distribution, qui est déjà presque normale, entraîne peu ou pas de changements. Lorsque possible, il est généralement préférable d'obtenir une distribution normale de scores bruts en manipulant le niveau de difficulté des items du test, plutôt qu'en normalisant subséquemment une distribution fortement asymétrique. Calculés à partir d'une distribution approximativement normale, les scores standards, dérivés de façon linéaire, seront pratiquement aussi valables que les scores standards normalisés.

LE QI DÉRIVÉ. Le QI (quotient intellectuel) proportionnel fut introduit dès la mise en circulation des premiers tests d'intelligence dans le but de convertir les âges mentaux (scores AM) en un indice uniforme de la position relative d'une personne au sein d'un groupe de référence. Il consistait tout simplement à diviser l'âge mental par l'âge chronologique, puis à multiplier ce «quotient» par 100 de façon à éliminer les décimales (QI = 100 × AM/AC). Lorsque l'AM et l'AC d'un enfant coïncidaient exactement, le QI était évidemment égal à 100; ce chiffre représentait donc une performance normale ou moyenne, cependant que les valeurs inférieures et supérieures à 100 indiquaient respectivement un «retard mental» et une «précocité mentale».

Malheureusement, l'apparente simplicité logique de ce QI proportionnel se révéla bientôt illusoire. Ce QI pose en effet un problème technique majeur: pour qu'on puisse comparer les QI à divers niveaux d'âge, il est essentiel que l'écart type de la distribution des QI demeure stable d'un niveau d'âge à l'autre. Par exemple, un QI de 115 à 10 ans pourrait correspondre au même degré de supériorité qu'un QI de 125 à 12 ans, s'ils se situaient tous deux à +1 *ÉT* de la moyenne de leur distribution d'âge respective. En pratique, il s'avéra très difficile de construire des tests qui respectaient cette condition psychométrique essentielle à une véritable comparabilité interâges des QI proportionnels. C'est surtout pour cette raison qu'on les a remplacés par des QI nommés «dérivés», lesquels ne sont qu'une variante des scores standards bien connus. Il s'agit en effet d'un score standard exprimé sur une échelle dont la moyenne est 100 et dont l'écart type équivaut, à peu près, à celui de la distribution des QI du test Stanford-Binet. En dépit du fait que l'*ÉT* des QI proportionnels du Stanford-Binet (utilisés pour la dernière fois lors de la révision de 1937) n'était pas tout à fait constant à tous les niveaux d'âge, il ne fluctuait que légèrement autour d'une médiane tout juste supérieure à 16. Par conséquent, si l'on choisit un *ÉT* voisin de 16 pour transformer les scores standards d'un nouveau test, les scores ainsi dérivés pourront être interprétés tout comme les QI proportionnels du Stanford-Binet. Étant donné qu'on utilise depuis plusieurs décennies les QI du Stanford-Binet, les utilisateurs de tests et les cliniciens se sont habitués à interpréter et classifier les performances aux tests d'intelligence en se référant à cette échelle de QI. Ils ont appris à évaluer les performances qu'on pouvait attendre d'individus possédant des QI de 40, 70, 90, 130, et ainsi de suite. L'utilisation d'une échelle dérivée qui se modèle étroitement sur celle des QI du Stanford-Binet présente donc un certain nombre d'avantages pratiques. Pour assurer la correspondance des échelles, il suffit de choisir, pour la moyenne et l'*ÉT*, des valeurs numériques identiques à celles de la distribution des QI du Stanford-Binet.

Il importe de signaler que l'attribution du terme «QI» à de tels scores standards risque d'induire en erreur. En effet, ils ne sont pas dérivés de la même façon que les traditionnels QI proportionnels; ils ne sont aucunement le quotient d'une division de l'âge mental par l'âge chronologique. Pour justifier l'emploi du terme, on allègue sa grande popularité, et le fait que ces scores standards peuvent vraiment être interprétés comme des QI proportionnels, en autant que l'*ÉT* de leur distribution est à peu près égal à celui de ces anciens QI. Les échelles d'intelligence de Wechsler furent parmi les premiers tests à utiliser des QI dérivés; leur moyenne est 100 et leur *ÉT* est 15. On retrouve également des QI dérivés dans bon nombre de tests collectifs d'intelligence en circulation, et même dans la troisième révision (1960) du Stanford-Binet.

Étant donné l'utilisation croissante des QI dérivés, il importe de garder en mémoire qu'on ne peut comparer les QI dérivés de différents tests que lorsque les *ÉT* de leurs distributions sont quasi identiques. Le manuel technique du test doit toujours préciser la valeur de cet *ÉT*; l'utilisateur du test doit, de son côté, prendre bien soin de noter cette valeur. Si l'auteur d'un nouveau test choisit un *ÉT* différent pour établir son échelle de QI dérivés, les QI provenant de ce test ne pourront pas être interprétés de la même façon que ceux d'autres tests. Ces écarts d'interprétation sont illustrés dans le tableau 4-5; il indique quel pourcentage de sujets, provenant de distributions normales dont les *ÉT* varient entre 12 et 18, correspondrait à divers niveaux de QI. Notons que ces valeurs d'*ÉT* ont effectivement servi à construire les échelles de QI de tests publiés. Grâce à ce tableau, on constate qu'un QI de 70 isole les 3,1 % inférieurs d'une distribution lorsque l'*ÉT* est 16 (comme dans le Stanford-Binet); mais ce pourcentage peut baisser à 0,7 % (*ÉT* = 12) ou monter à 5,1 % (*ÉT* = 18). Ce QI de 70 sert couramment de frontière dans le dépistage clinique de la véritable déficience mentale. On retrouvera les mêmes écarts de pourcentages dans le cas des QI de 130 et plus, lesquels peuvent servir à la sélection d'enfants intellectuellement doués dans le but de leur offrir des programmes spéciaux d'enrichissement. Selon l'*ÉT* choisi, la zone des QI compris entre 90 et 110, dite zone normale, pourra regrouper entre 42 % et 60 % de la population. Il faut toutefois rendre justice aux

TABLEAU 4-5 Pourcentages de sujets dans divers intervalles de QI de distributions normales dont la moyenne est 100 et dont l'écart type varie.

(Gracieuseté de *Tests Department*, Harcourt Brace Jovanovich, inc.)

Intervalles de QI	Pourcentages			
	ÉT = 12	*ÉT* = 12	*ÉT* = 16	*ÉT* = 18
130 et plus	0,7	1,6	3,1	5,1
120–129	4,3	6,3	7,5	8,5
110–119	15,2	16,0	15,8	15,4
100–109	29,8 } 59,6	26,1 } 52,2	23,6 } 47,2	21,0 } 42,0
90– 99	29,8	26,1	23,6	21,0
80– 89	15,2	16,0	15,8	15,4
70– 79	4,3	6,3	7,5	8,5
Au-dessus de 70	0,7	1,6	3,1	5,1
Total	100,0	100,0	100,0	100,0

éditeurs de tests, qui s'efforcent pour la plupart d'uniformiser l'*ÉT* à 16 pour leurs nouveaux tests ou pour la version révisée de leurs anciens tests. Toutefois, il existe encore suffisamment de variabilité parmi les tests en circulation pour justifier la vérification soigneuse de l'*ÉT* du test qu'on se propose d'utiliser.

Liens entre les normes intragroupe. À ce stade-ci de notre discussion des scores dérivés, le lecteur aura peut-être remarqué jusqu'à quel point ces divers types de scores se ressemblent. Ainsi, les centiles se sont progressivement rapprochés des scores standards, du moins sous leur forme graphique.

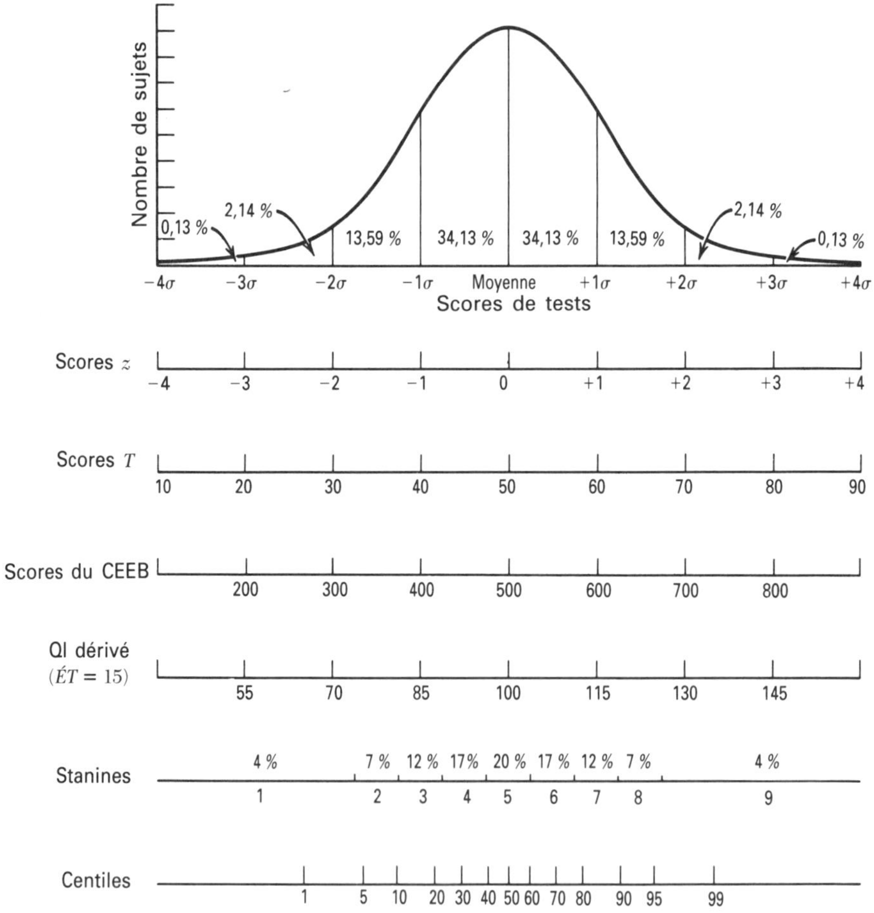

Figure 4-6. Correspondance, dans une distribution normale, entre divers types de scores de tests.

Par ailleurs, les scores standards linéaires se confondent avec les scores standards normalisés lorsque la distribution des scores bruts est presque normale. Enfin, les scores standards sont devenus des QI, et vice versa. À propos de ce dernier point, il suffit d'examiner de près la signification d'un QI proportionnel provenant d'un test comme le Stanford-Binet pour constater que ces anciens QI proportionnels peuvent être considérés comme de véritables scores standards. En effet, sachant que la distribution des QI proportionnels du Stanford-Binet avait une moyennne de 100 et un *ÉT* d'environ 16, on peut en déduire qu'un QI de 116 se situait à +1 *ÉT* de la moyenne et qu'il correspondait donc à un score standard de +1,00. De même, un QI de 132 correspondait à un score standard de +2,00, un QI de 76 à un score standard de −1,50, et ainsi de suite. De plus, un QI proportionnel de 116 au Stanford-Binet correspond à un centile d'environ 84, puisque, dans une distribution normale, 84% des sujets ont un score inférieur à +1,00 *ÉT* (voir la figure 4-4).

La figure 4-6 présente une vision synthétique des liens qu'entretiennent entre eux, sous la condition d'une distribution normale, les divers types de scores décrits jusqu'à présent dans ce chapitre, soit les cotes *z*, les scores du *College Entrance Examination Board* (CEEB), les QI dérivés du Wechsler (*ÉT* = 15), les scores *T*, les stanines et les centiles. S'ils se distribuent normalement avec un *ÉT* de 15, les QI proportionnels de n'importe quel test coïncideront avec l'échelle des QI dérivés illustrée dans la figure 4-6. On pourrait ajouter tout autre QI dérivé normalement distribué dont on connaîtrait l'*ÉT*. Si, par exemple, son *ÉT* était 20, alors un QI de 120 correspondrait à +1 *ÉT*, un QI de 80 à −1 *ÉT*, et ainsi de suite.

En définitive, le choix d'une forme appropriée pour rapporter des scores dépendra en grande partie de sa commodité, de sa diffusion et de l'aisance de son calcul. Si les divers types de scores standards (incluant le QI dérivé) ont progressivement remplacé les autres types de scores, c'est qu'ils offrent certains avantages sur le plan de l'élaboration du test et du traitement statistique des données. Toutefois, la plupart des scores dérivés intragroupe sont essentiellement similaires, pourvu qu'ils soient calculés avec soin et interprétés correctement. Enfin, lorsque certaines conditions statistiques sont respectées, on peut transformer chacun de ces scores en n'importe quel autre.

LA RELATIVITÉ DES NORMES

Comparaisons Entre Tests. Il faut toujours joindre à un QI, comme au score de tout autre test, le nom du test dont il provient. On ne peut, dans l'abstrait, interpréter correctement les scores; il faut les associer aux tests particuliers utilisés. Lorsque les dossiers scolaires indiquent que Pierre Gauthier a obtenu un QI de 94 et Michel Dubois un QI de 110, on ne peut les interpréter de façon stricte en l'absence d'informations additionnelles.

Il est fort possible que la position relative de ces deux élèves aurait pu être intervertie en échangeant les tests utilisés par leur école respective.

De même, l'absence de comparabilité des normes de tests différents peut nous conduire à évaluer incorrectement la position relative d'une personne en regard de diverses fonctions psychologiques. Imaginons qu'on ait fait passer à une étudiante des tests de compréhension verbale et d'aptitudes spatiales dans le but d'évaluer son niveau d'habileté dans ces deux champs. Si les normes du test d'habiletés verbales ont été établies auprès d'un échantillon au hasard d'élèves du secondaire, alors que les normes du test d'habiletés spatiales proviennent d'un échantillon sélectif d'élèves fréquentant des ateliers optionnels de spécialisation dans un métier, l'examinateur pourrait conclure à tort que l'étudiante possède des habiletés verbales supérieures à ses habiletés spatiales, alors que ce serait plutôt l'inverse.

Voici un autre exemple, qui porte cette fois sur la comparaison dans le temps des performances d'une même personne. Si, dans les dossiers d'une école, on retrouve pour un élève des QI de 118, 115 et 101 obtenus respectivement en 4e, 5e et 6e années, une première question doit être posée avant de chercher à interpréter ce changement à la baisse: «Quel test fut utilisé dans chaque cas?» La baisse apparente pourrait n'être que le reflet de différences entre ces tests; en d'autres termes, l'enfant pourrait avoir obtenu ces mêmes scores si l'on avait administré ces tests au cours d'un même mois.

Trois motifs principaux peuvent expliquer la présence de variations systématiques dans les scores d'une même personne à des tests différents. D'abord, le **contenu** des tests peut différer sensiblement, alors même que leurs noms sont similaires. Le domaine des tests dits «d'intelligence» offre de multiples exemples de pareille ambiguïté; en effet, alors même qu'on les regroupe sous ce même vocable générique, l'un d'eux peut n'inclure que des questions verbales, un autre échantillonner surtout des aptitudes spatiales, alors qu'un troisième contiendra, en proportions équivalentes, des contenus verbaux, numériques et spatiaux. En second lieu, les **échelles de mesure** peuvent différer. Ainsi qu'on l'a expliqué dans une section précédente, si les QI d'un test se distribuent avec un *ÉT* de 12, tandis que ceux d'un autre test ont un *ÉT* de 18, la personne qui obtient un QI de 112 au premier test a de bonnes chances de voir son QI grimper à 118 au second test. Troisièmement, les caractéristiques des **échantillons normatifs** peuvent varier d'un test à l'autre. Il est évident qu'une même personne paraîtra posséder de plus grandes aptitudes si elle est comparée à un groupe de personnes plus faibles que la moyenne plutôt qu'à un autre groupe plus fort.

L'examen du test ou de son manuel technique permet habituellement de déceler aisément des problèmes de comparabilité associés aux contenus ou aux échelles; toutefois, on risque fort de ne pas remarquer des différences entre échantillons normatifs [même si les manuels décrivent généralement bien ces échantillons]. Ces différences pourraient rendre compte de bon nombre d'écarts entre des résultats de tests demeurés jusque là inexpliqués.

L'ÉCHANTILLON NORMATIF. Quel que soit le mode de présentation choisi, toute norme n'a de sens qu'en référence à la population normative dont elle est extraite. L'utilisateur d'un test ne doit donc jamais perdre de vue la méthode de normalisation suivie, car les normes de tests psychologiques ne sont ni universelles, ni absolues, ni permanentes; elles représentent tout simplement la performance au test des membres de l'échantillon de normalisation. Lors de la sélection de cet échantillon, on s'assure habituellement qu'il représente bien la population visée par le test.

Dans le langage de la statistique, les termes **échantillon** et **population** sont bien différents. L'échantillon désigne le groupe de sujets qui ont effectivement passé le test, tandis que la population correspond à cet ensemble plus large de personnes duquel est tiré l'échantillon. Par exemple, si nous désirons établir des normes de rendement à un test pour la population des garçons de 10 ans qui fréquentent des écoles publiques en milieu urbain, on pourrait tester un échantillon méticuleusement choisi de 500 garçons de 10 ans, inscrits dans les écoles publiques de diverses villes américaines. On s'assurerait que cet échantillon représente bien la population définie, à la fois sur le plan de la répartition géographique, du statut socio-économique, de l'ethnie et d'autres caractéristiques pertinentes.

Lors de l'établissement des normes ou de leur application, il faut déterminer avec soin l'échantillon normatif. D'abord, il est clair que l'échantillon servant à la normalisation doit être suffisamment grand pour fournir des valeurs stables; autrement dit, un autre échantillon extrait de façon similaire de la même population ne devrait pas produire des valeurs sensiblement différentes. En effet, des normes qui comportent une large part d'erreurs d'échantillonnage n'ont guère d'utilité dans l'interprétation des scores aux tests.

La représentativité de l'échantillon est également très importante. Il faut vérifier soigneusement la présence de **facteurs sélectifs** subtils qui pourraient l'atténuer. On retrouve plusieurs de ces facteurs sélectifs dans les échantillons institutionnels. En raison de leur grande taille et de leur accès facile, ces échantillons constituent des milieux fort attrayants pour la collecte de données normatives. Il faut cependant analyser avec soin leurs limites. Ainsi, le testage en milieu scolaire produit des échantillons dont les membres sont, d'une classe à l'autre, de plus en plus talentueux, à cause du décrochage progressif des élèves les moins aptes. De plus, ce processus de sélection progressive affecte différemment divers sous-groupes; le taux de décrochage est ainsi plus élevé chez les garçons que les filles, de même qu'il est inversement proportionnel au statut socio-économique.

Divers facteurs sélectifs entrent en jeu dans le cas d'autres échantillons institutionnels, tels les prisonniers, les «bénéficiaires» d'hôpitaux psychiatriques ou ceux d'institutions pour déficients mentaux. Par exemple, il y a plus de chances de retrouver en institutions, les déficients mentaux physiquement handicapés ou encore ceux dont le retard mental est plus profond.

En lien direct avec le thème de la représentativité, mentionnons la nécessité de bien définir la population spécifique à laquelle les normes s'appliquent. Il existe bien sûr une façon simple de garantir la représentativité de l'échantillon; il suffit de circonscrire la définition de la population aux caractéristiques de l'échantillon disponible. Par exemple, si notre définition de la population n'inclut que les élèves de 14 ans plutôt que tous les jeunes de cet âge, un échantillon scolaire sera représentatif. Il serait évidemment souhaitable, idéalement, de préparer une définition *a priori* de la population visée, en fonction des objectifs spécifiques du test; puis, on tirerait un échantillon approprié. Lors de la recherche des participants, on se heurtera toutefois à de multiples obstacles qui empêcheront souvent d'atteindre cet objectif, si louable soit-il. Il est alors préférable de redéfinir la population en des termes plus limitatifs que de présenter des normes pour une population idéale que l'échantillon normatif ne représente pas adéquatement. D'ailleurs, dans la pratique courante, très peu de tests possèdent des normes qui renvoient à des populations aussi larges que celles que le grand public imagine. Aucun test ne fournit de normes pour l'espèce humaine! Et peu de tests [s'il en existe] fournissent des normes vraiment représentatives pour des populations aussi largement définies que «les adultes américains mâles», «les enfants américains de 10 ans», et ainsi de suite. Par conséquent, il est possible que les échantillons rassemblés par des auteurs de tests différents ne représentent pas bien leur population de référence et comportent divers types de biais; évidemment, les normes qui en résultent pourraient ne pas être comparables.

Lorsqu'il interprète les scores d'un test, l'utilisateur devrait tenir compte de variables spécifiques susceptibles d'avoir influencé les membres de l'échantillon qui a servi à normaliser ce test particulier. Ces variables incluent divers facteurs sélectifs, de même que les conditions sociales qui prévalaient au moment de la collecte des données normatives (Anastasi, 1985d).

Normes Étalons Nationales. Afin de pallier le manque de comparabilité des normes, on peut utiliser un **test étalon** [*anchor test*] qui servira à établir des tables d'équivalences pour les scores de différents tests. Ces tables ont pour fonction d'identifier quel score d'un test A correspond à chacun des scores d'un test B. Ceci est possible par la **méthode des équicentiles**, selon laquelle les scores sont considérés équivalents lorsqu'ils se traduisent par des centiles égaux au sein d'un groupe donné. Par exemple, si le centile 80 correspond, dans un même groupe, à un QI de 115 pour le test A et à un QI de 120 pour le test B, alors le QI de 115 du test A sera considéré équivalent au QI de 120 du test B. Quelques éditeurs de tests ont utilisé à quelques reprises cette approche, préparant des tables d'équivalences pour quelques-uns de leurs propres tests (ex.: Lennon, 1966a).

Des projets plus ambitieux ont été proposés à quelques reprises pour rendre possible le calibrage de tout nouveau test à l'aide d'un seul test étalon, qui aurait lui-même été administré à un échantillon normatif national très représentatif (Lennon, 1966b). L'*Anchor Test Study*, réalisée par *Educational*

Testing Service sous les auspices du *U. S. Office of Education* (Jaeger, 1973) demeure un bon exemple d'une telle approche. Cette étude représente un effort systématique pour établir des normes nationales, comparables et vraiment représentatives pour sept des tests de rendement en lecture les plus utilisés dans l'enseignement primaire. Dans le cadre d'une expérimentation soigneusement contrôlée, plus de 300 000 enfants de 4e, 5e et 6e années du primaire furent examinés dans les 50 États américains. Le test étalon était composé des sous-tests *Compréhension de lecture* et *Vocabulaire* du *Metropolitan Achievement Test*, pour lequel de nouvelles normes furent établies au cours de la première phase du projet. Lors de la phase subséquente de calibrage, chaque enfant passa les sous-tests *Compréhension de lecture* et *Vocabulaire* de deux des sept batteries; chaque batterie étant appariée tour à tour à chacune des autres. Certains groupes passèrent des versions parallèles des deux sous-tests de la même batterie. Dans d'autres groupes, les mêmes appariements furent repris, mais dans l'ordre inverse, afin de contrôler l'ordre de passation. À partir de l'analyse statistique de toutes ces données, des tables d'équivalences de scores pour les sept tests furent mises au point par la méthode des équicentiles. On rédigea finalement un manuel d'interprétation des scores à l'intention des commissions scolaires et de toutes autres personnes intéressées (Loret, Seder, Bianchini & Vale, 1974).

Les données de la phase de calibrage de l'*Anchor Test Study* furent par la suite utilisées pour élaborer une unique échelle de scores, qu'on nomma *National Reference Scale* (Rentz & Bashaw, 1977). Cette table de conversion permet de transformer tout score de n'importe quelle version des sept tests, et ce pour toutes les classes du primaire, en un score de trois chiffres sur une même échelle continue. Cette échelle fut préparée en utilisant les méthodes d'analyse d'items et d'échelonnement du modèle de Rasch, l'un des modèles d'analyse d'items les plus simples parmi ceux que nous présenterons dans une section ultérieure de ce chapitre et que nous décrirons plus en détail au chapitre 8.

Dans plusieurs situations de testage, il est utile d'avoir accès à des tests différents dont les scores sont comparables, parce qu'exprimés sur une échelle uniforme de mesure et provenant d'un unique échantillon de normalisation. Il faut cependant mentionner qu'il existe différents degrés et différentes formes de comparabilité de scores. Le degré de comparabilité obtenu dans une situation particulière dépend de la similitude des contenus des tests, de leurs qualités psychométriques, telles leur fidélité et leur niveau de difficulté, de même que des méthodes statistiques utilisées pour établir la comparabilité (Angoff, 1964, 1966, 1984; Holland & Rubin, 1982). Les tests ne devraient pas être présentés comme calibrés ou parfaitement équivalents à moins qu'ils ne soient vraiment interchangeables (AERA, APA, NCME, 1985, chap. 4). Quoi qu'il en soit, ces différents types et degrés de comparabilité **peuvent** faciliter l'interprétation des résultats de tests, pourvu que les scores comparables soient utilisés de façon appropriée et en tenant compte des limites inhérentes aux techniques de calcul utilisées.

Normes Spécifiques. Une autre façon de contourner le problème de la non-équivalence des normes existantes (une façon probablement plus réaliste pour la plupart des tests) consiste à les normaliser auprès de populations plus restreintes, choisies de façon telle qu'elles correspondent aux buts spécifiques de chaque test. Dans ce cas, les tableaux de normes devraient être accompagnés d'une description très précise des caractéristiques de la population normative. Ainsi, on pourrait présenter les normes comme s'appliquant au «personnel de bureau de grandes compagnies» ou aux «étudiants de première année en génie». Des normes très spécifiques sont utiles dans plusieurs situations de testage. Même quand des normes représentatives sont disponibles pour des populations largement définies, il est souvent utile d'avoir accès à des normes pour des sous-groupes bien circonscrits. Ceci est vrai chaque fois que des sous-groupes identifiables obtiennent des scores significativement différents à un test particulier. Les sous-groupes peuvent être constitués en fonction de l'âge, de la classe, du type de programme, du sexe, de la région géographique, du milieu urbain ou rural, du statut socio-économique et de plusieurs autres facteurs. C'est l'utilisation prévue du test qui déterminera le type de différenciation le plus pertinent, de même que le choix approprié entre des normes générales ou spécifiques.

Il ne faut pas oublier de mentionner les **normes locales**, souvent préparées par les utilisateurs de tests eux-mêmes dans un milieu bien spécifique. Les groupes utilisés pour préparer de telles normes sont définis de façon encore plus restreinte que les sous-groupes mentionnés plus haut. Ainsi, un employeur peut accumuler des données normatives pour les candidats à un poste précis à l'intérieur de sa compagnie. L'administration d'un collège peut élaborer des normes pour sa population étudiante. Une école primaire pourrait même évaluer la performance d'élèves individuels en référence à sa propre distribution de scores. Ces normes locales sont plus appropriées que les normes nationales pour certains objectifs de testage, comme la prédiction du rendement au travail, celle du rendement scolaire subséquent, la comparaison du rendement d'un enfant dans des matières différentes ou la mesure des progrès d'un individu sur une longue période de temps.

Groupe De Référence Stable. Bien que la plupart des scores dérivés soient calculés de façon à fournir une interprétation normative immédiate du rendement au test, on retrouve des exceptions notables. Il existe, par exemple, un type d'échelle non normative qui fait appel à un groupe de référence stable pour assurer la **comparabilité** et la **stabilité temporelle** des scores, sans cependant offrir une interprétation normative de la performance. Lorsqu'on utilise une telle échelle, il sera donc nécessaire, si l'on désire des interprétations normatives, de recueillir parallèlement des données normatives auprès d'une population appropriée. On fait souvent appel dans ce contexte à des normes locales ou à d'autres normes spécifiques.

L'échelle de scores du *Scholastic Aptitude Test*, que distribue le *College Board*, constitue l'un des exemples les mieux connus d'un échelonnage basé sur un groupe de référence stable (Donlon, 1984). Entre 1926 (date de mise en service de ce test) et 1941, les scores bruts du SAT étaient transformés en une échelle normative, établie à partir de la moyenne et de l'*ÉT* des scores obtenus par les candidats de chaque séance [nationale] d'administration. À mesure que s'accrût le nombre et la diversité des collèges membres du *College Board* et que se transformèrent les caractéristiques de la population des candidats, on réalisa qu'il serait souhaitable de stabiliser dans le temps l'échelle de mesure [de façon à assurer une certaine continuité dans l'interprétation des performances]; sinon, le score normatif d'un individu dépendrait indûment des caractéristiques du groupe testé cette année-là. On fit valoir un argument encore plus important pour justifier d'assurer au plus tôt la stabilité de l'échelle, soit le fait qu'on observait des fluctuations importantes dans le rendement des candidats selon le moment de l'année où le test était administré, lesquelles étaient dues à l'impact différentiel de divers facteurs de sélection des candidats. C'est pourquoi, à compter de 1941, on utilisa comme critères de normalisation la moyenne et l'*ÉT* des scores des quelque 11 000 candidats qui passèrent le test cette année-là. Ces candidats constituent donc le groupe de référence stable qui a servi à normaliser toutes les versions subséquentes du test. Par conséquent, un score de 500, obtenu pour toute version du SAT, correspond à la moyenne de l'échantillon de 1941; de même, un score de 600 correspond à +1 *ÉT* au-dessus de cette moyenne, et ainsi de suite.

Pour permettre la conversion des scores bruts de toute version du SAT à ceux de ce groupe de référence stable, un court test étalon (i.e. un ensemble d'items communs) est inséré dans chaque version. Chaque nouvelle version se trouve ainsi reliée à une ou deux versions antérieures, elles-mêmes reliées à leur tour à d'autres versions antérieures pour former une chaîne qui remonte jusqu'en 1941. On peut subséquemment interpréter ces scores SAT non normatifs en les comparant à toute distribution appropriée, par exemple les scores d'un collège particulier, d'un type de collège, d'une région, etc. Ces normes spécifiques se révèlent plus utiles pour sélectionner les candidats admissibles que le seraient des normes nationales basées sur la population annuelle des candidats. De plus, seule une échelle de scores stable permet de dépister des changements temporels dans les caractéristiques de la population de candidats. Signalons que ces échelles, basées sur un groupe de référence stable, se distinguent des échelles issues de normes étalons nationales par le fait que ces dernières exigent de constituer un échantillon unique, à la fois représentatif et approprié pour les fins de la normalisation. En plus des problèmes techniques que pose la recherche d'un aussi large échantillon et la mise à jour périodique des normes, il semble que bon nombre de situations de testage ne requièrent pas des normes aussi générales.

D'un certain point de vue, les échelles construites à partir d'un groupe de référence stable s'apparentent aux échelles utilisées pour les mesures physiques. À ce propos, Angoff (1962, p. 32-33) a formulé le commentaire suivant:

Fort peu de gens connaissent la définition originelle précise de la longueur du pied qui sert à mesurer les hauteurs ou les distances, pas plus que l'identité du roi dont le pied fut choisi d'un commun accord comme étalon de mesure; pourtant, personne n'ignore comment utiliser cette unité pour évaluer des longueurs et des distances. Le fait d'ignorer l'origine précise de la mesure en pieds ne diminue en rien son utilité pour nous. Cette utilité découle directement de sa stabilité temporelle, ce qui laisse à chacun le temps nécessaire pour la maîtriser. Il va sans dire que ce même commentaire s'applique à d'autres unités de mesure, tels les pouces, les milles, les degrés Fahrenheit, etc. Il est également juste d'affirmer que, dans le domaine des mesures psychologiques, la définition originelle d'une échelle importe peu (ou devrait avoir peu d'importance). Ce qui importe, c'est d'assurer la stabilité temporelle de cette échelle – ce qu'on atteint, dans le cas de programmes de testage à versions multiples, en établissant une équivalence rigoureuse entre les versions – et de fournir des données normatives complémentaires qui faciliteront l'interprétation et la prise de décisions spécifiques; ces données normatives pourront être périodiquement mises à jour afin de tenir compte de l'évolution des conditions.

Théorie des réponses aux items. On a pu constater, vers la fin des années soixante-dix, un intérêt de plus en plus vif pour un ensemble de techniques mathématiques sophistiquées visant à échelonner les items des tests selon leur difficulté (Jaeger, 1977). À cause de la complexité des calculs qu'elles exigeaient, ces techniques ne furent couramment utilisées que lorsque des ordinateurs très rapides devinrent aisément accessibles. Bien qu'elles se distinguent entre elles par la complexité de leurs calculs ou les formules mathématiques utilisées, ces approches furent à l'origine regroupées sous le titre général de **modèles de traits latents**. Elles utilisent toutes comme mesure de base la probabilité qu'une personne dotée d'une habileté particulière (le soi-disant trait latent) réussisse un item de difficulté donnée. Toutefois, on ne postule pas que de tels traits latents ou habiletés sous-jacentes existent de quelque façon sur le plan physique ou physiologique, non plus qu'ils soient causes de comportements. Les traits latents sont des construits statistiques dérivés mathématiquement des liens empiriques observés entre les réponses aux items d'un test. Le score total de chacun des sujets sert d'estimation initiale grossière de l'intensité du trait latent. Dans le but d'éviter l'image erronée que créait l'expression «trait latent», quelques-uns des principaux concepteurs de ces techniques lui ont substitué une expression plus descriptive, celle de «théorie des réponses aux items» ou TRI (Lord, 1980; Weiss et Davison, 1981). Cette expression est en voie de se généraliser dans le milieu de la psychologie.

Les modèles TRI servent essentiellement à construire une échelle de mesure uniforme, c'est-à-dire «indépendante d'un échantillon particulier», que l'on appliquera à des individus ou des groupes de niveaux d'habileté très différents, ou à des items de tout niveau de difficulté. Tout comme c'est le cas pour les groupes de référence stables, présentés dans la section précédente, les modèles TRI recourent à des items étalons ou à des groupes d'items communs pour relier entre eux des échantillons, des tests ou des groupes d'items. Toutefois, plutôt que d'utiliser la moyenne et l'*ÉT* d'un groupe de référence spécifique pour définir l'origine et l'unité de mesure de l'échelle, les modèles TRI fixent ces deux paramètres à partir de données provenant d'un large éventail d'habiletés et d'items de difficulté variable; ces données peuvent provenir de plusieurs échantillons. On fixe habituellement l'origine près du point milieu de l'étendue des scores. L'unité de mesure de l'échelle commune est dérivée mathématiquement des réponses aux items. Par comparaison aux anciennes techniques d'analyse des items, cette approche offre de multiples avantages, à la fois théoriques et pratiques. Nous reviendrons de façon plus détaillée sur cette technique dans le chapitre 8, consacré aux techniques d'analyse des items. Les modèles TRI sont progressivement introduits dans les programmes de testage de grande envergure. Ainsi, depuis 1982, c'est cette technique qui sert à établir l'équivalence des scores totaux de toutes les nouvelles versions du SAT, ce qui permet de les situer sur l'échelle uniforme stable (Donlon, 1984).

On s'intéresse de plus en plus au problème général du calibrage (ou étalonnage) des tests, cette technique qui consiste à exprimer, sur une échelle uniforme, les scores des diverses versions d'un même test. Les problèmes techniques que posent les diverses méthodes de calibrage présentement étudiées dépassent les objectifs du présent manuel. Le lecteur trouvera dans Holland et Rubin (1982) un large survol, ainsi qu'une évaluation critique, de ces méthodes.

L'UTILISATION DE L'ORDINATEUR POUR INTERPRÉTER LES RÉSULTATS DE TESTS

PROGRÈS TECHNIQUES. Les ordinateurs ont eu un impact majeur dans de nombreuses phases du testage, aussi bien durant l'élaboration du test que lors de son administration, de sa correction, de l'interprétation et de la diffusion des résultats (Baker, 1988; Gutkin & Wise, 1988; Roid, 1986). Les applications les plus évidentes de l'ordinateur (les premières d'ailleurs à apparaître) furent tout simplement l'augmentation sans précédent de la rapidité avec laquelle les analyses de données et la correction des tests pouvaient être effectuées. L'emploi de l'ordinateur, pour administrer de façon automatisée des tests usuels appartient également à cette catégorie, dans la mesure où celui-ci offre une méthode d'administration plus simple et plus sûre. Mentionnons, à titre d'exemple, le système Keyway, développé par *Educational Testing Service* en vue du testage électronique de groupes de candidats aux examens pour l'obtention du permis d'agent d'assurance dans plusieurs États américains. (*Keyway*, 1985a, 1985b, 1985c). Ce système utilise deux composants principaux: un terminal qui sert à l'inscription des candidats et à la correction des tests, et un module individuel à piles pour l'enregistrement des réponses. En plus de donner les résultats dès que le test est complété, ce système permet, par comparaison aux tests papier-crayon usuels, un meilleur contrôle des conditions de passation, plus d'exactitude dans la correction des réponses et la production du rapport, et une meilleure protection de la confidentialité des contenus et des résultats.

L'ordinateur a contribué de façon beaucoup plus importante, toutefois, à l'exploration de nouveaux moyens et de nouvelles approches d'élaboration de tests psychologiques; cette contribution n'était possible que grâce à la flexibilité et à la capacité de traitement de données qui caractérisent l'ordinateur. Tel que décrit dans la section précédente, l'importance de ces propriétés de l'ordinateur est illustrée par la généralisation croissante des modèles TRI en tant que méthodes d'échelonnement d'items libres des biais d'échantillons spécifiques. Nous présenterons dans des rubriques pertinentes, tout au long de ce manuel, d'autres innovations en matière de testage qui résultent de l'utilisation de l'ordinateur.

Dans cette section, nous allons examiner certaines utilisations de l'ordinateur dans l'évaluation de la performance aux tests (Baker, 1988; Gutkin & Wise, 1988; Roid & Gorsuch, 1984). Au niveau le plus simple, les tests les plus récents, surtout ceux conçus pour une administration collective, peuvent maintenant être corrigés par ordinateur. Plusieurs éditeurs de tests, de même que des compagnies privées, offrent de tels services de correction aux utilisateurs. À un niveau plus complexe, l'ordinateur peut produire pour certains tests une **interprétation narrative informatisée**. Pour ce faire, l'ordinateur associe des énoncés prédéterminés à des profils particuliers de réponses. On s'est servi de cette approche dans le cas de tests de personnalité et d'aptitudes. Par exemple, dans le cas du *Minnesota Multiphasic Personality Inventory* (MMPI), les utilisateurs de tests peuvent obtenir, en plus des scores numériques imprimés par l'ordinateur, un texte d'énoncés diagnostiques et interprétatifs à propos de la personnalité et de l'état émotif de leurs clients. Dans la même veine, les *Differential Aptitude Tests* permettent d'obtenir un *Career Planning Report*, qui inclut un profil des scores aux divers sous-tests, ainsi qu'un texte interprétatif produit par l'ordinateur; les énoncés de ce texte tiennent compte à la fois des résultats aux tests et des informations fournies par le candidat sur ses intérêts et ses objectifs grâce au *Career Planning Questionnaire*. L'interprétation ressemble à celle que ferait un conseiller au cours d'une entrevue avec le candidat (Super, 1982).

Les utilisateurs de tests qui ont accès à un micro-ordinateur peuvent se procurer un nombre croissant de logiciels qui, non seulement corrigent des tests particuliers, tels les échelles d'intelligence de Wechsler, versions révisées pour enfants (WISC-R) et pour adultes (WAIS-R), mais produisent aussi des interprétations automatisées. À un niveau encore plus avancé, on retrouve par exemple le programme d'évaluation interprétative *McDermott Multidimensional Assessment of Children* (M-MAC-McDermott & Watkins, 1985). Celui-ci fait appel à l'utilisation de diverses mesures provenant de tests standardisés d'habiletés et d'échelles de comportement adaptatif, ainsi que des données résultant d'appréciations et de jugements évaluatifs. On peut ainsi obtenir deux types de résultats: 1) des classifications ou des interprétations diagnostiques dans les domaines de l'intelligence et de l'affectivité; 2) des interprétations pratiques en vue d'aider à la planification des apprentissages individuels.

À un niveau de complexité toujours plus élevé, il y a l'interprétation individualisée de résultats de tests par le biais de **systèmes informatisés interactifs**; ici, la personne est en communication directe avec l'ordinateur au moyen d'un terminal et, de fait, dialogue avec l'ordinateur. (J. A. Harris, 1973; Holtzman, 1970; M. R. Katz, 1974; Super *et al.*, 1970). Cette technique a été mise à l'essai comme outil de support à la planification des études et de la carrière. Dans de telles situations, les résultats de tests sont habituellement intégrés à la base de données informatisées, en même temps que d'autres renseignements fournis par l'étudiant ou le client. L'ordinateur combine alors les renseignements disponibles sur la personne avec des données entreposées concernant des programmes de formation et des professions; il utilise tous les renseignements pertinents pour répondre aux questions de la personne et l'aider à prendre des décisions. Mentionnons, à titre d'exemple, le *System for Interactive Guidance Information* (SIGI, 1974-1975). Utilisé depuis plus de dix ans dans les collèges et les universités, ce système a été récemment mis à jour pour répondre non seulement aux besoins des étudiants, mais aussi à ceux des adultes qui se préparent à intégrer ou à réintégrer le marché du travail, ou qui envisagent un changement de carrière ou une promotion (Norris, Schott, Shatkin, & Bennett, 1986).

Dangers et lignes directrice. Bien que l'informatique ait indubitablement ouvert la voie à des améliorations sans précédent dans tous les aspects du testage psychologique, certaines de ses applications peuvent mener à un usage abusif et à des interprétations erronées des résultats de tests (Butcher, 1985a, Kramer & Mitchell, 1985; Matarazzo, 1983, 1986a, 1986b). Dans le but de se prémunir contre ces dangers, on a consacré beaucoup d'énergie pour définir des lignes directrices concernant le testage par ordinateur. Les *Testing Standards* (AERA, APA, NCME, 1985) comportent plusieurs standards qui visent le testage par ordinateur. Un autre ensemble plus complet et détaillé de lignes directrices a été mis au point; il y est tout spécialement question de l'utilisation de l'ordinateur dans les différents aspects du testage (*Guidelines*, 1986). Il est également intéressant de mentionner qu'une nouvelle revue spécialisée, publiée depuis 1985, *Computers in Human Behavior*, comporte une section d'analyse de logiciels préparée par le *Buros Institute of Mental Measurements*. Certains des logiciels présentés seront sans doute reliés à des tests. Ces analyses ressembleront à celles des Men*tal Measurements Yearbooks*, aussi bien par la méthode utilisée que par l'éventail des contenus couverts.

Deux des principales préoccupations relatives au testage informatisé concernent la comparabilité des scores et l'interprétation narrative des résultats. Lorsque le même test est administré par ordinateur aussi bien que par écrit, la comparabilité des résultats doit être vérifiée. À moins qu'il ne soit démontré que les deux méthodes donnent des versions parfaitement parallèles, les mêmes normes ne s'appliqueront peut-être pas aux deux; la fidélité et la validité du test peuvent également différer d'un mode à l'autre. Il est très important de vérifier la comparabilité des résultats dans le cas de personnes ou de groupes dont l'expérience avec l'ordinateur, et plus particulièrement avec le testage informatisé, varie considérablement.

La multiplication rapide des services informatisés, qui offrent des interprétations narratives de résultats de tests, a suscité de vives inquiétudes. Deux principes de base sous-tendent plusieurs des lignes directrices sur ce sujet. Premièrement, on doit fournir à l'utilisateur du test tous les renseignements nécessaires pour lui permettre d'évaluer la fidélité, la validité et les autres caractéristiques techniques du système d'interprétation employé dans la mise au point du logiciel[6]. Comment a-t-on extrait des scores, les énoncés interprétatifs? Quelles sont les bases théoriques et scientifiques du système? Les interprétations ont-elles pour origine des analyses quantitatives ou le jugement clinique d'experts? Dans ce dernier cas, il faut préciser les qualifications professionnelles de ces experts.

Deuxièmement, si l'on doit se servir de ces interprétations narratives à des fins cliniques ou de counseling, ou encore pour prendre des décisions importantes à propos d'une personne, il est essentiel de tenir compte d'autres sources d'informations à son sujet. Pour cette raison, les rapports de résultats informatisés ne devraient être utilisés que par des professionnels compétents. Ces rapports devraient appuyer le travail du professionnel et non s'y substituer.

LES TESTS CRITÉRIÉS

Nature et usages. On a donné le nom de «testage critérié» [*criterion-referenced testing*] à un type de testage qui a déclenché un véritable branle-bas d'activités au cours des années soixante-dix, spécialement en éducation. Ce terme, initialement proposé par Glaser (1963), continue d'être employé d'une façon plus ou moins rigoureuse et sa définition varie d'un auteur à l'autre. De plus, on utilise couramment des expressions alternatives, telles que «testage en fonction d'un contenu, d'un domaine, ou d'objectifs» [*content, domain-, objective-referenced testing*]. Certains utilisent ces termes comme synonymes de testage critérié, tandis que d'autres leur donnent un sens légèrement différent. Toutefois, même si elle n'est pas la plus juste, l'expression «testage critérié» semble avoir pris le haut du pavé!

[6] Les *Guidelines* (1986) suggèrent divers moyens pour fournir les renseignements nécessaires tout en protégeant les droits d'auteur du concepteur du logiciel.

Ce que le testage critérié a de typique, c'est qu'il utilise comme cadre de référence interprétatif un domaine de **contenus** bien circonscrit, plutôt qu'une population d'**individus** bien délimitée. C'est précisément à cause de cette caractéristique qu'on l'oppose au **testage normatif**, cette approche beaucoup plus courante où les scores individuels sont comparés à ceux qu'ont obtenus au même test les membres d'un groupe représentatif. Dans le cas du testage critérié, on décrira la performance de l'individu en fonction, par exemple, du type précis d'opérations mathématiques maîtrisées, de l'étendue estimée du vocabulaire, du niveau de difficulté des textes qu'il peut comprendre (des bandes dessinées aux grandes œuvres littéraires), ou de ses chances d'atteindre un niveau de performance donné en regard d'un critère externe (scolaire ou professionnel).

Jusqu'à présent, le testage critérié a surtout été utilisé en tant que composante de diverses innovations pédagogiques. Mentionnons, parmi les principales, l'enseignement assisté ou géré par ordinateur, de même que d'autres systèmes individualisés d'apprentissage à rythme autogéré. Dans le cas de tous ces systèmes pédagogiques, le testage s'intègre intimement à l'enseignement; on le retrouve avant, pendant et après l'apprentissage de chaque module, et il sert à la fois à vérifier les habiletés et les connaissances préalables, à établir un diagnostic des difficultés d'apprentissage possibles, ainsi qu'à prescrire les activités d'enseignement appropriées (Nitko, 1989).

Dans un tout autre contexte, on a fait appel aux tests critériés, dans le cadre de larges enquêtes sur les connaissances scolaires acquises par les jeunes, comme le *National Assessment of Educational Progress* (F. B. Womer, 1970), de même que pour répondre aux pressions de ceux qui demandent aux éducateurs de faire la preuve de leur efficacité [*accountability*] (Gronlund, 1974). Le testage destiné à vérifier la maîtrise d'habiletés minimales, tel qu'on le retrouve dans les tests de conduite automobile ou de pilotage d'avion, constitue une troisième forme d'application des tests critériés. Le testage de la compétence professionnelle s'apparente beaucoup à cette modalité, surtout lorsqu'il s'agit d'évaluer, comme c'est le cas pour plusieurs emplois militaires, la maîtrise d'un nombre restreint d'habiletés professionnelles clairement définies (Maier & Hirschfeld, 1978; Swezey & Pearlstein, 1975).

Enfin, les enseignants qui se familiarisent avec les concepts du testage critérié peuvent améliorer les examens traditionnels qu'ils préparent pour leurs élèves. Gronlund (1973) a rédigé un guide fort utile à leur intention, où l'on retrouve également une initiation simple et nuancée aux principes du testage critérié. Dans un texte court mais d'excellente qualité, Ebel (1972) a discuté les limites du testage critérié. On trouvera par ailleurs dans Berk (1984a) une analyse beaucoup plus fouillée des principaux problèmes techniques reliés à la construction et à l'évaluation psychométrique des tests critériés.

La Signification Des Contenus. Ainsi qu'on l'a dit plus haut, la spécificité du testage critérié (quelle que soit la définition proposée où le terme précis utilisé) réside dans le recours à un domaine de contenus comme cadre interprétatif de la performance au test. On met clairement l'accent sur **le contenu** des connaissances et des habiletés des sujets, plutôt que sur leur position relative à d'autres individus. La préparation de ce type de test exige donc de façon essentielle qu'on définisse clairement le domaine de connaissances ou d'habiletés à évaluer. Pour que les scores à de tels tests aient une véritable signification, il doit y avoir accord général sur l'importance du domaine de contenus à l'intérieur duquel les items seront puisés. Il faut ensuite subdiviser le domaine choisi en petites unités qu'on définira sous la forme de performances à démontrer. En milieu éducatif, ces unités correspondent à des définitions opérationnelles d'objectifs d'apprentissage, telles que «multiplie des nombres de trois chiffres par des nombres de deux chiffres» ou «reconnaît les erreurs d'épellation dans les cas où le e final est conservé lorsqu'on ajoute *–ing*» [ex.: *canoe/canoeing vs love/loving*]. Dans le cas de programmes d'enseignement individualisé, une seule matière scolaire peut être découpée en plusieurs centaines d'objectifs de ce genre. Une fois achevée la rédaction des objectifs, on compose des items pour échantillonner chacun d'eux. Il s'agit sans contredit d'une tâche longue et difficile. Toutefois, en l'absence de cette circonscription et de ce contrôle des contenus, on risque de voir les résultats du testage critérié dégénérer en un fouillis idiosyncratique sans interprétation possible. Il existe un compromis acceptable, qui consiste à identifier et définir, grâce au jugement d'experts, les concepts, principes, techniques et objectifs pédagogiques les plus importants; on rédigera ensuite des items appropriés pour échantillonner en profondeur chacun de ces domaines significatifs. Une chose est certaine: le degré de spécificité nécessaire pour évaluer un domaine de comportements variera selon la nature et les objectifs du test (Popham, 1984; Roid, 1984).

Lorsqu'on l'applique de façon rigoureuse, le testage critérié est surtout utile pour évaluer la maîtrise d'habiletés de base (comme la lecture ou l'arithmétique) sous leur forme la plus simple. Dans ces domaines, il est habituellement possible d'hiérarchiser les objectifs pédagogiques de manière à ce que l'acquisition d'habiletés élémentaires soit préalable à la maîtrise d'habiletés plus complexes[7]. Toutefois, il n'est guère pratique, et même probablement peu souhaitable, de rédiger des objectifs très spécifiques associés à des niveaux avancés de connaissance dans des disciplines beaucoup moins structurées; dans pareils cas, il est à prévoir que les contenus retenus et la séquence des apprentissages seront beaucoup plus flexibles.

D'autre part, grâce à l'accent mis sur la signification des contenus dans l'interprétation des scores, le testage critérié peut avoir un impact bénéfique sur l'ensemble des activités de testage. Par exemple, l'interprétation des scores

[7] Idéalement, ces tests adoptent le modèle de l'échelle de Guttman (voir Popham & Husek, 1969), tout comme les échelles ordinales piagétiennes décrites au début de ce chapitre.

de tests d'intelligence pourrait tirer partie d'une telle approche. Le fait de décrire la performance intellectuelle d'un enfant en faisant référence aux connaissances et habiletés précises que ces scores représentent contribuerait sûrement à réduire les ambiguïtés et les images fausses qu'on a greffées au concept de QI. Notons toutefois que lorsqu'on la présente de cette façon générale, l'approche critériée s'apparente étroitement à une interprétation des scores qui respecte la validité démontrée du test, plutôt que de faire appel à de vagues structures sous-jacentes. Il devrait sûrement être possible de combiner les scores normatifs et ce type d'interprétation.

Les Tests De Maîtrise. Le testage critérié présente une seconde caractéristique usuelle, soit le testage de maîtrise [*mastery testing*]. La principale caractéristique de cette technique c'est qu'elle produit un score «tout ou rien» [succès/échec], qui indique si la personne a atteint ou non un niveau de maîtrise prédéterminé. Lorsqu'on évalue des habiletés de base, on exige une maîtrise quasi parfaite (ex.: 80 % ou 85 % de réponses correctes). On peut également scinder les performances en trois catégories: maîtrise, non-maîtrise, ainsi qu'un intervalle intermédiaire correspondant aux cas douteux «à revoir». Certains éducateurs associés au domaine de l'enseignement individualisé ont soutenu que n'importe qui (ou presque) peut réussir à maîtriser parfaitement n'importe quel objectif éducatif (ou presque), pourvu qu'on lui accorde assez de temps et qu'on utilise une méthode pédagogique appropriée. C'est alors dans la durée de l'apprentissage plutôt que dans la qualité de la performance finale (comme c'est le cas dans le testage traditionnel) que se manifesteraient les différences individuelles (Carroll, 1963, 1970; Cooley & Glaser, 1969; Gagné, 1965). Il s'ensuit que les différences individuelles sur le plan de la performance intéressent peu ou pas les promoteurs du testage de maîtrise. Aussi, les tests critériés sont-ils habituellement rédigés de façon à minimiser les écarts de performance au terme d'un apprentissage approprié. Les systèmes d'enseignement individualisé mentionnés ci-dessus utilisent couramment le testage de maîtrise; il caractérise également les tests critériés commerciaux qui servent à évaluer les habiletés de base dans les classes du primaire.

Deux questions importantes se posent lors de la rédaction de ces tests. 1) Combien faut-il d'items pour évaluer avec précision l'atteinte de chacun des objectifs pédagogiques spécifiques couverts par le test? 2) Quelle proportion de réponses correctes permet de formuler un jugement fiable à propos de la maîtrise ou non des habiletés? Dans le cas de la plupart des premiers tests critériés, on faisait appel au jugement d'experts pour répondre à ces deux questions. On a toutefois réalisé des progrès substantiels dans la mise au point de techniques statistiques qui permettent de leur donner des réponses empiriques, donc objectives (Berk, 1984a; Ferguson & Novick, 1973; Hambleton, 1984a; Hambleton & Novick, 1973). Voyons quelques exemples qui illustrent la nature et l'envergure de ces efforts.

La question du nombre d'items et celle du score frontière peuvent être combinées en une seule hypothèse qu'il est possible de tester en faisant appel à la théorie de la décision et à l'analyse séquentielle (Hambleton, 1984a; Wald, 1947). Nous désirons tester une hypothèse spécifique, soit que le sujet a atteint le niveau de maîtrise exigé en ce qui concerne le domaine de contenus ou l'objectif pédagogique évalué par les items du test. L'analyse séquentielle consiste à examiner les réponses du sujet une à une et à décider après chaque observation s'il y a lieu 1) d'accepter l'hypothèse, 2) de la rejeter, ou 3) d'obtenir des affirmations additionnelles. C'est au cours du testage lui-même qu'on détermine le nombre d'observations (ici le nombre d'items) nécessaires pour prendre une décision fiable. Plutôt que d'être confronté à un nombre prédéterminé d'items, l'examiné continue à répondre à des questions jusqu'à ce qu'une décision de maîtrise ou de non-maîtrise soit atteinte. Alors, le testage s'arrête et l'élève est, soit autorisé à aborder le module d'apprentissage suivant, soit invité à reprendre l'étude du niveau non maîtrisé. Grâce aux ressources informatiques mentionnées dans une section antérieure, de telles démarches séquentielles de prise de décision deviennent réalisables; elles permettent de réduire le temps total de testage, tout en fournissant des jugements fiables quant à la maîtrise ou non des habiletés.

Quelques chercheurs ont étudié la possibilité d'utiliser les techniques bayésiennes d'estimation, qui se prêtent fort bien au type de décision caractéristique du testage de maîtrise. Le nombre d'objectifs pédagogiques spécifiques à évaluer est si grand que les tests critériés ne comptent habituellement qu'un petit nombre d'items pour chacun d'eux. Afin de compléter ces informations limitées, on a mis au point des méthodes qui incorporent des données collatérales puisées à la fois dans le dossier de performances antérieures de l'élève et dans les résultats des autres élèves (Ferguson & Novick, 1973; Hambleton 1984a; Hambleton et Novick, 1973).

Lorsqu'il s'avère impraticable d'utiliser des procédures sur mesure pour chaque individu, on peut établir les scores frontières de façon empirique, en analysant les scores obtenus à un prétest et à un post-test par des groupes appropriés [différents]. On choisit tout simplement le score frontière qui discrimine le mieux ceux qui ont reçu l'enseignement pertinent et ceux qui ne l'ont pas reçu (Panell & Laabs, 1979; Shepard, 1984). Un jugement subjectif sera requis dans certaines situations particulières pour déterminer la gravité relative de sanctionner une personne non qualifiée par opposition à faire échouer une personne qualifiée. On haussera ou abaissera le score frontière selon la gravité perçue des conséquences de ces deux erreurs de classification.

Liens avec le testage normatif. Au-delà des habiletés de base, le testage de maîtrise est inapplicable ou insuffisant. Dans des matières avancées et moins structurées, la réussite peut prendre des formes bien différentes; l'élève peut progresser presque sans limites dans des fonctions psychologiques telles que la compréhension, la pensée critique, le jugement et l'originalité. De plus, le programme des contenus à couvrir peut prendre des formes bien différentes selon les habiletés de l'élève, ses intérêts et ses buts, de même que les ressources éducatives disponibles localement. Dans de telles conditions, la maîtrise parfaite n'est pas plus réaliste qu'elle n'est nécessaire. C'est pourquoi, dans ces cas, on fera plutôt appel à des tests normatifs pour évaluer le niveau des acquisitions. Quelques tests en circulation ont été conçus de manière à pouvoir aussi bien servir dans les deux contextes, normatif et critérié. Mentionnons, à titre d'exemple, les tests diagnostiques Stanford en lecture et en mathématiques. Tout en fournissant des normes appropriées pour chaque classe, ces tests permettent une analyse qualitative de la maîtrise par l'enfant d'objectifs pédagogiques détaillés.

Il importe de signaler que le testage critérié n'est pas aussi nouveau, non plus qu'aussi divergent du testage normatif, que certains de ses promoteurs l'ont soutenu. D'abord, l'évaluation en termes absolus des performances individuelles aux tests, soit à l'aide de lettres, soit à l'aide de pourcentages de réponses correctes, a précédé de beaucoup les interprétations normatives. Des tentatives plus spécifiques pour décrire la performance aux tests, en fonction de la signification des contenus, ont également précédé l'apparition du terme «testage critérié» (Ebel, 1962; Flanagan, 1962; Nitko, 1984, p. 14-16). On peut mentionner comme exemples ces anciennes échelles de production [*product scales*] à l'aide desquelles on évaluait l'écriture, les compositions ou les dessins en comparant un échantillon du travail de l'individu à une série de spécimens servant de standards de performance. Ebel (1972) a également souligné que le concept de maîtrise (dans le sens d'un apprentissage «tout ou rien» de modules spécifiques) fut très populaire en éducation au cours des années vingt et trente, pour être ensuite abandonné.

Quelle que soit la façon dont les scores seront exprimés, tout testage implique un cadre normatif (Angoff, 1974; Nitko, 1984). Le choix même des contenus ou des habiletés à évaluer n'est pas indépendant de la connaissance que l'examinateur possède de ce qu'on peut attendre des individus à une étape développementale ou éducative particulière. Ce choix présuppose donc qu'on sache ce que d'autres personnes ont réussi à faire dans des situations similaires. De plus, lorsqu'il établit des scores frontières sur un continuum d'habiletés, le testage de maîtrise n'élimine pas pour autant les différences individuelles. Ainsi, lorsqu'on décrit le niveau de compréhension de textes d'une personne en affirmant qu'elle «possède les habiletés nécessaires pour comprendre le contenu du New York Times», on laisse place à un large éventail de différences individuelles quant au niveau de ladite compréhension. Lorsqu'on dichotomise la performance à l'aide d'un score frontière, on ne fait qu'ignorer les différences individuelles qui demeurent au sein de chaque catégorie, mettant de côté par le fait même des informations potentiellement utiles.

LES TABLES DE PRÉDICTION

On peut également interpréter les scores des tests, en fonction d'une performance attendue à un critère, comme c'est le cas dans un programme de formation ou dans un emploi. Cette utilisation du terme «critère» est conforme à l'usage psychométrique, selon lequel on dira par exemple d'un test qu'on l'a validé en regard d'un critère particulier (voir le chapitre 2). Au sens strict du terme, c'est à ce type d'interprétation d'une performance que devrait référer l'expression «testage critérié», alors que, dans le cas de l'approche décrite dans la section précédente, il serait plus juste de parler de testage en fonction d'un domaine ou de contenus.

Une **table de prédiction** indique la probabilité associée à diverses performances au critère pour chacun des scores [ou groupes de scores] du test. Par exemple, si un étudiant obtient un score de 530 au *Scholastic Aptitude Test* (SAT) du *College Board*, quelles sont ses chances d'obtenir une note A, B, C, D ou F durant sa première année d'études collégiales? Pour connaître la réponse à cette question, il suffit d'examiner la distribution croisée des scores au prédicteur (le SAT) et des notes obtenues durant la première année d'études collégiales. Pour obtenir une table de prédiction, il suffit de transformer en pourcentages, les fréquences inscrites dans cette distribution croisée (voir le tableau 4-6). Les données de ce tableau furent recueillies auprès de 198 étudiantes du secondaire inscrites dans un cours d'anglais. On utilisa comme prédicteur le test *Raisonnement verbal* de la batterie des tests d'aptitudes différentielles, qu'on administra en début de session. Le critère était la note finale obtenue à ce cours. Une corrélation de 0,61 fut obtenue entre ces deux variables.

La première colonne du tableau 4-6 présente les scores du test, subdivisés en quatre intervalles de classe; la seconde colonne précise le nombre d'étudiantes dont le score appartenait à chaque catégorie. Les chiffres, qui complètent chaque rangée du tableau, indiquent le pourcentage d'élèves de chaque niveau de performance au test qui se retrouvent dans chacune des quatre catégories de réussite à la fin de ce cours. Ainsi, parmi les 51 élèves qui obtinrent un score égal ou supérieur à 30 au test *Raisonnement verbal*, 18 % obtinrent une note finale comprise entre 70 et 79, 51 % obtinrent une

TABLEAU 4-6 Table de prédiction illustrant le lien entre le test *Raisonnement verbal* des TDA et les notes scolaires en anglais de 198 étudiantes de 10e année.

(Adapté de *Technical Supplement for the Differential Aptitude Test, Forms V and W*, p. 37. Reproduction autorisée, Copyright © 1984 par *The Psychological Corporation*. Tous droits réservés).

Scores du test	Nombre de sujets	Pourcentage recevant chaque note			
		< 70	70–79	80–89	⩾ 90
⩾ 30	51	0	18	51	31
20–29	28	14	29	46	11
10–19	84	20	57	19	4
< 10	35	40	51	9	0

note située entre 80 et 89, alors que 31 % atteignaient ou dépassaient le seuil de 90. À l'autre extrême, parmi les 35 étudiantes dont le score au test était inférieur à 10, 40 % passèrent le cours avec une note inférieure à 70, 51 % obtinrent entre 70 et 79, et 9 % entre 80 et 89. Sous réserve des limites inhérentes à ces données d'échantillonnage, ces pourcentages représentent la meilleure estimation disponible de la probabilité qu'une étudiante obtienne un score donné au critère. Par exemple, si une nouvelle étudiante obtient un score de 24 à ce test (situé dans l'intervalle 20–29), nous conclurons qu'elle a 11 chances sur 100 de réussir ce cours avec une note égale ou supérieure à 90, qu'elle a 46 chances sur 100 d'obtenir une note comprise entre 80 et 89, et ainsi de suite.

Il est possible de dichotomiser en «succès» ou «échec», les critères de bon nombre de situations concrètes, tels un emploi, un programme d'études ou tout autre cheminement. Il est alors possible de construire un **diagramme de prédiction**, qui précise la probabilité de succès [donc d'échec, qui est sa réciproque] associée à chaque intervalle de scores du test (voir la figure 4-7). Tirant ses données d'une batterie de tests de sélection des pilotes mise au point par les Forces de l'air américaines, ce graphique de prédiction

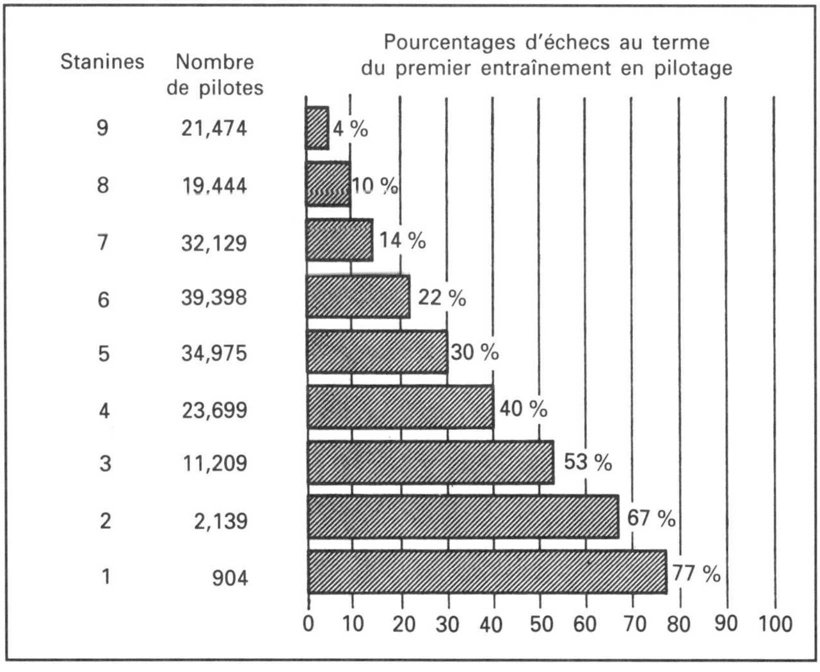

Figure 4-7. Diagramme de prédiction illustrant le lien entre la performance à une batterie de sélection de pilotes et l'élimination au terme du premier entraînement en pilotage.

(Tiré de Flanagan, 1947, p. 58).

illustre le pourcentage d'apprentis pilotes qui, ayant obtenu un stanine donné à cette batterie, ont échoué le premier cours de pilotage. On peut constater que 77 % des cadets qui avaient obtenu un stanine 1 échouèrent ce cours, par opposition à 4 % seulement de ceux qui avaient obtenu un stanine 9. Entre ces deux extrêmes, le pourcentage d'échecs décroît régulièrement à mesure qu'augmente le stanine obtenu à la batterie de tests. En s'appuyant sur ce graphique de prédiction, on prédira, par exemple, qu'environ 40 % des apprentis pilotes ayant obtenu un stanine 4 échoueront, cependant que 60 % d'entre eux réussiront le premier cours de pilotage. On pourra prédire de la même façon la probabilité de succès (ou d'échec) pour les cadets qui auront reçu chacun des stanines. Ainsi, les chances de succès dans le premier cours de pilotage d'un individu qui obtient un stanine 4 sont de 60/40 ou de 3/2. On peut constater qu'en plus de fournir une interprétation critériée des scores du test, les tables et les graphiques de prédiction indiquent de façon approximative la validité du test en tant que prédicteur d'un critère donné.

CHAPITRE 5

La fidélité

LE CONCEPT de fidélité réfère à la reproductibilité des scores obtenus par les mêmes personnes lorsqu'on leur administre un même test à des occasions différentes, lorsqu'on leur administre des ensembles différents d'items équivalents ou qu'ils sont soumis à des conditions d'administration variables. Le concept de fidélité sous-tend le calcul de l'**erreur de mesure** d'un score unique, grâce à laquelle nous pouvons prédire l'étendue probable des fluctuations du score d'une personne sous l'effet de facteurs non pertinents qui relèvent du hasard.

On a fait appel au concept de fidélité d'un test pour représenter plusieurs aspects de la reproductibilité d'un score. Dans sa signification la plus large, la fidélité d'un test permet de déterminer dans quelle mesure les différences individuelles dans les scores aux tests peuvent être attribuées à de «vraies» différences sur le plan des caractéristiques mesurées et dans quelle mesure elles doivent être attribuées à des erreurs dues au hasard. En termes plus techniques, les mesures de fidélité d'un test permettent d'estimer qu'elle proportion de la variance totale des scores à un test correspond à de la variance d'erreur. Toutefois, le cœur du problème consiste justement à définir la nature de cette variance d'erreur; en effet, les facteurs qui contribuent à la **variance d'erreur** dans un contexte particulier pourraient être classifiés comme de la variance vraie dans un autre contexte. Par exemple, si nous nous intéressions à la mesure des fluctuations de l'humeur, les fluctuations quotidiennes des scores à un test évaluant le continuum «bonne humeur-dépression» seraient pertinentes aux objectifs de ce test et feraient par conséquent partie de la variance vraie des scores. Si, par contre, le test était conçu pour mesurer des caractéristiques plus stables de la personnalité, ces mêmes fluctuations quotidiennes seraient considérées comme de la variance d'erreur.

Essentiellement, toute condition non pertinente à l'objectif d'un test représente de la variance d'erreur. Ainsi, lorsque les examinateurs s'efforcent de maintenir des conditions de testage uniformes, en contrôlant l'environnement du testage, les consignes, les limites de temps, le climat interpersonnel avec les sujets et bien d'autres facteurs similaires, ils réduisent l'erreur de mesure et rendent ainsi plus fidèles les scores aux tests. Toutefois, même dans des conditions optimales de testage, aucun test n'est parfaitement fidèle. Par conséquent, tout test devrait être accompagné d'un rapport sur son degré de fidélité. Cet indice de fidélité caractérise bien le test sous réserve qu'il soit administré dans les mêmes conditions standardisées et à des personnes similaires à celles qui composent l'échantillon normatif. Les caractéristiques de cet échantillon devraient par conséquent être précisées, de même que le type de fidélité qui fut évalué.

Il existe théoriquement autant de formes de fidélité d'un test qu'il y a de conditions pouvant affecter les scores aux tests, puisque n'importe laquelle de ces conditions pourrait se révéler non pertinente en regard d'un objectif particulier et être par conséquent considérée comme variance d'erreur. Cependant, on ne calcule en pratique que quelques types de fidélité. Nous examinerons dans ce chapitre les principales techniques pour mesurer la fidélité des scores aux tests, de même que les sources de variance d'erreur évaluées par chaque type. Étant donné que tous les types de fidélité ont pour objet le degré de similitude ou d'accord entre deux séries indépendantes de scores à un test, ils peuvent tous prendre la forme d'un **coefficient de corrélation**. C'est pourquoi la section qui suit examinera les caractéristiques de base des coefficients de corrélation, de façon à préciser leur utilisation et leur interprétation. On trouvera dans tout manuel de statistique, par exemple celui de Guilford et Fruchter (1978), une discussion plus technique de la corrélation, en même temps que des précisions sur les méthodes de calcul.

LE COEFFICIENT DE CORRÉLATION

Signification d'une corrélation. Essentiellement, un coefficient de corrélation (r) exprime le degré de correspondance, ou de *relation*, entre deux séries de scores. Ainsi, si le sujet qui obtient le meilleur score pour la variable 1 est aussi le meilleur dans le cas de la variable 2, si le deuxième meilleur sujet sur la variable 1 occupe également le second rang sur la variable 2, et ainsi de suite jusqu'au sujet le plus faible dans le groupe, on observerait alors une corrélation parfaite entre les variables 1 et 2. Une telle corrélation aurait pour valeur +1,00.

La figure 5-1 illustre le cas hypothétique d'une corrélation parfaite positive. Il s'agit d'un diagramme de corrélation, ou distribution bivariée. Chaque marque dans ce diagramme représente le score d'un sujet à la fois sur les variables 1 (axe horizontal) et 2 (axe vertical). On notera que les 100 sujets de cet échantillon se retrouvent tous sur la diagonale qui part du coin inférieur gauche de ce diagramme au coin supérieur droit. Une telle distribution correspond à une corrélation positive parfaite (+1,00), puisqu'elle montre que chaque personne occupe la même position relative sur les deux variables. Plus une distribution bivariée de scores s'approche de cette diagonale, plus la corrélation positive sera élevée.

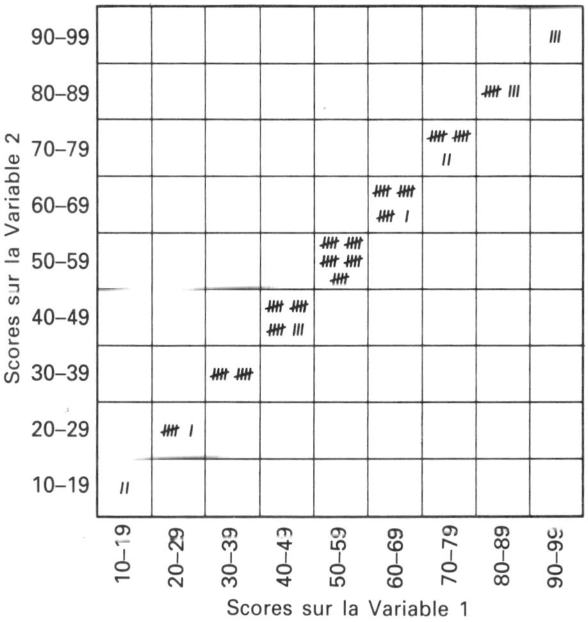

Figure 5-1. Distribution bivariée d'une corrélation hypothétique de +1,00.

La figure 5-2 illustre une corrélation négative parfaite (−1,00). Dans ce cas, il se produit une complète inversion des scores d'une distribution à l'autre: le meilleur sujet, dans le cas de la variable 1, est le plus faible sur l'autre distribution, et vice versa. Cette inversion se reproduit parfaitement tout au long de la distribution. On remarquera, dans ce diagramme, que tous les sujets se retrouvent sur une diagonale qui va du coin gauche supérieur au coin droit inférieur; la diagonale est en direction opposée de celle de la figure 5-1.

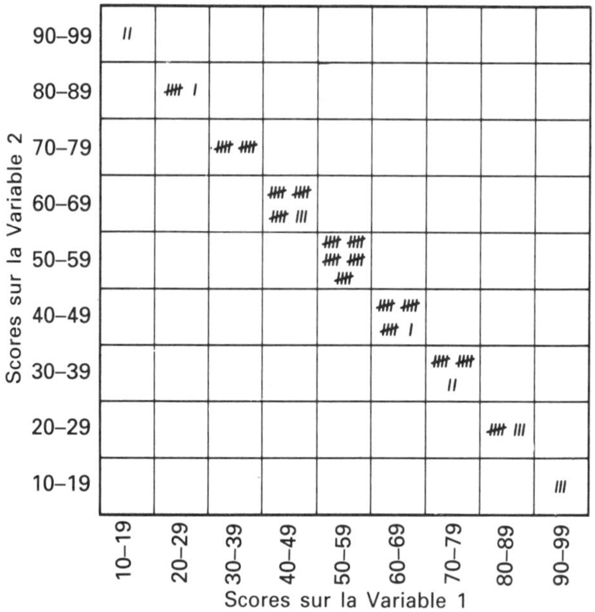

Figure 5-2. Distribution bivariée d'une corrélation hypothétique de −1,00.

Une corrélation de zéro indique l'absence complète de relation, ce que produirait par exemple le hasard. Si nous tirions au hasard, d'un chapeau, le nom de chaque personne pour déterminer sa position sur la variable 1, puis répétions la même procédure pour la variable 2, il en résulterait une corrélation de zéro ou presque. Dans de telles conditions, il serait tout à fait impossible de prédire le résultat d'une personne sur la variable 2, à partir de notre connaissance de son score sur la variable 1. La personne ayant le meilleur score sur la variable 1 pourrait tout aussi bien avoir obtenu un score élevé, moyen ou faible sur la variable 2. Le hasard ferait que certaines personnes obtiendraient des scores supérieurs (ou inférieurs) à la moyenne sur les deux variables; d'autres obtiendraient un score supérieur (ou inférieur) à la moyenne sur une variable et un score inférieur (ou supérieur) sur l'autre; d'autres encore obtiendraient un score supérieur à la moyenne sur une variable et un score moyen sur l'autre, et ainsi de suite. Il n'y aurait aucune régularité dans la relation observée d'une personne à l'autre.

Les coefficients obtenus dans des situations réelles se situent habituellement entre ces deux extrêmes, affichant des valeurs inférieures à 1,00 et supérieures à 0. Les corrélations entre des mesures d'habiletés sont presque toujours positives, bien que souvent faibles. Lorsqu'on observe une corrélation négative entre deux mesures de ce type, cela s'explique habituellement par la façon dont les scores sont exprimés. Par exemple, si des scores de temps sont corrélés à des scores de quantité, il s'ensuivra probablement une corrélation négative. Ainsi, lorsque le score de chaque sujet à un test de calcul arithmétique est enregistré comme le nombre de minutes pris pour compléter tous les items, alors que le score à un test de raisonnement arithmétique représente le nombre de problèmes correctement résolus, on doit s'attendre à une corrélation négative. Dans un tel cas, en effet, le sujet le plus faible (c'est-à-dire le plus lent) aura le score le plus élevé numériquement au premier test, tandis que le meilleur sujet aura le score le plus élevé au second test.

On peut calculer des coefficients de corrélation de plusieurs façons, selon la nature des données. La technique la plus courante est le *coefficient de corrélation des produits croisés de Pearson*. Ce coefficient de corrélation tient compte non seulement de la position de l'individu dans le groupe, mais aussi de l'ampleur de son écart au-dessus ou au-dessous de la moyenne du groupe. On se souviendra que lorsque la position relative d'une personne est exprimée en scores standard, celles qui se trouvent au-dessus de la moyenne reçoivent des scores standard positifs, tandis que celles qui se trouvent au-dessous de la moyenne ont des scores standard négatifs. Ainsi, un sujet qui se situerait parmi les meilleurs sur les deux variables à corréler aurait deux scores standard positifs; un sujet situé parmi les plus faibles sur ces deux mêmes variables aurait deux scores standard négatifs. Si, maintenant, nous multiplions le score standard de chaque individu sur la variable 1 par son score standard sur la variable 2, tous ces produits seront positifs en autant que chaque sujet se retrouve du même côté de la moyenne sur les deux variables. Le coefficient de corrélation de Pearson est tout simplement la moyenne de ces produits. Il prendra une valeur positive élevée lorsque les scores standard correspondants seront de même signe et de valeur approximativement égale sur les deux variables. Lorsque les sujets supérieurs à la moyenne sur une variable se situeront sous la moyenne de l'autre, les produits croisés correspondants seront négatifs. Si la somme des produits croisés est négative, la corrélation sera négative. Lorsque certains produits sont positifs alors que d'autres sont négatifs, la corrélation est voisine de zéro.

En pratique, il n'est pas nécessaire de convertir chaque score en un score standard avant de calculer les produits croisés, puisque cette conversion peut être effectuée d'un seul coup après le calcul et l'addition des produits croisés. Il existe plusieurs raccourcis pour calculer un coefficient de corrélation de Pearson. La méthode illustrée dans le tableau 5-1 n'est pas la plus rapide, mais elle illustre la signification du coefficient de corrélation beaucoup plus clairement que toute autre méthode qui utilise des raccourcis dans les calculs. Le tableau 5-1 démontre le calcul d'un r de Pearson entre les scores de mathématiques et de lecture de dix enfants. Vis-à-vis du nom de chaque enfant apparaissent ses scores au test de mathématiques (X) et au test de lecture (Y). Les sommes et les moyennes des 10 scores sont été calculées sous leur colonne respective. La troisième colonne présente l'écart (x)

TABLEAU 5-1 Calcul d'un coefficient de corrélation de Pearson

Élèves	Mathé-tiques X	Lecture Y	x	y	x^2	y^2	xy
Georges	41	17	+1	−4	1	16	− 4
Carole	38	28	−2	+7	4	49	−14
Geoffroy	48	22	+8	+1	64	1	8
Anne	32	16	−8	−5	64	25	40
Robert	34	18	−6	−3	36	9	18
Jeanne	36	15	−4	−6	16	36	24
Hélène	41	24	+1	+3	1	9	3
Ruth	43	20	+3	−1	9	1	− 3
Michel	47	23	+7	+2	49	4	14
Marie	40	27	0	+6	0	36	0
Σ	400	210	0	0	244	186	86
M	40	21					

$$\acute{E}T_x = \sqrt{\frac{244}{10}} = \sqrt{24,40} = 4,94 \qquad \acute{E}T_y = \sqrt{\frac{186}{10}} = \sqrt{18,60} = 4,31$$

$$r_{xy} = \frac{\Sigma xy}{(N)(\acute{E}T_x)(\acute{E}T_y)} = \frac{86}{(10)(4,94)(4,31)} = \frac{86}{212,91} = 0,40$$

de chaque score de mathématiques à la moyenne du groupe, tandis que la quatrième colonne précise l'écart (y) de chaque score de lecture à la moyenne du groupe en lecture. Ces écarts sont mis au carré dans les deux colonnes suivantes, et les sommes de ces carrés servent à calculer l'écart type des scores de mathématiques et de lecture selon la méthode décrite au chapitre 4. Plutôt que de diviser chaque x et chaque y par l'*ÉT* correspondant pour trouver les scores standards, nous n'effectuons cette division qu'une seule fois à la fin, tel qu'illustré par la formule de la corrélation dans le tableau 5-1. Les produits croisés (xy) dans la dernière colonne ont été obtenus en multipliant les écarts correspondants dans les colonnes x et y. Pour calculer la corrélation (r), la somme des produits croisés est divisée par le nombre total de sujets (N) et par le produit des deux écarts types ($\acute{E}T_x\acute{E}T_y$).

Signification Statistique. La corrélation de 0,40 trouvée dans le tableau 5-1 indique une corrélation positive modérée entre les scores de mathématiques et de lecture. Les enfants qui réussissent en mathématiques tendent dans une certaine mesure à réussir également en lecture, et vice versa, bien que la relation ne soit pas très étroite. Si nous ne nous intéressons qu'à la performance de ces dix enfants, nous pouvons accepter cette corrélation comme une description adéquate du degré de relation existant entre les deux variables dans ce groupe. Cependant, en recherche psychologique, nous désirons habituellement généraliser au-delà de *l'échantillon* particulier d'individus testés, plus précisément à la *population* plus large qu'il représente. Par exemple, nous pourrions désirer savoir si les mathématiques et la lecture sont reliées chez des enfants américains de même âge que ceux que nous avons testé. Les 10 sujets examinés constitueraient de toute évidence un échantillon fort peu représentatif d'une telle population; en effet, un autre échantillon comparable de même taille pourrait générer une corrélation beaucoup plus faible ou beaucoup plus élevée.

Il existe des procédures statistiques pour estimer les fluctuations probables, d'un échantillon à l'autre, en matière de corrélations, de moyennes, d'écarts types, ou de toute autre mesure de groupe. La question que l'on pose habituellement dans le cas de corrélations est tout simplement de déterminer si elles diffèrent significativement de zéro. En d'autres termes, si la corrélation dans la population est zéro, est-il possible qu'une corrélation aussi élevée que celle que nous avons obtenue avec notre échantillon puisse résulter d'une simple erreur d'échantillonnage? Lorsque nous affirmons qu'une corrélation «est significative au seuil de 1 % (0,01)», nous voulons dire que les chances ne sont pas supérieures à 1 sur 100 que la corrélation de la population soit effectivement zéro. Par conséquent, nous concluons que les deux variables sont vraiment corrélées. Les niveaux de signification réfèrent au risque que nous sommes prêts à prendre de nous tromper en tirant une conclusion à partir de nos données. Lorsqu'une corrélation est jugée significative au seuil de 0,05, la probabilité d'erreur est de 5 sur 100. La plupart des recherches psychologiques utilisent un seuil de 0,01 ou de 0,05; d'autres seuils de signification seront parfois utilisés dans des circonstances spéciales.

La corrélation de 0,40 calculée dans le tableau 5-1 n'est pas significative, même au seuil de 0,05. Ainsi qu'on aurait pu le prévoir, il est difficile avec seulement dix sujets d'établir une relation générale de façon certaine. Avec un aussi petit échantillon, la plus petite corrélation significative au seuil 0,05 est 0,63. Toute corrélation inférieure à cette valeur laisse sans réponse la question de savoir si les deux variables sont corrélées dans la population d'où fut tiré l'échantillon.

Les corrélations minimalement significatives aux seuils 0,05 et 0,01 pour des groupes de tailles différentes peuvent être identifiées en consultant les tables de signification statistique des corrélations dans tout manuel de statistique. Cependant, les objectifs interprétatifs du présent volume ne requièrent qu'une compréhension générale du concept de signification. Ajoutons que les niveaux de signification s'interprètent de la même façon lorsqu'ils s'appliquent à d'autres mesures statistiques. Par exemple, lorsque nous affirmons que la différence entre deux moyennes est significative au seuil 0,01, cela signifie que nous pouvons conclure, avec une seule chance sur 100 de nous tromper, qu'une différence dans la même direction apparaîtrait si nous testions toute la population d'où fut extrait notre échantillon. De cette façon, si dans l'échantillon testé les garçons avaient obtenu une moyenne significativement plus élevée que les filles à un test de compréhension mécanique, nous pourrions conclure que les garçons excelleraient également à l'échelle de toute la population.

Le Coefficient De Fidélité. Les coefficients de corrélation ont de multiples fonctions dans l'analyse de données psychométriques. La mesure de la fidélité d'un test constitue l'une de ces fonctions. La figure 5-3 illustre un coefficient de fidélité, tel que calculé par la méthode de Pearson; les scores de 104 personnes à deux versions parallèles d'un test de fluidité verbale[1] ont été mises en corrélation. Dans la première version, on donnait

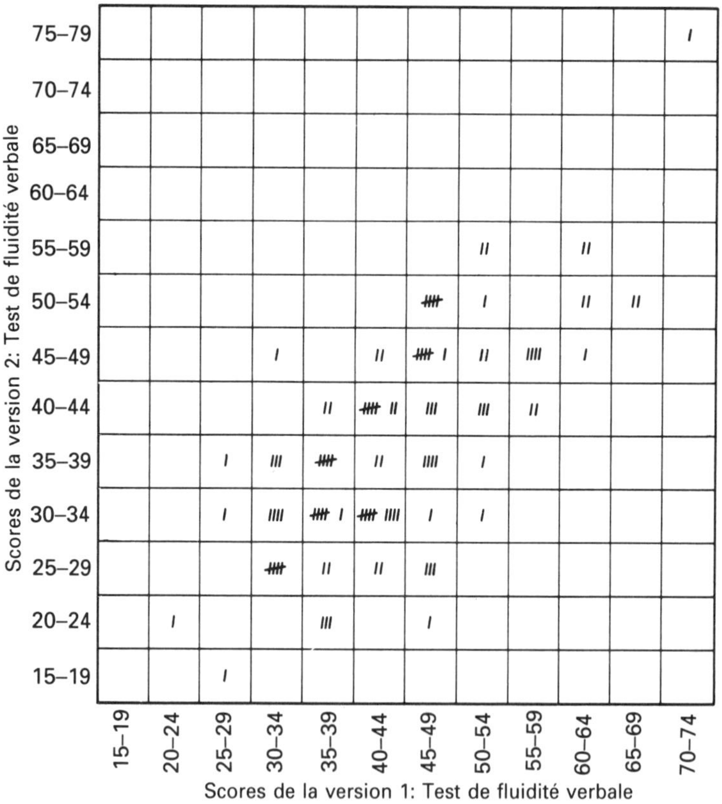

Figure 5-3. Un coefficient de fidélité de 0,72.
(Données extraites de Anastasi et Drake, 1954).

[1] Il s'agit d'un des sous-tests de la batterie SRA de tests d'habiletés mentales primaires pour les jeunes de 11 à 17 ans. Les données furent recueillies par Anastasi et Drake (1954).

aux sujets, cinq minutes pour trouver le plus de mots possible commençant par une lettre donnée. La seconde version était identique, sauf la lettre utilisée. Les auteurs du test choisirent deux lettres qu'ils considéraient de difficulté à peu près égale en regard de cette tâche.

On obtint une corrélation de 0,72 entre les deux séries de nombres de mots écrits par les sujets. Cette corrélation est élevée et statistiquement significative au-delà du seuil 0,01. Avec 104 sujets, toute corrélation égale ou supérieure à 0,25 serait statistiquement significative au-delà de ce seuil. Toutefois, le coefficient de corrélation obtenu est quelque peu inférieur à ce que l'on considère désirable pour des coefficients de fidélité, lesquels se situent habituellement au-dessus de 0,80 et même de 0,90. L'examen du diagramme de corrélation de la figure 5-3 révèle une distribution croisée de scores typique d'une corrélation positive élevée. On notera que les marques se concentrent autour d'une diagonale qui s'étend du coin inférieur gauche au coin supérieur droit; on observe donc une nette tendance dans cette direction, malgré un certain degré de disper'sion des marques individuelles. Nous examinerons dans la section qui suit l'utilisation du coefficient de corrélation pour calculer divers indices de fidélité d'un test.

LES TYPES DE FIDÉLITÉ[2]

FIDÉLITÉ PAR TEST-RETEST [STABILITÉ]. La technique la plus évidente pour évaluer la fidélité de scores aux tests consiste à réadministrer un même test aux mêmes sujets. Dans ce cas, le coefficient de fidélité (r_{tt}) équivaut tout simplement à la corrélation entre les scores obtenus par les mêmes personnes aux deux passations. La variance d'erreur correspond aux fluctuations aléatoires des performances d'une séance de testage à l'autre. Ces fluctuations peuvent avoir pour origine des conditions de testage mal contrôlées, par exemple des changements majeurs de température, des bruits soudains ou d'autres distractions, ou encore le bris d'une mine de crayon. Toutefois, elles découlent plus souvent de changements chez les sujets qui passent le test, tels la maladie, la fatigue, le stress émotif, l'inquiétude, des expériences récentes de nature plaisante ou déplaisante, etc. La fidélité par test-retest [stabilité] indique dans quelle mesure il est possible de généraliser à des occasions diverses les scores d'un test; plus elle est élevée, moins les scores sont influencés par des changements quotidiens imprévisibles en ce qui concerne les conditions de testage ou les caractéristiques de ceux qui passent le test.

Lorsqu'on inclut ce type de fidélité dans le manuel d'un test, il faut spécifier l'intervalle de temps entre les deux passations. étant donné que les

[2] **NOTE DU TRADUCTEUR.** Chaque sous-titre (sauf le dernier) est accompagné d'un mot entre crochets qui, selon moi, désigne vraiment le «type» (conceptuel) de fidélité, alors que le sous-titre désigne plutôt la méthode de calcul.

corrélations test-retest diminuent progressivement à mesure que s'accroît l'intervalle de temps, il est possible de calculer pour n'importe quel test, non pas un seul, mais un nombre infini de coefficients de stabilité. Il est également souhaitable de fournir le plus de précisions possibles sur les expériences vécues par les sujets durant l'intervalle, telles des expériences éducatives ou de travail, du counseling, une psychothérapie, et ainsi de suite.

Au-delà de l'importance de bien préciser le temps écoulé entre les deux passations, quels principes devraient guider le choix de cet intervalle? On pourrait aisément nommer des tests qui ont démontré une fidélité élevée en moins de quelques jours ou de quelques semaines, mais dont les scores n'étaient presque plus reliés au bout de dix ou quinze ans. Ainsi, plusieurs tests d'intelligence, destinés aux enfants d'âge préscolaire, se révèlent modérément stables durant cette période, mais n'ont plus guère d'utilité en tant que prédicteurs du QI à l'adolescence ou à l'âge adulte. Dans la pratique, il est habituellement possible d'effectuer une distinction assez simple. En effet, les fluctuations imprévisibles à court terme, c'est-à-dire à l'intérieur d'intervalles qui vont de quelques heures à quelques mois, sont généralement comprises dans la variance d'erreur des scores du test. Aussi, lorsqu'on désire vérifier ce type de fidélité, on s'efforce de maintenir l'intervalle de temps aussi court que possible. Si le testage s'adresse à de jeunes enfants, l'intervalle devrait être encore plus court qu'avec des personnes plus âgées, puisque les changements développementaux en bas âge sont perceptibles à l'intérieur d'un mois ou même moins. De toute façon, quel que soit le type d'examiné, l'intervalle entre deux passations ne devrait qu'exceptionnellement dépasser six mois.

Les changements additionnels sur le plan de la performance relative des individus, ceux qui se produisent sur de plus longues périodes, sont habituellement cumulatifs et progressifs plutôt que dus au hasard. De plus, il y a de fortes chances qu'ils se manifestent dans un plus large éventail de comportements que ceux représentés par la performance au test. Ainsi, le niveau général des aptitudes scolaires d'une personne, son sens de la mécanique ou son jugement artistique peuvent subir des modifications significatives en raison d'expériences spéciales vécues durant l'intervalle écoulé. La position relative de l'individu par rapport à ses pairs en âge peut s'améliorer ou se détériorer à cause de diverses circonstances reliées à son milieu familial ou scolaire, à son quartier ou pour d'autres motifs comme une maladie prolongée ou un trouble émotif.

L'ampleur de l'impact de tels facteurs sur le développement psychologique de la personne constitue une piste de recherche des plus importantes. Il ne faut toutefois pas confondre cette question avec celle de la fidélité d'un test particulier. Lorsqu'on mesure, par exemple, la fidélité du Stanford-Binet, les scores mis en corrélation ne sont pas séparés par un intervalle de dix ans, ni même d'un an, mais d'à peine quelques semaines. Ceci ne veut pas dire que ces tests n'aient pas été soumis à des retests à long terme; mais, lorsqu'ils le furent, les résultats servaient habituellement à étudier la prévisibilité de l'intelligence adulte à partir de celle des enfants, plutôt que la fidélité du test utilisé. Le concept de fidélité est généralement circonscrit à des changements aléatoires, à court terme, qui affectent la performance au test plutôt que le domaine de comportements évalué par le test.

Il importe de signaler que l'ampleur des fluctuations quotidiennes peut varier d'une fonction behaviorale à l'autre. Par exemple, la sûreté du geste dans les fins mouvements digitaux est sans doute plus sensible à de légères modifications de l'état du sujet qui passe le test que ne l'est la compréhension verbale. Si nous désirons obtenir une estimation générale de la sûreté habituelle des gestes d'un individu, il nous faudra probablement quelques testages échelonnés sur des journées consécutives, alors qu'une seule séance sera nécessaire dans le cas de la compréhension verbale. Il importe de rappeler de nouveau l'importance de bien analyser le rôle que doit jouer le test et de bien connaître les comportements qu'il a pour fonction de prédire.

En dépit de ses apparences simples et directes, la technique du test-retest soulève quelques difficultés lorsqu'on l'applique à la plupart des tests psychologiques. Ainsi, l'effet de pratique peut augmenter de façon variable, les scores des individus lors du retest. De plus, lorsque l'intervalle est très court, les sujets qui passent le test peuvent se rappeler plusieurs de leurs réponses initiales. En d'autres termes, la mémoire peut à elle seule expliquer une bonne part des similitudes entre les profils de bonnes et de mauvaises réponses. Donc, les scores de deux passations successives ne peuvent être considérés comme totalement indépendants: la corrélation entre eux sera artificiellement haussée. La passation répétée d'un test peut également modifier sa nature même; c'est le cas, tout spécialement, de problèmes qui font appel au raisonnement ou à l'ingéniosité. En effet, lorsque le sujet a bien saisi le principe en jeu dans un problème ou qu'il a découvert la solution, il pourra à l'avenir fournir la réponse correcte sans avoir à refaire toutes les opérations intermédiaires. Par conséquent, la technique du test-retest ne peut s'appliquer qu'aux tests peu sensibles à l'impact de la répétition, par exemple divers tests de discrimination sensorielle ou de motricité. Mais, dans le cas de la plupart des tests [surtout d'aptitudes et de performance], l'utilisation répétitive d'un même test ne constitue pas une façon appropriée pour obtenir une mesure de fidélité.

Fidélité par versions parallèles [Équivalence]. Il existe un moyen pour contourner les difficultés soulevées par le test-retest: utiliser des versions parallèles. Les individus peuvent ainsi passer une version lors de la première séance de testage et une autre version, équivalente ou parallèle, lors de la seconde séance. La corrélation obtenue entre les deux séries de scores deviendra le coefficient de fidélité du test. On remarquera qu'un tel coefficient de fidélité mesure simultanément la stabilité et la similitude des réponses à des échantillons d'items différents (représentés par les versions parallèles); il combine donc deux types de fidélité. Toutefois, dans la mesure où ces deux types de fidélité sont très importants dans la plupart des situations de testage, la fidélité par versions parallèles fournit une mesure fort utile pour évaluer plusieurs tests.

Le concept d'échantillonnage d'items, ou d'**échantillonnage de contenus**, sous-tend non seulement la fidélité par versions parallèles, mais également d'autres types de fidélité que nous verrons un peu plus loin. Il importe donc d'examiner cette notion plus attentivement. La plupart des étudiants ont probablement vécu cette expérience où, à la suite d'un examen, ils ont eu le sentiment d'un «coup de chance» parce que plusieurs des questions portaient justement sur des parties de matières qu'ils avaient étudiées plus en profondeur. De même, à d'autres occasions, ils ont vécu l'expérience inverse, celle de découvrir que bon nombre de questions traitaient de sujets qu'ils avaient omis de réviser. Ces exemples familiers illustrent ce qu'est la variance d'erreur découlant de l'échantillonnage des contenus. Dans quelle mesure les scores à un test dépendent-ils de facteurs spécifiquement reliés à l'échantillon particulier de contenus représenté par ses items? Par exemple, si un autre chercheur, travaillant indépendamment, rédigeait un nouveau test basé sur le même devis de rédaction, dans quelle mesure les scores des sujets différeraient-ils de l'un à l'autre?

Imaginons qu'on ait construit un test de vocabulaire dont les 40 items mesurent la compréhension verbale générale; imaginons également qu'on prépare dans le même but une seconde liste de 40 mots différents et que les items soient rédigés avec autant de soin, afin de couvrir la même étendue de difficultés que le premier test. Les différences observées entre les scores des mêmes personnes à ces deux tests illustrent le type de variance d'erreur qui est ici en cause [la figure 5-3 illustre fort bien cette situation]. En raison de facteurs imprévisibles relevant des expériences passées de différentes personnes, la difficulté relative des deux listes variera légèrement d'une personne à l'autre. La première liste pourra ainsi contenir un plus grand nombre de mots que le sujet A ne connaît pas, tandis que, dans le cas du sujet B, les mots inconnus se trouveront en plus grand nombre dans la seconde liste; même si ces deux personnes ont une maîtrise à peu près égale du vocabulaire (c'est-à-dire que leurs «scores vrais» sont égaux), B aura malgré tout un meilleur score que A pour la première liste, tandis que ce sera l'inverse pour la seconde. C'est tout simplement l'effet du hasard dans la sélection des items qui aura causé l'inversion de la position relative de ces deux personnes d'une liste à l'autre.

Tout comme c'est le cas pour la stabilité, la présentation de coefficients d'équivalence devrait toujours inclure des informations sur la longueur de l'intervalle interpassations et sur toute expérience spéciale vécue par le groupe durant cet intervalle. Attention: lorsqu'on administre les deux versions **immédiatement l'une après l'autre**, la corrélation obtenue ne représente que l'équivalence des contenus; la stabilité n'est plus évaluée. Bref, la variance d'erreur ne correspond plus qu'aux fluctuations de performance d'un ensemble d'items à l'autre; elle exclut les fluctuations temporelles.

Lors de la rédaction de versions parallèles, il faut évidemment prendre toutes les précautions nécessaires pour assurer un véritable parallélisme. En règle générale, des versions parallèles d'un test devraient être préparées de manière indépendante, tout en respectant un même devis de rédaction. Elles devraient toutes deux contenir un même nombre d'items, ayant la même forme et couvrant le même type de contenus. L'étendue des difficultés et le niveau de difficulté moyen devraient être identiques. Il faut également assurer l'équivalence des consignes, du minutage, des exemples, du format de présentation, bref, de tous les aspects du cadre de passation du test.

Ajoutons que les versions parallèles peuvent servir à d'autres fins que celle d'estimer la fidélité d'un test. Elles sont, par exemple, fort utiles dans des études qui impliquent une relance [*follow-up*] ou pour étudier l'impact d'une quelconque variable intermédiaire sur la performance aux tests. L'emploi simultané de quelques versions parallèles permet enfin de réduire l'impact du monitorat et de la tricherie.

Bien qu'elle soit plus largement applicable que la fidélité par test-retest, la fidélité par versions parallèles comporte aussi des faiblesses. Si les fonctions behaviorales évaluées sont très sensibles à l'effet de pratique, l'utilisation de versions parallèles pourra atténuer cet effet, mais non le faire disparaître. Il va de soi que si les sujets s'améliorent tous également lors de la répétition du test, la corrélation entre leurs scores ne sera pas affectée, puisque l'addition d'une constante à une série de scores ne modifie en rien un coefficient de corrélation. Il est toutefois beaucoup plus probable que les sujets différeront quant à leur degré d'amélioration, parce qu'ils n'auront pas eu les mêmes occasions de se pratiquer avec des problèmes similaires, qu'ils ne seront pas également motivés à repasser ce test, ou pour d'autres motifs. Voilà pourquoi l'effet de pratique constitue une autre source de variance qui tend à réduire la corrélation entre les deux versions. Si cet effet de pratique est peu important, la corrélation sera peu atténuée.

Il faut se demander également dans quelle mesure la passation répétée d'un test peut modifier sa nature même. Par exemple, dans le cas de certains types de problèmes d'ingéniosité, lorsque les sujets ont réussi à découvrir la solution d'un problème donné, ils solutionneront presque sans réflexion tout autre problème qui fera appel au même principe; dans ce cas, le fait de changer le contenu spécifique des items de l'autre version ne suffira pas à contrecarrer ce transfert d'apprentissage en provenance de la première version. Ajoutons, en terminant, que bon nombre de tests ne possèdent pas de versions parallèles à cause des difficultés pratiques que pose leur rédaction. Pour toutes ces raisons, il faut souvent recourir à d'autres techniques pour évaluer la fidélité d'un test.

Fidélité par bissection [Cohérence interne]. Même avec une seule administration d'une seule version d'un test, il est possible d'obtenir une mesure de fidélité à l'aide de diverses méthodes de bissection [*split-half*].

Celles-ci consistent à scinder le test en deux parties équivalentes, ce qui permet de calculer deux scores pour chaque examiné. De toute évidence, la fidélité par bissection fournit une mesure d'équivalence en ce qui a trait à l'échantillonnage des contenus. En effet, parce qu'il n'y a qu'une seule passation, ce type de fidélité ne tient aucunement compte de la stabilité des scores. De plus, étant donné que l'unique passation n'implique qu'une seule version d'un test, le coefficient de fidélité obtenu porte parfois le nom d'indice de cohérence interne.

Pour calculer une fidélité par bissection, il faut d'abord décider comment scinder le test en deux, de manière à ce que les deux moitiés soient aussi équivalentes que possible. Il existe bien des façons de scinder un test. Dans la plupart des cas, la première moitié et la seconde ne seraient pas équivalentes, en raison de différences de nature et de difficulté entre les deux groupes d'items, de même qu'à cause de l'effet cumulatif du réchauffement, de la pratique, de la fatigue, de l'ennui, et de divers autres facteurs qui tendent à subir des modifications progressives entre le début et la fin du test. La procédure la plus souvent appropriée consiste à calculer des scores distincts pour les items pairs et impairs du test. Dans la mesure où les items ont été agencés en ordre croissant de difficulté, les demi-scores obtenus seront quasi équivalents. Dans le cas d'un tel découpage pairs-impairs, il faut cependant faire bien attention de ne pas séparer un petit groupe d'items qui font partie d'un même problème, comme par exemple l'analyse d'un diagramme dans un test de mécanique ou celle d'un paragraphe dans un test de lecture; tout le groupe doit être assigné en bloc à l'une ou à l'autre moitié. En effet, si on répartit ces items entre les deux moitiés, la similitude des deux demi-scores risque d'être artificiellement haussée, puisqu'une erreur de compréhension du problème d'ensemble se répercutera sur les items distribués dans les deux moitiés.

Lorsque tous les sujets ont reçu leurs deux demi-scores, ces derniers peuvent être mis en corrélation par la technique usuelle. Il faut toutefois souligner que cette corrélation n'indique que la fidélité d'un demi-test; en effet, dans le cas d'un test composé de 100 items, la corrélation sera calculée entre deux séries de scores qui ne comptent chacune que 50 items. Par contre, dans le cas des fidélités par test-retest et par versions parallèles, tous les items du test contribuent au calcul de chacun des scores.

Toutes choses égales d'ailleurs, plus un test est long, plus il sera fidèle[3]. En effet, il est logique de s'attendre à ce qu'un plus large échantillon de comportements fournisse une mesure plus cohérente et adéquate. La **formule de Spearman-Brown** permet d'estimer l'impact que l'allongement ou le raccourcissement d'un test aurait sur son coefficient de cohérence interne [ou d'homogénéité]. La voici:

[3] Le fait d'allonger un test n'améliorera que sa cohérence sur le plan de l'échantillonnage des contenus, non pas sa stabilité (voir Cureton, 1965; Cureton *et al.*, 1973).

$$r_{nn} = \frac{nr_{tt}}{1+(n-1)r_{tt}}$$

où r_{nn} est le coefficient estimé, r_{tt} est le coefficient obtenu et n est le facteur d'allongement ou de raccourcissement. Par exemple, lorsqu'on veut augmenter de 25 à 100 le nombre d'items, $n = 4$; si l'on désire le réduire de 60 à 30 items, $n = \frac{1}{2}$ [ou 0,5]. On utilise la formule de Spearman-Brown dans tous les cas où la fidélité est obtenue par bissection; elle apparaît dans bon nombre de manuels de tests. Dans le cas de ce type de fidélité, n est évidemment égal à deux, puisqu'il s'agit d'estimer la fidélité d'un test deux fois plus long. La formule S-B devient alors:

$$r_{tt} - \frac{2r_{hh}}{1+r_{hh}}$$

où r_{hh} correspond à la corrélation entre les deux demi-tests.

Rulon (1939) a mis au point une technique alternative pour calculer une fidélité par bissection. Cette formule utilise seulement la variance des différences entre les deux demi-scores de chaque répondant ($ÉT_d^2$ ou V_d) et celle des scores totaux ($ÉT_x^2$ ou V_x). La formule ci-dessous utilise ces deux valeurs pour calculer directement la fidélité du test total:

$$r_{tt} = 1 - \frac{V_d}{V_x}$$

Il vaut la peine de signaler le lien direct entre cette formule et la définition de la variance d'erreur. Toute différence entre les deux demi-scores d'une même personne représente de l'erreur due au hasard. En divisant la variance de ces différences par celle des scores totaux, on obtient la proportion de la variance de ces scores attribuable à ce type d'erreur. Si l'on soustrait de 1,00 cette variance d'erreur, on obtient la proportion de variance «vraie», qui équivaut au coefficient de fidélité.

Fidélité de Kuder-Richardson et coefficient alpha [Homogénéité]. Une quatrième méthode de calcul de la fidélité, qui utilise elle aussi une seule passation d'une seule version d'un test, a pour fondement la cohérence entre les réponses de tous les items du test. Cette **cohérence interitems** est sensible à deux sources de variance d'erreur: 1) l'échantillonnage des contenus (comme pour les fidélités par versions parallèles et par bissection), et 2) le degré d'hétérogénéité du domaine de contenus échantillonné; plus le domaine est homogène, plus la cohérence interitems sera élevée. Par exemple, si un test ne contient que des problèmes de multiplication, tandis qu'un autre est composé de problèmes d'addition, de soustraction, de multiplication et de division, il est fort probable que le premier manifestera une plus forte cohérence interitems. Dans le cas du second test, plus hétérogène, un examiné pourrait avoir plus de difficulté avec les soustractions qu'avec tous les autres problèmes; un second pourrait être très fort dans les divisions, mais beaucoup plus faible dans les multiplications; et ainsi de suite. Imaginons une situation d'extrême hétérogénéité: d'une part, un test composé de 40 items de vocabulaire et, d'autre part, un autre qui regroupe 10 questions de vocabulaire, 10 de manipulations spatiales, 10 de raisonnement arithmétique et 10 de vitesse perceptuelle. Il est fort possible, dans ce dernier cas, que la corrélation soit faible, et même nulle, entre les performances des sujets à ces quatre types de problèmes.

Il est évident que l'interprétation des scores sera moins ambiguë si ceux-ci proviennent de tests relativement homogènes. Imaginons par exemple que, dans le test très hétérogène de 40 items mentionné plus haut, Pierre et Paul aient tous deux obtenu un score brut de 20. Peut-on conclure qu'ils ont tous deux des performances égales? Pas du tout. Pierre peut avoir réussi les 10 items de vocabulaire, les 10 items de vitesse perceptuelle et aucun des items de raisonnement arithmétique et de relations spatiales; à l'opposé de Pierre, Paul peut devoir son score de 20 à la réussite de 5 items de vitesse perceptuelle, de 5 items de relations spatiales, de 10 problèmes de raisonnement arithmétique et d'aucun item de vocabulaire.

Bien d'autres combinaisons pourraient évidemment produire sur un score de 20; la signification d'un tel score varierait considérablement selon la combinaison observée. Par contre, dans le cas du test assez homogène de vocabulaire, où les items seraient agencés en ordre de difficulté croissante, un score de 20 signifierait probablement que le sujet a réussi les 20 premiers items, à quelques exceptions près. Peut-être aura-t-il échoué deux ou trois items plus faciles et répondu correctement à deux ou trois items au-delà du vingtième, mais il s'agit là de bien faibles variations par comparaison à celles qu'on peut observer dans le cas d'un test plus hétérogène.

Mentionnons une question fort pertinente qui relève de la présente discussion: le critère que le test a pour but de prédire est-il lui-même plutôt homogène ou hétérogène? Bien qu'il faille en principe privilégier les tests homogènes, dans la mesure où leurs scores s'interprètent de façon nettement moins ambiguæ, il est par ailleurs évident qu'un unique test homogène ne peut pas prédire adéquatement un critère très hétérogène. De plus, lorsqu'il s'agit de prédire un critère très hétérogène, l'hétérogénéité des items n
pas nécessairement de la variance d'erreur. Les tests d'intell
tionnels illustrent fort bien cette situation où des tests hétérogè
but de prédire des critères hétérogènes. Toutefois, il pourrait êtr
dans pareils cas, d'élaborer plusieurs tests relativement homog
évaluant un aspect différent du critère hétérogène. On combi
prétation non ambiguë et la couverture adéquate du critère. Kuder
(1937) ont mis au point la technique la plus couramment u

[4] **Note du traducteur.** C'était vrai il y a 20 ans, c'est-à-dire avant qu[...] soit facilement accessible. Depuis, le coefficient alpha l'a remplacée dans presque toutes les situations.

mesurer la cohérence interitems. Comme c'est le cas pour les techniques de bissection, le calcul de la cohérence interitems n'exige qu'une seule passation d'un seul test. Cependant, plutôt que de procéder au calcul de demi-scores, cette technique s'appuie sur l'analyse comparée de la performance des sujets à chacun des items. Parmi les diverses formules présentées dans l'article originel, voici celle qui s'applique au plus grand nombre de situations, et qu'on nomme communément KR-20:

$$r_{tt} = \left(\frac{n}{n-1}\right)\frac{V_t - \Sigma pq}{V_t}$$

Dans cette formule, r_{tt} représente le coefficient de fidélité du test entier, n correspond au nombre d'items du test et V_t est le carré de l'écart type des scores totaux au test. L'unique terme nouveau dans cette formule, Σpq, correspond au cumul, pour tous les items, du produit de la proportion des sujets qui ont réussi l'item (p) par celle des cas d'échecs (q). [Notons que $q = 1 - p$]. étant donné que la valeur p est quasi automatiquement enregistrée, car elle sert au calcul du niveau de difficulté des items, cette technique de mesure de la fidélité exige peu de calculs additionnels.

Il est possible de démontrer mathématiquement que le coefficient de fidélité de Kuder-Richardson correspond de fait à la moyenne des coefficients de fidélité par bissection résultant de toutes les bissections possibles d'un test (Cronbach, 1951)[5]. Un coefficient ordinaire de fidélité par bissection s'appuie, par contre, sur un découpage spécifiquement choisi pour créer deux ensembles équivalents d'items. Par conséquent, à moins que les items soient très homogènes, le coefficient KR-20 sera inférieur au coefficient par bissection. Illustrons cette différence à l'aide d'un cas extrême. Supposons que nous construisions un test de 50 items avec 25 types différents de contenus, de telle sorte que les items 1 et 2 mesureront du vocabulaire, les items 3 et 4 du raisonnement arithmétique, les items 5 et 6 de l'orientation d'objets dans l'espace, et ainsi de suite. Les scores pair et impair à ce test pourraient en théorie coïncider fort bien et donner lieu à un coefficient par bissection très élevé. Cependant, l'homogénéité de ce test serait très faible, puisque la performance d'un sujet pourrait fluctuer considérablement d'un type d'item à l'autre. Dans cet exemple, on devrait obtenir un coefficient KR-20 nettement inférieur au coefficient par bissection. De fait, l'écart entre ces deux coefficients peut servir d'indice approximatif du degré d'hétérogénéité d'un test.

La formule de Kuder-Richardson s'applique à des tests dont les items se corrigent selon une dichotomie «bon/erroné», ou tout autre système «tout ou

[5] Cette affirmation n'est tout à fait juste que lorsque les coefficients de fidélité par bissection sont calculés par la formule de Rulon (fondée sur la variance des différences entre les deux demi-scores), mais non lorsqu'on calcule la corrélation entre les demi-scores, puis qu'on la corrige avec la formule de Spearman-Brown (Novick & Lewis, 1967).

rien» similaire. Toutefois, certains tests peuvent utiliser des items à scores multiples. Par exemple, on retrouve fréquemment dans les inventaires de personnalité des items où l'examiné reçoit un score différent selon qu'il répond «habituellement», «parfois», «rarement» ou «jamais». Une formule générale, nommée **coefficient alpha**, a été dérivée spécialement pour ce type de test (Cronbach,1951; Kaiser & Michael, 1975; Novick & Lewis, 1967). On remplace, dans cette formule, la valeur Σpq par $\Sigma(V_i)$, soit la somme des variances des scores d'items. La technique consiste à calculer pour chacun des items la variance des scores de tous les sujets, puis d'additionner ces variances pour tous les items. Voici la formule complète du coefficient alpha:

$$r_{tt} = \left(\frac{n}{n-1}\right)\frac{V_t - \Sigma(V_i)}{V_t}$$

Fidélité intercorrecteurs [Équivalence interjuges]. Il devrait maintenant être clair que les divers types de fidélité se distinguent les uns des autres par les facteurs qu'ils incluent dans la variance d'erreur. Dans un cas, la variance d'erreur correspond aux fluctuations temporelles; dans un autre, elle correspond aux différences entre des ensembles parallèles d'items; dans un troisième, elle comprend toute forme de non-cohérence entre les items. Par ailleurs, les facteurs **exclus** de la variance d'erreur appartiennent à deux grandes catégories: a) des facteurs dont la variance doit demeurer partie intégrante des scores, puisqu'ils font partie des véritables différences évaluées, et b) des facteurs non pertinents qu'il est facile de contrôler expérimentalement. Par exemple, on ne rapporte pas, de façon générale, les erreurs de mesure qui résultent de la passation d'un test dans des conditions distrayantes ou avec un minutage plus long ou plus court que celui spécifié dans le manuel, car il est facile d'éliminer ces types d'erreurs de la situation de testage. Par conséquent, il n'est pas nécessaire de rapporter des coefficients de fidélité qui préciseront la «variance due aux distractions» ou la «variance due au minutage».

De même, les protocoles d'administration et de correction de la plupart des tests sont à ce point standardisés que la variance d'erreur due à ces facteurs est négligeable. Ceci est particulièrement vrai dans le cas des tests collectifs qui servent au testage de masse et sont corrigés par ordinateur; avec de tels instruments, il suffit de s'assurer que toutes les consignes prévues sont rigoureusement respectées et soigneusement vérifiées. Cependant, dans le cas d'instruments cliniques qui servent à effectuer des examens individuels approfondis, de multiples preuves confirment l'importance d'une **variance inter-examinateurs**. Grâce à des devis expérimentaux particuliers, il est possible d'isoler cette variance de celle qui provient des fluctuations temporelles du comportement de l'examiné ou de l'utilisation de versions parallèles.

La **variance intercorrecteurs** représente une autre source de variance d'erreur qu'il est très facile de mesurer. Les grilles de correction de certains types de tests, tout spécialement les tests de créativité ou les tests de personnalité de type projectif, accordent un rôle important au jugement du correcteur. Dans le cas de ces tests, il devient tout aussi nécessaire d'évaluer la fidélité intercorrecteurs que les autres sources usuelles d'erreur de mesure. On peut évaluer la fidélité intercorrecteurs en faisant corriger séparément par au moins deux examinateurs un échantillon de copies du test. Les deux scores (ou plus) qu'obtiendront ainsi les sujets seront alors mis en corrélation de façon usuelle; le coefficient obtenu indiquera la fidélité intercorrecteurs. On calcule couramment ce type de fidélité dans toutes les études qui font appel à des instruments à correction subjective. On devrait retrouver de tels coefficients dans les manuels de tous les tests qui peuvent engendrer ce type d'erreur.

Survol. Les divers types de fidélité décrits dans cette section sont regroupés de façon synthétique dans les tableaux 5-2 et 5-3. Ils sont classifiés, dans le tableau 5-2, selon deux des opérations nécessaires pour les obtenir, le nombre de passations et le nombre de versions; les données du tableau 5-3 précisent pour leur part les sources de variance d'erreur auxquelles chaque type est sensible.

On peut interpréter directement tout coefficient de fidélité en fonction du **pourcentage de la variance des scores** qu'on peut attribuer à diverses sources. Ainsi, un coefficient de fidélité de 0,85 signifie que 85 % de la variance des scores au test correspond à la variance vraie du trait mesuré, cependant que 15 % correspond à de la variance d'erreur (dont la nature dépend de la technique spécifique utilisée). Le lecteur qui connaît bien la statistique se souviendra peut-être que c'est le **carré** d'un coefficient de corrélation qui représente la proportion de variance commune à deux mesures. De fait, la proportion de variance vraie des scores à un test correspond au carré de la corrélation entre les scores obtenus à une version d'un test et les scores vrais,

TABLEAU 5-2 Distribution des techniques de mesure de la fidélité selon le nombre de versions et de séances de testage

Séances requises de testage	Versions requises	
	Une	Deux
Une	Bissection Kuder-Richardson	Versions parallèles (sans délai)
Deux	Test-retest	Versions parallèles (avec délai)

TABLEAU 5-3 Sources de variance d'erreur selon le type de coefficient de fidélité

Types de coefficients de fidélité	Variance d'erreur
Test-retest	Échantillonnage temporel
Versions parallèles (sans délai)	Échantillonnage des contenus
Versions parallèles (avec délai)	Échantillonnage temporel et des contenus
Bissection	Échantillonnage des contenus
Kuder-Richardson et coefficient alpha	Échantillonnage des contenus et hétérogénéité des contenus
Intercorrecteurs	Différences entre correcteurs

en n'oubliant pas que ces derniers sont libres de toute erreur due au hasard. Cette corrélation, connue sous le nom d'**indice de fidélité**[6], est égale à la racine carrée du coefficient de fidélité $\left(\sqrt{r_{tt}}\right)$. Lorsqu'on met au carré cet indice de fidélité, on obtient le coefficient de fidélité (r_{tt}), qu'on peut par conséquent interpréter comme un pourcentage de variance vraie.

Certains schèmes expérimentaux, conçus pour évaluer auprès d'un même groupe plus d'un type de coefficient de fidélité, permettent de scinder la variance totale des scores en diverses composantes. Examinons l'exemple hypothétique suivant. Les versions A et B d'un test de créativité ont été administrées à deux mois d'intervalle à 100 élèves de 6e année. La fidélité par versions parallèles ainsi obtenue se chiffre à 0,70. En utilisant les réponses

TABLEAU 5-4 Analyse des sources de variance d'un test fictif

La fidélité par versions parallèles:	1 − 0,70 = 0,30	(échantillonnage temporel et des contenus)
La fidélité par bissection Spearman-Brown:	1 − 0,80 = 0,20*	(échantillonnage des contenus)
Différence	0,10*	(échantillonnage temporel)
La fidélité intercorrecteurs:	1 − 0,92 = 0,08*	(différences entre correcteurs)

Variance d'erreur totale* = 0,20 + 0,10 + 0,08 = 0,38
Variance vraie = 1 − 0,38 = 0,62

[6] Gulliksen (1950, chap. 2 et 3) présente des techniques de dérivation de l'indice de fidélité basées sur deux ensembles différents de postulats.

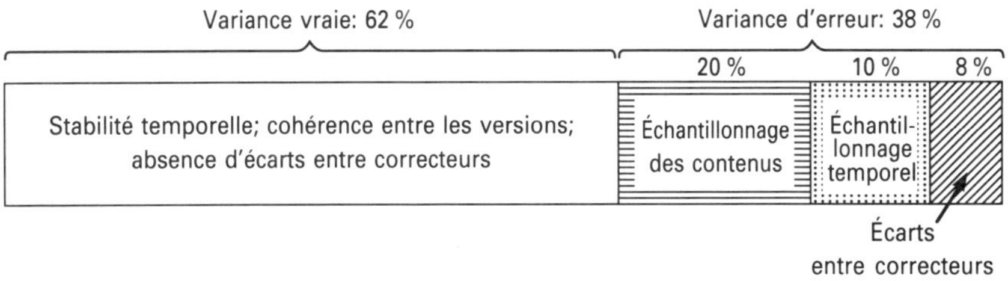

Figure 5-4. Répartition en pourcentages de la variance des scores d'un test fictif.

à l'une ou à l'autre version, on peut également calculer un coefficient de fidélité par bissection[7]. Le coefficient obtenu, corrigé par la formule de Spearman-Brown, est 0,80. Finalement, un second examinateur a corrigé, en parallèle, un échantillon au hasard de 50 copies du test, ce qui a permis d'obtenir un coefficient de fidélité intercorrecteurs de 0,92. L'analyse de ces trois coefficients de fidélité permet d'extraire les variances d'erreur présentées dans le tableau 5-4 et la figure 5-4. On remarquera qu'en soustrayant la variance d'erreur attribuable au seul échantillonnage des contenus (fidélité par bissection) de la variance d'erreur attribuable à la fois à cette source et à l'échantillonnage temporel (fidélité par versions parallèles), on peut conclure que l'échantillonnage temporel explique à lui seul 10 % de la variance des scores. En cumulant les variances d'erreur attribuables à l'échantillonnage des contenus (0,20), à l'échantillonnage temporel (0,10) et aux différences entre correcteurs (0,08), on obtient une variance d'erreur totale de 0,38, donc une proportion de variance vraie de 0,62. Ces proportions, exprimées dans le langage plus familier des pourcentages, sont illustrées graphiquement dans la figure 5-4.

LA FIDÉLITÉ DES TESTS DE VITESSE [RÉGULARITÉ]

Qu'il s'agisse d'élaborer un test ou d'en interpréter les scores, il faut tenir compte de l'importante distinction qui existe entre la mesure de la vitesse et celle de la puissance. Dans un pur **test de vitesse**, la rapidité de la performance explique en totalité les différences individuelles observées. On prépare ce type de test à l'aide d'items qui sont tous faciles et qui font, par conséquent, partie des habiletés maîtrisées par les sujets auxquels il est

[7] On obtiendra une meilleure estimation du degré de cohérence interne en calculant la fidélité par bissection de chacune des deux versions, puis en calculant leur moyenne à l'aide d'une technique statistique appropriée.

destiné. On fixe une limite de temps si courte que personne ne peut compléter tous les items; dans de telles conditions, le score de chaque personne reflète exclusivement son rythme de travail. À l'inverse, un pur **test de puissance** offre une limite de temps suffisamment longue pour que tous puissent tenter de répondre à chacun des items; ceux-ci sont cependant ordonnés selon une échelle de difficulté qui augmente très rapidement jusqu'à des items à peu près insolubles; ainsi, personne ou presque ne peut obtenir un score parfait.

On remarquera que les tests de vitesse et de puissance sont tous deux conçus pour empêcher une réussite parfaite. Pareille précaution s'explique par le fait qu'un score parfait est indéterminé, en ce sens qu'il est impossible de savoir quel score plus élevé le sujet aurait atteint si le test avait contenu plus d'items ou des items plus difficiles. Afin de permettre à chaque sujet de bien montrer les limites de sa compétence, le test doit donc avoir un plafond suffisamment élevé, soit sur le plan du nombre d'items ou sur celui de leur niveau de difficulté. Le testage de maîtrise, illustré par les tests critériés décrits dans le chapitre 4, constitue une rare exception à cette règle. En effet, celui-ci n'a pas pour but de vérifier les limites que peut atteindre une personne, mais de déterminer si celle-ci a atteint ou non un niveau de compétence prédéterminé.

De fait, la distinction entre tests de vitesse et de puissance n'en est qu'une de degré, puisque la plupart des tests font appel à ces deux composantes dans des proportions variables. Il est important de connaître ces proportions pour chaque test, non seulement pour mieux comprendre ce qu'il mesure, mais aussi afin de choisir les techniques appropriées pour estimer sa fidélité. Par exemple, les coefficients de fidélité issus d'une seule passation, tels les coefficients par bissection ou ceux de Kuder-Richardson, ne s'appliquent pas aux tests de vitesse; en effet, dans la mesure où les différences individuelles entre les scores dépendent de la rapidité de la performance, les coefficients de fidélité obtenus par ces méthodes seront artificiellement haussés. L'exemple extrême ci-dessous permettra d'éclairer cette affirmation. Supposons un pur test de vitesse de 50 items, tel que les différences individuelles de performance n'ont pour origine que le nombre d'items essayés, donc aucunement le nombre d'erreurs [puisqu'il n'y en a pas!]. Par conséquent, un sujet qui obtient un score de 44 aura réussi 22 items pairs et 22 items impairs; de même, celui qui obtient un score de 34 aura des scores pair et impair de 17. Il s'ensuit qu'à l'exception de quelques erreurs d'inattention occasionnelles, les deux demi-scores seront toujours identiques, ce qui se traduira par un coefficient de fidélité par bissection [cohérence interne] de presque +1,00. Il ne s'agit là toutefois que d'un artefact [résultant de l'emploi d'une technique inappropriée]; cette corrélation ne nous apprend de fait rien sur la fidélité du test.

Si l'on examine les techniques employées pour calculer la fidélité par bissection et celle de Kuder-Richardson, on constatera qu'elles s'appuient toutes deux sur la cohérence dans le **nombre d'erreurs** commises par les sujets.

Si, toutefois, les différences individuelles entre les scores ne sont pas reliées aux erreurs commises, mais à la rapidité, la mesure de fidélité devra de toute évidence s'appuyer sur la régularité du **rythme de travail**. Lorsque la performance au test dépend à la fois de la vitesse et de la puissance, un coefficient de fidélité calculé à partir d'une seule passation sera inférieur à +1,00, mais demeurera néanmoins artificiellement élevé. Dès que les différences entre les scores à un test dépendent, d'une façon significative, du rythme de travail, on ne doit pas calculer la fidélité du test à l'aide d'une technique qui n'utilise que les données d'une seule passation.

De quelles autres méthodes dispose-t-on pour évaluer la fidélité de tests où la vitesse joue un rôle significatif? La fidélité par test-retest est appropriée, pourvu que le type de test le permette. De même, on peut faire appel à la fidélité par versions parallèles. Il est enfin possible d'utiliser une procédure par bissection, en autant qu'on scinde le test en fonction du temps écoulé et non du nombre d'items; en d'autres termes, les demi-scores doivent provenir de moitiés d'égale durée, minutées séparément. On peut obtenir ces moitiés en administrant deux demi-tests équivalents, chacun soumis à un minutage indépendant. On peut, par exemple, imprimer sur des pages différentes les items pairs et impairs, puis administrer chaque groupe en n'accordant que la moitié du temps prévu pour le test entier. Cette façon de procéder équivaut à administrer en succession immédiate deux versions parallèles du test. étant donné que chaque version est deux fois plus courte que le test lui-même, il sera nécessaire d'employer la formule de Spearman-Brown ou toute autre technique similaire pour calculer la fidélité du test entier.

S'il n'est pas possible d'administrer séparément deux demi-tests, une solution alternative consiste à diviser le temps total en quarts, puis à calculer un score pour chacun des quatre quarts. Pour effectuer ce minutage, il suffit de demander aux sujets de marquer de façon spéciale l'item auquel ils sont en train de répondre chaque fois que l'examinateur donne un signal préétabli. On peut alors combiner les scores des quarts 1 et 4 pour former un premier demi-score, puis faire de même pour les deux quarts centraux; ce type de cumul permet d'équilibrer entre les moitiés les effets cumulatifs de la fatigue, de la pratique, ou ceux d'autres facteurs. Cette méthode est spécialement efficace lorsque la difficulté des items s'accroît peu entre le début et la fin du test.

Quels tests comportent une part de vitesse? Quand faut-il recourir aux précautions spéciales décrites dans cette section? Il est évident que la simple utilisation d'une limite de temps n'implique pas nécessairement la présence de vitesse; en effet, si la quasi-totalité des sujets terminent à l'intérieur de cette limite de temps, la vitesse ne contribuera pas aux différences entre les scores. On peut utiliser, comme indice rudimentaire de vitesse, le pourcentage de sujets qui ne réussissent pas à compléter le test. Toutefois, la vitesse peut ne jouer qu'un rôle négligeable, même lorsque aucun sujet n'a réussi à terminer tous les items. Par exemple, si les sujets complètent tous 40 des 50 items d'un test, il n'y aura pas de différences individuelles associées à la vitesse, et ce, même si personne n'a eu le temps d'essayer tous les items.

La question fondamentale est donc la suivante: «Dans quelle mesure peut-on attribuer à la vitesse les différences individuelles entre les scores d'un test?» En termes plus techniques, nous désirons déterminer quelle proportion de la variance totale correspond à de la variance «vitesse». On peut estimer grossièrement cette proportion en calculant la variance du nombre d'items complétés, puis en la divisant par la variance totale des scores au test ($ÉT_c^2 / ÉT_t^2$). Dans le cas de l'exemple décrit ci-dessus, où tous les sujets ont complété 40 items, le numérateur de cette fraction sera égal à zéro, puisque les sujets ne se distinguent aucunement quant au nombre d'items complétés ($ÉT_c^2 = 0$). Bref, dans le cas d'un pur test de puissance, cet indice sera égal à zéro. Si, d'autre part, la variance totale des scores au test ne dépend que de différences individuelles sur le plan de la vitesse, alors les deux variances seront égales et le rapport obtenu sera 1,00. Il existe diverses techniques plus raffinées pour calculer cette proportion; leur analyse détaillée va cependant au-delà des limites de ce volume.

Des données recueillies lors de l'étude psychométrique de la première édition des *Tests of Primary Mental Abilities*, publiée par SRA et destinée à évaluer des jeunes de 11 à 17 ans (Anastasi & Drake, 1954), vont nous fournir un exemple de l'impact de la vitesse sur les coefficients de fidélité provenant d'une unique passation. Dans cette étude, on calcula d'abord la fidélité de chaque test de la batterie par la technique usuelle du découpage pair-impair; ces coefficients occupent la première rangée du tableau 5-5. On calcula ensuite des indices de fidélité à partir de demi-tests minutés séparément; ils se trouvent dans la deuxième rangée du tableau 5-5. Le calcul d'indices de vitesse révéla que le test *Compréhension verbale* était essentiellement un test de puissance, cependant que le test *Raisonnement* dépendait un peu plus de la vitesse; les tests *Nombres* et *Espace* étaient quant à eux de vrais tests de vitesse. On remarquera, dans le tableau 5-5, que le test *Espace* a une fidélité de 0,75, lorsque celle-ci est correctement calculée, par opposition au coefficient artificiellement gonflé de 0,90 obtenu par la méthode de bissection pair-impair. De même, la fidélité du test

TABLEAU 5-5 Coefficients de fidélité de quatre des *SRA Tests of Primary Mental Abilities* pour les jeunes de 11 à 17 ans (1re édition)

(Données tirées de Anastasi & Drake, 1954)

Coefficients de fidélité calculés par la méthode	Compréhension verbale	Raisonnement	Espace	Nombres
Bissection pair-impair (une seule passation)	0,94	0,96	0,90	0,92
Moitiés minutées séparément	0,90	0,87	0,75	0,83

Raisonnement chute de 0,96 à 0,87, et celle du test *Nombres* de 0,92 à 0,83. Par contre, dans le cas du test *Compréhension verbale*, peu influencé par la vitesse, on n'observe qu'un écart négligeable entre les deux coefficients de fidélité.

L'IMPACT DES ÉCHANTILLONS SUR LES COEFFICIENTS DE FIDÉLITÉ

Variabilité. Le type de groupe auprès duquel fut mesurée la fidélité peut influencer de façon importante le niveau du coefficient de fidélité. Remarquons d'abord que tout coefficient de corrélation est influencé par l'étendue des différences individuelles à l'intérieur d'un groupe. En effet, si tous les membres d'un groupe possédaient à peu près le même niveau d'habileté en épellation, leurs scores d'épellation auraient des liens à peu près nuls avec ceux de n'importe quelle autre habileté. Il serait par conséquent impossible, dans un tel groupe, de prédire la performance relative d'une personne pour n'importe quelle autre habileté à partir de la connaissance qu'on aurait de son score en épellation.

Examinons un autre exemple moins extrême, celui d'une corrélation entre deux tests d'aptitudes, par exemple un test de compréhension verbale et un test de raisonnement arithmétique. Si l'on administrait ces tests à un échantillon très homogène, tel un groupe de 300 cégépiens, la corrélation entre les deux tests serait probablement très faible. À cause de la réduction d'étendue des scores, on observerait peu de lien, au sein de cet échantillon sélectif d'étudiants de niveau collégial, entre l'habileté verbale d'une personne et son habileté à raisonner mathématiquement. Si, au contraire, on administrait ces deux mêmes tests à un échantillon hétérogène de 300 personnes, incluant aussi bien des déficients mentaux que des diplômés de niveau collégial, on obtiendrait sans aucun doute une corrélation élevée entre les deux tests. Les déficients mentaux obtiendraient aux **deux** tests des scores beaucoup plus faibles que ceux des diplômés du collégial; on observerait également des liens similaires dans d'autres sous-groupes à l'intérieur de cet échantillon très hétérogène.

L'examen du diagramme de corrélation fictif, présenté dans la figure 5-5, permet d'illustrer encore plus le lien de dépendance entre les coefficients de corrélation et la variabilité (ou l'étendue) des différences individuelles à l'intérieur d'un groupe. Ce diagramme de corrélation illustre une corrélation positive élevée au niveau de l'ensemble de ce groupe très hétérogène, puisque les scores se regroupent de manière très serrée autour d'une diagonale qui s'étend du coin inférieur gauche au coin supérieur droit. Si maintenant, nous ne considérons que le sous-groupe délimité par le petit rectangle situé dans la partie supérieure droite du diagramme, il saute aux yeux que la corrélation entre les deux variables n'est guère supérieure à zéro. Les individus qui se retrouvent à l'intérieur de cette zone, peu étendue pour l'une et

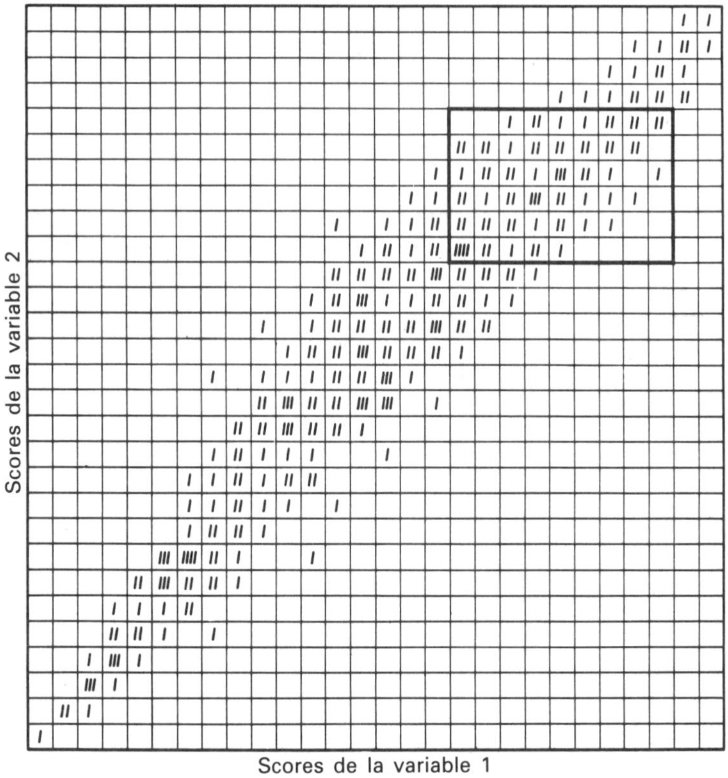

Figure 5-5. L'impact de la réduction d'étendue sur le coefficient de corrélation.

l'autre variable, constituent un groupe très homogène, tout autant que les cégépiens mentionnés ci-dessus.

Au même titre que tous les coefficients de corrélation, les coefficients de fidélité dépendent de la variabilité des scores à l'intérieur de l'échantillon où ils furent calculés. Si le coefficient de fidélité d'un test, présenté dans le manuel, fut calculé avec un groupe d'élèves qui s'échelonnent de la quatrième année du primaire à la fin du secondaire, on ne peut présumer que la fidélité serait aussi élevée à l'intérieur, par exemple, d'un échantillon d'élèves de deuxième secondaire. Lorsqu'on prévoit utiliser un test pour comparer des différences individuelles à l'intérieur d'un échantillon plus homogène que l'échantillon de standardisation, on devrait recalculer le coefficient de fidélité propre à cet échantillon. On trouvera dans les manuels de statistique des formules qui permettent d'estimer ce que deviendrait un coefficient de fidélité si l'écart type des scores du groupe augmentait ou diminuait. Il est toutefois préférable de recalculer empiriquement le coefficient de fidélité auprès d'un groupe comparable à celui avec lequel le test sera utilisé. Dans le cas de tests conçus pour couvrir un large éventail d'âges ou d'habiletés, le manuel du test devrait présenter des coefficients de fidélité distincts pour divers sous-groupes plus homogènes à l'intérieur de l'échantillon de standardisation.

Niveau d'habileté. Les coefficients de fidélité ne varient pas seulement en fonction de l'étendue des différences individuelles au sein de l'échantillon, mais également entre des groupes qui se distinguent par leur niveau moyen d'habileté. Malheureusement, il n'existe pas de formules statistiques pour estimer ou prédire de telles différences entre échantillons; on ne peut généralement les découvrir qu'en administrant le test à des groupes qui diffèrent sur le plan de l'âge ou du niveau d'habileté. De telles différences de fidélité à l'intérieur d'un même test peuvent avoir pour origine, du moins en partie, le fait que ce ne sont pas tout à fait les mêmes combi--naisons d'habiletés que l'on mesure aux divers niveaux de difficulté du test. Elles peuvent également résulter des caractéristiques statistiques de l'échelle elle-même, comme c'est le cas pour le Stanford-Binet (Pinneau, 1961, chap. 5). Ainsi, pour divers âges et divers niveaux de QI, le coefficient de fidélité du Stanford-Binet (version L-M) variait de 0,83 à 0,98. Dans le cas d'autres tests, la fidélité peut se révéler plutôt faible dans des groupes plus jeunes ou moins habiles, dans la mesure où leurs réponses comportent une plus grande part de devinettes. Si c'est le cas, il est évidemment déconseillé d'utiliser un tel test avec ces sujets.

Il ressort de cette discussion qu'à toute présentation d'un coefficient de fidélité devrait être jointe une description détaillée du type de groupe auprès duquel il fut obtenu. Il faudra surveiller attentivement la variabilité et le niveau d'habileté de l'échantillon. Le coefficient de fidélité rapporté ne peut être appliqué qu'à des échantillons similaires à celui où il fut obtenu. Notons qu'une heureuse pratique tend à se généraliser chez les principaux éditeurs de tests; elle consiste à scinder l'échantillon de standardisation en sous-groupes plus homogènes, selon l'âge, le sexe, le niveau scolaire, l'occupation, ou d'autres caractéristiques, et à rapporter des coefficients de fidélité distincts pour chacun de ces sous-groupes. Dans de telles conditions, les coefficients de fidélité devraient correspondre mieux aux échantillons auprès desquels le test sera utilisé dans la pratique quotidienne.

L'ERREUR TYPE DE MESURE

Interprétation De Scores Individuels. On peut exprimer la fidélité d'un test sous la forme d'une erreur type de mesure (ETM), également nommée erreur type d'un score. Cette mesure s'applique particulièrement bien à l'interprétation de scores individuels. Aussi, répond-elle mieux que le coefficient de fidélité aux besoins de plusieurs objectifs de testage. La formule ci-desous permet de calculer aisément l'erreur type de mesure à partir d'un coefficient de fidélité:

$$\text{ETM} = \acute{E}T_t \sqrt{1 - r_{tt}}$$

où $\acute{E}T_t$ est l'écart type de la distribution de scores au test et r_{tt} le coefficient de fidélité, tous deux calculés avec un même échantillon. Par exemple, si les QI dérivés d'un test d'intelligence particulier ont un écart type de 15 et un coefficient de fidélité de 0,89, l'ETM d'un QI à ce test est: $15\sqrt{1-0{,}89} = 15\sqrt{0{,}11} = 15(0{,}33) = 5$.

Pour bien comprendre ce que l'ETM nous apprend à propos d'un score, imaginons que nous ayons obtenu, avec le test ci-dessus, un ensemble de 100 QI différents pour une même enfant nommée Nathalie. En raison des divers types d'erreurs aléatoires mentionnés dans ce chapitre, ces QI varieront, adoptant la forme d'une distribution normale autour du score vrai de Nathalie. On peut interpréter la moyenne de cette distribution comme représentant le score vrai de Nathalie, cependant que l'écart type de cette même distribution correspond à l'ETM. De même que pour tout écart type, cette erreur type s'interprète à l'aide des pourcentages associés aux divers segments de la distribution normale, tel que décrit dans le chapitre 4 (voir la figure 4-3). On se souviendra que, dans une distribution normale, 68 % des individus se regroupent entre −1,00 et +1,00 écart type. On peut donc conclure qu'il y a environ deux chances contre une (ou 68:32) que le QI obtenu à ce test par Nathalie variera de ±1 ETM, ou 5 points, autour de son vrai QI. Bref, si son QI véritable est 110, on s'attendra, deux fois sur trois (68 %), à ce que le score obtenu fluctue entre 105 et 115 environ.

Si nous souhaitons prédire avec plus de certitude, nous pouvons choisir une probabilité plus forte que 2:1. La figure 4-3 indique que la distance comprise entre ±3 *ÉT* contient 99,7 % des sujets; on sait par ailleurs, grâce aux tables de fréquences de la distribution normale, que l'étendue délimitée par ±2,58 *ÉT* contient exactement 99 % des sujets. Il y a, par conséquent, 99 chances sur 100 que le QI obtenu pour Nathalie ne dépasse pas 2,58 ETM, ou 13 points, de chaque côté de son score vrai. Nous pouvons donc affirmer, avec un seuil de confiance de 99 % (i.e. une seule chance d'erreur sur 100), que lors d'une quelconque passation de ce test, le QI de Nathalie devrait se situer entre 97 et 123 (110 − 13 et 110 + 13). En d'autres termes, si Nathalie passait ce test 100 fois [dans des conditions similaires], son QI n'excèderait ces limites qu'une seule fois en moyenne.

Dans la vie courante, nous ne connaissons évidemment pas les scores vrais, seulement les scores obtenus lors d'une unique passation d'un test. Dans de telles conditions, nous pouvons appliquer, en sens inverse, le raisonnement ci-dessus. En effet, s'il y a peu de chances que le score observé d'une personne s'écarte de son score vrai de plus de 2,58 ETM, nous pouvons réciproquement affirmer que son score **vrai** doit se situer à moins de 2,58 ETM du score **observé**. Même s'il n'est pas possible, dans le cas d'un score observé particulier, d'assigner une probabilité précise à cette affirmation, nous **pouvons** dire qu'elle sera vraie dans 99 % des cas. Sur la base de ce raisonnement, Gulliksen (1950, p. 17-20) a recommandé d'utiliser l'erreur type de mesure de la façon illustrée ci-dessus, c'est-à-dire pour estimer les **limites plausibles** du score vrai associé à tout score observé. C'est effectivement cette interprétation de l'erreur de mesure qu'on retrouve dans le domaine du testage psychologique et c'est également celle que nous utiliserons dans le présent manuel.

L'erreur type de mesure et le coefficient de fidélité sont deux façons alternatives de représenter la fidélité d'un test. Contrairement au coefficient de fidélité, l'erreur type de mesure est tout à fait indépendante de la variabilité des scores dans le groupe où elle fut calculée. Parce qu'elle utilise les mêmes unités que les scores individuels, sa valeur demeurera la même, que l'échantillon soit homogène ou hétérogène; c'est pour cette même raison, toutefois, qu'on ne peut pas comparer directement les erreurs types de mesure de tests différents. En effet, lorsqu'on rapporte des erreurs de mesure qui ont pour origine des problèmes d'arithmétique, des mots de vocabulaire, et ainsi de suite, on fait face au problème usuel de non-comparabilité des échelles de mesure. Si nous désirons, par conséquent, comparer la fidélité de **tests différents**, c'est le coefficient de fidélité qu'il faut employer, alors que pour interpréter des **scores individuels**, c'est l'erreur type de mesure qui est la plus adéquate.

Néanmoins, lorsque le **niveau des habiletés** varie beaucoup, on ne peut plus postuler la stabilité des coefficients de fidélité, pas plus que celle des erreurs types de mesure. Les écarts entre coefficients de fidélité dont nous avons parlé dans la section précédente réapparaissent au niveau des erreurs types de mesure, comme ce fut le cas, par exemple, pour les divers niveaux du Stanford-Binet (version L-M). Les techniques d'analyse d'items de type TRI, mentionnées dans le chapitre 4, fournissent cependant une réponse globale à ce problème. Parce qu'elles sont appliquées à une large étendue d'habiletés, ces techniques permettent d'exprimer le degré de précision d'un test en tenant compte du niveau d'habileté. La technique débouche sur une **courbe d'information à propos du test** qui ne dépend que des items compris dans le test et permet d'estimer l'erreur de mesure à chaque niveau d'habileté. On trouvera dans le chapitre 8 une discussion plus fouillée de ces techniques.

L'ETM (ou tout autre indice de précision de la mesure) nous protège contre la tendance à accorder une importance exagérée à un unique score numérique. Cette fonction de l'ETM est à ce point importante qu'un nombre croissant d'éditeurs de tests ne présentent plus leurs scores sous la forme d'un nombre unique, mais sous celle d'une bande de scores à l'intérieur de laquelle devrait se situer le score vrai de la personne. Le *College Board*, par exemple, inclut de l'information sur l'ETM du test SAT et sur son interprétation, non seulement dans les dossiers techniques envoyés aux conseillers des écoles secondaires et des collèges (*College Board*, 1985-1986a, 1985-1986b, 1985-1986c), mais aussi dans les rapports individuels de résultats transmis aux étudiants qui ont passé le test (*College Board*, 1985-1986d, 1985-1986e). On explique également l'ETM dans des documents destinés à aider les étudiantes et les étudiants à interpréter leurs scores (*College Board*, 1983b, 1985). On fournit enfin de l'information sur l'ETM pour permettre une interprétation nuancée des scores aux examens du Graduate Record (GRE-Guide, 1986-1987).

Interprétation Des Différences Entre Scores. Il est spécialement important de tenir compte de la fidélité d'un test et de son erreur de mesure lorsqu'on évalue les **différences** entre deux scores. Le fait d'avoir à l'esprit l'étendue à l'intérieur de laquelle chaque score peut fluctuer nous empêchera d'accorder une importance indue à de petites différences entre deux scores. Cette prudence est souhaitable lorsqu'on compare tout autant les scores de différentes personnes que ceux d'une même personne à divers tests d'habileté. Les changements de scores observés à la suite d'un enseignement ou d'autres manipulations expérimentales [prétest /post-test] doivent également être interprétés en tenant compte de la présence d'erreurs de mesure.

Le testage soulève fréquemment la question de la position relative d'un individu dans différents domaines d'habileté. Les habiletés verbales de Doris sont-elles plus grandes que ses habiletés numériques? Georges a-t-il de meilleures habiletés mécaniques que verbales? Si Doris a obtenu, dans une batterie de tests d'aptitudes, un meilleur score au sous-test verbal qu'au sous-test numérique, alors que Georges a pour sa part mieux réussi le sous-test mécanique que le sous-test verbal, jusqu'à quel point sommes-nous assurés qu'ils conserveraient leurs positions relatives lors d'un retest avec cette même batterie? En d'autres termes, est-il possible que les différences entre leurs scores ne reflètent que le jeu du hasard dans l'échantillonnage des contenus spécifiques, représentés par les items de ces tests particuliers d'aptitudes verbales, numériques et mécaniques?

En raison d'un intérêt croissant pour l'interprétation de profils de scores, les éditeurs de tests ont mis au point des formulaires de rapport qui permettent de comparer les scores en tenant compte de leurs erreurs de mesure. La figure 5-6 reproduit, à titre d'exemple, le formulaire de rapport individuel des *Tests Différentiels d'Aptitudes*. Sur ce formulaire, les centiles obtenus pour chacun des sous-tests prennent la forme de bandes de 2,5 cm dont le centre correspond au score obtenu. Chaque bande de centiles correspond à une distance d'environ 1,5 à 2 ETM de chaque côté du score obtenu[8]. Par conséquent, le postulat selon lequel le score vrai de l'individu se situe à l'intérieur de cette bande sera juste dans 90 % des cas environ. On conseille

[8] Étant donné que les coefficients de fidélité (et par conséquent les ETM) varient quelque peu selon le sous-test, la classe et le sexe, les bandes de 2,5 cm ne délimitent pas des étendues tout à fait égales; elles demeurent suffisamment proches, toutefois, pour assurer que les interprétations seront à toutes fins pratiques identiques.

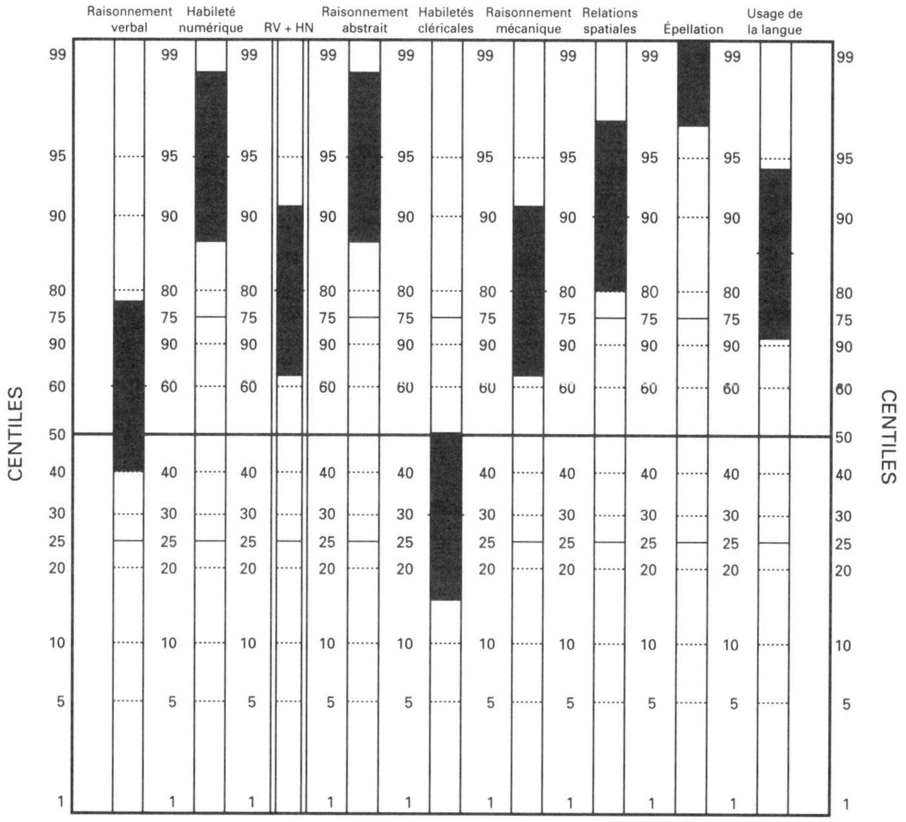

Figure 5-6. Profil de scores des *Tests Différentiels d'Aptitudes*, illustrant l'utilisation de bandes de centiles.

(Tiré de *Administrator's Handbook, forms V and W*, p. 39. Copyright 1982, 1972 par *The Psychological Corporation*. Tous droits réservés.)

aux utilisateurs de ce test de ne pas accorder d'importance, dans leur interprétation, aux différences entre des scores dont les bandes se chevauchent, surtout si ce chevauchement dépasse la moitié de leur longueur. En ce qui concerne le profil type, illustré à la figure 5-6, l'écart entre les scores aux tests *Raisonnement verbal* et *Habileté numérique* reflète probablement un véritable écart entre ces niveaux d'habileté, alors que ce n'est probablement pas le cas pour les sous-tests *Raisonnement mécanique* et *Relations spatiales*; quant à la différence entre les sous-tests *Raisonnement abstrait* et *Raisonnement mécanique*, elle fait partie des cas douteux.

Il importe de garder à l'esprit que l'erreur type de la différence entre deux scores est toujours plus grande que celle de l'un ou l'autre des deux scores mis en comparaison. Cela découle du fait que cette différence subit l'influence des erreurs au hasard présentes dans les deux scores. La formule ci-dessous permet de calculer l'erreur type de la différence entre deux scores à partir de l'erreur type des deux scores[9]:

$$\mathrm{ETM}_{\mathrm{diff.}} = \sqrt{(\mathrm{ETM}_1)^2 + (\mathrm{ETM}_2)^2}$$

où $\mathrm{ETM}_{\mathrm{diff.}}$ représente l'erreur type de la différence entre les deux scores, cependant que ETM_1 et ETM_2 représentent respectivement l'erreur type de chacun des deux scores. Si l'on remplace ETM_1 par $ÉT\sqrt{1-r_{11}}$ et ETM_2 par $ÉT\sqrt{1-r_{22}}$, on peut réécrire la formule en utilisant directement des coefficients de fidélité, comme suit:

$$\mathrm{ETM}_{\mathrm{diff.}} = ÉT\sqrt{2 - r_{11} - r_{22}}$$

Cette dernière formule utilise un même *ÉT* pour les deux tests d'où proviennent les scores mis en comparaison, tout simplement parce qu'on ne peut pas comparer des scores qui n'utilisent pas une même échelle de mesure.

Nous pouvons illustrer la procédure ci-dessus à l'aide des QI verbal et non verbal de la version révisée de l'*Échelle d'Intelligence pour adultes* de Wechsler (WAIS-R). Les fidélités par bissection de ces deux scores sont respectivement 0,97 et 0,93. Les QI dérivés du WAIS-R sont exprimés sur une échelle dont la moyenne est 100 et l'*ÉT* est 15. On calculera comme suit l'erreur type de mesure de la différence entre ces deux scores:

$$\mathrm{ETM}_{\mathrm{diff.}} = 15\sqrt{2 - 0{,}97 - 0{,}93} = 4{,}74$$

Pour déterminer quelle grandeur pourrait atteindre une différence au hasard entre ces deux scores, en utilisant un seuil de confiance de 0,05, il suffit de multiplier par 1,96 l'erreur type de 4,74, ce qui donne 9,29, c'est-à-dire environ 10 points. Par conséquent, la différence observée entre les QI verbal et non verbal d'une personne au test WAIS-R devrait être d'au moins 10 points pour qu'on puisse affirmer, avec un niveau de certitude de 95 %, qu'une véritable différence existe entre ces deux types d'habiletés[10].

[9] Il ne faut pas confondre cette formule avec celle de la différence entre deux **moyennes de groupes**; celle-ci comprend un coefficient de corrélation lorsque les deux variables mises en comparaison sont effectivement reliées. Les **erreurs de mesure** de deux variables sont des erreurs aléatoires, donc non reliées entre elles.

[10] On peut obtenir des estimations plus précises en utilisant les véritables fidélités et l'*ÉT* de chaque groupe d'âge. Lorsqu'on les calcule de cette façon, les plus petites différences significatives, au seuil de confiance 0.05, que le manuel technique du test rapporte entre les QI verbal et non verbal, s'échelonnent entre 8,83 et 12,04. La plupart des valeurs sont cependant voisines de 10.

LA FIDÉLITÉ DES TESTS CRITÉRIÉS

Nous avons mentionné, dans le chapitre 4, que les tests critériés évaluent habituellement (mais pas nécessairement) la performance sous la forme d'une maîtrise plutôt que d'un niveau relatif de réussite. Ceci a pour conséquence principale, sur le plan statistique, de réduire la variabilité des scores individuels. En effet, si l'on poursuit l'entraînement jusqu'à la maîtrise parfaite de l'habileté, la variance des scores devrait théoriquement devenir nulle. Dans une section antérieure de ce chapitre, nous avons vu que **toute** corrélation, y compris les coefficients de fidélité, est affectée par le degré de variabilité au sein du groupe où elle est calculée; elle diminue en proportion directe de la diminution de la variance entre les scores. Il serait par conséquent tout à fait inapproprié d'évaluer la fidélité de la plupart des tests critériés en appliquant les techniques usuelles à un groupe de sujets qui ont atteint le niveau de maîtrise prédéterminé. Dans de telles conditions, même un test très stable et homogène fournirait un coefficient de fidélité presque nul.

Cette difficulté apparente dans l'évaluation de la fidélité provient de ce qu'on oublie l'objectif général de mesure poursuivi par les tests critériés. En effet, ces tests servent essentiellement à discriminer les personnes qui ont et qui n'ont pas acquis les habiletés et les connaissances requises pour exercer efficacement une certaine activité. Les objectifs spécifiques du testage peuvent varier considérablement d'un instrument à l'autre: obtention d'un permis de conduire, assignation à un emploi spécifique, passage au module suivant dans un programme d'apprentissage individualisé, admission à un programme d'études particulier, et ainsi de suite. Cependant, le fait même de faire appel à un test dans toutes ces situations implique qu'on s'attend à une certaine variabilité des performances individuelles. Or, une large part de cette variabilité reflète des différences individuelles sur le plan des acquis antérieurs dans les fonctions psychologiques pertinentes.

Plus d'une douzaine de techniques spécifiques différentes ont été imaginées pour évaluer la fidélité des tests critériés (Berk, 1984b; Brennan, 1984; Subkoviak, 1984). Certaines de ces techniques s'appliquent bien à des prises de décisions dichotomiques (maîtrise/non-maîtrise), où toutes les erreurs de classification sont jugées également graves, quelle que soit la distance du sujet du score frontière. Dans de tels cas, un double testage, avec des versions parallèles, permettra de vérifier quel pourcentage de personnes font l'objet d'une même décision aux deux occasions. On peut pousser plus loin l'analyse de ces données en calculant des indices d'accord et des niveaux de signification appropriés. D'autres techniques tiennent compte des scores effectivement obtenus aux deux occasions et fournissent des indices qui reflètent l'écart de chaque individu au-dessus ou au-dessous du score frontière. Le choix de l'une ou l'autre de ces techniques devrait tenir compte de la nature et des objectifs du test, de la position des scores frontières, ainsi que d'autres caractéristiques psychométriques du test. Plusieurs textes techniques discutent en détail l'importance relative à accorder à ces divers facteurs (voir Berk, 1984a).

CHAPITRE 6

La validité: concepts fondamentaux

LA VALIDIDÉ d'un test a pour objectif de préciser **ce que** le test mesure et avec quel **degré d'exactitude** il le fait. Elle nous indique les inférences permises à partir des scores. Dans ce contexte, il faut éviter de considérer le nom du test comme un indice précis de ce qu'il mesure. Les noms de tests ne sont que des étiquettes courtes et commodes pour fins d'identification. La plupart des noms de tests sont beaucoup trop englobants et vagues pour indiquer clairement le domaine de comportements évalué; il faut cependant reconnaître que les éditeurs font de plus en plus d'efforts pour donner à leurs tests des noms plus spécifiques et plus aisément transformables en définitions opérationnelles. Pour définir correctement le trait mesuré par un test donné, il est essentiel d'analyser les sources d'informations objectives et les études empiriques qui ont servi à établir sa validité. De plus, on ne peut décrire la validité d'un test en termes généraux; aucun test ne peut être considéré comme «peu» ou «très» valide dans l'abstrait. Sa validité doit être établie empiriquement pour chacun des usages auxquels le test est destiné.

Les démarches de vérification de la validité d'un test ont toutes pour objet l'analyse des liens qui existent entre la performance au test et diverses autres observations indépendantes à propos des caractéristiques behaviorales étudiées. Il existe de multiples méthodes pour étudier ces liens, chacune ayant reçu un nom particulier. Dans les Standards for *Educational and Psychological Testing* (AERA, APA, NCME, 1985), ces techniques destinées à recueillir des preuves de validité ont été regroupées en trois grandes catégories: validation de contenu, validation pragmatique [ou *critériée*] et validation de construit. Nous avons réservé à chacune l'une des sections qui suivent, cependant que leurs interrelations seront analysées dans une dernière section du chapitre. Nous étudierons au chapitre 7 diverses techniques d'analyse et d'interprétation des indices de validité dans une perspective de prise de décisions concrètes.

LA VALIDATION DE CONTENU

Nature. La validation de contenu consiste essentiellement à examiner le contenu du test pour s'assurer de sa représentativité en tant qu'échantillon du domaine de comportements à évaluer. Ce type de validation est couramment utilisé dans le cas des tests de rendement; ces tests ont en effet pour but d'évaluer dans quelle mesure une personne a maîtrisé une habileté spécifique ou la matière d'un cours. On pourrait croire qu'une simple inspection du contenu suffit pour vérifier ce type de validité. Des tests de multiplication, d'épellation ou de comptabilité devraient, semble-t-il, être jugés automatiquement valides s'ils contiennent respectivement des problèmes de multiplication, d'épellation et de comptabilité.

La solution n'est malheureusement pas aussi simple. D'abord, il n'est pas facile d'échantillonner adéquatement l'univers des items. Il faut analyser systématiquement le domaine de comportements afin de s'assurer que les items en sondent tous les aspects majeurs, et ce de façon proportionnelle. On pourrait, par exemple, retrouver dans le test une surproportion de ces aspects de l'univers de contenus qui se prêtent mieux que d'autres à la rédaction de questions objectives. Il importe donc de décrire en détail, dès le départ, le domaine de comportements à l'étude, plutôt que de le faire après que les items aient été rédigés. Un bon test de rendement scolaire ne devrait pas seulement couvrir la matière enseignée, mais aussi les objectifs d'apprentissage poursuivis. Il faut donc définir le contenu aussi largement que possible, en incluant des objectifs [cognitifs] généraux, comme l'application de principes et l'interprétation de données, tout autant que des connaissances factuelles. De plus, la validité de contenu dépend de la pertinence des réponses des sujets par rapport au domaine de comportements évalué, plutôt que de la pertinence apparente du contenu des items. Une simple inspection du test risque de ne pas faire ressortir les processus qu'utilisent de fait les sujets lorsqu'ils répondent aux items.

Il faut également se méfier de toute tendance à la généralisation excessive dans la description du domaine échantillonné par le test. Ainsi, un test d'épellation à choix multiple peut fort bien mesurer l'habileté à bien reconnaître des mots correctement et incorrectement orthographiés; mais on ne peut pas postuler qu'un tel test évalue adéquatement l'habileté à épeler correctement des mots dictés, la fréquence des fautes d'orthographe dans les compositions, ou encore d'autres aspects de l'habileté d'épellation (Ahlström, 1964; Knoell & Harris, 1952). Enfin, une autre faille est possible, soit un biais des scores par des facteurs non pertinents au test. Par exemple, il se pourrait qu'un test conçu pour évaluer la maîtrise de la mathématique ou de la mécanique dépende de façon excessive de l'habileté à interpréter des consignes verbales ou de la vitesse d'exécution de tâches simples et routinières.

PROCÉDURES SPÉCIFIQUES. La validité de contenu d'un test se bâtit dès sa mise en chantier, grâce à un choix approprié d'items. Dans le cas de tests scolaires, la rédaction des items doit être précédée d'une analyse systématique et fouillée de plans de cours et de manuels pertinents, ainsi que de la consultation d'experts dans la discipline. Sur la base des informations ainsi recueillies, on prépare un **devis de rédaction** du test à l'intention des rédacteurs d'items. Ce devis de rédaction doit préciser les thèmes généraux et les sujets plus précis à couvrir, les objectifs pédagogiques ou les processus cognitifs à évaluer, de même que l'importance relative de ces divers éléments. Ceci permet de déterminer à l'avance le nombre d'items nécessaires pour chaque notion et chaque processus. Il peut être commode d'illustrer ce devis de rédaction sous la forme d'un tableau à double entrée, dont les colonnes représentent les processus, et les rangées les parties de matière (voir le tableau 14-2 reproduit ci-dessous). Il n'est évidemment pas essentiel que toutes les cellules d'un tel tableau contiennent des items, dans la mesure où certains processus peuvent ne pas être pertinents, ou s'appliquer mal à l'évaluation de

TABLEAU 14-2 Tableau croisé de spécifications pour un test en économie de 50 items sur des notions monétaires et bancaires.

(Adapté de Gronlund, 1985b, p.52. © Tous droits réservés 1970, 1978, 1985 par Norman E. Gronlund. Reproduit avec la permission de Macmillan Publishing Co., inc.)

Champs de contenus	Objectifs d'apprentissage				Total
	Connaissance des termes de base	Compréhension des concepts et principes	Application des principes	Interprétation des données	
Formes et fonctions de l'argent	3	4	3		10
Opérations bancaires	4	3	5	3	15
Rôle du système fédéral de réserve	4	6	3	2	15
Contrôle des banques par les États	4	2	4		10
Total	15	15	15	5	50

certains contenus. Ajoutons que les enseignantes et les enseignants peuvent préparer des tableaux de spécifications similaires pour guider la rédaction de leurs examens périodiques dans n'importe quelle matière scolaire.

Dans le manuel d'un test de rendement scolaire, la section réservée à la validité de contenu doit inclure une description de la démarche suivie pour s'assurer de la pertinence et de la représentativité de ses contenus. Si des experts dans la discipline ont participé à la rédaction, leur nombre et leurs qualifications professionnelles doivent être précisés. S'ils ont joué le rôle de juges lors de la classification des items, il faut préciser les consignes reçues, de même que le degré d'accord interjuges. À cause de modifications périodiques dans les programmes et les contenus de cours, il est fort important de spécifier les dates où les experts furent consultés. Il faut également décrire sommairement le contenu et la date de publication des plans de cours et des manuels analysés.

On fait couramment appel à diverses méthodes empiriques d'appoint pour enrichir la validation de contenu de tests de rendement scolaire. Par exemple, on vérifie la hausse de performance d'une classe à l'autre, autant pour les items que pour le score total; de façon générale, on conservera les items qui font montre de plus forts écarts de réussite entre classes adjacentes.

L'ensemble des items qui formeront la version officielle du test constitue le produit final de cette démarche de construction. On devrait retrouver dans le manuel du test des précisions sur les contenus, les habiletés, les processus et les objectifs d'apprentissage couverts par le test, y compris le nombre d'items dans chaque catégorie. La figure 6-1 illustre une façon typique de présenter cette information; elle reproduit une section d'un tableau préparé pour la 3e édition des *Sequential Tests of Educational Progress* (STEP-III), une batterie composée d'un large éventail de tests de rendement scolaire. Le contenu de la figure 6-1 décrit les niveaux G à J d'un test de lecture qui couvre huit classes, de la 5e à la 12e année; on y présente le contenu de deux versions parallèles X et Y. Dans la moitié supérieure du tableau, chaque item, représenté par son numéro, est placé dans l'une de trois catégories d'habiletés, soit «compréhension contextuelle du vocabulaire», «compréhension littérale» et «inférence» La moitié inférieure est réservée à une classification des mêmes items selon huit catégories de contenus, telles que «narration», «poésie», «texte scientifique» ou «article de journal».

Au besoin, on pourra faire appel à d'autres démarches complémentaires, telles l'analyse des types habituels d'erreurs commises dans le test ou des méthodes de travail employées par les sujets. Dans ce dernier cas, on pourrait tester les élèves un à un, en leur demandant de «réfléchir à haute voix» pendant qu'ils résolvent chaque problème. On peut également vérifier le rôle de la vitesse, en notant le nombre de sujets qui ne complètent pas le test ou à l'aide des techniques plus avancées décrites dans le chapitre 5. Si l'on désire évaluer le lien, potentiellement non pertinent, entre l'habileté à interpréter les consignes verbales et la performance au test, on peut vérifier sa corrélation avec un test de compréhension de lecture. Si, par contre, le

Habiletés de lecture	Niveau G		Niveau H		Niveau I		Niveau J	
	Version X	Version Y	Version X	Version Y	Version X	Version Y	Version X	Version Y
A. Compréhension contextuelle du vocabulaire	13,16,22 28-35,40 42,45,49 50	11,15,20 21,25 28-35,44 47,50	5,7,10 14,15,22 28-35,36 46	9,12,15 23,24 28-35 36,48,49	1,11,20-24 30,33-36 38,42,44 50	1,13,14,17 24,26,29 30,35,40 41,44,45 47,49,50	1,3,7,9 15,16,19 20,22,25 29,33,35 37,45,47	5,6,9,10 12,14,15 17,19,20 22,27,28 31,43,49
B. Compréhension littérale	2-4,15 17-19,23 24,27,37 41,43 46-48	2,6,7,17 18,23,24 26,36,38 41-43,45 46,48	2,6,8 11-13,21 23-26,37 38,41,42 47	1,3,6-8 10,11,13 16,17,37 38,43-46	2,3,6,7 12,16,18 25,26,31 32,39,41 43,47,48	2,3,8-11 16,19,21 28,31,33 34,39,42 48	4,6,8,12 13,17,18 21,24, 26-28,30 32,34,46	4,7,13,16 18,21,25 29,33, 37-40 45-47
C. Inférence	1,5-12 14,20,21 25,26,36 38,39,44	1,3-5 8-10 12-14,16 19,22,27 37,39,40 49	1,3,4,9 16-20,27 39,40 43-45 48-50	2,4,5,14 18-22, 25-27 39-42,47 50	4,5,8-10 13-15,17 19,27-29 37,40,45 46,49	4-7,12 15,18,20 22,23,25 27,32 36-38,43 46	2,5,10,11 14,23,31, 36,38-44 48-50	1-3,8,11 23,24,26 30-32 34-36,41 42,44,48 50
Catégories de contenus	↕ Numéros des items ↕							
1. Narration	41-45	45-50	6-10	10-15 16-22	41-46	30-35	37-43	6-11
2. Sciences sociales	16-21 36-40	40-44 22-27	1-5 16-21	5-9	29-35 22-28	23-29 41-45	6-10	31-37
3. Poésie	5-11	6-11	46-50	23-27	11-15	46-50	11-15	38-43
4. Théâtre	12-15	12-15	22-27	47-50	47-50	12-15	30-36	12-15
5. Texte scientifique	22-27	16-21	41-45	41-46	6-10	6-11	16-22	16-23
6. Travaux pratiques	1-4 46-50	1-5 36-39	11-15	1-4	16-21 36-40	16-22 36-40	1-5 23-29	1-5 24-30
7. Articles de journaux			36-40	36-40	1-5	1-5		
8. Sciences humaines							44-50	44-50

Figure 6-1. Données sur la validation de contenu extraites du tableau de description des contenus des tests STEP-III, tests de lecture, niveaux G à J, classes de 5ᵉ à 12ᵉ.

(Extrait de *STEP: Test Development and Content Description*, p. 13. Copyright © 1978 par *Educational Testing Service*. Reproduction autorisée.)

test a pour but justement d'évaluer la compréhension de textes, on peut soumettre les questions aux élèves sans fournir l'extrait de texte auquel elles réfèrent; on verra ainsi à combien de ces questions ils peuvent répondre, simplement en faisant appel à leurs connaissances antérieures ou à d'autres indices non pertinents (Scherich & Hanna, 1977).

Applications. La validation de contenu est une technique fort adéquate pour évaluer les tests de rendement scolaire, surtout lorsqu'elle inclut des vérifications empiriques complémentaires comme celles décrites ci-dessus. Elle permet de répondre à deux questions cruciales en ce qui concerne la validité des tests de performance scolaire ou professionnelle. 1) Le test constitue-t-il un échantillon représentatif des connaissances ou des habiletés spécifiées? 2) La performance au test est-elle suffisamment libre de l'influence de variables non pertinentes? Ce type de validité s'applique tout spécialement bien aux tests critériés présentés dans le chapitre 4. Dans la mesure où leurs scores s'interprètent en référence à un domaine de contenus, il est bien évident que leur utilisation efficace dépendra, de façon primordiale, d'une excellente validité de contenu. Ce qui n'empêche pas que d'autres preuves de validité soient également nécessaires pour confirmer la valeur de tels tests (voir Hambleton, 1984b).

La validation de contenu s'applique également à certains tests de sélection ou de classification du personnel; elle est particulièrement pertinente lorsque le test représente un échantillon de la tâche à accomplir ou qu'il fait appel aux mêmes habiletés et connaissances que le poste concerné. Dans pareil cas, il faudra effectuer une analyse détaillée du poste afin de démontrer la grande similitude entre les tâches à accomplir et le contenu du test. Schoenfeldt, Schoenfeldt, Acker et Perlson (1976) ont décrit de façon claire l'application, étape par étape, de ce type de validation à la mise au point d'un test de lecture pour des emplois industriels. En collaboration étroite avec des candidats à ces postes et des superviseurs, cette équipe de chercheurs fit l'inventaire des habiletés de lecture requises, tant sur le plan du contenu que sur celui de la compréhen-sion, dans les postes inférieurs d'une grande compagnie manufacturière. On rédigea ensuite des items qui évaluaient ces habiletés spécifiques requises. Cette approche sert couramment dans l'élaboration de tests pour des postes de fonctionnaires fédéraux ou pour ceux des États (Hardt, Eyde, Primoff & Tordy, 1981; Menne, McCarthy & Menne, 1976; Primoff, 1975; Primoff & Eyde, 1988; Tordy, Eyde, Primoff & Hardt, 1976).

Par contre, la validation de contenu ne s'applique habituellement pas aux tests d'aptitudes ou de personnalité; elle peut même entraîner des biais importants. Bien que, de toute évidence, il faille se soucier des critères de pertinence et de représentativité lors des étapes initiales d'élaboration de tout nouveau test, il faudra absolument faire appel aux techniques empiriques de vérification décrites dans les sections suivantes pour valider tout test d'aptitudes ou de personnalité. Le contenu de ces tests ressemble beaucoup moins que celui des tests de rendement au domaine de comportements qu'ils s'efforcent d'échantillonner; leur contenu ne peut par conséquent nous révéler guère plus que les hypothèses qui incitèrent l'auteur du test à choisir tel type particulier d'items pour évaluer tel trait particulier. La validité du test dépendra nécessairement d'une confirmation empirique de ces hypothèses.

Par opposition aux tests de rendement, il n'est pas possible, dans le cas des tests d'aptitudes et de personnalité, de s'appuyer sur un contenu de cours spécifique ou sur un ensemble précis d'expériences antérieures pour extraire les contenus du test; il est par conséquent fort probable que les méthodes de travail ou les processus psychologiques utilisés pour répondre à un même item varieront d'un examiné à l'autre. Un même test pourrait ainsi évaluer des fonctions différentes d'un individu à l'autre. Dans de telles conditions, il serait virtuellement impossible, par une simple inspection de son contenu, de spécifier les fonctions psychologiques mesurées par le test. Par exemple, des diplômés de niveau collégial pourraient résoudre un problème à l'aide de notions verbales ou mathématiques, alors qu'un mécanicien arriverait à la même solution par l'entremise de représentations spatiales; de même, un test pourrait évaluer le raisonnement arithmétique d'élèves qui débutent le cours secondaire, alors qu'il mesurera, chez des étudiants du collégial, des différences individuelles sur le plan de la vitesse de calcul.

Validité apparente. Il ne faut pas confondre validité de contenu et validité apparente. Cette dernière ne constitue pas, au sens strict, un type de validité; elle ne correspond pas à ce que le test mesure de fait, mais à ce qu'il semble superficiellement mesurer. On se demande tout simplement si le test «a l'air valide» aux yeux de ceux qui le passent, du personnel administratif qui le choisit ou de tout autre observateur non initié. La validité apparente est avant tout un problème de climat de passation et de relations publiques. Nonobstant la confusion que suscite l'emploi du terme «validité» dans ce contexte, la validité apparente demeure une caractéristique fort souhaitable de tout test. Par exemple, la généralisation à des populations d'adultes de tests initialement conçus pour des enfants et mis au point en milieu scolaire suscita fréquemment des critiques et des résistances à cause justement de leur manque de validité apparente. Il est bien certain que si le contenu du test apparaît inapproprié, non pertinent, ridicule ou enfantin, le climat de coopération en sera grandement affecté, et ce, quelle que soit la véritable validité du test. Surtout dans le cas du testage d'aultes, il ne suffit pas que le test soit objectivement valide; il doit également paraître valide pour jouer un rôle efficace dans des situations concrètes de testage.

Dans un article fort remarqué, Nevo (1985; Nevo & Sfez, 1985) attira l'attention sur la carence de recherches à propos de la validité apparente des tests, alors que ce facteur contribue probablement de façon substantielle aux préjugés qui circulent à l'égard des tests. Il proposa une évaluation quantitative de la validité apparente, consistant à demander à des examinés ou à d'autres personnes intéressées, mais sans connaissances psychométriques, de juger l'à-propos d'un test en fonction d'un contexte particulier d'utilisation; on pourrait employer cette même technique pour évaluer des items individuels ou une batterie complète de tests. Il présenta également des données illustratives provenant de l'analyse des réponses de 1 385 étudiants israéliens à un questionnaire de rétroaction des examinés, administré au terme de la passation d'une batterie de six tests d'admission à l'université. Les résultats révélèrent des indices prometteurs d'accord interjuges, de stabilité [fidélité par test-retest], de discrimination entre les tests, ainsi qu'entre des sous-groupes de répondants identifiés par le champ disciplinaire postulé. Il recommanda d'inclure, de façon statutaire dans les manuels de tests, des informations qualitatives et quantitatives sur la validité apparente.

Il est souvent possible d'améliorer la validité apparente en reformulant les items du test en des termes qui paraîtront plus pertinents et plausibles dans le milieu particulier où le test sera utilisé. Si l'on administre, par exemple, un test d'arithmétique simple à des machinistes, il vaut mieux rédiger les items en faisant explicitement référence à ce milieu de travail, plutôt que de demander «combien d'oranges peut-on acheter avec 86 cents» ou d'autres problèmes similaires tirés de manuels scolaires traditionnels. De même, on peut aisément faire appel à des termes de marine dans un test d'arithmétique destiné à du personnel naval, sans pour autant modifier automatiquement les fonctions mesurées. Il est bien certain, toutefois, que la validité apparente ne doit jamais être considérée comme un substitut de la validité objective du test. On ne peut pas présumer que l'amélioration de la validité apparente entraînera automatiquement une amélioration parallèle de la validité objective du test, pas plus qu'on ne doit présumer qu'une modification d'un test pour en améliorer la validité apparente n'affectera pas sa validité objective. Il importe de toujours vérifier empiriquement la validité d'un test dans sa forme finale.

LA VALIDATION PRAGMATIQUE

Les méthodes de validation pragmatique permettent d'évaluer avec quel degré d'efficacité le test prédit la performance d'un individu dans des activités spécifiques. Dans ce but, la performance au test est confrontée à un **critère [externe]**, c'est-à-dire une mesure directe et indépendante puisée dans le domaine de comportements que le test a pour objectif de prédire. Ainsi, on pourrait utiliser comme critère, dans le cas d'un test d'aptitudes mécaniques, la performance ultérieure comme machiniste, dans le cas d'un test d'aptitudes scolaires, les résultats scolaires au collégial, ou enfin, dans le cas d'un test de tendances névrotiques, les appréciations fournies par des collègues ou toute autre information disponible à propos du comportement de la personne dans diverses situations de la vie quotidienne.

VALIDATIONS CONCOMITANTE ET PRÉDICTIVE. On peut effectuer la mesure du critère de validation des scores au test, soit dans les jours qui précèdent ou suivent la passation du test, soit après un intervalle de temps déterminé. L'édition 1985 des *Testing Standards* utilise ce critère de l'intervalle temporel entre le test et le critère pour distinguer la validation **concomitante** de la validation **prédictive**. Remarquons que le terme «prédiction» peut avoir deux sens, celui plus large de lien prédictif entre un test et **tout** critère externe, ou celui plus restreint d'une prédiction vers une période ultérieure. C'est ce second sens qui prévaut dans l'expression «validité prédictive». L'information obtenue dans le cadre d'une validation prédictive est surtout pertinente pour les tests de sélection ou de classification du personnel. L'embauche de candidats à un poste, la sélection d'étudiants pour des programmes d'études collégiales ou universitaires, ou encore l'assignation du personnel militaire à des programmes de formation technique, constituent autant d'exemples du type de décisions qui exigent de connaître la validité prédictive des tests. Mentionnons, à titre d'exemples additionnels, l'utilisation de tests pour dépister les personnes susceptibles de développer des troubles émotifs dans des environnements stressants ou pour déterminer quels patients psychiatriques ont le plus de chances de bénéficier d'un type particulier de thérapie.

Dans bon nombre de situations où la validation prédictive n'est pas possible, on lui substituera la validation concomitante. En effet, il s'avère souvent impossible, pratiquement, de prolonger le processus de validation assez longtemps pour obtenir des mesures prédictives ou de rassembler un «échantillon de présélection» pour les fins du testage. En guise de compromis, on administre alors le test à un groupe pour lequel les données critériées sont déjà disponibles. C'est ainsi qu'on passera un test à des étudiants du collégial pour aussitôt comparer ces scores à leur moyenne cumulative, ou encore à des employés dont on connaît déjà le niveau de performance professionnelle.

Il existe toutefois des contextes d'utilisation où c'est la validation concomitante qui fournit les informations les plus pertinentes. Sur le plan logique, donc, la distinction entre validité concomitante et validité prédictive devrait s'appuyer sur les objectifs du testage, plutôt que sur le seul facteur temps. Ainsi, la validité concomitante est appropriée dans le cas de tests qui servent au **diagnostic** d'un état actuel, plutôt qu'à la prédiction de résultats futurs. On peut illustrer cette différence à l'aide des deux questions suivantes: «Marcel est-il schizophrène?» (validité concomitante) ou «Marcel risque-t-il de devenir schizophrène?» (validité prédictive).

Dans la mesure où le critère d'une validation concomitante est toujours disponible au moment du testage, on pourrait se demander à quoi le test peut bien servir dans pareille situation. Fondamentalement, ces tests offrent une alternative plus simple, plus rapide ou moins coûteuse à la collecte de données critériées. Si, par exemple, le critère consiste à observer de manière continue un patient durant une période d'hospitalisation de deux semaines, l'accès à un test capable de trier les personnes normales de celles qui ont des troubles émotifs ou qui constituent des cas douteux pourrait réduire considérablement le nombre des personnes pour lesquelles ce processus intensif d'observation sera nécessaire.

Contamination Du Critère. Il faut bien prendre garde, dans toute étude de validation, que les scores au test n'influencent d'aucune façon la mesure du critère. Par exemple, s'il arrivait qu'un professeur de collège ou un contremaître d'usine apprenne qu'un individu donné a obtenu un score très faible à un test d'aptitudes, cette information pourrait influencer la note attribuée à l'étudiant ou le jugement sur la performance du travailleur. À l'inverse, une personne qui aurait obtenu un score élevé pourrait se voir accorder le bénéfice du doute lors de la correction de son examen ou l'appréciation de son rendement au travail. De telles influences auraient évidemment pour effet de hausser artificiellement la corrélation entre le test et le critère.

On nomme contamination du critère cette source d'erreur potentielle lors de la validation d'un test, parce que la mesure du critère devient «contaminée» par la connaissance que le juge possède des scores au test. L'unique moyen de prévenir l'apparition de cette erreur, c'est de s'assurer qu'aucune des personnes participant à l'attribution des cotes qui constituent le critère n'ait accès aux scores des sujets testés; voilà pourquoi on doit assurer la complète confidentialité des scores qui servent à «tester le test». Il n'est pas toujours facile de convaincre les enseignants, les employeurs, les officiers militaires ou tout autre personnel de direction que cette précaution est essentielle. Pressés par le désir d'utiliser toute l'information disponible pour améliorer leur prise de décision, ces personnes accepteront difficilement qu'il faille mettre de côté les scores au test jusqu'à ce qu'on ait recueilli des données critériées appropriées pour vérifier la validité du test.

Quelques Critères Usuels. **Réussite scolaire**. On peut confronter un test à autant de critères qu'il a d'utilisations spécifiques. Toute méthode permettant d'évaluer un comportement dans une situation quelconque peut fournir un critère utile en fonction d'un objectif spécifique de testage. Il est cependant possible de regrouper en quelques grandes catégories la plupart des critères utilisés dans les études de validation que rapportent les manuels techniques de tests. La réussite scolaire sous diverses formes est l'un des critères employés le plus fréquemment pour valider les tests d'intelligence; c'est d'ailleurs pour cette raison qu'on utilise souvent l'expression plus correcte de «mesures d'aptitudes scolaires» pour désigner ces tests. Parmi les indices spécifiques utilisés, mentionnons les notes scolaires, les scores à des tests standardisés de rendement, la promotion à une classe plus avancée, l'obtention d'un diplôme, les mentions et les prix spéciaux, ainsi que l'évaluation de «l'intelligence» par les enseignants. Dans la mesure où ces jugements, assignés en milieu éducatif, risquent d'être fortement colorés par la performance scolaire de l'individu, il est juste de les classer parmi les critères de réussite scolaire.

Ces divers indices de réussite scolaire ont servi de critères à tous les ordres d'enseignement, du début du primaire jusqu'aux études universitaires de 2e et 3e cycles. Bien qu'ils servent principalement à la validation de tests d'intelligence générale, on les retrouve associés à des tests d'aptitudes multiples ou de personnalité. Lorsqu'on étudie, par exemple, la validité de n'importe lequel de ces types de tests pour sélectionner des étudiants du collégial, le critère communément employé est la moyenne cumulative obtenue durant la 1re année d'études collégiales; elle correspond à la moyenne des notes obtenues pour chaque cours, chacune étant pondérée par le nombre de crédits associés au cours.

Dans le cas d'adultes qui ne sont plus aux études, on utilise fréquemment comme indice de réussite scolaire le niveau d'éducation atteint par la personne; on reconnaît ainsi que, de façon générale, les personnes les plus intelligentes poursuivront leurs études plus loin, cependant que les moins intelligentes quitteront le système scolaire plus tôt. Le postulat sous-jacent à ce critère est que «l'escalier éducatif» joue un rôle de sélection progressive, en éliminant ceux et celles qui ne peuvent poursuivre au-delà de chacun des échelons. Bien qu'il soit effectivement exact que les diplômés du collégial, par exemple, représentent un groupe plus sélect que ceux du primaire, le lien entre le niveau d'éducation et les aptitudes scolaires est loin d'être parfait. De multiples facteurs non intellectuels, de nature économique, sociale ou reliée à la motivation, contribuent à faciliter ou freiner le cheminement scolaire des individus, et ce, tout spécialement aux niveaux d'études plus avancés. De plus, il est difficile, dans des études de validité concomitante, de préciser la direction causale des liens observés. Dans quelle mesure les différences aux tests d'intelligence résultent-elles justement de différences individuelles quant à la quantité d'éducation? Et dans quelle mesure le test aurait-il pu prédire les différences individuelles sur le plan de progrès éducatifs subséquents? On ne peut répondre à ces questions qu'au moyen d'études de validation prédictive, c'est-à-dire en administrant le test longtemps avant la collecte du critère.

Réussite d'un cours spécialisé. Dans le processus d'élaboration de tests d'aptitudes spéciales, on utilise souvent comme critère la performance dans un cours spécialisé. On validera, par exemple, un test d'aptitudes mécaniques en le confrontant aux notes finales d'un cours de métier. Divers cours d'écoles commerciales, tels la dactylographie ou la comptabilité, fournissent des critères fort pertinents pour des tests d'aptitudes dans ces domaines. On a fait appel également à la réussite dans des conservatoires de musique ou des instituts d'arts graphiques pour valider des tests d'aptitudes musicales ou graphiques. Divers tests d'aptitudes professionnelles ont subi leur validation dans des facultés de médecine, de droit, de dentisterie, de génie ou d'autres champs de spécialisation. Dans le cas de tests sur mesure, conçus pour répondre spécifiquement aux besoins de programmes de testage particuliers, les dossiers de formation constituent une source fréquente de données critériées. Parmi les exemples les plus remarquables, mentionnons les tests pour la sélection des pilotes des forces de l'air américaines, lesquels furent validés en regard de la performance dans le cours initial de pilotage [voir la figure 4-7]. Les programmes de formation de plusieurs autres emplois spécialisés en milieu militaire ou industriel servent également de critères de validation.

Parmi les indices spécifiques de réussite d'un entraînement, régulièrement utilisés comme critères de validation, mentionnons les tests de rendement administrés au terme du programme de formation, les notes officielles au dossier, les appréciations des instructeurs, ainsi que l'achèvement du programme de formation par opposition à son abandon en cours de route. Des batteries d'aptitudes multiples ont été souvent confrontées aux notes dans des cours particuliers du secondaire ou du collégial, afin de préciser la validité de leurs sous-tests en tant que prédicteurs différentiels. Par exemple, on peut comparer les scores à un test de compréhension verbale aux notes dans un cours de langue maternelle, les scores à un test de visualisation spatiale aux notes en géométrie, et ainsi de suite.

En ce qui concerne l'utilisation comme critères des dossiers de formation dans quelque domaine que ce soit, il faut bien distinguer les critères intermédiaires des critères ultimes. Dans le cas d'un test de sélection de pilotes de chasse ou d'étudiants en médecine, on utiliserait comme critères ultimes respectifs la performance au combat et la réussite professionnelle comme médecin. On imagine aisément le temps nécessaire pour que de telles données critériées deviennent disponibles. On peut même douter qu'un véritable critère ultime puisse être accessible dans la pratique. D'ailleurs, même s'il existait un vrai critère ultime, il serait soumis à l'effet de tant de facteurs incontrôlables qu'il n'aurait guère d'utilité. Il serait difficile, par exemple, de comparer le niveau de réussite de médecins œuvrant dans des spécialités différentes et dans des régions différentes du pays. Ces motifs expliquent qu'on emploie plutôt des critères intermédiaires, tels la performance au terme d'une étape d'un programme de formation.

Rendement au travail. Dans bon nombre de situations de testage, l'évaluation périodique du rendement au travail constitue le type de critère le plus pertinent; s'il a servi dans une certaine mesure à valider des tests d'intelligence générale ou de personnalité, il est surtout associé aux tests d'aptitudes spécifiques. On le retrouve couramment lorsqu'il s'agit de valider des tests sur mesure pour des emplois précis. Les «emplois» en question varient considérablement, tant par leur contenu que par leur niveau: postes dans des entreprises commerciales ou industrielles, professions diverses, forces armées, etc. Bien qu'elles ne constituent probablement pas des critères ultimes, la plupart des mesures de rendement au travail représentent néanmoins d'excellents critères intermédiaires pour de nombreux objectifs de testage. Elles sont, de ce point de vue, préférables aux dossiers de formation. Par contre, la mesure du rendement au travail ne permet pas une aussi bonne standardisation des conditions de collecte qu'à l'intérieur d'un programme de formation. De plus, comme l'intervalle de temps entre le test et la relance est habituellement plus long, l'emploi de ce critère risque d'entraîner une plus forte perte de participants [«mortalité expérimentale»]. En raison de la grande variété des descriptions de tâches d'une compagnie à l'autre pour des postes qui portent des noms similaires, les manuels de tests devraient décrire, dans le cas de toute étude de validité pragmatique utilisant le rendement au travail, non seulement les indices précis de performance, mais également les tâches précises accomplies par les employés.

Groupes contrastés. La méthode des groupes contrastés fait appel à un critère composite qui reflète l'effet non contrôlé et cumulatif de multiples influences présentes dans la vie quotidienne. Ce critère s'appuie en définitive sur l'opposition entre l'appartenance stable à un groupe particulier et l'exclusion de ce groupe. On peut ainsi vérifier la validité d'un test d'aptitudes musicales ou d'un test d'aptitudes mécaniques en comparant les scores obtenus respectivement par des étudiants d'un conservatoire et ceux d'une faculté de génie aux scores d'un échantillon général d'élèves du secondaire ou du collégial. N'importe quel critère, comme les notes scolaires, les appréciations ou le rendement au travail, permet bien sûr de créer des groupes contrastés, en isolant tout simplement les personnes qui occupent les deux extrémités de la distribution de tels scores. Il s'agit toutefois, dans la présente catégorie, de groupes distincts qui se sont progressivement différenciés en fonction des multiples exigences de la vie quotidienne. Le présent critère s'avère ainsi plus complexe et difficile à définir que ceux des catégories précédentes.

On fait couramment appel à la méthode des groupes contrastés pour valider des tests de personnalité. Par exemple, pour valider un test de traits sociaux, on pourrait comparer la performance de vendeurs ou de cadres d'entreprise à celle de commis ou d'ingénieurs; ce faisant, on postulera implicitement que les individus qui ont obtenu et conservé des postes dans la vente ou la direction d'entreprise ont de meilleures performances, en regard de plusieurs traits sociaux, que ceux qui occupent un poste de commis de bureau ou d'ingénieur. On peut, de la même façon, comparer des étudiants du collégial qui participent à de multiples activités parascolaires à d'autres qui, au cours d'une même période, ne se sont inscrits à aucune. On a souvent fait appel aux membres de divers métiers ou professions pour élaborer et valider des tests d'intérêts, comme l'*Inventaire d'intérêts Strong-Campbell*, ou diverses échelles d'attitudes. Dans ce dernier cas, on utilisera parfois les membres de groupes politiques, religieux, géographiques ou ceux d'autres regroupements spéciaux qui défendent des positions bien connues sur des sujets précis [ex.: Pro-choix *contre* Pro-vie dans le cas d'une échelle d'attitudes sur l'avortement].

Dans le cas de la validation empirique de tests critériés, on a utilisé, outre les techniques habituelles de validation de contenu, diverses adaptations de la méthode des groupes contrastés (Hambleton, 1984b). Dans ce cas, on compare la performance au test de groupes qui ont participé ou non à des activités de formation pertinentes. En corrigeant ces tests avec un critère dichotomique de maîtrise, on peut effectuer une analyse 2×2 où seront comparés les taux de succès et d'échec respectifs du groupe préformation et du groupe post-formation (Panell & Laabs, 1979). On peut procéder à des comparaisons similaires en administrant le test à des élèves qui se trouvent respectivement une classe au-dessous et une classe au-dessus de celle où l'on enseigne les notions spécifiques évaluées par le test. Enfin, si l'on a accès à des scores obtenus au terme d'apprentissages de durées différentes, on pourra calculer une corrélation entre la quantité d'apprentissage et le succès au test.

Diagnostic psychiatrique. Dans le cadre de la mise au point de certains tests de personnalité, on emploie le diagnostic psychiatrique en tant que critère pour sélectionner les items du test et pour démontrer sa validité. Cependant, ce type de diagnostic ne constituera un critère satisfaisant que s'il s'appuie sur une anamnèse détaillée et sur une observation prolongée des sujets, plutôt que sur un examen psychiatrique superficiel; dans ce dernier cas, en effet, il n'y aurait aucune raison de croire que le diagnostic psychiatrique fournit un meilleur indice de l'état émotif du sujet que le score au test. Un tel diagnostic ne pourrait être considéré comme un véritable critère, mais plutôt comme un indicateur ou prédicteur dont la validité devrait être vérifiée.

Jugements appréciatifs. Nous avons mentionné dans des catégories précédentes les appréciations données par des enseignants, des professeurs de cours spécialisés ou des superviseurs. Ajoutons à ceux-ci les jugements formulés par des officiers militaires, l'évaluation d'élèves par des conseillers pédagogiques, ou ceux fournis par des collègues de travail, des pairs à l'école, les membres d'un club ou de tout autre groupe d'appartenance. Les jugements appréciatifs décrits précédemment ne correspondaient qu'à des techniques indirectes pour obtenir des informations à propos de critères tels que le rendement scolaire, la performance dans des cours spécialisés ou le succès dans un emploi. Il sera plutôt question ici d'appréciations qui constituent le cœur même du critère. Dans de tels cas, ce sont ces jugements mêmes qui définissent le critère. En outre, ces jugements ne se limitent pas à l'évaluation d'une performance spécifique; ils impliquent un jugement personnel par un observateur à propos de l'un ou l'autre parmi une variété de traits que les tests psychologiques tentent de mesurer. Les membres d'un échantillon de validation pourront ainsi être évalués sur des caractéristiques telles que la dominance, l'ingéniosité mécanique, l'originalité, le leadership ou l'honnêteté.

Les échelles d'appréciation ont servi à valider presque tous les types de tests. Elles se révèlent particulièrement utiles dans le cas de tests de personnalité, puisqu'il est beaucoup plus difficile de trouver dans ce domaine des critères objectifs. Dans le cas plus spécifique des traits sociaux, on peut même soutenir que les appréciations appuyées sur des contacts personnels constituent le critère le plus logiquement justifiable. Bien que sujettes à diverses erreurs de jugement, les appréciations obtenues dans des conditions soigneusement contrôlées constituent une source fort valable de données critériées.

Liens avec des tests existants. Enfin, on cite couramment comme preuve de la validité d'un nouveau test sa corrélation avec divers tests existants. Lorsque le nouveau test constitue une version abrégée ou simpifiée d'un test en circulation, on peut considérer ce dernier comme un critère pertinent. On pourra ainsi valider un test papier-crayon en le confrontant à un test de performance plus élaboré et lourd à administrer, dont la validité est déjà confirmée. On pourrait de même comparer un test collectif à un test individuel; on a ainsi utilisé fréquemment le Stanford-Binet comme critère de validation de tests collectifs. Dans ce cas, on considèrera que les scores au nouveau test fournissent, au mieux, une estimation grossière des scores au Stanford-Binet. Il importe de signaler que le recours à un test existant comme critère n'est justifié que si le nouvel instrument est un substitut abrégé ou simplifié du test existant.

Généralisation De La Validité. La validité pragmatique [également nommée validité *critériée*] est souvent utilisée lors d'études locales de validation, lesquelles consistent à évaluer l'efficacité d'un test pour les fins d'un programme de testage spécifique. Ce sera l'approche adoptée lorsque, par exemple, une compagnie désire évaluer un test destiné à la sélection des candidats pour l'un de ses postes ou lorsqu'un collège désire vérifier dans quelle mesure un test d'aptitudes particulier prédit la performance scolaire de ses étudiants. La meilleure description qu'on puisse donner de la validité pragmatique, c'est qu'elle correspond à la validité pratique d'un test en fonction d'un objectif d'utilisation particulier.

Lorsque, dans le cadre des premières études de validation en milieu industriel, on calcula la corrélation entre des tests standardisés d'aptitudes et des mesures de rendement dans des tâches présumément similaires, on observa de larges fluctuations entre les coefficients de validité obtenus (Ghiselli, 1959, 1966). On obtint des fluctuations aussi grandes lorsqu'on utilisa comme critères les notes obtenues dans des cours variés (Bennett, Seashore & Wesman, 1984). Devant de tels résultats, la plupart des professionnels devinrent fort pessimistes quant à la possibilité de généraliser à des situations variées les indices de validité obtenus. Jusqu'au milieu des années soixante-dix, ceux-ci considéraient que la «spécificité situationnelle» des profils psychologiques [associés à un emploi] réduisait considérablement l'utilité des tests comme outils de sélection du personnel (Guion, 1983). A la suite d'une analyse statistique sophistiquée de ce problème, Schmidt, Hunter et leurs collègues ont démontré qu'une forte proportion de la variance observée entre les coefficients de validité obtenus pourrait n'être qu'un artéfact statistique attribuable à la petite taille des échantillons d'employés, à la fidélité réduite des critères, de même qu'à la dispersion réduite des mesures provenant de ces échantillons[1].

Les échantillons disponibles en milieu industriel pour étudier la validité d'un test sont habituellement trop petits pour fournir une estimation stable de la corrélation entre un prédicteur et un critère. Pour la même raison, les coefficients obtenus peuvent être trop faibles pour atteindre un seuil minimal de signification statistique avec l'échantillon utilisé, empêchant par conséquent de conclure à la validité du test. On a estimé qu'environ la moitié des échantillons de validation utilisés en milieu industriel ne comptent pas plus de 40 ou 50 sujets (Schmidt, Hunter & Urry, 1976). Avec d'aussi petits échantillons, on ne peut pas, techniquement, réaliser une validation pragmatique.

Schmidt, Hunter et leurs collègues appliquèrent leurs nouvelles techniques d'analyse à de multiples échantillons représentant un large éventail d'emplois; ils purent ainsi démontrer que, dans le cas de tests d'aptitudes verbales, numériques et de raisonnement, il est possible de généraliser la validité à beaucoup plus de catégories d'emplois qu'on ne le croyait précédemment. On constata que les coefficients de validité obtenus dans les études antérieures en milieu industriel ne variaient pas plus que ce que les seules fluctuations dues au hasard permettaient d'anticiper. Cette variance réduite se maintenait même lorsque les descriptions de tâches spécifiques apparaissaient fort différentes d'un emploi à l'autre. On peut en conclure que l'exercice efficace des tâches associées à des emplois très variés dépend, dans une large mesure, d'un noyau commun d'habiletés cognitives. Les tests utilisés dans ces études évaluaient pour la plupart le type de contenus et d'habiletés échantillonnés par les tests traditionnels d'intelligence et d'aptitudes scolaires. Il semblerait donc que ce noyau de connaissances et d'habiletés cognitives prédit raisonnablement bien le large éventail des tâches scolaires et professionnelles exigées par les sociétés technologiquement développées.

LA VALIDATION DE CONSTRUIT

La validation de construit d'un test consiste à s'interroger sur notre degré de certitude lorsqu'on affirme que celui-ci mesure un trait ou construit

[1] Cette étude fait partie d'un programme de recherche à long terme qui a fait l'objet de plusieurs articles et monographies. Les publications les plus pertinentes sur ce thème précis incluent Pearlman, Schmidt et Hunter (1980); Schmidt, Gast-Rosenberg et Hunter (1980); Schmidt et Hunter (1977); Schmidt, Hunter et Pearlman (1981); Schmidt, Hunter, Pearlman et Shane (1979). Les recherches se poursuivent dans le but de mettre au point des techniques statistiques alternatives pour évaluer le degré de généralisation des coefficients de validité; mais les résultats obtenus sont en pratique très similaires (Callender & Osburn, 1980; Osburn, Callender, Greener & Ashworth, 1983; Raju & Burke, 1983. On trouvera également dans le *Journal of Applied Psychology*, 1982, 67, 835-867, une discussion entre les principaux proposeurs de méthodes alternatives, incluant des répliques et contre-répliques).

théorique. Voici quelques exemples de construits: aptitude scolaire, compréhension mécanique, fluidité verbale, rapidité de la marche, tendance névrotique et anxiété. Chaque construit a pour but d'expliquer et de structurer des régularités observées au niveau du comportement. Il est issu de liens confir-més entre des mesures de comportements. La validation de construit exige l'accumulation progressive d'informations provenant de sources variées. Toutes les données qui viennent éclairer la nature du trait étudié ou les conditions qui influencent son développement et ses manifestations deviennent autant de preuves pertinentes dans ce processus de validation. Nous allons décrire ci-dessous diverses techniques qui contribuent à la validation de construit.

Changements Développementaux. La **différenciation selon l'âge** est l'un des principaux critères de validation d'un bon nombre de tests d'intelligence traditionnels. Ainsi, les scores du test Stanford-Binet, comme ceux de la plupart des tests destinés aux enfants d'âge préscolaire, sont mis en relation avec l'âge chronologique des sujets dans le but de vérifier la présence d'une hausse progressive en fonction de l'âge. Puisque l'on s'attend à ce que les habiletés s'améliorent avec l'âge au cours de l'enfance, on soutient que les scores devraient subir une hausse similaire dans le cas d'un test valide. Le concept même d'échelle d'âges sur le plan intellectuel, tel qu'initialement proposé par Binet, repose sur le postulat que «l'intelligence» augmente avec l'âge, du moins jusqu'à l'âge adulte.

Il est bien certain que le critère de la différenciation selon l'âge ne s'applique qu'aux fonctions qui subissent des changements nets et réguliers avec l'âge; il s'est ainsi avéré peu utile dans le cas de mesures de la personnalité. Il faut de plus signaler que ce critère, même lorsqu'il s'applique, constitue une condition nécessaire, mais non suffisante, de validité. En d'autres termes, lorsque les scores à un test n'augmentent pas avec l'âge, il est fort probable que ce test n'est pas une mesure valide des habiletés qu'il avait pour but d'évaluer. D'autre part, le fait de démontrer qu'un test mesure quelque chose qui s'accroît avec l'âge fournit bien peu de précisions sur la nature du domaine couvert par le test; en effet, des mesures de la taille ou du poids manifesteraient également une augmentation régulière en fonction de l'âge, et pourtant personne ne songerait à les utiliser comme tests d'intelligence!

Mentionnons une dernière réserve concernant l'interprétation du critère de l'âge. Un test psychologique que l'on a validé à l'aide d'un tel critère mesure des caractéristiques behaviorales qui augmentent avec l'âge à l'intérieur d'un environnement spécifique, celui des sujets auprès desquels le test fut standardisé. Dans la mesure où diverses cultures peuvent stimuler et favoriser le développement de caractéristiques behaviorales différentes, on ne peut postuler l'universalité du critère de différenciation selon l'âge. Comme tous les autres critères, il est circonscrit à l'environnement culturel spécifique d'où il est issu.

Des analyses développementales sont essentielles pour effectuer la validation de construit des échelles ordinales piagétiennes décrites dans le chapitre 4. Ces échelles ont pour postulat fondamental l'organisation du développement conformément à un **modèle séquentiel rigoureux**, selon lequel la maîtrise des stades antérieurs du développement conceptuel constitue une condition nécessaire à l'acquisition des habiletés conceptuelles ultérieures. Les contenus de ces échelles forment donc une hiérarchie intrinsèque. Dans le cas de telles échelles, la validation de construit devrait inclure la collecte de données empiriques sur l'invariance séquentielle des échelons successifs. Ceci implique qu'on vérifie la performance des enfants à plusieurs niveaux du développement de chacun des concepts testés, tels la conservation ou la permanence des objets. Les enfants qui démontrent une maîtrise du concept à un niveau donné maîtrisent-ils également les niveaux inférieurs?

Corrélations avec d'autres tests. On utilise parfois la corrélation d'un nouveau test avec des tests similaires plus anciens comme preuve que celui-ci mesure à peu près le même univers de comportements que ces autres tests portant le même nom, tel que «test d'intelligence» ou «test d'aptitudes mécaniques». Contrairement aux corrélations obtenues dans les études de validation critériée, celles-ci devraient être au moins modérées, mais pas trop élevées. En effet, un nouveau test qui est très étroitement relié à des tests déjà disponibles, sans par ailleurs offrir d'atouts additionnels comme une longueur moindre ou une plus grande facilité d'administration, ne représente qu'un dédoublement inutile.

On utilise la corrélation avec d'autres tests dans un second but, celui de démontrer que le nouveau test n'est pas indûment influencé par des facteurs non pertinents. Par exemple, un test d'aptitudes spécifiques ou de personnalité ne devrait pas entretenir de liens étroits avec des tests d'intelligence générale ou d'aptitudes scolaires; la compréhension de textes ne devrait pas non plus influencer de façon appréciable les scores à de tels tests. C'est pourquoi les auteurs rapportent parfois, à titre de preuves indirectes ou négatives de validité, des corrélations avec des tests d'intelligence générale, de lecture ou de compréhension verbale; de fortes corrélations mettraient évidemment en doute la validité du test. Par contre, des corrélations faibles n'assurent pas à elles seules la validité de ces tests. On notera que ce type d'utilisation des corrélations avec d'autres tests s'apparente à l'une des techniques empiriques d'appoint décrites ci-dessus à propos de la validation de contenu.

L'analyse factorielle. Mise au point en tant qu'outil d'identification de traits psychologiques, l'analyse factorielle est particulièrement appropriée pour la validation de construit. Il s'agit essentiellement d'une technique statistique très raffinée pour analyser les liens entre des données behaviorales. Imaginons, par exemple, que 20 tests différents aient été administrés à 300 personnes. La première étape consiste à calculer la corrélation de chaque test avec chacun des autres. L'examen visuel du tableau de 190 corrélations issu de ces calculs permettra sans doute d'apercevoir certains regroupements entre ces tests, indices de traits communs sous-jacents. Par exemple, si l'on constate que des tests de vocabulaire, d'analogies, d'identification de contraires et de phrases à compléter entretiennent entre eux de fortes corrélations, en même temps que des corrélations faibles avec les autres tests, on pourrait provisoirement induire la présence d'un facteur de compréhension verbale. Toutefois, l'analyse visuelle de matrices de corrélations n'est pas facile et offre peu de garanties quant aux résultats; c'est pourquoi les statisticiens ont mis au point des techniques précises pour identifier les facteurs communs qui rendent compte des corrélations obtenues.

Au départ, le nombre de variables ou de catégories utilisées pour décrire la performance de chaque personne est égal au nombre de tests administrés; grâce à l'analyse factorielle, il est ramené à un nombre relativement petit de facteurs, représentatifs de traits communs sous-jacents. Dans l'exemple cité ci-dessus, cinq ou six facteurs pourraient suffire à rendre compte des corrélations entre les 20 tests. On pourrait par conséquent décrire la performance des sujets à l'aide de leurs 5 ou 6 scores factoriels, plutôt qu'en utilisant leurs scores aux 20 tests administrés. L'un des objectifs principaux de l'analyse factorielle est donc de simplifier la description des comportements en réduisant une multitude de variables, chacune correspondant à un test individuel, à quelques facteurs ou traits communs.

Une fois les facteurs identifiés, ils peuvent servir à décrire la composition factorielle d'un test. On peut ainsi caractériser chaque test en faisant appel aux principaux facteurs qui rendent compte de ses scores, en précisant la proportion de la variance totale des scores «expliquée» par chaque facteur, de même que les saturations, c'est-à-dire les corrélations entre le test et chacun des facteurs. Chacune de ces corrélations est un indice de la **validité factorielle** du test. Par exemple, si un test de vocabulaire a une corrélation de 0,66 avec un facteur nommé «compréhension verbale», on dira que ce test a une validité factorielle de 0,66 en tant que mesure du trait de compréhension verbale. Soulignons que la validité factorielle correspond essentiellement à la corrélation entre le test et ce quelque chose qu'un ensemble de tests (ou autres mesures de comportements) ont en commun. L'ensemble des variables introduites dans l'analyse peut évidemment inclure à la fois des scores à des tests et d'autres types de données. On pourra ainsi étudier la composition factorielle d'un test et préciser les traits communs qu'il mesure en introduisant dans l'analyse factorielle non seulement d'autres tests, mais des jugements appréciatifs et des mesures d'autres critères.

Cohérence Interne. On mentionne parfois dans la description officielle de certains tests, spécialement dans le domaine de la personnalité, que le test a été validé par la technique de la cohérence interne. Cette méthode a pour caractéristique essentielle d'utiliser tout simplement comme critère le score total au test. On fait appel parfois à une version adaptée de la méthode des groupes contrastés, en sélectionnant les groupes extrêmes en fonction de leur score total au test. On compare alors, pour chaque item, la performance du groupe supérieur à celle du groupe inférieur. Les items pour lesquels on ne retrouve pas une proportion significativement plus grande de «succès» (ou de réponses conformes à la clef de correction) dans le groupe supérieur que dans le groupe inférieur sont considérés non valides et sont alors révisés ou éliminés. On peut également atteindre le même objectif à l'aide de techniques à base de corrélations. On peut, par exemple, calculer une corrélation bisériale entre le taux de succès et d'échecs à l'item et le score total au test. On ne conservera que les seuls items dont la corrélation item-total est significative. On peut affirmer qu'un test dont les items auraient été choisis selon cette méthode possède une bonne cohérence interne, puisque chaque item discrimine les répondants de la même façon que le test entier.

On se trouve également à appliquer le critère de cohérence interne lorsqu'on calcule la corrélation entre les scores de sous-tests et le score total. Par exemple, plusieurs tests d'intelligence sont composés de sous-tests administrés séparément (vocabulaire, arithmétique, dessins à compléter, etc.) dont les scores sont combinés pour constituer le score global. Lors de l'élaboration de ces tests, on calcule souvent la corrélation de chaque sous-test avec le score total; tout sous-test qui obtient une corrélation trop faible est éliminé. On présentera alors les corrélations des sous-tests restants avec le score total comme preuve de la cohérence interne de l'instrument.

Il est clair que les coefficients de cohérence interne, qu'ils proviennent d'items ou de sous-tests, sont essentiellement des mesures d'homogénéité. Parce qu'il contribue à caractériser l'univers de comportements ou le trait mesuré par le test, le degré d'homogénéité est relié dans une certaine mesure à la validité de construit. Cependant, cette contribution des indices de cohérence interne à la validité de construit est limitée. En l'absence de données extérieures au test lui-même, il est difficile d'en apprendre bien long sur ce qu'il mesure.

Validations Convergente Et Discriminante. Dans un texte très fouillé sur la validation de construit, D. T. Campbell (1960) a souligné qu'il ne suffit pas, pour prouver la validité de construit d'un test, de démontrer qu'il est de fait relié à d'autres variables avec lesquelles il devrait être théoriquement relié, mais aussi qu'il n'entretient pas de liens avec des variables dont il devrait se différencier. Dans un article antérieur, Campbell et Fiske (1959) avaient respectivement nommé ces deux techniques: **validation convergente** et **validation discriminante**. Ainsi, la corrélation d'un test de raisonnement numérique avec des notes scolaires subséquentes en mathématiques constitue un bon exemple de validation convergente; la validité discriminante de ce même test correspondrait à une corrélation faible et non significative avec les scores à un test de compréhension de texte, dans la mesure où ce type d'habileté n'est pas une variable pertinente dans un test conçu pour mesurer le raisonnement numérique.

On se souviendra que nous avons mentionné ci-dessus, dans le cadre des techniques d'appoint préventives reliées à la validation de contenu, l'exigence de faibles corrélations avec des variables non pertinentes. La validation discriminante est également fort pertinente dans le cas de tests de personnalité, car des variables non pertinentes peuvent fausser leurs scores de multiples façons.

Campbell et Fiske (1959) ont proposé un protocole expérimental rigoureux pour étudier simultanément les validations convergente et discriminante; ils le nommèrent **matrice multitraits/multiméthodes**. Cette technique consiste essentiellement à évaluer deux ou plusieurs traits psychologiques à l'aide de deux ou plusieurs méthodes de mesure. Nous allons illustrer cette technique à l'aide d'un exemple fictif fourni par Campbell et Fiske. Le tableau 6-1 présente toutes les corrélations possibles lorsque trois traits sont tour à tour mesurés par trois méthodes différentes. Il pourrait s'agir de trois traits de personnalité, tels A) la dominance, B) la sociabilité et C) la motivation à réussir. Les trois méthodes pourraient être 1) un inventaire auto-administré, 2) une technique projective et 3) des appréciations par des pairs. Ainsi, A_1 représenterait des scores de dominance provenant d'un inventaire auto-administré, A_2 des scores de dominance provenant d'un test projectif, C_3 des jugements par des pairs à propos de la motivation à réussir, etc.

Les corrélations fictives inscrites dans le tableau 6-1 incluent des coefficients de fidélité (entre parenthèses, dans la diagonale principale) et des coefficients de validité (en caractères gras, sur trois diagonales plus courtes). Ces coefficients de validité correspondent à la mesure du lien entre les scores obtenus par la mesure d'un **même** trait à l'aide de méthodes **différentes**; chaque mesure est ainsi confrontée à d'autres mesures indépendantes du même trait, tout comme dans une étude de validation usuelle. Le tableau présente également des corrélations provenant de la mesure de traits **différents** par la **même** méthode (les triangles à lignes pleines) et d'autres qui représentent la mesure de traits **différents** par des méthodes **différentes** (les triangles à lignes pointillées). Pour qu'on puisse considérer comme satisfaisante la validité de construit, il faut de toute évidence que les coefficients de validité soient plus élevés que les corrélations entre différents traits mesurés par différentes méthodes; ils doivent également être plus élevés que les corrélations entre des traits différents mesurés par une même méthode. Par exemple, la corrélation entre les scores de dominance provenant respectivement d'un inventaire auto-administré et d'un test projectif devrait être plus élevée que des scores de dominance et de sociabilité provenant tous deux d'un inventaire auto-administré. Si cette dernière corrélation, qui représente une variance commune à la méthode, s'avérait

TABLEAU 6-1 Matrice multitraits/multiméthodes fictive.
(Extrait de Campbell & Fiske, 1959, p. 82. Copyright 1959 par l'*American Psychological Association*. Reproduction autorisée.)

		Méthode 1			Méthode 2			Méthode 3		
	Traits	A_1	B_1	C_1	A_2	B_2	C_2	A_3	B_3	C_3
Méthode 1	A_1	(0,89)								
	B_1	0,51	(0,89)							
	C_1	0,38	0,37	(0,76)						
Méthode 2	A_2	**0,57**	0,22	0,09	(0,93)					
	B_2	0,22	**0,57**	0,10	0,68	(0,94)				
	C_2	0,11	0,11	**0,46**	0,59	0,58	(0,84)			
Méthode 3	A_3	**0,56**	0,22	0,11	**0,67**	0,42	0,33	(0,94)		
	B_3	0,23	**0,58**	0,12	0,43	**0,66**	0,34	0,67	(0,92)	
	C_3	0,11	0,11	**0,45**	0,34	0,32	**0,58**	0,58	0,60	(0,85)

Note: Les lettres A, B et C désignent les traits, tandis que les indices 1, 2 et 3 désignent les méthodes. Les coefficients de validité (monotrait/hétérométhode) correspondent aux trois diagonales de nombres en caractères gras; les coefficients de fidélité (monotrait/monométhode) apparaissent entre parenthèses le long de la diagonale principale. Des triangles formés de lignes pleines encadrent les corrélations hétérotrait/monométhode; les triangles formés de lignes pointillées encadrent les corrélations hétérotrait/hétérométhode.

élevée, elle pourrait indiquer que les scores des sujets à cet inventaire subissent l'influence indue de quelque facteur commun non pertinent, telle l'habileté à comprendre les questions ou le désir de se présenter sous son meilleur jour pour tous ces traits.

Il peut être intéressant de souligner que, dans le cadre de la matrice multitraits/multiméthodes, la fidélité correspond de fait au degré d'accord entre deux mesures d'un même trait provenant de deux méthodes maximalement apparentées, telles les versions parallèles d'un même test. De son côté, la validité correspond au degré d'accord entre deux mesures d'un même trait provenant de deux méthodes maximalement différentes, telles les scores à un test et les appréciations fournies par un supérieur en milieu de travail. Dans la mesure où il existe une multitude de degrés de similitude ou de différence entre des méthodes, on peut théoriquement concevoir la fidélité et la validité comme partageant un unique continuum [dont les deux pôles seraient respectivement constitués par l'identité et l'extrême différence entre les méthodes]. Toutefois, les techniques habituelles de mesure de la fidélité et de la validité occupent des zones clairement identifiables sur ce continuum.

Manipulations expérimentales. Diverses expériences destinées à vérifier l'effet de variables bien précises sur les scores aux tests peuvent contribuer à enrichir la validité de construit. Lorsqu'on vérifie, par exemple, la validité d'un test critérié devant faire partie d'un programme d'apprentissage individualisé, l'une des approches consiste à comparer les scores d'un prétest à ceux d'un post-test. On formule l'hypothèse que les scores du prétest, administré au début du programme en question, seront faibles, puis deviendront très élevés lors du post-test. On peut également vérifier cette même hypothèse pour chacun des items du test. Idéalement, la majorité des élèves devraient échouer l'item lors du prétest et le réussir lors du post-test. Les items échoués aux deux occasions seront jugés trop difficiles pour les fins de ce type de test, tandis que ceux qu'une majorité aura réussi même au prétest seront éliminés, parce que trop faciles. Si, à la limite, une proportion élevée de sujets réussissent l'item au prétest, puis l'échouent au post-test, ou bien c'est cet item qui pose problème, ou bien c'est le programme d'enseignement, ou encore les deux.

On peut administrer un test de prédisposition à l'anxiété à des personnes qu'on placera ensuite dans une situation propre à susciter l'anxiété, comme la passation d'un examen dans des conditions distrayantes ou stressantes. On pourra alors mettre en corrélation les scores initiaux au test d'anxiété avec des mesures physiologiques ou d'autres indices d'anxiété manifeste durant et après l'examen. Ce même test d'anxiété pourrait permettre de vérifier une hypothèse différente, soit celle d'une augmentation significative des scores lors d'un retest consécutif à une expérience anxiogène; l'obtention de résultats positifs indiquerait que les scores au test reflètent bien le niveau d'anxiété au moment de la passation. Il est possible de concevoir un grand nombre d'expériences similaires pour vérifier des hypothèses concernant le trait mesuré par un test donné.

Apports de la psychologie cognitive. On a pu assister au cours des années soixante-dix à un rapprochement entre les chercheurs en psychologie expérimentale et les psychométriciens; ce rapprochement commence à produire des travaux qui contribuent significativement à notre compréhension des construits évalués par les tests qui mesurent l'intelligence ou d'autres aptitudes générales. Certaines de ces études proviennent de psychologues formés dans ces deux domaines; d'autres sont le fruit d'une collaboration de bon augure entre des spécialistes de chacun de ces domaines.

Dès les années cinquante, les psychologues cognitivistes commencèrent à appliquer aux processus de résolution de problèmes les concepts du traitement de l'information. Certains chercheurs rédigèrent des logiciels qui pouvaient effectuer ces opérations et, ainsi, simuler la pensée humaine. Il est possible de concevoir des programmes qui simulent la performance de personnes de divers niveaux d'habiletés; ces programmes permettent alors de prédire le nombre et le type d'erreurs commises, de même que le temps requis pour donner certaines réponses. Le chercheur amorce habituellement la rédaction de son programme par une analyse de tâches, qui peut consister, entre autres, à effectuer une introspection personnelle sur ses propres techniques de résolution de problèmes, à demander aux autres de raisonner à haute voix ou à utiliser des techniques d'observation encore plus raffinées. En comparant le mode de solution utilisé par l'ordinateur avec celui d'enfants et d'adultes, ou encore de novices et d'experts, les chercheurs se trouvent à tester leurs hypothèses à propos des activités mentales mises en œuvre pour accomplir la tâche. Parmi les tâches utilisées dans ces études, mentionnons, à titre d'exemples, des casse-tête courants, des problèmes de logique, des parties d'échecs, des problèmes d'algèbre et de physique (Larkin, McDermott, Simon & Simon, 1980a, 1980b; Simon, 1976).

Les variables identifiées par ces procédures prennent deux formes: celles de processus et celles de connaissances. Les modèles cognitifs décrivent les processus intellectuels utilisés pour accomplir la tâche, l'organisation structurale de ces processus, le bagage de connaissances pertinent, ainsi que la façon dont ces connaissances sont représentées en mémoire, puis retracées lorsque requises. On s'intéresse aussi de plus en plus à une fonction exécutive, qu'on nomme métacognition, et qui correspond au contrôle que l'individu exerce sur le choix des processus, des représentations et des stratégies qui serviront à accomplir la tâche.

Au cours des années soixante-dix, quelques psychologues se mirent à appliquer ces techniques de traitement de l'information et de simulation informatique à l'analyse des processus mentaux que les tests d'intelligence mesurent. Chacun d'eux s'attaqua à ce problème sous un angle différent (voir Resnick, 1976; Sternberg, 1981, 1982, 1984, 1985). Les travaux de Sternberg (1977, 1979, 1980), dans ce domaine qu'il nomme l'analyse «componentielle», constituent l'un des efforts les plus soutenus pour relier les tests d'intelligence et la psychologie cognitive. Il a appliqué ce type d'analyse à des tâches qui ressemblent beaucoup plus aux questions complexes des tests d'intelligence que ne le font les problèmes plutôt simplistes et artificiels utilisés en laboratoire. Les tâches employées par Sternberg incluent des problèmes aussi familiers que les analogies, les classifications, les séries à compléter et les syllogismes. Sa méthode expérimentale implique une manipulation, ou une modification systématique, à la fois des variables de la tâche et de celles des personnes. À titre d'exemple de ce second type, mentionnons les différences d'âge entre les performances à une même tâche. La manipulation expérimentale des variables de la tâche, ou «décomposition de la tâche», peut consister à présenter des parties de tâches séparément ou successivement. Par exemple, une tâche d'analogies verbales [ex.: «chien» est à «niche» comme «cheval» est à... (écurie)] pourrait comporter trois versions: 1) une version usuelle où les trois premiers mots font partie du stimulus, tandis que le quatrième se trouve parmi les choix de réponses; 2) les deux premiers mots font partie du stimulus, tandis que l'autre paire fait partie des choix de réponses; 3) seul le premier mot sert de stimulus, alors que les trois autres se retrouvent parmi les choix de réponses. On analyse l'impact de ces manipulations afin d'identifier la contribution de chaque étape du processus de traitement à la réussite de la tâche totale.

Les travaux d'Embretson (1983, 1986) illustrent particulièrement bien l'apport de la psychologie cognitive à la validation de construit. Soulignant le caractère trop restrictif des modes traditionnels de validation de construit, Embretson distingue deux aspects principaux de la validation d'un test: 1) la représentation du construit et 2) l'empan nomothétique. Selon Embretson, c'est sur le second aspect, celui de l'**empan nomothétique**, que se sont concentrées les études traditionnelles de validation de construit. Cet aspect a pour objet les liens entre la performance au test et un «réseau nomothétique» d'autres variables. On étudie habituellement ces relations en calculant la corrélation entre les scores du test et d'autres mesures, lesquelles peuvent inclure des critères ou d'autres données puisées dans la vie de tous les jours.

La **représentation du construit** vise pour sa part à identifier, à la fois les composants spécifiques de traitement de l'information et le bagage de connaissances nécessaires pour accomplir la tâche définie par les items du test. On peut réaliser de telles analyses en appliquant de façon expérimentale la décomposition de la tâche. Mentionnons, à titre d'exemples de méthodes possibles, la manipulation de la complexité de la tâche, la présentation de tâches partielles ou la présentation d'indices qui modifient les exigences de la tâche. Des modèles mathématiques ont été conçus pour mesurer la contribution de ces divers éléments de réponse à la réussite de l'item. Ces méthodes nous indiquent quels sont les construits théoriques évalués par le test. Pour que les tests aient à la fois une base scientifique et une utilité pratique, aucun de ces deux aspects n'est par lui-même suffisant; les deux sont nécessaires.

Quelles conclusions peut-on tirer quant à l'apport de la psychologie cognitive au processus de validation de construit? En dépit de leur niveau de développement encore bien limité, les approches du traitement de l'information ont introduit plusieurs concepts heuristiques pour guider la recherche future. Elles ont clairement attiré l'attention sur la démarche de réponse, par opposition à la préoccupation traditionnelle, en recherche psychométrique, pour les seuls résultats du raisonnement [les bonnes réponses]. Le fait d'analyser la performance aux tests à la recherche de processus cognitifs spécifiques devrait sans contredit enrichir et consolider notre compréhension de ce que ces tests mesurent. De plus, le fait d'analyser la performance des individus au niveau de ces processus qui en constituent les composantes élémentaires devrait éventuellement permettre d'identifier avec précision les forces et les faiblesses cognitives d'une personne et, partant, d'accroître l'utilisation diagnostique de ces tests (Embretson, 1987; W. K. Estes, 1974; Pellegrino & Glaser, 1979; Sternberg, 1979; Sternberg & Weil, 1980). Cette croissance de la fonction diagnostique devrait à son tour assurer une meilleure adaptation des programmes de formation aux besoins des individus.

Validation De Construit: Progrès Et Embûches. Le terme «validité de construit» fut officiellement introduit dans le lexique des psychométriciens lors de la parution, en 1954, des *Technical Recommendations for Psychological Tests and Diagnostic Techniques*, qui devint la première édition des *Testing Standards* de 1985. Cronbach et Meehl (1955) publièrent l'année suivante le premier texte détaillé sur ce sujet. Depuis, ce concept a suscité de multiples discussions, qui se poursuivent d'ailleurs avec la même vigueur de nos jours; elles ont permis d'expliciter le rôle des diverses techniques employées et de mieux justifier leurs conditions d'utilisation. La validation de construit a mis en relief le rôle important des théories psychologiques dans l'élaboration des tests et la nécessité de formuler des hypothèses que le processus de validation permettra de confirmer ou d'infirmer. La validation de construit a également stimulé la recherche de techniques nouvelles pour la collecte d'indices de validité. Bien que plusieurs des techniques utilisées pour étudier la validité de construit aient été connues depuis longtemps, on a élargi le champ d'opération afin d'inclure une plus large variété de méthodes.

D'autre part, une compréhension superficielle de ce concept entraîne certains risques. Si on l'utilise de façon imprécise, on risque d'ouvrir la porte à des affirmations subjectives et non vérifiées à propos de la validité du test. En raison de son ampleur et de sa complexité, le concept de validité de construit n'a pas toujours été bien compris par ceux qui l'ont utilisé. Certains l'ont, semble-t-il, considéré comme une simple validité de contenu exprimée en utilisant des noms de traits psychologiques; ils ont ainsi offert comme preuve de validité de construit des rapports entièrement subjectifs sur ce qu'ils croyaient (ou espéraient) que leur test mesurait.

L'affirmation de Cronbach et Meehl à l'effet que la validité de construit «est mise en cause chaque fois qu'un test doit être interprété en tant que mesure d'un quelconque attribut qui n'est pas opérationnellement défini» (1955, p. 282) s'est avérée une source additionnelle de confusion. Extraite de la première analyse détaillée publiée sur le concept de validité de construit, cette affirmation fut souvent interprétée à tort comme justifiant les démonstrations de validité de construit non appuyées sur des données empiriques. On peut constater que les auteurs eux-mêmes de cette affirmation ne lui donnaient aucunement cette interprétation, puisque, dans ce même article, ils insistaient sur le fait «qu'on ne peut prétendre qu'il y a validité de construit à moins que le réseau [d'arguments logiques] ne soit en contact direct avec des observations» (p. 291). Dans la même veine, ils exprimèrent leur inquiétude à l'égard de tests «qui n'offrent comme preuve de validité qu'un réseau savamment tissé de rationalisations» (p. 291).

En réalité, le construit théorique, le trait ou le domaine de comportements mesuré par un test particulier ne peut être adéquatement défini qu'à la lumière de données recueillies dans le cadre précis de sa validation. La définition en question devra tenir compte des variables avec lesquelles le test est en corrélation, des conditions qui se sont révélées influencer ses scores, ainsi que des groupes entre lesquels les scores ont discriminé de manière significative. Ces méthodes coïncident tout à fait avec les contributions positives du concept de validité de construit. Bref, ce n'est qu'à travers l'étude empirique des liens entre les scores d'un test et d'autres données indépendantes qu'on peut découvrir ce que ce test mesure.

SURVOL DES CONCEPTS DE VALIDATION

Comparaison Des Méthodes De Validation. Nous avons examiné plusieurs façons de poser la question: «Jusqu'à quel point ce test est-il valide?» Dans le but de préciser les caractéristiques différentielles des diverses méthodes de validation, appliquons tour à tour chacune d'elles à un test composé de 50 problèmes d'arithmétique. Le tableau 6-2 illustre quatre utilisations possibles de ce test, avec, pour chacune, le type approprié de méthode de validation. Cet exemple montre bien que le choix d'une méthode de validation dépend de l'utilisation qu'on fera des scores du test. S'il sert à remplir des fonctions différentes, un même test devra être validé de plusieurs façons différentes. Ainsi, lorsqu'un test de rendement scolaire est utilisé pour

TABLEAU 6-2 Validation d'un même test d'arithmétique pour divers objectifs

Objectifs du testage	Questions explicatives	Types de validités
Test de rendement en arithmétique à l'école primaire	Combien Robert a-t-il appris dans le passé?	De contenu
Test d'aptitudes pour prédire la performance en mathématiques au secondaire	Quelle sera la réussite future de Marie?	Pragmatique: prédictive
Technique pour diagnostiquer des difficultés d'apprentissage	Est-ce que la performance de Marcel révèle des difficultés spécifiques?	Pragmatique: concomitante
Mesure de raisonnement quantitatif	Comment peut-on caractériser les processus cognitifs d'Hélène?	De construit

prédire une performance ultérieure dans un programme d'études plus avancé, par exemple la sélection des diplômés du secondaire pour l'admission aux études collégiales, il doit être confronté au critère externe d'une performance subséquente au collégial, plutôt que d'être jugé sur sa validité de contenu.

Chapeautage Exercé Par La Validation De Construit. Les exemples présentés dans le tableau 6-2 mettaient l'accent sur les différences entre les divers types de méthodes de validation. Une analyse plus poussée de ces méthodes révèle cependant que les validations de contenu, pragmatique et de construit ne correspondent pas à des catégories distinctes ou logiquement indépendantes. Au contraire, la validité de construit est un concept général qui comprend les autres types de validité. Toutes les techniques spécifiques que nous avons présentées dans les sections précédentes pour vérifier la validité de contenu et pragmatique auraient pu réapparaître dans la section consacrée à la validité de construit. Le fait de comparer la performance de groupes contrastés à un test, par exemple des personnes névrosées et normales, est l'une des façons de vérifier les construits évalués par un test qui prétend mesurer l'adaptation émotive, l'anxiété ou d'autres traits similaires. La corrélation d'un test d'aptitudes mécaniques avec la performance dans des cours ou des ateliers de mécanique ou dans une large variété d'emplois contribue à notre connaissance du construit mesuré par ce test.

Dans le but d'aider l'utilisateur potentiel d'un test à mieux comprendre ce que celui-ci mesure, les manuels de test rapportent de façon routinière des indices de validité associés à une variété de critères pratiques. Même s'il n'est pas directement concerné par la prédiction de l'un ou l'autre de ces critères spécifiques, celui-ci pourra, en examinant de tels critères, se faire une image plus juste du domaine de comportements évalué par le test. Si nous poursuivons ce raisonnement un peu plus loin, nous constaterons que toutes les utilisations des tests et toutes les interprétations des scores de tests impliquent la validité de construit; ce fait est d'ailleurs de plus en plus reconnu (Guion, 1977; Messick, 1980b; Tenopyr, 1977). Étant donné qu'il n'arrive que très rarement, pour ne pas dire jamais, qu'un test soit utilisé dans des conditions identiques à celles dans lesquelles les indices de validité furent recueillis, il nous faut inévitablement extrapoler, dans une certaine mesure, les résultats obtenus. Le sens interprétatif donné à des scores de tests s'appuie toujours sur des construits dont l'étendue ou le degré de généralisation peut grandement varier, qu'il soit question de domaines de comportements, de populations ou de situations.

Messick (1980b) a démontré de manière convaincante que, dans la mesure où il désigne la véritable signification interprétative d'un test, le terme validité devrait être réservé à la validité de construit. Il ajoute que les autres méthodes traditionnellement associées au terme validité devraient être désignées par des étiquettes descriptives plus spécifiques. Ainsi, la validité de contenu pourrait être renommée «pertinence des contenus» et «couverture des contenus», ces deux termes référant respectivement au respect des frontières d'un domaine et à la représentativité de l'échantillonnage à l'intérieur de celui-ci. La validité pragmatique pourrait porter les noms d'«utilité prédictive» et d'«utilité diagnostique», correspondant respectivement aux validations prédictive et concomitante. Messick propose également des étiquettes substitutives pour divers autres «types» moins connus de validité. Ces étiquettes plus descriptives contribuent sans aucun doute à une meilleure compréhension des objectifs effectivement poursuivis par les diverses méthodes. Il est probable toutefois que les termes traditionnels ne disparaîtront qu'après une longue période de transition, à la fois parce que leur usage date d'il y a bien longtemps et que les manuels de test en circulation utilisent ce vocabulaire.

La Validation Dans Le Cadre Du Processus D'élaboration D'un Test. On reconnaît de plus en plus que la mise au point d'un test valide nécessite de multiples opérations, auxquelles on fera appel de façon séquentielle aux diverses étapes de l'élaboration du test (Anastasi, 1986a; Guion, 1983; Jackson, 1970, 1973). La validité d'un test doit donc être planifiée dès le départ, plutôt que de n'apparaître que dans les dernières étapes de sa mise au point, comme c'est le cas dans le processus traditionnel de validation pragmatique. La démarche de validation s'amorce avec la formulation de définitions détaillées des traits ou des construits, définitions qui s'appuient sur une théorie psychologique, sur des recherches antérieures ou sur une observation systématique et des analyses d'un domaine de comportements pertinent. Les items que l'on rédige ensuite doivent s'inspirer directement de ces définitions de construits. Puis, vient l'analyse empirique des items, débouchant sur la sélection, à l'intérieur du bassin initial, des items les plus efficaces ou valides. D'autres analyses internes appropriées pourront ensuite être effectuées, comprenant l'analyse statistique de regroupements d'items ou de sous-tests. L'étape finale inclut la validation de divers scores ou de diverses combinaisons interprétatives de scores par l'analyse statistique de leurs liens avec des critères externes de la vie réelle.

La quasi-totalité des informations recueillies dans le cadre de l'élaboration ou de l'utilisation d'un test sont pertinentes pour établir sa validité. De toute évidence, les données recueillies à propos de la cohérence interne et de la stabilité contribuent à préciser l'homogénéité du construit et sa reproductibilité temporelle. Les normes peuvent également aider à circonscrire davantage le construit, spécialement si elles comprennent des données normatives séparées pour des sous-groupes classifiés selon l'âge, le sexe ou d'autres variables démographiques qui influencent la performance au test. De plus, après la mise en marché d'un test, il est possible de poursuivre l'enrichissement, le raffinement et l'approfondissement de la signification interprétative de ses scores grâce à l'accumulation progressive d'observations cliniques, de même que par le biais de projets spéciaux de recherche.

CHAPITRE 7

La validité: mesure et interprétation

ALORS que le chapitre 6 s'intéressait aux divers types de validité, ainsi qu'aux sources d'informations d'où proviennent les indices de validité, le présent chapitre traite de la quantification de ces indices de validité et de leur interprétation. Les utilisateurs de tests s'intéressent à la validité de ceux-ci, à l'une ou l'autre de deux étapes particulières: le choix des tests et l'établissement d'indices de validité locaux. D'abord, lorsqu'ils s'interrogent sur la pertinence d'un test en fonction de leurs objectifs de testage, ils étudient les preuves de validité publiées dans le manuel du test ou dans d'autres rapports de recherche. Ces informations leur permettent de se faire une idée approximative des fonctions psychologiques que le test mesure, puis d'évaluer la pertinence de ces fonctions en tenant compte de l'usage anticipé du test. De fait, lorsque les utilisateurs de tests s'appuient sur les résultats publiés d'études de validation, ils s'interrogent sur sa validité de construit, et ce indépendamment des méthodes spécifiques qui ont pu servir à recueillir les données. Ainsi que nous l'avons vu dans le chapitre 6, on ne peut présumer que les critères utilisés dans les études de validité publiées sont identiques à ceux que l'utilisateur potentiel du test désire prédire. En effet, des emplois qui portent un même titre auront des descriptions de tâches différentes d'une compagnie à l'autre; de même, en dépit d'un même descripteur dans l'annuaire, un cours d'introduction à la psychologie pourra être fort différent d'un collège à l'autre. La sélection d'un test exige par conséquent d'extrapoler dans une certaine mesure les résultats publiés des études de validité.

Deuxièmement, à cause de la diversité des objectifs de testage et des inférences possibles à partir des scores d'un test, certains utilisateurs peuvent juger souhaitable de confronter le test retenu à un ou plusieurs critères locaux. Même si les études de validité publiées indiquent clairement que le test devrait être très valide dans tel contexte d'utilisation particulier, on devrait procéder à une vérification directe chaque fois que cela est techniquement possible. C'est ce processus de contre-validation locale qui constitue la seconde étape de prise en considération des concepts et techniques de validation. Les méthodes que nous étudierons dans ce chapitre sont tout spécialement pertinentes pour l'analyse de ces indices locaux de validité que les usagers des tests recueillent eux-mêmes. Cependant, la plupart d'entre elles sont également utiles pour bien comprendre les indices de validité publiés dans les manuels de test.

LE COEFFICIENT DE VALIDITÉ ET L'ERREUR TYPE DE PRÉDICTION

Mesure d'une Relation. On nomme coefficient de validité toute corrélation entre le score d'un test et la mesure d'un critère. Parce qu'il synthétise la validité d'un test en un seul indice numérique, il sert couramment dans les manuels de test pour rapporter la validité du test en regard de chaque critère pour lequel des données sont disponibles. Les données qui ont servi à calculer n'importe quel coefficient de validité peuvent également prendre la forme de tables ou de diagrammes de prédiction (voir le chapitre 4); de fait, ces tables et ces diagrammes constituent un moyen fort pratique pour expliquer aux examinés la signification concrète d'un coefficient de validité. On se souviendra qu'une table de prédiction indique la probabilité qu'une personne, ayant obtenu un score donné au test, atteigne un niveau de performance donné sur la mesure du critère. Par exemple, si nous connaissons le score d'un sujet au test *Raisonnement verbal* des *Tests différentiels d'aptitudes*, le tableau 4-6 nous permet de savoir quelles sont ses chances d'obtenir une note donnée dans un cours du secondaire. Notons que les données de cette table ont produit un coefficient de validité de 0,61. Lorsque les deux variables représentées par le test et le critère sont des mesures continues, on peut utiliser le coefficient de corrélation de Pearson. Lorsque les données sont exprimées sous une forme différente, par exemple, un critère dichotomique de type succès/échec (voir la figure 4-7), d'autres coefficients de corrélation sont disponibles [ex.: corrélation de rang de Spearman, corrélation bisériale, coefficient phi, etc.]; on trouvera leurs formules de calcul dans la plupart des manuels de statistique.

Conditions Qui Affectent Les Coefficients de Validité. Caractéristiques de l'échantillon. Ainsi qu'on l'a dit à propos de la fidélité, il est essentiel de préciser les caractéristiques du groupe auprès duquel fut calculé le coefficient de validité. Il se peut qu'un test donné mesure des fonctions différentes selon l'âge, le sexe, le niveau d'éducation, l'emploi occupé ou toute autre caractéristique pertinente des sujets. Des personnes qui, par exemple, n'ont pas le même vécu expérientiel pourront utiliser des méthodes de travail différentes pour résoudre un problème. Le test pourrait par conséquent se révéler très valide pour prédire un critère dans une certaine population, mais peu ou pas valide dans une autre population; ou encore, il pourrait constituer une mesure valide de critères différents dans les deux populations. Dans le cas de tests conçus pour un large éventail de populations, les manuels techniques devraient inclure des données appropriées sur le degré de généralisation interpopulations.

Hétérogénéité échantillonnale. Parce que la validité, tout comme la fidélité, est habituellement rapportée sous la forme de coefficients de corrélation, le problème de l'hétérogénéité des échantillons a ici tout autant de pertinence. On se souviendra que, toutes choses égales d'ailleurs, plus grande est l'étendue des scores, plus la corrélation sera élevée. Il faut avoir cette règle à l'esprit chaque fois qu'on interprète des coefficients de validité rapportés dans des manuels de test.

Présélection. Le problème de la présélection constitue l'une des difficultés caractéristiques des études de validité. Par exemple, on peut administrer à un groupe de nouveaux employés, pour lesquels des indices de rendement au travail seront éventuellement disponibles, un test de sélection du personnel en voie de validation. Or, il y a de fortes chances que ce groupe constitue un échantillon supérieur à l'ensemble des candidats à ce poste; par conséquent, l'étendue des scores de ce groupe, aussi bien au test qu'au critère, sera tronquée dans la partie inférieure de la distribution. Ceci aura évidemment pour effet de diminuer le coefficient de validité. Lorsque, plus tard, on administrera le test à tous les candidats au poste, sa validité devrait être un peu plus élevée [mais on ne pourra pas le vérifier empiriquement!].

Dérive temporelle. Les coefficients de validité peuvent évoluer dans le temps, par exemple en fonction de changements apportés à des critères de sélection; ce phénomène est fort bien illustré par la comparaison des coefficients de validité calculés au cours d'une période de 30 ans avec des étudiants de l'Université Yale (Burnham, 1965). On créa d'abord un indice prédicteur combinant les scores au test SAT du *College Board* et des résultats de fin d'études secondaires; cet indice fut mis en corrélation avec la note moyenne en première collégiale. Au cours d'une période de 30 ans, le coefficient de validité chuta de 0,71 à 0,52. L'examen des diagrammes de corrélation mit clairement en évidence le motif de cette chute: en raison d'une hausse des standards d'admission, la performance des groupes devenait de plus en plus homogène, aussi bien aux tests qu'aux critères. Malgré cette baisse de la corrélation dans les cohortes plus récentes, la précision des prédictions demeurait sensiblement la même; en d'autres mots, la baisse observée dans cette série de corrélations ne signifiait **pas** que le prédicteur composite était moins valide que 30 ans plus tôt [du fait que l'ETP demeurait la même; voir ci-dessous]. C'est pourtant ce qu'on aurait conclu à tort, si l'on n'avait pas remarqué la diminution progresssive dans la variabilité des scores.

Forme de la relation. L'interprétation correcte d'un coefficient de corrélation exige de tenir compte de la forme de la relation entre le test et le critère. De fait, lorsqu'on choisit d'utiliser un coefficient de corrélation de Pearson, on postule l'existence d'une relation linéaire uniforme sur toute l'étendue de la distribution bivariée. Plusieurs études sur les liens entre les scores à divers tests et le rendement au travail ont confirmé le respect habituel de ce postulat (Schmidt, Hunter, McKenzie & Muldrow, 1979, p. 616-617). Il faut toutefois garder l'œil ouvert pour détecter certaines circonstances spéciales où il n'est plus respecté. Par exemple, un emploi donné peut exiger un seuil minimal d'habileté en lecture, pour pouvoir lire des manuels d'instructions, des étiquettes, [le *Journal de Montréal*!], etc.; cependant, au-delà de ce seuil, le niveau d'habileté en lecture n'est plus relié à la performance dans le poste. Ce phénomène se traduirait par une relation non linéaire entre les scores du test et ceux du critère. En effet, si l'on traçait le diagramme de corrélation de ces deux mesures, on observerait une augmentation progressive du rendement au travail jusqu'au seuil minimal d'habileté en lecture, puis un nivellement des performances au-delà de ce point; la distribution bivariée des sujets aurait ainsi la forme d'une courbe plutôt que celle d'une droite.

Dans d'autres situations, la distribution bivariée s'étale bien en ligne droite, mais les sujets sont plus dispersés dans la partie supérieure de la courbe que dans sa partie inférieure. Imaginons, par exemple, que la performance à un test d'aptitudes scolaires soit une condition nécessaire, mais non suffisante, à la réussite d'un cours; en d'autres termes, les sujets qui ne réussissent pas le test ont une performance faible dans le cours en question, alors qu'on retrouve parmi ceux qui réussissent le test à la fois des résultats scolaires forts et faibles, à cause de différences sur le plan de la motivation, des intérêts, ou d'autres facteurs. Cette situation se traduira par une plus grande variabilité des performances au critère parmi les meilleurs au test que parmi les moins bons. On nomme «hétéroscédasticité» cette caractéristique particulière d'une distribution bivariée. Le coefficient de corrélation de Pearson a pour postulat l'homoscédasticité, c'est-à-dire l'égalité de la variabilité des mesures sur toute l'étendue de la distribution bivariée. Ici, elle prendrait la forme d'un éventail ou d'un entonnoir, plus large à son extrémité supérieure qu'à son extrémité inférieure. Il suffit habituellement d'examiner la distribution bivariée ou le diagramme de corrélation pour identifier la forme de la relation entre le test et le critère. Les tables et les diagrammes de prédiction indiquent également les fluctuations de l'efficacité prédictive du test selon le niveau des scores.

Niveau d'un coefficient de validité. Quel devrait être le niveau d'un coefficient de validité? Il n'y a pas de réponse simple à cette question, car l'interprétation d'un tel coefficient doit tenir compte simultanément de plusieurs éléments. Le coefficient de corrélation obtenu doit, bien sûr, être **statistiquement significatif** à un seuil approprié, tels les seuils 0,05 et 0,01 décrits dans le chapitre 5. En d'autres termes, il faut s'assurer, avant de porter jugement sur la validité d'un test, que le coefficient de validité obtenu n'aurait pu provenir de fluctuations aléatoires d'échantillonnage à partir d'une population où la corrélation est nulle.

Au-delà de cette vérification d'un lien significatif entre le test et le critère, le niveau de la corrélation doit être interprété en fonction du cadre d'utilisation prévu pour le test. Si l'on désire prédire aussi exactement que possible le score d'un individu sur un critère, tel sa note moyenne en fin d'études collégiales, on peut transformer le coefficient de validité en **erreur type de prédiction** (ETP_{est}), un indice analogue à l'erreur type de mesure (ETM) associée à la fidélité; on se souviendra que cette dernière indique la marge d'erreur à prévoir pour tout score d'un test à cause de l'imparfaite fidélité du test; de même, l'erreur type de prédiction précise la marge d'erreur à prévoir pour tout score prédit au critère à cause de l'imparfaite validité du test.

L'erreur de prédiction s'obtient par la formule suivante:

$$ETP_{est} = \acute{E}T_y \sqrt{1 - r_{xy}^2}$$

où r_{xy}^2 représente le carré du coefficient de validité et $\acute{E}T_y$ l'écart type des scores du critère. On aura remarqué qu'en situation de parfaite validité, l'erreur de prédiction sera nulle. Si, à l'inverse, la validité est nulle, l'erreur de prédiction sera aussi grande que l'écart type de la distribution des mesures du critère ($ETP_{est} = \acute{E}T_y \sqrt{1-0} = \acute{E}T_y$). Dans de telles conditions, la prédiction n'est plus qu'une devinette et l'étendue des erreurs de prédiction correspond à l'étendue totale des mesures du critère. C'est entre ces deux extrêmes que se situeront les erreurs de prédiction de tests de validité variable.

L'analyse de la formule ci-dessus permet de découvrir que l'expression $\sqrt{1-r_{xy}^2}$ précise l'ampleur de l'erreur par rapport à la marge d'erreur découlant d'une devinette (c'est-à-dire en cas de validité nulle). En d'autres termes, lorsque $\sqrt{1-r_{xy}^2}$ est égal à 1,00, l'erreur de prédiction est aussi grande qu'elle le serait si l'on se bornait à deviner le score de la personne sur le critère; l'utilisation du test n'améliorerait donc d'aucune façon la qualité de la prédiction. Si le coefficient de validité est 0,80, alors $\sqrt{1-r_{xy}^2}$ est égal à 0,60, ce qui signifie que la marge d'erreur correspond à 60 % de celle reliée à une prédiction au hasard. En d'autres mots, le fait d'utiliser ce test particulier nous permet de prédire la performance d'une personne à ce critère avec une marge d'erreur réduite de 40 % par rapport à celle d'une prédiction au hasard.

Il semblerait donc que, même lorsqu'on obtient une validité de 0,80, un coefficient pourtant exceptionnellement élevé, l'erreur de prédiction demeure considérable. Si les tests avaient pour rôle premier de prédire avec exactitude la position de chaque individu dans la distribution des mesures d'un critère, les perspectives seraient passablement décourageantes; en effet, lorsqu'on examine leur erreur de prédiction, la grande majorité des tests paraissent peu efficaces. Par chance, la plupart des situations de testage n'exigent pas de prédire la performance exacte des individus, mais d'indiquer plutôt ceux qui excèderont un seuil de performance prédéterminé, ou point de coupure, au critère. Quelles chances Marie a-t-elle de réussir ses études de médecine, ou Paul de réussir un cours d'algèbre, ou encore Marcel de devenir un astronaute compétent? Quels candidats ont de bonnes chances de fournir un rendement satisfaisant comme commis, agents d'assurances ou opérateurs de machines-outils? Cette information est aussi utile pour la sélection au sein d'un groupe que pour la planification de carrières individuelles. Ainsi, une étudiante a tout intérêt à savoir qu'elle a de fortes chances de réussir tous ses cours de droit, même s'il n'est pas possible d'indiquer avec précision si sa moyenne se situera plus près de 74 % ou de 81 %.

Tout test pour lequel on obtient une **quelconque** corrélation significative avec un critère, si faible soit-elle, pourra améliorer sensiblement l'efficacité des prédictions. Dans certaines circonstances, même avec des validités aussi faibles que 0,20 ou 0,30, on peut justifier l'inclusion d'un test dans un programme de sélection. Dans beaucoup de situations de testage, on ferait preuve d'une sévérité irréaliste en utilisant l'erreur de prédiction comme critère de valeur d'un test. Il est essentiel d'examiner d'autres formes de contribution, en tenant compte par exemple du type de décisions auxquelles conduiront les scores du test. C'est cette question que nous allons examiner de plus près dans la section suivante.

LA VALIDITÉ DES TESTS ET LA THÉORIE DE LA DÉCISION

Principes De Base. Imaginons que cent candidats à un emploi aient passé un test d'aptitudes, qu'ils aient été engagés, puis qu'on ait subséquemment obtenu pour chacun d'eux une mesure de rendement au travail. La figure 7-1 illustre la distribution bivariée des scores au test et des indices de performance de ces 100 employés; la corrélation entre ces deux variables est légèrement inférieure à 0,70. La ligne foncée horizontale indique le seuil de rendement minimalement acceptable, ou point de coupure du critère.

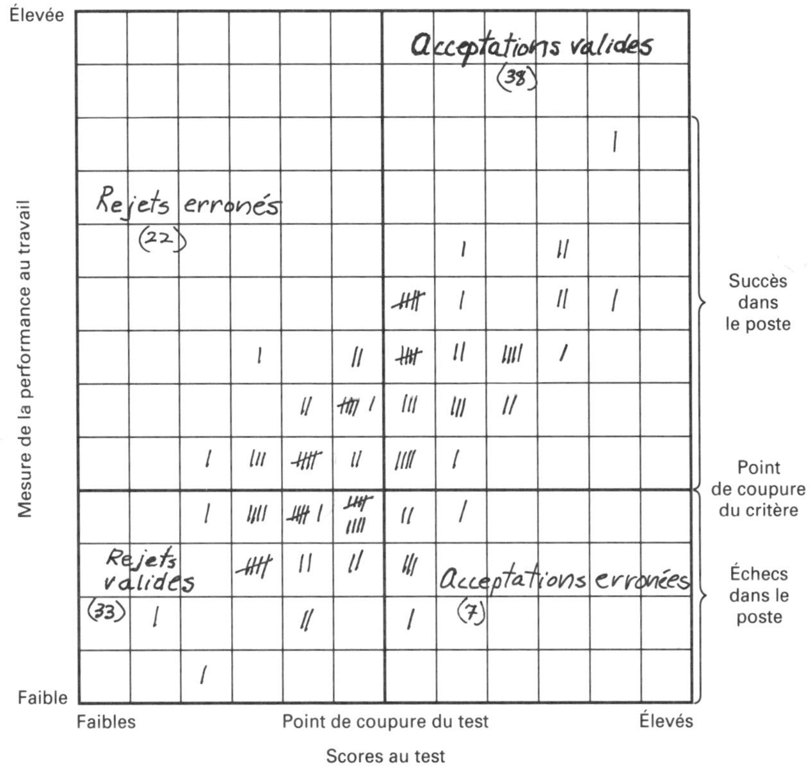

Figure 7-1. Hausse du pourcentage de «succès» résultant de l'utilisation d'un test de sélection.

Les 40 sujets situés sous cette ligne représenteraient des employés insatisfaisants (échecs), alors que les 60 individus au-dessus de cette même ligne seraient jugés satisfaisants (succès). Par conséquent, si l'on emploie ces 100 candidats, le taux de succès de cette sélection sera 60 %. De même, si l'on choisissait au hasard, c'est-à-dire sans tenir compte du test, un certain pourcentage d'entre eux, le taux de succès se situerait probablement autour de 60 %. Supposons toutefois qu'on utilise les scores du test pour sélectionner les 45 candidats les plus prometteurs parmi ce groupe de 100 (rapport de sélection = 0,45); les 45 élus se situeraient à la droite de la ligne foncée verticale, ou point de coupure du test. On peut constater que ce groupe de 45 est constitué de 7 cas d'échec (acceptations erronées), situés sous la ligne foncée horizontale, et de 38 cas de succès. Cette procédure de sélection donne par conséquent un taux de succès de 84 % (38/45 = 0,84). On peut attribuer cette hausse du taux de succès [de 60% à 84%] à l'emploi du test comme instrument de sélection. Soulignons qu'on peut ignorer les erreurs de prédiction du score au critère qui ne modifieraient pas la décision d'emploi [celles qui maintiennent les sujets à l'intérieur des quadrants 2 et

3 de la figure 7-1]. Seules les erreurs de prédiction qui franchissent le point de coupure du critère, plaçant ainsi les sujets dans une catégorie erronée [les quadrants 1 et 4 de la figure 7-1], réduiront l'efficacité du test en tant qu'outil de sélection [son pouvoir discriminant; voir le chapitre 8].

Pour pouvoir effectuer une évaluation complète de ce pouvoir sélectif d'un test, il faut tenir compte d'une autre catégorie de sujets dans la figure 7-1, celle des **rejets erronés**, composée de 22 candidats qui ont «échoué» le test tout en fournissant un rendement au travail satisfaisant, c'est-à-dire supérieur au point de coupure du critère. À partir de ces données, nous estimerions donc qu'en utilisant ce test comme critère avec ce point de coupure précis [déterminé par le rapport de sélection préétabli], 22 % des membres de l'échantillon total de candidats ne seraient pas engagés alors qu'ils pourraient fournir un rendement satisfaisant. Ces rejets erronés dans une situation de sélection du personnel correspondent aux **faux positifs** dans les évaluations cliniques[1]. Ce terme provient du monde médical, où le résultat d'un test de dépistage d'une condition pathologique sera dit positif si la condition est présente et négatif si le patient est normal. On parlera donc de faux positifs lorsque le test indiquera à tort la présence d'une pathologie, par exemple la présence d'une lésion cérébrale chez une personne normale. Cette terminologie risque d'engendrer de la confusion, sauf si l'on garde bien en mémoire qu'en milieu clinique un résultat positif signale une pathologie, donc un diagnostif défavorable, alors qu'en sélection de personnel un résultat positif correspond à une prédiction de succès dans un poste, dans un cours, et ainsi de suite.

Au moment d'établir un point de coupure pour le test, il faut examiner tout autant le pourcentage des rejets erronés (faux négatifs) que la proportion de succès et d'échecs parmi les candidats retenus. Dans certains cas, il faudra placer ce point de coupure suffisamment haut pour exclure le plus grand nombre possible de cas d'échec, notamment lorsque la nature du travail est telle qu'une personne mal qualifiée risquerait de causer des dommages importants. Mentionnons, à titre d'exemple, le pilotage d'avions de lignes commerciales. D'autres situations peuvent, à l'opposé, commander l'engagement du plus grand nombre possible de personnes qualifiées, au risque d'accroître le taux d'échecs [d'acceptations erronées]; dans ce cas, on abaissera le point de coupure du test pour réduire le nombre de rejets erronés. Parmi d'autres facteurs qui influencent normalement la position du point de coupure à un test [c'est-à-dire le rapport de sélection], mentionnons le bassin de candidats disponibles, le nombre de postes offerts et l'urgence ou non de combler ces postes.

[1] **Note du traducteur.** J'ai traduit fidèlement ce passage, même s'il est contredit par le reste du paragraphe. En effet, selon la dernière phrase du paragraphe, les pathologies **prédite** et **présente** se trouveraient respectivement dans la partie de droite et dans la partie supérieure de la figure 7-1. Par conséquent, les «faux positifs» doivent se situer dans le quadrant 4 plutôt que dans le quadrant 1, tel que l'affirme Anastasi. J'ai corrigé en conséquence le paragraphe suivant.

Dans le cas de bon nombre de décisions d'emploi, ce sont les exigences pratiques de la situation qui déterminent le rapport de sélection. À cause du jeu de l'offre et de la demande, on pourra engager 40 % des candidats dans un cas et 75 % dans un autre. Lorsque le rapport de sélection n'est soumis à aucune contrainte externe, on devrait choisir comme point de coupure du test le point de discrimination maximale entre les groupes critères [employés satisfaisants et insatisfaisants]; on peut fixer ce point de façon approximative en comparant les distributions de scores au test de ces deux groupes. On a également mis au point des techniques mathématiques pour fixer avec précision ce point de coupure optimal (Darlington & Stauffer, 1966; Guttman & Raju, 1965; Livingston & Zieky, 1982; Rorer, Hoffman, La Forge & Hsieh, 1966). Ces techniques permettent de tenir compte d'autres paramètres pertinents, tels que la gravité relative des rejets erronés et des acceptations erronées.

Dans le langage de la théorie de la décision, l'exemple présenté dans la figure 7-1 illustre une **stratégie** simple, c'est-à-dire un plan pour déterminer quels candidats retenir et lesquels rejeter. De façon plus générale, le terme stratégie désigne une technique d'utilisation de l'information pour prendre une décision concernant des individus. Dans le cas présent, on choisit comme stratégie de retenir les 45 candidats qui avaient obtenu les scores les plus élevés au test. La hausse de 60 % à 84 % dans le pourcentage d'employés satisfaisants pourrait servir de critère pour évaluer le bénéfice net de l'introduction du test dans le processus de sélection.

On doit à Wald (1950) l'élaboration d'une théorie statistique de la prise de décision; celui-ci l'appliqua aux décisions associées à l'inspection et au contrôle de la qualité des produits manufacturés. Cronbach et Gleser (1965) décrivirent diverses façons d'appliquer systématiquement cette théorie à l'élaboration et à l'interprétation des tests psychologiques. La théorie de la décision consiste essentiellement à traduire sous une forme mathématique le processus de prise de décision, de telle sorte qu'on puisse utiliser l'information disponible pour prendre la meilleure décision possible dans des circonstances déterminées. Quelques-uns des concepts fondamentaux de la théorie de la décision se sont révélés fort précieux pour reformuler et préciser certaines questions à propos des tests. Quelques-unes de ces notions apparurent en psychométrie avant même la mise au point formelle de la théorie de la décision, puis furent ultérieurement reconnues comme appartenant à ce cadre théorique.

Prédiction des résultats. Les tables de Taylor-Russell (1939) préfigurent l'apparition de la théorie de la décision en psychométrie; elles permettent de déterminer le bénéfice net, sur le plan de l'efficacité de la sélection, attribuable à l'utilisation d'un test particulier. Les informations requises comprennent le coefficient de validité du test, la proportion des candidats qui peuvent être engagés (le rapport de sélection), ainsi que la proportion de «succès» (candidats engagés qui donnent un rendement satisfaisant) sans l'utilisation du test, ce qui constitue le **niveau de base**. Tout changement de l'une ou l'autre de ces trois conditions peut modifier l'efficacité prédictive du test.

À titre explicatif, nous avons reproduit au tableau 7-1 l'une des tables de Taylor-Russell, celle dont on se sert lorsque le niveau de base, c'est-à-dire le pourcentage de candidats jugés satisfaisants engagés préalablement à l'introduction du test, est 0,60. Taylor et Russell ont préparé des tables pour plusieurs autres niveaux de base. L'en-tête des colonnes représente une série

Tableau 7-1 Pourcentage attendu de «succès» résultant de l'utilisation d'un test, selon le degré de validité et le rapport de sélection, avec un niveau de base de 0,60.

(Extrait de Taylor & Russell, 1939, p. 576).

	Rapports de sélection										
Validité	0,05	0,10	0,20	0,30	0,40	0,50	0,60	0,70	0,80	0,90	0,95
0,00	0,60	0,60	0,60	0,60	0,60	0,60	0,60	0,60	0,60	0,60	0,60
0,05	0,64	0,63	0,63	0,62	0,62	0,62	0,61	0,61	0,61	0,60	0,60
0,10	0,68	0,67	0,65	0,64	0,64	0,63	0,63	0,62	0,61	0,61	0,60
0,15	0,71	0,70	0,68	0,67	0,66	0,65	0,64	0,63	0,62	0,61	0,61
0,20	0,75	0,73	0,71	0,69	0,67	0,66	0,65	0,64	0,63	0,62	0,61
0,25	0,78	0,76	0,73	0,71	0,69	0,68	0,66	0,65	0,63	0,62	0,61
0,30	0,82	0,79	0,76	0,73	0,71	0,69	0,68	0,66	0,64	0,62	0,61
0,35	0,85	0,82	0,78	0,75	0,73	0,71	0,69	0,67	0,65	0,63	0,62
0,40	0,88	0,85	0,81	0,78	0,75	0,73	0,70	0,68	0,66	0,63	0,62
0,45	0,90	0,87	0,83	0,80	0,77	0,74	0,72	0,69	0,66	0,64	0,62
0,50	0,93	0,90	0,86	0,82	0,79	0,76	0,73	0,70	0,67	0,64	0,62
0,55	0,95	0,92	0,88	0,84	0,81	0,78	0,75	0,71	0,68	0,64	0,62
0,60	0,96	0,94	0,90	0,87	0,83	0,80	0,76	0,73	0,69	0,65	0,63
0,65	0,98	0,96	0,92	0,89	0,85	0,82	0,78	0,74	0,70	0,65	0,63
0,70	0,99	0,97	0,94	0,91	0,87	0,84	0,80	0,75	0,71	0,66	0,63
0,75	0,99	0,99	0,96	0,93	0,90	0,86	0,81	0,77	0,71	0,66	0,63
0,80	1,00	0,99	0,98	0,95	0,92	0,88	0,83	0,78	0,72	0,66	0,66
0,85	1,00	1,00	0,99	0,97	0,95	0,91	0,86	0,80	0,73	0,66	0,63
0,90	1,00	1,00	1,00	0,99	0,97	0,94	0,88	0,82	0,74	0,67	0,63
0,95	1,00	1,00	1,00	1,00	0,99	0,97	0,92	0,84	0,75	0,67	0,63
1,00	1,00	1,00	1,00	1,00	1,00	1,00	1,00	0,86	0,75	0,67	0,63

Note: On trouvera une série complète de tables dans Taylor & Russel (1939), ainsi que dans McCormick & Ilgen (1980, Appendice B).

de rapports de sélection, cependant que chaque rangée correspond à un niveau de validité différent. Les chiffres qui constituent le corps de cette table indiquent la proportion de candidats satisfaisants engagés en tenant compte du test. Par conséquent, la différence entre 0,60 et n'importe quelle valeur de cette table indique le pourcentage d'accroissement des candidats satisfaisants engagés grâce au test.

Dans le cas d'un rapport de sélection de 100 %, c'est-à-dire lorsqu'il faut engager tous les candidats, il est bien évident qu'aucun test, si valide fût-il, ne pourra améliorer le processus de sélection; dans la même veine, les données du tableau 7-1 montrent qu'avec un rapport de sélection de 0,95 même un test parfaitement valide (r = 1,00) n'augmenterait que de 3 % (de 0,60 à 0,63) le taux des candidats qui se révéleraient satisfaisants. Lorsque, à l'inverse, on peut n'engager que 5 % des candidats, un test dont le coefficient de validité atteint à peine 0,30 peut hausser de 0,60 à 0,82 le taux des candidats satisfaisants. On nomme **validité incrémentielle** (Sechrest, 1963) cette hausse du pourcentage qui représente l'augmentation de validité prédictive attribuable au test. Elle indique la contribution du test à la sélection d'individus qui atteindront [ou dépasseront] le seuil minimum de performance fixé pour le critère. Lorsqu'on utilise les tables de Taylor-Russell, il faut évidemment obtenir le coefficient de validité auprès d'un échantillon similaire à celui qui a servi à établir le niveau de base, c'est-à-dire le taux antérieur de candidats qui se révéleront satisfaisants. En d'autres mots, on ne comparera pas la valeur prédictive du test à une sélection au hasard des candidats, à moins que ce soit ce mode de sélection qu'on utilisait, ce qui est plutôt improbable! Si l'on utilisait préalablement les antécédents de travail, des lettres de recommandation et une entrevue, c'est en regard de cette combinaison d'instruments de sélection qu'il faudra évaluer la validité incrémentielle du test.

La validité incrémentielle, découlant de l'utilisation d'un test, dépend non seulement du rapport de sélection, mais aussi du niveau de base. Dans la situation de sélection décrite plus haut, le niveau de base correspond à la proportion des employés satisfaisants engagés avant l'introduction du test. Le tableau 7-1 rapporte les résultats anticipés lorsque le niveau de base se situe à 0,60; pour d'autres niveaux de base, il faut consulter les tables pertinentes dans le texte cité (Taylor & Russell, 1939). Analysons l'exemple d'un test dont le coefficient de validité est 0,60 dans une situation où le rapport de sélection est 40 %; quelle serait, dans de telles conditions, la validité incrémentielle du test dans le cas d'un niveau de base de 50 %? Que deviendrait-elle dans le cas de niveaux de base plus extrêmes, tels 10 % et 90 %? En consultant les tables de Taylor-Russell appropriées, on constate que le pourcentage d'employés satisfaisants grimperait de 50 % à 75 % dans le premier cas, de 10 % à 21 % dans le deuxième et de 90 % à 99 % dans le troisième. Bref, la hausse du pourcentage d'employés satisfaisants attribuable au test serait de 25 lorsque le niveau de base se situe à 50 %, mais elle ne serait plus que de 11 % et 9 % dans les deux situations plus extrêmes.

Les niveaux de base extrêmes ont des conséquences particulièrement importantes dans le domaine de la psychologie clinique, où le concept de niveau de base réfère à la fréquence [prévalence **ou** incidence] d'une condition pathologique à diagnostiquer dans une population testée (Buchwald, 1965; Cureton, 1957a; Meehl & Rosen, 1955; J. S. Wiggins, 1973). Par exemple, si 5 % de la clientèle d'une clinique souffrent de lésions cérébrales organiques, alors ce taux de 5 % représente le niveau de base de cette pathologie cérébrale dans la population. Même s'il est vrai que l'introduction de tout test valide améliore la précision d'une prédiction ou d'un diagnostic, cette amélioration est maximale lorsque le niveau de base avoisine 50 %. C'est pourquoi, dans le cas de niveaux de base extrêmes, correspondant à des conditions pathologiques très rares, l'amélioration risque d'être négligeable. Dans de telles conditions, tenant compte des coûts d'administration et de correction, un test pourrait s'avérer peu justifié. En milieu clinique, ce coût comprendrait le temps du personnel professionnel, un temps qui aurait pu servir à traiter quelques personnes de plus (Buchwald, 1965). Les faux positifs, c'est-à-dire les individus normaux jugés à tort atteints de la pathologie, viendraient accroître évidemment le coût d'ensemble de cette démarche.

Lorsque la gravité d'une pathologie rare [ex.: le SIDA] accroît l'urgence de son diagnostic, on peut utiliser un test de validité modérée comme première étape d'un processus séquentiel de prise de décision. Par exemple, tous les individus pourraient subir un premier dépistage à l'aide d'un test de validité modérée facile à administrer. En fixant suffisamment bas[2] le point de coupure (un score élevé indique la présence de pathologie), il y aura peu de faux négatifs et beaucoup de faux positifs, c'est-à-dire des personnes en santé jugées malades. On pourra alors identifier ces derniers en faisant passer un examen individuel plus approfondi à tous les sujets jugés «positifs» par le test. Une pareille démarche serait fort appropriée lorsque, par exemple, les services disponibles ne permettent pas d'administrer à tous l'examen individuel approfondi.

Liens Entre Validité Et Productivité. Dans de nombreuses situations pratiques, on désire connaître l'impact de l'introduction du test de sélection, non pas sur le pourcentage de personnes qui excéderont un seuil minimal de performance, mais sur la productivité générale des candidats choisis. Dans quelle mesure le niveau réel de compétence ou de performance au critère des employés engagés grâce au test se compare-t-il au groupe de candidats engagés sans le test? Dans la lignée des travaux de Taylor et Russell, plusieurs chercheurs se sont penchés sur cette question. Brogden (1946b) fut le premier à démontrer que l'accroissement attendu du rendement était directement proportionnel à la validité du test. Plus précisément,

[2] **Note du traducteur.** Ce texte a également été corrigé pour faciliter l'utilisation de la figure 7-1.

l'amélioration résultant d'un test dont le coefficient de validité est 0,50 correspondra à 50 % de l'amélioration produite par un test parfaitement valide. On peut observer au tableau 7-2 le lien entre la validité du test et la hausse attendue de la performance au critère[3].

Cette table, où les mesures du critère sont exprimées en scores standards (moyenne = 0; *ÉT* = 1), précise le score moyen attendu au critère pour les employés sélectionnés avec un test d'une validité donnée et selon un rapport de sélection donné. Dans ce contexte, la performance basale, c'est-à-dire celle d'employés sélectionnés sans recours au test, apparaît dans la colonne réservée à la validité nulle; en effet, l'emploi d'un test de validité nulle équivaut à n'employer aucun test. Afin d'illustrer le mode d'utilisation de cette table, imaginons que l'on engage, à l'aide d'un test de validité 0,50, 20 % des candidats qui obtiennent les scores les plus élevés au test (rapport de sélection = 0,20). Les données du tableau 7-2 nous révèlent que ce groupe aura une performance moyenne située à +0,7 *ÉT* au-dessus de la moyenne attendue d'un groupe engagé sans recours au test. En utilisant le même rapport de sélection de 20 % et un test parfaitement valide (coefficient de 1,00), les candidats acceptés auraient une performance moyenne de +1,40 *ÉT*, soit exactement le double du chiffre obtenu avec un test de validité 0,50. On découvrira des liens linéaires similaires entre les performances moyennes attendues situées sur une même ligne du tableau 7-2. Par exemple, dans le cas d'un rapport de sélection de 60 %, une validité de 0,25 donne une performance moyenne attendue de 0,16, laquelle devient 0,32 lorsque la validité double à 0,50. Bref, en doublant la validité, on double l'accroissement de performance des candidats retenus.

L'analyse du lien entre la productivité et la validité d'un test fut poussée encore plus loin par Schmidt et ses collègues (Schmidt, Hunter, McKenzie & Muldrow, 1979). Utilisant, pour les fins de leur démonstration, le poste de programmeur en informatique dans la fonction publique fédérale des États-Unis, ces chercheurs estimèrent la valeur monétaire de l'accroissement de productivité résultant de l'utilisation, durant un an, d'un test d'aptitudes en informatique (validité = 0,76) pour sélectionner les nouveaux candidats. Ils produisirent leurs estimations en appliquant des techniques de la théorie de la décision à des données disponibles au *U. S. Office of Personnel Management*. Les gains attendus furent calculés pour neuf rapports de sélection, de 0,05 à 0,80, et pour 5 coefficients de validité de la méthode de sélection antérieure (niveau de base), de 0,0 (sélection au hasard) à 0,50.

Les résultats indiquèrent que l'emploi du test entraînait des gains de productivité impressionnants, et ce, quelle que soit la condition. Lorsque le test était comparé à une sélection au hasard, les gains en argent fluctuaient entre $ 16,5 millions dans le cas d'un rapport de sélection de 0,80 et $ 97,2 millions dans le cas d'un rapport de sélection de 0,05. Lorsque le

[3] Naylor et Shine (1965) ont construit une table plus détaillée, à la fois quant au nombre de rapports de sélection et de coefficients de validité.

Tableau 7-2 Score standard moyen (pour le critère) des candidats retenus, selon le niveau de validité du test et le rapport de sélection.

(Extrait de Brown & Ghiselli, 1953, p. 342).

Rapports de sélection	Niveaux de validité																				
	0,00	0,05	0,10	0,15	0,20	0,25	0,30	0,35	0,40	0,45	0,50	0,55	0,60	0,65	0,70	0,75	0,80	0,85	0,90	0,95	1,00
0,05	0,00	0,10	0,21	0,31	0,42	0,52	0,62	0,73	0,83	0,94	1,04	1,14	1,25	1,35	1,46	1,56	1,66	1,77	1,87	1,98	2,08
0,10	0,00	0,09	0,18	0,26	0,35	0,44	0,53	0,62	0,70	0,79	0,88	0,97	1,05	1,14	1,23	1,32	1,41	1,49	1,58	1,67	1,76
0,15	0,00	0,08	0,15	0,23	0,31	0,39	0,46	0,54	0,62	0,70	0,77	0,85	0,93	1,01	1,08	1,16	1,24	1,32	1,39	1,47	1,55
0,20	0,00	0,07	0,14	0,21	0,28	0,35	0,42	0,49	0,56	0,63	0,70	0,77	0,84	0,91	0,98	1,05	1,12	1,19	1,26	1,33	1,40
0,25	0,00	0,06	0,13	0,19	0,25	0,32	0,38	0,44	0,51	0,57	0,63	0,70	0,76	0,82	0,89	0,95	1,01	1,08	1,14	1,20	1,27
0,30	0,00	0,06	0,12	0,17	0,23	0,29	0,35	0,40	0,46	0,52	0,58	0,64	0,69	0,75	0,81	0,87	0,92	0,98	1,04	1,10	1,16
0,35	0,00	0,05	0,11	0,16	0,21	0,26	0,32	0,37	0,42	0,48	0,53	0,58	0,63	0,69	0,74	0,79	0,84	0,90	0,95	1,00	1,06
0,40	0,00	0,05	0,10	0,15	0,19	0,24	0,29	0,34	0,39	0,44	0,48	0,53	0,58	0,63	0,68	0,73	0,77	0,82	0,87	0,92	0,97
0,45	0,00	0,04	0,09	0,13	0,18	0,22	0,26	0,31	0,35	0,40	0,44	0,48	0,53	0,57	0,62	0,66	0,70	0,75	0,79	0,84	0,88
0,50	0,00	0,04	0,08	0,12	0,16	0,20	0,24	0,28	0,32	0,36	0,40	0,44	0,48	0,52	0,56	0,60	0,64	0,68	0,72	0,76	0,80
0,55	0,00	0,04	0,07	0,11	0,14	0,18	0,22	0,25	0,29	0,32	0,36	0,40	0,43	0,47	0,50	0,54	0,58	0,61	0,65	0,68	0,72
0,60	0,00	0,03	0,06	0,10	0,13	0,16	0,19	0,23	0,26	0,29	0,32	0,35	0,39	0,42	0,45	0,48	0,52	0,55	0,58	0,61	0,64
0,65	0,00	0,03	0,06	0,09	0,11	0,14	0,17	0,20	0,23	0,26	0,28	0,31	0,34	0,37	0,40	0,43	0,46	0,48	0,51	0,54	0,57
0,70	0,00	0,02	0,05	0,07	0,10	0,12	0,15	0,17	0,20	0,22	0,25	0,27	0,30	0,32	0,35	0,37	0,40	0,42	0,45	0,47	0,50
0,75	0,00	0,02	0,04	0,06	0,08	0,11	0,13	0,15	0,17	0,19	0,21	0,23	0,25	0,27	0,30	0,32	0,33	0,36	0,38	0,40	0,42
0,80	0,00	0,02	0,04	0,05	0,07	0,09	0,11	0,12	0,14	0,16	0,18	0,19	0,21	0,22	0,25	0,26	0,28	0,30	0,32	0,33	0,35
0,85	0,00	0,01	0,03	0,04	0,05	0,07	0,08	0,10	0,11	0,12	0,14	0,15	0,16	0,18	0,19	0,20	0,22	0,23	0,25	0,26	0,27
0,90	0,00	0,01	0,02	0,03	0,04	0,05	0,06	0,07	0,08	0,09	0,10	0,11	0,12	0,13	0,14	0,15	0,16	0,17	0,18	0,19	0,20
0,95	0,00	0,01	0,01	0,02	0,02	0,03	0,03	0,04	0,04	0,05	0,05	0,06	0,07	0,07	0,08	0,08	0,09	0,09	0,10	0,10	0,11

niveau de base était fixé à 0,50, les gains correspondants devenaient respectivement $ 5,6 millions et $ 33,3 millions. Il fallait toutefois étaler ces gains sur toute la durée d'emploi des nouveaux employés, estimée à tout près de dix ans en moyenne dans le cas des programmeurs de la fonction publique fédérale. Notons également que ces estimations s'appuient sur le postulat qu'on choisit prioritairement ceux qui obtiennent les scores les plus élevés au test, pour descendre ensuite jusqu'à l'atteinte du rapport de sélection préétabli. En d'autres termes, on postule une utilisation optimale de l'outil de sélection.

S'appuyant sur les données du recensement pour évaluer le nombre total de programmeurs en informatique dans la population américaine, ces mêmes chercheurs calculèrent des estimations similaires concernant l'impact de l'utilisation de ce même test de sélection à l'échelle nationale. Dans le cadre d'une étude encore plus étendue, Hunter et Schmidt (1981) examinèrent l'application de ces mêmes techniques statistiques à l'ensemble de la main-d'œuvre américaine, dans tous les types d'emplois. Ces estimations préliminaires sont de toute évidence imprécises et provisoires; de plus, elles diffèrent sensiblement selon la technique utilisée (voir, par exemple, Burke & Frederick, 1984; Hunter & Schmidt, 1983; Schmidt & Hunter, 1983; Schmidt, Mack & Hunter, 1984; Weekley, Frank, O'Connor & Peters, 1985). Néanmoins, ces résultats indiquent clairement que des méthodes efficaces d'assignation des personnes à des emplois peuvent contribuer de façon substantielle à la productivité nationale (*U. S. Department of Labor*, 1983b).

Le Rôle Des Valeurs Dans La Théorie De La Décision. L'une des caractéristiques de la théorie de la décision, c'est que les tests sont évalués sous l'angle de leur efficacité dans une situation précise. Ces évaluations tiennent compte, non seulement de la validité du test en tant que prédicteur d'un critère précis, mais aussi de plusieurs autres paramètres, tels le niveau de base et le rapport de sélection. L'**utilité** relative des résultats attendus, c'est-à-dire le degré de désirabilité ou de non-désirabilité de chacun d'eux, constitue un autre paramètre très important. L'absence d'un système adéquat pour assigner des valeurs à des résultats à l'aide d'une échelle d'utilité uniforme s'est avérée l'un des principaux obstacles à l'application de la théorie de la décision. En milieu industriel, il est souvent possible d'assigner une valeur monétaire à divers résultats. Toutefois, certains de ces résultats, par exemple la valeur d'une clientèle, les relations publiques ou le moral des employés, ne se traduisent pas facilement en dollars. En milieu d'éducation, les décisions doivent tenir compte des objectifs de l'institution, des valeurs sociales et d'autres facteurs plus ou moins tangibles. Dans le milieu du counseling, les décisions doivent tenir compte des préférences des personnes et de leur système de valeurs. On a répété à maintes reprises que ce n'est pas la théorie de la décision qui a introduit le problème des valeurs dans la prise de décision; elle n'a fait que le rendre explicite. En effet, les décisions se sont toujours appuyées sur des systèmes de valeurs; sauf qu'antérieurement, ces valeurs n'étaient ni clairement énoncées, ni appliquées de façon systématique.

Les recherches de Schmidt, Hunter et leurs collègues sur la productivité, mentionnées dans la section précédente, illustrent bien les progrès réalisés dans ce domaine de l'introduction de valeurs dans les modèles décisionnels. Bien qu'elles aient été appliquées à l'étude de la valeur monétaire des biens et services fournis par des employés, les techniques mises au point dans cette étude s'appliquent à la mesure d'autres valeurs. Parce qu'elles s'appuient sur la quantification des jugements humains, ces techniques s'adaptent à toute échelle numérique arbitraire, pourvu qu'elle soit clairement définie et appliquée de façon uniforme. Signalons que les estimations requises par les modèles décisionnels ne concernent que la valeur relative, et non absolue, de résultats différents.

Dans le cas de l'étude sur les programmeurs en informatique, la méthode utilisée consista à analyser les estimations fournies par des superviseurs expérimentés à l'aide d'un questionnaire méticuleusement rédigé. On demanda à chacun d'eux d'estimer, sur une base annuelle, la valeur monétaire que la compagnie attribuait aux produits et services fournis par un programmeur moyen. Ils furent ensuite invités à estimer de la même façon la rentabilité d'un employé «très performant», défini comme un programmeur situé au centile 85, et celle d'un employé «peu performant», défini comme un programmeur situé au 15e centile. Dans le but de les aider à établir la valeur monétaire de ces trois niveaux de performance, on suggéra aux superviseurs «d'évaluer ce que chargerait une firme extérieure pour fournir ces produits et services» (Schmidt, Hunter, McKenzie & Muldrow, 1979, p. 621).

On calcula la moyenne des estimations proposées par 105 superviseurs; celles-ci fournirent à leur tour deux estimations de l'écart type de la distribution des performances, exprimées en dollars, l'une correspondant à l'écart entre les programmeurs moyens et très performants (C_{85}), l'autre à l'écart entre les programmeurs moyens et peu performants (C_{15}). Ces deux estimations ne différaient pas significativement l'une de l'autre, confirmant le caractère à peu près normal des deux distributions. On utilisa par conséquent, dans les calculs ultérieurs, la moyenne de ces deux estimations. Il s'agit là d'une technique beaucoup plus simple et moins coûteuse que les méthodes usuelles de calcul des coûts; de plus, on peut l'adapter à des valeurs autres que monétaires. Enfin, sous certains aspects, elle peut fournir des estimations plus précises que celles provenant d'études qui ont utilisé des techniques de calcul de coûts (Schmidt et al., 1979, p. 618-621).

Utilité Attendue D'une Stratégie De Sélection. Au moment de choisir une stratégie de décision, il faut viser à maximiser l'utilité attendue de tous les résultats. La stratégie de décision simple illustrée schématiquement à la figure 7-2 permettra d'expliciter cette démarche. Ce diagramme reproduit la stratégie de décision illustrée à la figure 7-1, c'est-à-dire la

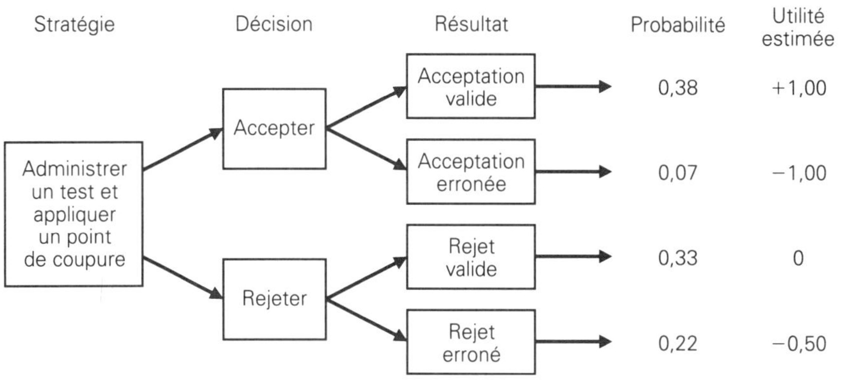

Figure 7-2. Une stratégie de décision simple.

passation d'un seul test par les candidats, suivie d'une décision de retenir ou de rejeter un candidat sur la base d'un point de coupure à ce test. Quatre résultats sont possibles: l'acceptation valide ou erronée, ainsi que le rejet valide ou erroné. La probabilité de chaque résultat correspond au nombre de personnes qui occupent chaque quadrant de la figure 7-1. Puisque cet exemple utilisait un groupe de 100 candidats, le quotient de la division de ces nombres par 100 donne la probabilité de chacun des quatre résultats énumérés à la figure 7-2.

Nous avons également besoin d'une estimation, exprimée sur une échelle commune, de l'utilité de chacun de ces résultats; elles se trouvent dans la colonne de droite de la figure 7-2. Pour calculer l'utilité générale de cette stratégie, on multiplie la probablité de chaque résultat par son utilité estimée; puis on additionne les quatre produits, pour enfin soustraire une valeur correspondant au coût du testage. Ce dernier calcul souligne le fait qu'un test de faible validité a plus de chances d'être retenu s'il est court, peu coûteux, d'administration facile par des personnes non entraînées et utilisable avec des groupes. Un coefficient de validité plus élevé sera nécessaire pour justifier l'emploi d'un test individuel, administré par un examinateur spécialement formé ou à l'aide d'un appareillage coûteux. Dans l'exemple hypothétique illustré à la figure 7-2, on a fixé le coût du testage à 0,10 sur l'échelle d'utilité. L'utilité générale attendue (*UA*) de cette stratégie décisionnelle devient donc:

$$UA = (0{,}38)(1{,}00) + (0{,}07)(-1{,}00) + (0{,}33)(0) + (0{,}22)(-0{,}50) - 0{,}10 = +0{,}10.$$

On peut ensuite comparer cette *UA* avec celles obtenues en utilisant des points de coupure différents, des tests différents (par la validité ou par le coût), une batterie de tests, ou une stratégie décisionnelle différente[4].

[4] J. S. Wiggins (1973, chap. 6) présente des exemples variés de stratégies décisionnelles, comprenant toutes les étapes de calcul.

Stratégies Séquentielles Et Intervention Adaptée. Dans certaines situations, on pourra accroître l'efficacité d'un test en faisant appel à des stratégies décisionnelles plus complexes, c'est-à-dire qui tiennent compte d'un nombre encore plus grand de paramètres. Nous allons illustrer ceci à l'aide de deux exemples. En premier lieu, les tests peuvent servir à prendre des décisions **séquentielles** plutôt que **finales**. Dans le cas des stratégies décisionnelles simples illustrées aux figures 7-1 et 7-2, on considère comme finales toutes les décisions d'acceptation ou de rejet. La figure 7-3 présente pour sa part une décision séquentielle en deux étapes. Le test A, court et d'administration facile, assurerait un premier filtrage; selon leur performance à ce test, les personnes seraient réparties en trois catégories: des acceptations et des rejets fermes, ainsi qu'un groupe intermédiaire de cas «douteux» qui exigeraient un examen plus approfondi, représenté par le test B. Cette seconde étape du testage déboucherait sur des décisions finales d'acceptation ou de rejet.

Dans le but de maximiser l'efficacité du temps de passation d'un test, il est possible d'intégrer ce type de testage séquentiel à l'intérieur d'une même séance (Linn, Rock & Cleary, 1969; Weiss, 1976). Bien qu'on puisse l'appliquer dans le cas de tests collectifs de type papier-crayon, l'approche séquentielle s'adapte particulièrement bien au testage par ordinateur. Cette technique consiste essentiellement à modifier la séquence d'items ou de groupes d'items en fonction de la performance du sujet. Par exemple, tous les sujets pourraient débuter avec un groupe d'items de difficulté moyenne; ceux qui les échoueraient seraient orientés vers des items plus faciles, tandis que ceux qui les réussiraient passeraient à des items plus difficiles. De tels branchements peuvent apparaître de façon répétitive. L'avantage principal de cette technique réside dans le fait que, plutôt que d'essayer tous les items, chaque sujet n'est confronté qu'à des problèmes qui avoisinent son niveau général d'habileté dans ce domaine.

Une autre stratégie, particulièrement appropriée pour diagnostiquer des troubles psychologiques, consiste à n'utiliser que deux catégories, mais à tester de façon plus intensive **tous** les cas classifiés comme positifs (c'est-à-dire potentiellement pathologiques) par le test de filtrage préliminaire. Nous avons mentionné plus haut cette stratégie, lorsqu'il fut question de l'emploi de tests pour effectuer le diagnostic de conditions pathologiques à très faible prévalence (niveau de base).

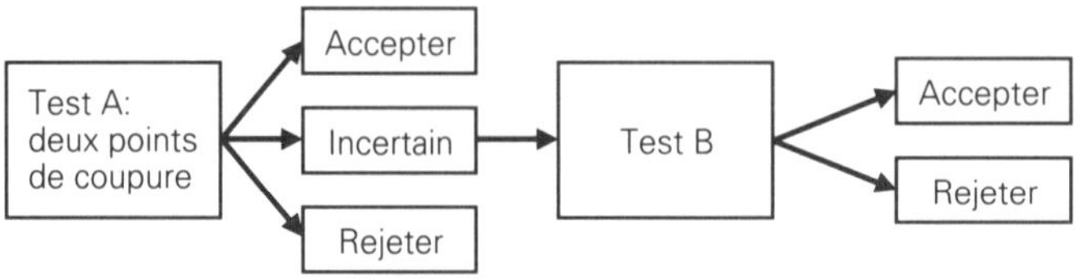

Figure 7-3. Une stratégie de décision séquentielle.

Il importe également de souligner que bon nombre de décisions reliées à la sélection du personnel sont de fait séquentielles, même si cela n'est pas immédiatement perceptible. Par exemple, il est habituellement possible de mettre à pied, au terme d'une période d'essai, des employés incompétents qui furent engagés à cause d'une erreur de prédiction; de même, les étudiants qui échouent peuvent quitter le collège à diverses étapes de leur formation. Dans de telles situations, seules les décisions négatives sont finales. Il est évident que des décisions d'embauche erronées que l'on doit ensuite rectifier peuvent être jugées fort coûteuses selon divers systèmes de valeurs; mais elles sont souvent moins coûteuses que des décisions finales erronées.

La disponibilité d'interventions alternatives et la possibilité d'**adapter** ces interventions aux caractéristiques individuelles constitue un second facteur susceptible de modifier l'efficacité d'un test psychologique. Mentionnons, à titre d'exemple, l'utilisation d'activités de formation différentes selon le niveau d'aptitudes des nouveaux employés, ou le recours à des activités pédagogiques de rattrapage pour des élèves qui manifestent des problèmes spécifiques d'apprentissage. Dans de telles conditions, la stratégie de décision adoptée dans des cas individuels devra tenir compte des données scientifiques disponibles sur l'interaction entre le score initial au test et des interventions différentielles. Lorsqu'on différencie les interventions, on a de fortes chances d'améliorer sensiblement le taux de succès. Dans la mesure où l'assignation des personnes à des interventions alternatives est, à strictement parler, un problème de classification plutôt que de sélection, nous décrirons plus en détail la méthodologie appropriée dans une section ultérieure consacrée aux décisions de classification.

Les exemples que nous avons présentés illustrent quelques-unes des façons qui permettent aux concepts et à l'approche de la théorie de la décision de contribuer à l'évaluation de tests psychologiques en fonction d'objectifs spécifiques de testage. Cette théorie a essentiellement permis d'attirer notre attention sur la complexité des facteurs en cause lorsqu'il s'agit d'évaluer l'apport d'un test donné à une situation précise de prise de décision. Parce que le coefficient de validité n'est que l'un des facteurs à considérer pour évaluer l'impact d'un test sur l'efficacité générale d'un processus de décision, il ne peut à lui seul justifier l'utilisation ou non d'un test particulier[5].

Variables Modulatrices. La validité d'un test en regard d'un critère donné peut varier entre des groupes dont les membres n'ont pas les mêmes caractéristiques. Le modèle psychométrique classique postule que les erreurs de prédiction découlent de l'instrument de mesure et non des sujets et qu'elles se distribuent par conséquent au hasard entre les personnes.

[5] On trouvera dans J. S. Wiggins (1973, chap. 6) une discussion plus détaillée des applications psychométriques de la théorie de la décision; Cronbach et Gleser (1965) abordent ce même sujet d'une façon plus technique.

La flexibilité d'approche introduite par la théorie de la décision stimula l'exploration de modèles de prédiction impliquant une interaction entre les sujets et le test. Ce type d'interaction signifie qu'un même test pourrait constituer un meilleur prédicteur dans le cas de certaines catégories de sujets. Un test donné pourrait mieux prédire, par exemple, la performance des hommes que celle des femmes, ou celle de personnes de statut socio-économique (SSE) faible par opposition à des personnes de SSE élevé. Dans le cas de ces exemples, le sexe et le SSE porteraient le nom de variables modulatrices [*moderator variables*], parce qu'elles modifient [à la hausse ou à la baisse] la valeur du coefficient de validité du test (Saunders, 1956).

Les intérêts et la motivation peuvent jouer le rôle de variables modulatrices. Ainsi, un candidat peu intéressé par un emploi fournira probablement un piètre rendement, et ce quels que soient ses scores à des tests d'aptitudes pertinents. Dans ce groupe d'individus, on obtiendrait une faible corrélation entre les scores à des tests d'aptitudes et le rendement au travail. Par contre, dans le cas de personnes intéressées et très motivées, on pourrait observer une corrélation très élevée entre ces deux mêmes variables.

Au cours des années cinquante et soixante, on se lança à fond de train à la recherche d'un large éventail de variables potentiellement modulatrices. Ghiselli (1956, 1960, 1963, 1968) réalisa une série d'études sur la prédiction du rendement au travail. D'autres chercheurs s'intéressèrent au rôle de variables de la personnalité, surtout dans le cadre de la prédiction de la performance au collégial (Frederiksen & Gilbert, 1960; Frederiksen & Melville, 1954; Grooms & Endler, 1960; Stricker, 1966).

Un résultat réapparut de façon assez systématique, celui du sexe comme variable modulatrice dans la prédiction du rendement scolaire. La recension de plusieurs centaines de corrélations provenant de multiples sources a confirmé l'existence d'une corrélation plus élevée chez les femmes que chez les hommes entre les tests d'aptitudes et le rendement scolaire (Gross, Faggen & McCarthy, 1974; Schmitt, Mellon & Bylenga, 1978; Seashore, 1962). On observa cette tendance aussi bien au secondaire qu'au collégial, quoiqu'elle était plus forte dans ce dernier cas. Les données ne précisent pas l'origine de cette différence entre les sexes, mais il peut être intéressant de formuler quelques hypothèses à la lumière d'autres différences intersexes bien connues. Du fait que les jeunes filles se montrent en général plus conformistes et acceptent plus facilement les valeurs et les normes du milieu scolaire, leur performance scolaire dépendra probablement en grande partie de leurs habiletés. Étant donné, à l'opposé, que les jeunes garçons investissent plus d'efforts (à l'école ou en dehors de l'école) dans les activités qui éveillent leur intérêt personnel, ces différences individuelles sur le plan des intérêts ajouteront une variance additionnelle à leur rendement scolaire, ce qui réduira l'efficacité prédictive des tests d'aptitudes. Il faut cependant noter que ces différences intersexes, quoique très fréquemment observées, n'étaient pas très grandes. Il semblerait de plus que les écarts seraient plus faibles dans les études plus récentes, ce qui pourrait refléter des changements d'attitude chez les jeunes filles à compter de la fin des années soixante.

De façon générale, les espoirs initiaux d'une contribution significative de variables modulatrices ne se concrétisèrent pas (Abrahams & Alf, 1972; Pinder, 1973; Zedeck, 1971). L'examen des méthodologies utilisées révéla de multiples failles. La réalisation de contre-validations auprès de nouveaux échantillons aboutit souvent à la non-confirmation des résultats initiaux. Il apparut finalement peu probable que l'introduction de variables modulatrices puisse accroître la prédiction de façon plus substantielle que ne le permettraient d'autres moyens. À la lumière des connaissances actuelles sur la question, on ne peut **présumer** pour aucune variable un effet modulateur sur la validité d'un test, à moins d'avoir des preuves claires d'un tel effet. Le concept de variable modulatrice conserve malgré tout une certaine valeur heuristique, soit pour approfondir notre connaissance du comportement individuel, comme dans les études de cas cliniques, soit pour donner naissance à de nouvelles hypothèses, qu'il faudra cependant soumettre à une vérification empirique en prenant soin d'introduire les contrôles méthodologiques appropriés.

LA COMBINAISON D'INFORMATIONS PROVENANT DE TESTS DIFFÉRENTS

Lorsqu'il s'agit de prédire des critères pratiques, il arrive souvent qu'il faille recourir à plusieurs tests plutôt qu'à un seul. La plupart des critères sont complexes, parce que leur mesure reflète l'action de plusieurs traits différents. Pour mesurer ce type de critère, un test unique devrait être très hétérogène. Or, nous avons déjà signalé (voir le chapitre 5) qu'un test plus homogène, qui ne mesure dans l'ensemble qu'un seul trait, est préférable, parce que ses scores s'interprètent de façon moins ambiguë. Par conséquent, dans le cas de critères hétérogènes, il vaut mieux utiliser un ensemble de plusieurs tests assez homogènes, chacun d'eux évaluant un aspect du critère, plutôt qu'un seul test constitué d'un salmigondis d'items très différents.

Lorsque plusieurs tests spécialement sélectionnés sont regroupés dans le but de prédire un même critère, ils portent le nom de **batterie de tests**. L'utilisation de telles batteries soulève un problème particulier, celui du mode de combinaison des scores des divers tests dans le but d'arriver à une décision à propos de chaque individu. Les techniques statistiques disponibles se regroupent en deux catégories principales: les équations de régression multiple et les points de coupure multiples.

Lorsqu'il administre des tests dans le cadre de l'étude approfondie de cas individuels, comme c'est le cas pour le diagnostic clinique, le counseling ou l'évaluation de cadres supérieurs, l'examinateur utilise habituellement les scores de ces tests sans autre analyse statistique. Au moment de rédiger son rapport et de formuler ses recommandations, il s'appuiera sur son jugement, sur son expérience et sur diverses bases théoriques pour intégrer les résultats de différents tests et interpréter les profils de scores.

Équations De Régression Multiple. Une équation de régression multiple produit pour chaque examiné un score prédit au critère à partir de ses scores à tous les tests de la batterie. L'équation de régression ci-dessous illustre l'application de cette technique pour la prédiction du succès d'un étudiant dans un cours de mathématiques au secondaire, à partir de ses scores à des tests de type verbal (V), numérique (N) et raisonnement logique (R):

$$\text{Rendement en mathématiques} = 0{,}21V + 0{,}21N + 0{,}32R + 1{,}35$$

Dans cet exemple, les scores des tests et du critère sont exprimés en stanines, mais on pourrait utiliser n'importe quelle autre échelle de scores. Dans l'équation ci-dessus, le stanine de l'étudiant à chacun des tests est multiplié par le facteur de pondération compris dans l'équation. La somme de ces produits, à laquelle on ajoute une constante (1,35), correspond au stanine prédit pour cet étudiant dans le cours de mathématiques.

Supposons que Marie ait obtenu les stanines suivants:

Verbal = 6;

Numérique = 4;

Raisonnement = 8.

On calculera comme suit sa performance prédite en mathématiques:

$$\text{Rendement prédit en math.} = (0{,}21)(6) + (0{,}21)(4) + (0{,}32)(8) + 1{,}35 = 6{,}01.$$

Le stanine prédit pour Marie est voisin de 6. On se souviendra (voir le chapitre 4) qu'un stanine 5 correspond à une performance moyenne. Marie devrait donc obtenir un résultat légèrement supérieur à la moyenne en mathématiques. Sa performance très élevée au test de raisonnement ($R = 8$) et sa performance au-dessus de la moyenne au test verbal ($V = 6$) compensent pour son score plus faible au test de rapidité et de précision des calculs ($N = 4$).

On peut trouver dans des manuels de statistique divers algorithmes de calcul d'équations de régression (ex.: Guilford & Fruchter, 1978). Ces équations tiennent compte essentiellement de la corrélation de chaque test avec le critère, de même que des corrélations entre les tests. Il est bien évident que les tests qui ont une corrélation élevée avec le critère devraient avoir un poids plus important. Toutefois, il faut aussi tenir compte de la corrélation de chaque test avec les autres tests de la batterie. Des tests fortement reliés entre eux constituent un dédoublement inutile, puisqu'ils évaluent à peu près les mêmes aspects du critère. L'inclusion de deux tests fortement reliés n'augmentera pas sensiblement la validité d'ensemble de la batterie, et ce, même si les deux tests ont une corrélation élevée avec le critère. Dans pareil cas, l'un des deux tests jouera à lui seul un rôle aussi efficace que la paire; il suffit donc de n'en retenir qu'un seul dans la batterie.

Cependant, même après avoir éliminé les cas les plus flagrants de dédoublement, les tests qui demeurent vont entretenir entre eux des liens d'intensité variable. Pour maximiser la valeur prédictive de la batterie, on devrait priviliégier les tests qui apportent une contribution unique à la batterie plutôt que ceux qui dédoublent partiellement les fonctions d'autres tests. Dans le calcul d'une équation de régression multiple, chaque test est pondéré en fonction **directe** de sa corrélation avec le critère et en fonction **inverse** de ses liens avec les autres tests. On donnera par conséquent le poids le plus grand au test qui est à la fois le plus valide et dédouble le moins les autres tests.

Le coefficient de validité de la batterie totale s'obtient en calculant un coefficient de corrélation multiple (R) entre le critère et la batterie. Cette corrélation représente le plus haut niveau de validité prédictive qu'on peut atteindre avec cette batterie lorsque chaque test reçoit un poids optimal pour prédire le critère en question. Les poids optimaux sont ceux de l'équation de régression.

N'oublions pas que ces poids ne sont optimaux que pour l'échantillon particulier avec lequel ils ont été calculés. Les coefficients de régression peuvent varier d'un échantillon à l'autre en raison de l'erreur de mesure présente dans les coefficients de corrélation qui servent à les calculer; c'est pourquoi on recommande d'effectuer une contre-validation de la batterie en calculant la corrélation entre les scores prédits au critère et les scores effectivement obtenus par les sujets d'un second échantillon. Il existe des formules pour prédire le degré **d'affaissement** (voir le chapitre 8) que devrait normalement subir la corrélation multiple lorsque l'équation de régression est appliquée à un second échantillon; il est cependant préférable, lorsque possible, de le vérifier empiriquement. Plus grand est l'échantillon qui a servi à calculer les coefficients de régression, plus faible sera le degré d'affaissement[6].

On peut, dans certains cas, accroître la validité prédictive de la batterie de tests en introduisant dans l'équation de régression un test dont la corrélation avec le critère est nulle, mais dont le lien avec un autre test de la batterie est très étroit. Cette situation bizarre se produit lorsque le test non relié au critère agit comme une **variable annulatrice** [*suppressor variable*] pour éliminer ou supprimer la variance non pertinente dans l'autre test (Conger & Jackson, 1972). Par exemple, la compréhension de lecture pourrait avoir un lien étroit avec les scores d'un test d'aptitudes mathématiques ou mécaniques, tout simplement parce que les problèmes du test nécessitent une

[6] Dans certains cas, il peut être préférable d'utiliser des poids unitaires ou d'autres alternatives aux coefficients de régression. On trouvera dans Dunnette et Borman (1979) un bref survol de la recherche sur diverses méthodes de pondération.

bonne compréhension de consignes écrites compliquées. Si la compréhension de lecture n'a rien à voir avec les tâches à prédire, la compréhension de lecture exigée par les tests introduit de la variance d'erreur et diminue leur valeur prédictive. Pour éliminer cette variance d'erreur et, partant, hausser la validité prédictive de la batterie, il suffit d'administrer un test de compréhension verbale et d'inclure les scores de ce test dans l'équation de régression. La variable annulatrice se manifestera par un poids négatif dans l'équation de régression. Ainsi, plus un sujet aura un score élevé à ce test de compréhension de lecture, plus on retranchera de points à ses scores aux tests d'aptitudes mathématiques ou mécaniques. Cependant, il est généralement préférable d'employer l'approche plus directe, qui consiste à réviser le test pour en extraire la variance non pertinente, plutôt que cette voie indirecte où la variance non désirée est éliminée statistiquement par le biais d'une variable annulatrice. Lorsqu'il n'est pas possible de modifier le test, c'est alors qu'il faut examiner l'opportunité d'utiliser des variables atténuatrices. Dans ce cas, il faudra toujours vérifier auprès d'un nouvel échantillon l'impact de la variable annulatrice repérée.

Points De Coupure Multiples. L'utilisation de points de coupure multiples constitue une stratégie alternative pour combiner les scores de plusieurs tests. En deux mots, cette approche implique le choix d'un point de coupure ou seuil de réussite minimum pour chaque test. Lorsqu'on applique cette technique de façon stricte, tout examiné qui obtient un score inférieur à l'un **ou** l'autre de ces points de coupure minima est rejeté; ne seront ainsi retenus que ceux qui excèdent les points de coupure de **tous** les tests.

Pour choisir les tests et les points de coupure qui seront appropriés pour un emploi donné, on ne tient pas seulement compte, habituellement, des coefficients de validité. Si l'on ne tenait compte que des seuls tests pour lesquels des coefficients de validité significatifs ont été obtenus, on risquerait d'oublier une ou plusieurs habiletés dans lesquelles tous les employés de ce métier excellent. C'est pourquoi il faut également tenir compte de ces aptitudes où les travailleurs en question excellent en tant que groupe, même lorsque les différences individuelles, au-delà d'un certain minimum, ne sont pas reliées au niveau de performance dans cet emploi. C'est dans ce type de situation, c'est-à-dire les scores du test ne sont pas reliés de façon linéaire au critère, que la méthode des points de coupure multiples est préférable à l'équation de régression. De plus, dans le cas de certains emplois, les ouvriers peuvent être à ce point semblables en ce qui concerne un trait crucial que la faible étendue des différences individuelles ne permet plus d'obtenir une corrélation significative entre les scores du test et le critère.

On peut illustrer la méthode des points de coupure multiples à l'aide de la *Batterie générale de tests d'aptitudes* [GATB: *General Aptitude Test Battery*], élaborée par le *United States Employment Service* pour servir dans le cadre du programme de counseling professionnel qu'offre le personnel de ses bureaux d'embauche dans les divers états (*U. S. Department of Labor*, 1970). Parmi les neuf scores d'aptitudes produits par cette batterie, ceux dont on tient compte pour un emploi donné ont été choisis en fonction 1) de leur corrélation avec un critère, 2) des moyennes et écarts types des scores des travailleurs exerçant cet emploi, 3) des observations qualitatives d'analystes de tâches.

L'élaboration des normes d'emploi du GATB pour les commis de banques est illustrée dans les tableaux 7-3 et 7-4. Les données quantitatives, comprenant les moyennes, les écarts types et les corrélations avec le critère [coefficients de validité], sont regroupées dans le tableau 7-3. Dans le portrait synthèse que constitue le tableau 7-4, les données quantitatives sont jointes aux jugements qualitatifs des analystes de tâches quant à la pertinence et à l'importance de chaque habileté. Il vaut la peine de signaler que les analystes de tâches jugèrent important le test *Perception des formes* parce que les commis de banque doivent pouvoir «noter de façon précise les marques, les formes et les ombres sur les billets de banque afin de repérer les faux billets». L'évaluation synthèse a pour objectif la sélection, pour chaque emploi, de deux à quatre aptitudes, avec leurs points de coupure appropriés. Voici les exigences minimales fixées pour les commis de banque (*U. S. Department of Labor*, 1975, 1980b):

(*N*) Numération	85
(*P*) Perception des formes	105
(*Q*) Perception d'écritures	110

Tableau 7-3 Données explicatives ayant servi à fixer les points de coupure au GATB pour les commis de banque.
(Extrait de *U. S. Department of Labor*, 1975, p. 11)

	Aptitudes	Moyennes	*ÉT*	Coefficients de validité
G	Habileté générale d'apprentissage	103,2	16,4	0,157*
V	Verbalisation	104,4	15,7	0,168*
N	Numération	104,7	16,5	0,235*
S	Spatialisation	102,6	17,9	0,009
P	Perception des formes	118,6	19,6	0,182*
Q	Perception d'écritures	125,6	16,8	0,201*
K	Coordination visuo-motrice	117,3	15,8	0,054
F	Dextérité digitale	105,5	20,9	0,067
M	Dextérité manuelle	105,6	19,8	0,100

Note. Tous les scores du GATB sont des scores standards, avec une moyenne de 100 et un *ÉT* de 20.
* significatif au seuil 0,01.

L'argument le plus déterminant pour justifier l'utilisation de points de coupure multiples, de préférence à l'équation de régression, concerne la question des qualifications compensatoires. Avec une équation de régression, l'individu qui obtient un piètre score à un test peut malgré tout avoir un score global acceptable s'il réussit très bien l'un des autres tests de la batterie. Il est donc possible de compenser une habileté très déficiente par une habileté exceptionnelle. Cependant, il se peut que certaines tâches exigent des habiletés essentielles qui n'ont pas de substitut. Dans pareil cas, les individus qui n'atteignent pas le seuil minimum pour cette habileté essentielle échoueront dans l'emploi, indépendamment de leurs autres habiletés. Ainsi, une chanteuse d'opéra ne peut se permettre de mal discriminer les tonalités, quelle que soit la qualité avec laquelle elle respecte les autres exigences de cette carrière. De même, les opérateurs de détecteurs accoustiques à bord des sous-marins ont besoin d'excellentes habiletés de discrimination auditive; les personnes incapables d'effectuer les fines discriminations requises ne pourront pas réussir dans ce type de tâche, même si elles possèdent des aptitudes mécaniques supérieures, une intelligence générale élevée, ou d'autres traits dans lesquels elles excellent. En utilisant une stratégie de points de coupure multiples, les individus qui ne possèdent pas l'une **ou** l'autre de ces habiletés jugées essentielles seront toujours rejetés, alors qu'ils pourraient être acceptés par le biais d'une équation de régression.

Tableau 7-4 Sommaire des données quantitatives et qualitatives provenant de l'échantillon de validation des commis de banque.
(Extrait de *U. S. Department of Labor*, 1975, p. 11)

Types de preuves	Aptitudes								
	G	*V*	*N*	*S*	*P*	*Q*	*K*	*F*	*M*
«Cruciale» (selon l'analyse de tâches)									
«Importante» (selon l'analyse de tâches)	x		x		x	x	x	x	
«Non pertinente» (selon l'analyse de tâches)									
Moyenne assez élevée					x	x	x		
ÉT assez faible									
Corrélation significative avec le critère	x	x	x		x	x			
Aptitudes susceptibles d'inclusion dans la batterie	*G*	*V*	*N*		*P*	*Q*	*K*		

Par ailleurs, lorsque la relation entre les tests et le critère est linéaire et additive, on obtiendra une proportion plus élevée de décisions correctes avec une équation de régression qu'avec des points de coupure multiples. De plus, l'équation de régression offre un autre avantage important, celui de fournir pour **tous** les sujets un score prédit au critère, ce qui permet de comparer les uns aux autres tous les examinés. Dans le cas de l'approche par points de coupure multiples, aucune différenciation n'est possible au sein des groupes de sujets acceptés ou rejetés. Dans plusieurs situations, la meilleure stratégie pourra impliquer la combinaison des deux approches. Ainsi, on pourra utiliser d'abord l'approche des points de coupure multiples pour éliminer ceux qui n'atteignent pas le seuil minimum de l'un ou l'autre test; puis, pour tous ceux qui auront franchi la première étape, on pourra calculer, à l'aide d'une équation de régression, des scores prédits au critère. Si les exigences spécifiques de l'emploi sont bien connues, on pourra effectuer le dépistage initial en n'utilisant qu'une ou deux habiletés essentielles, puis appliquer l'équation de régression. Notons que des recherches très poussées à l'aide de la *Batterie générale de tests d'aptitudes* du USES appuient fortement l'hypothèse de la linéarité des liens entre les tests et le critère (Hawk, 1970). Dans ces conditions, on obtient une meilleure performance au critère en sélectionnant les individus sur la base de leur niveau de succès aux tests plutôt qu'en acceptant tous ceux qui excèdent un point de coupure minimum. Maintenant que les ordinateurs sont de plus en plus accessibles pour faciliter le traitement des scores du GATB, on revient rapidement à la technique de l'équation de régression dans bon nombre des bureaux d'embauche locaux de l'administration fédérale.

L'UTILISATION DES TESTS POUR FINS DE CLASSIFICATION

La Nature De La Classification. On peut utiliser des tests psychologiques à des fins de sélection, de placement ou de classification. En situation de **sélection**, chaque individu est accepté ou rejeté. L'admission ou non d'un étudiant aux études collégiales, l'embauche d'un candidat ou l'invitation faite à une recrue de participer à un camp de formation d'officiers, sont autant d'exemples de décisions de sélection. Lorsque le processus de sélection est séquentiel, les étapes initiales portent souvent le nom de dépistage [*screening*], ce qui permet de réserver le terme sélection pour les étapes finales d'examens plus intensifs. Le terme «dépistage» peut également désigner toute démarche de sélection rapide et sommaire, même si elle n'est pas suivie d'étapes ultérieures plus raffinées.

Ce qui distingue le placement et la classification de la sélection, c'est que personne n'est rejeté, ou éliminé d'un programme. Tous les sujets sont assignés à des «traitements» appropriés, c'est-à-dire qui laissent prévoir les résultats les plus efficaces. Dans le cas du **placement**, les assignations s'appuient sur un unique score. Ce score peut provenir d'un seul test, par exemple un test de rendement en mathématiques. Si une batterie de tests a été administrée, on utilisera un unique score composite provenant d'une équation de régression. À titre d'exemples de décisions de placement, mentionnons le regroupement homogène d'étudiants de 1re collégiale selon leur performance en mathématiques, l'assignation de candidats à des postes de commis qui font appel à divers niveaux d'habileté et de responsabilité, ou le placement de patients psychiatriques dans des salles pour personnes «plus perturbées» ou «moins perturbées». Il est clair que chacune de ces décisions repose sur un critère unique et que le placement résulte de la position de l'individu sur une seule et même échelle de prédiction.

La **classification**, pour sa part, implique toujours au moins deux critères. En milieu militaire, par exemple, la classification pose un problème d'envergure, puisqu'il faut pouvoir assigner chaque membre d'un important réservoir de personnel disponible à la spécialité militaire où il pourra servir le plus efficacement. Des décisions de classification se posent également en milieu industriel, lorsque de nouveaux employés doivent être assignés à des programmes de formation différents selon le type d'emploi. D'autres exemples incluent le counseling d'étudiants à propos du choix de leur programme d'études collégiales (sciences, sciences humaines, technologie, etc.) ou de leur champ de concentration plus spécifique. Le counseling s'appuie essentiellement sur la classification, puisque le client est mis au courant de ses chances de réussite dans divers programmes scolaires ou dans divers emplois ou professions. Le diagnostic clinique constitue également un problème de classification, puisque tout diagnostic a pour but de déterminer le type de thérapie le plus approprié.

Bien qu'il soit possible d'effectuer un placement à l'aide d'un seul ou de plusieurs prédicteurs, la classification exige pour sa part plusieurs prédicteurs qui auront été individuellement validés pour chacun des critères. Une batterie de classification exige le calcul d'une équation de régression distincte pour chaque critère. Certains tests peuvent se retrouver dans chacune des équations, avec des poids de valeur différente; d'autres tests peuvent n'apparaître que dans une ou deux équations, puisqu'ils n'ont que des poids nuls ou faibles en regard de certains critères. Par conséquent, la combinaison particulière de tests, de même que les poids introduits dans l'équation de régression, différeront pour chaque critère particulier. La batterie utilisée par les forces de l'air américaines pour assigner les recrues à divers programmes de formation constitue un bon exemple de batterie de classification. Composée à la fois de tests papier-crayon et de tests à l'aide d'appareillage, elle offre des stanines pour les pilotes, les navigateurs, les bombardiers et autres tâches du personnel de vol. En calculant pour un individu ses scores estimés aux critères à l'aide des diverses équations de régression, on peut prédire, par exemple, s'il sera mieux qualifié comme pilote ou comme navigateur.

Validité Différentielle. Lors de l'évaluation d'une batterie de classification, la principale question concerne sa validité différentielle en regard des divers critères. En effet, une telle batterie a pour but de prédire la **différence** de performance d'une même personne dans deux ou plusieurs emplois, programmes de formation, ou autres situations critères. Les tests retenus pour constituer une telle batterie devraient avoir des coefficients de validité très différents pour les divers critères. Dans le cas, par exemple, d'une situation de classification impliquant deux critères, le test idéal aurait une corrélation élevée avec un critère et une corrélation nulle (ou, mieux encore, négative) avec l'autre critère. Les tests d'intelligence générale sont peu utiles pour des fins de classification, car ils prédisent le succès à peu près aussi bien dans la plupart des métiers et des professions; ils auraient donc des corrélations trop similaires avec les critères à différencier. Un individu qui obtiendrait un score élevé à un tel test serait jugé apte à réussir dans l'un ou l'autre emploi, sans qu'on puisse préciser dans lequel des deux il serait meilleur. Dans une batterie de classification, nous avons besoin de tests qui seront de bons prédicteurs du critère A et de piètres prédicteurs du critère B, et d'autres tests qui seront de piètres prédicteurs de A et de bons prédicteurs de B.

Des méthodes statistiques ont été mises au point pour sélectionner les tests d'une batterie de classification de façon à maximiser sa validité différentielle (Brogden, 1946a, 1951, 1954; Horst, 1954; Mollenkopf, 1950b; Thorndike, 1949). Toutefois, lorsqu'il y a plus de deux critères, le problème devient très complexe. Dans la pratique, diverses approches empiriques ont été suivies pour s'approcher des objectifs désirés.

Fonctions Discriminantes Multiples. L'utilisation d'une fonction discriminante multiple (French, 1966) constitue une voie alternative pour résoudre des problèmes de classification. Il s'agit essentiellement d'une technique mathématique qui a pour but de déterminer dans quelle mesure les scores d'un individu, à un large ensemble de tests, présentent un profil similaire au profil typique des personnes qui occupent un emploi donné, un programme scolaire donné, un syndrome psychiatrique donné, ou toute autre catégorie de personnes. L'examiné sera assigné au groupe auquel son profil de scores l'apparente le plus. Alors que l'équation de régression permet de prédire le degré de succès dans chaque domaine[7], la fonction discriminante multiple considère toutes les personnes d'une même catégorie comme ayant un statut égal. L'appartenance au groupe est la seule donnée critère utilisée par cette méthode. La fonction discriminante est utile lorsque des scores critères ne sont pas disponibles et que seule peut être établie l'appartenance

[7] **Note du traducteur.** Je crois que l'auteure aurait dû écrire: «Alors que l'équation de régression exige une mesure de performance dans chaque domaine, ...»

à un groupe particulier. Ainsi, certains tests seront validés en les administrant à des membres de divers corps d'emploi, alors même qu'aucune mesure de rendement au travail ne soit disponible pour les individus dans chacun de ces emplois.

La fonction discriminante est également appropriée lorsqu'un ou plusieurs prédicteurs ont un lien non linéaire avec le critère. Dans le cas de certains traits de personnalité, par exemple, il peut exister une étendue optimale d'expression pour un emploi donné. Les individus qui manifesteraient ce trait en deçà ou au delà de cette zone optimale se trouveraient désavantagés. Il semble raisonnable de croire, par exemple, que les vendeurs qui manifestent un degré modéré de dominance sociale auront de meilleures chances de réussite, celles-ci diminuant à mesure qu'on s'éloigne de cette zone centrale dans l'une ou l'autre direction. Une fonction discriminante permet justement de sélectionner des personnes qui occupent cette zone optimale. Par contre, avec une équation de régression, plus le score de dominance sera élevé, meilleure sera la performance prédite. Si la corrélation entre le prédicteur et le critère est négative, l'équation de régression produira, bien sûr, des prédictions plus favorables pour les personnes ayant des scores de dominance faibles; mais il n'est pas possible d'associer une prédiction de succès maximal à un score intermédiaire. Bien que, dans bon nombre de cas, les deux techniques conduiraient aux mêmes décisions, il y a des situations où elles produiraient des classifications différentes. Dans la plupart des situations de testage psychologique, les équations de régression constituent une technique plus efficace. Toutefois, dans certaines circonstances, c'est la fonction discriminante qui permettra mieux d'obtenir l'information désirée.

Comment Maximiser L'utilisation Des Talents. La prédiction différentielle de critères, à l'aide d'une batterie de tests, garantit une meilleure utilisation des ressources humaines disponibles que ce que permet un unique test général ou le score composite d'une équation de régression. Ainsi que nous l'avons vu lors de la présentation des tables de Taylor-Russell et ailleurs dans ce chapitre, l'efficacité de tout test en tant qu'outil de sélection du personnel pour n'importe quel emploi dépend, entre autres, du rapport de sélection. En situation de classification, nous utilisons un rapport de sélection plus faible, ce qui nous permet d'assigner à chaque emploi des personnes mieux qualifiées. Si, parmi 100 candidats, nous avons besoin de 10 personnes pour occuper deux types de postes, le rapport de sélection est 10 % par poste lorsqu'on utilise des prédicteurs différents pour chaque poste. Par contre, si on n'utilise qu'un seul prédicteur (par exemple, un test d'intelligence générale) pour sélectionner les occupants de chaque poste, le rapport de sélection devient 20 %, puisque nous ne pouvons faire mieux que de choisir les 20 meilleurs candidats.

Même lorsque les prédicteurs de deux emplois sont fortement reliés, de telle sorte que certains des candidats se qualifieront pour les deux emplois, il y a beaucoup à gagner à utiliser des prédicteurs séparés. Cette situation est illustrée dans le tableau 7-5; il présente le score standard moyen pour un critère de travailleurs sélectionnés pour deux emplois, en utilisant tour à tour une stratégie de sélection (prédicteur unique) et une stratégie de classification avec deux prédicteurs, chacun d'eux validé par confrontation à son propre critère de performance. Si les travailleurs sont assignés au hasard, sans aucune sélection, le score standard moyen est zéro. C'est le cas lorsque le rapport de sélection est de 50 % pour chaque emploi, forçant ainsi l'embauche de tous les candidats. Remarquez que, même dans ces conditions, l'utilisation de deux prédicteurs améliore le rendement moyen au travail, tel qu'illustré par la dernière ligne du tableau. Avec deux prédicteurs non reliés entre eux, le rendement moyen est de 0,31 (environ $\frac{1}{3}$ d'écart type au-delà de la valeur obtenue au hasard). À mesure qu'augmente la corrélation entre les deux prédicteurs, l'efficacité des employés sélectionnés diminue; mais elle demeure supérieure au hasard, même lorsque la corrélation est 0,80. Avec des rapports de sélection plus faibles, on peut, bien entendu, embaucher du personnel mieux qualifié. Cependant, ainsi qu'on peut le constater dans le tableau 7-5, quel que soit le rapport de sélection, le rendement au travail moyen est supérieur lorsque les candidats sont choisis à l'aide d'une stratégie de classification qu'à l'aide d'une stratégie de sélection.

L'utilisation de scores de champs d'aptitudes [*Aptitude Area*] pour assigner le personnel militaire des forces armées américaines à divers emplois spécialisés (Maier & Fuchs, 1972, 1973) illustre concrètement les avantages des stratégies de classification. Chaque champ d'aptitudes correspond à un groupe d'emplois militaires qui requièrent un même profil d'aptitudes, de connaissances et d'intérêts. À partir d'une batterie de classification composée de 13 tests, des combinaisons de 3 à 5 tests servent à calculer le score d'un

Tableau 7-5 Score standard moyen à un critère de personnes assignées à deux postes selon des stratégies de sélection et de classification.
(Adapté de Brogden, 1951, p. 182)

Rapport de sélection pour chaque emploi	Sélection: un prédicteur	Classification: Deux prédicteurs avec corrélation de				
		0	0,20	0,40	0,60	0,80
5 %	0,88	1,03	1,02	1,01	1,00	0,96
10	0,70	0,87	0,86	0,84	0,82	0,79
20	0,48	0,68	0,67	0,65	0,62	0,59
30	0,32	0,55	0,53	0,50	0,46	0,43
40	0,18	0,42	0,41	0,37	0,34	0,29
50	0,00	0,31	0,28	0,25	0,22	0,17

individu dans chaque champ d'aptitudes. La figure 7-4 illustre les résultats d'une étude auprès de 7 500 recrues, où les scores de champs d'aptitudes furent comparés à ceux d'un test général de dépistage, le *Armed Forces Qualification Test* (AFQT). On remarquera que seulement 56 % des membres de cet échantillon obtinrent un score supérieur à C_{50} au AFQT, cependant que 80 % atteignaient ou dépassaient le score standard moyen de 100 dans leur meilleur champ d'aptitudes. Ainsi, lorsqu'on assigne les personnes à des emplois spécifiques sur la base des aptitudes requises pour chacun des emplois en question, une forte majorité s'avèrent performer aussi bien que la moyenne de l'échantillon total, ou même mieux. Cette apparente impossibilité, où presque tout le monde se révèle supérieur à la moyenne, devient possible lorsqu'on profite du fait que la plupart des gens excellent dans **au moins un** champ d'aptitudes.

Feldman et Bratton (1972) ont illustré ce même point avec une population fort différente; des enfants doués. Pour les fins de leur démonstration, 49 enfants de deux groupes de 5e année primaire furent évalués à l'aide de 19 mesures différentes, qui toutes avaient déjà servi à sélectionner des enfants doués afin de leur offrir des programmes d'enrichissement. Parmi ces mesures, on retrouvait le score global d'un test collectif d'intelligence et d'une batterie de rendement scolaire, des scores d'aptitudes spécifiques et de rendement dans les principales matières scolaires, dont la lecture et l'arithmétique, un test de créativité, des notes en musique et en arts plastiques, ainsi que le choix par les enseignants des enfants les plus «doués» et les plus «créatifs» dans chaque groupe. En isolant les cinq enfants qui obtenaient le meilleur score pour chacun de ces critères, on identifia comme doué 92 % du groupe. Cette étude démontre à nouveau que presque tous les membres d'un groupe vont exceller lorsqu'on utilise des critères nombreux et variés.

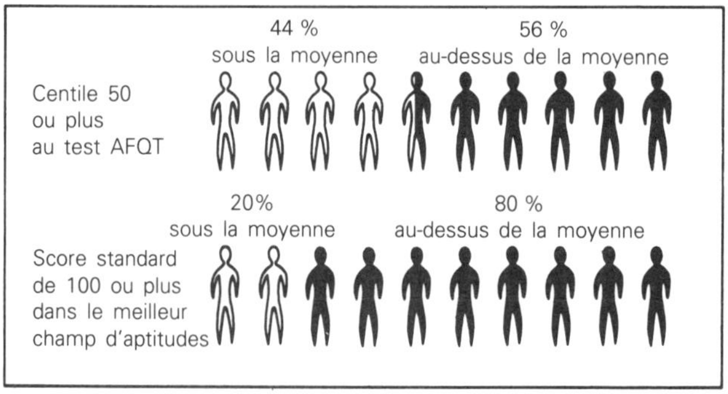

Figure 7-4. Pourcentage de sujets d'un échantillon de 7 500 recrues ayant obtenu un score supérieur à la moyenne au AFQT, ainsi que dans leur meilleur champ d'aptitudes de la batterie *Army Classification*.

(Données obtenues du *U. S. Army Research Institute for the Behavioral and Social Sciences*, grâce à l'amabilité de J. E. Uhlaner, 1974.)

L'ANALYSE STATISTIQUE DU BIAIS DES TESTS

Le Problème. Lorsque nous désirons utiliser des tests pour prédire des résultats futurs, tels la réussite d'un candidat au collège ou dans un emploi, il nous faut des tests qui auront une forte corrélation avec ce critère particulier. Ceux qui élaborent des tests dits «culturellement neutres» négligent trop souvent de respecter cette exigence. Leur souci de n'inclure dans ces tests que des fonctions psychologiques communes à différentes cultures ou sous-cultures peut les conduire à choisir des contenus qui n'apparaissent reliés d'aucune façon à la plupart des critères usuels. Une solution, de loin préférable, consiste à choisir des contenus dont la pertinence en regard d'un critère est reconnue, puis de vérifier s'il existe des différences entre diverses populations quant à l'efficacité prédictive du test dans le contexte d'utilisation prévu. Les coefficients de validité, les coefficients de régression ou les points de coupure peuvent varier en fonction de différences dans le milieu de vie ou les antécédents des sujets. Il y aurait donc lieu de vérifier ces valeurs auprès de tout sous-groupe où de tels écarts pourraient exister. On aura sans doute reconnu que ces différences constituent un cas spécial du phénomène des variables modulatrices discuté dans une précédente section. On se souviendra également que la recherche d'effets modulateurs significatifs et stables ne s'est pas révélée très fructueuse. Nous allons examiner dans cette section l'application ponctuelle de ce type d'analyse à des populations minoritaires aux États-Unis.

Il importe d'abord de signaler qu'il y a moins de chances que les caractéristiques prédictives d'un test varient d'un groupe culturel à l'autre lorsque le contenu du test est étroitement relié à la performance au critère. Si l'on emploie, par exemple, un test verbal pour prédire un critère non verbal, il se pourrait qu'on observe dans un groupe culturel un coefficient de validité significatif, résultat fortuit de liens traditionnels entre diverses expériences passées au sein de cette culture. Cependant, cet indice de validité disparaîtrait dans un groupe dont les antécédents culturels différeraient. Par contre, un test qui constitue un échantillon direct du comportement critère, ou qui mesure des habiletés préalables essentielles, devrait manifester un niveau plus stable de validité d'un groupe à l'autre.

On a pu observer, depuis le milieu des années soixante, une croissance rapide d'études à propos de possibles différences ethniques quant au pouvoir prédicteur des scores de tests[8]. La très grande majorité des études réalisées jusqu'à présent se sont intéressées aux Noirs américains; quelques-unes ont toutefois inclus d'autres minorités ethniques. On regroupe habituellement les problèmes examinés dans ces études sous l'en-tête général de **biais des tests**. Le terme «biais» est ici utilisé dans son sens statistique bien connu:

[8] Nous ne pourrons extraire de cet important répertoire que quelques études représentatives. On trouvera toutefois dans un texte de Hunter, Schmidt et Rauschenberger (1984) un inventaire exhaustif des résultats de recherche pertinents.

il désigne la présence d'erreur constante ou systématique par opposition à de l'erreur au hasard. Dans le même sens, nous parlons d'un échantillon biaisé par opposition à un échantillon au hasard. Les deux questions majeures soulevées à propos du biais des tests réfèrent respectivement aux coefficients de validité (biais de la pente) et à la relation entre les moyennes de groupes au test et au critère (biais de l'ordonnée à l'origine). Ces questions seront abordées tour à tour dans les deux sections qui suivent.

Biais De La Pente. Dans le but de faciliter la compréhension des aspects techniques de ce problème de biais, partons d'une distribution bivariée ou d'un diagramme de corrélation similaire à ceux qu'on retrouve dans le chapitre 5 (spécialement la figure 5-3). Pour les fins de la présente analyse, l'abscisse (axe des *X*) représente les scores d'un test d'aptitudes, tandis que l'ordonnée (axe des *Y*) ceux d'un critère, par exemple, la note moyenne cumulative au collégial ou un indice de rendement au travail. On se souviendra que la distribution spatiale des marques dans un diagramme de corrélation, chacune indiquant simultanément la position d'une personne au test et au critère, illustre approximativement la direction et le niveau de la corrélation entre les deux variables. La droite de meilleur ajustement qui traverse ce nuage de points porte le nom de droite de régression et son équation se nomme équation de régression. Dans notre exemple, l'équation de régression ne compte qu'un seul prédicteur (*X*). Les équations de régression multiple décrites dans une section précédente comptent plusieurs prédicteurs, mais le principe demeure le même.

Lorsqu'on transforme en scores standards (*ÉT* = 1,00) les scores du test et ceux du critère, la **pente** de la droite de régression a pour valeur le coefficient de corrélation. C'est pourquoi, si deux groupes génèrent des coefficients de validité significativement différents, cet écart portera le nom de biais de la pente. On désigne souvent ce type de différence intergroupes par l'expression «validité différentielle». Plusieurs chercheurs ont également utilisé l'expression «validité d'un groupe unique» pour désigner un test dont le coefficient de validité est statistiquement significatif dans un groupe, mais ne l'est pas dans un autre.

La figure 7-5 illustre de façon schématique les droites de régression de plusieurs distributions bivariées[9]. Les ellipses circonscrivent la région à l'intérieur de laquelle se retrouveraient la plupart des marques de la distribution bivariée de chaque échantillon. Le cas 1 illustre la distribution bivariée de deux groupes dont les moyennes au prédicteur et au critère diffèrent,

[9] Le type d'analyse du biais des tests illustré dans la figure 7-5 est connu sous le nom de «modèle Cleary», parce qu'il fut proposé par Cleary (1968) dans une étude souvent citée où il analysa les scores obtenus par des étudiants de groupes minoritaires au *Scholastic Aptitude Test* du *College Board*. Les techniques mathématiques furent élaborées par Gulliksen et Wilks (1950), cependant que Humphreys (1952) suggérait de les appliquer aux compa raisons entre sexes et ethnies. Les diagrammes de la figure 7-5 sont inspirés de ceux d'une étude de M. A. Gordon (1953) réalisée dans la *U. S. Air Force* sous la direction de Humphreys.

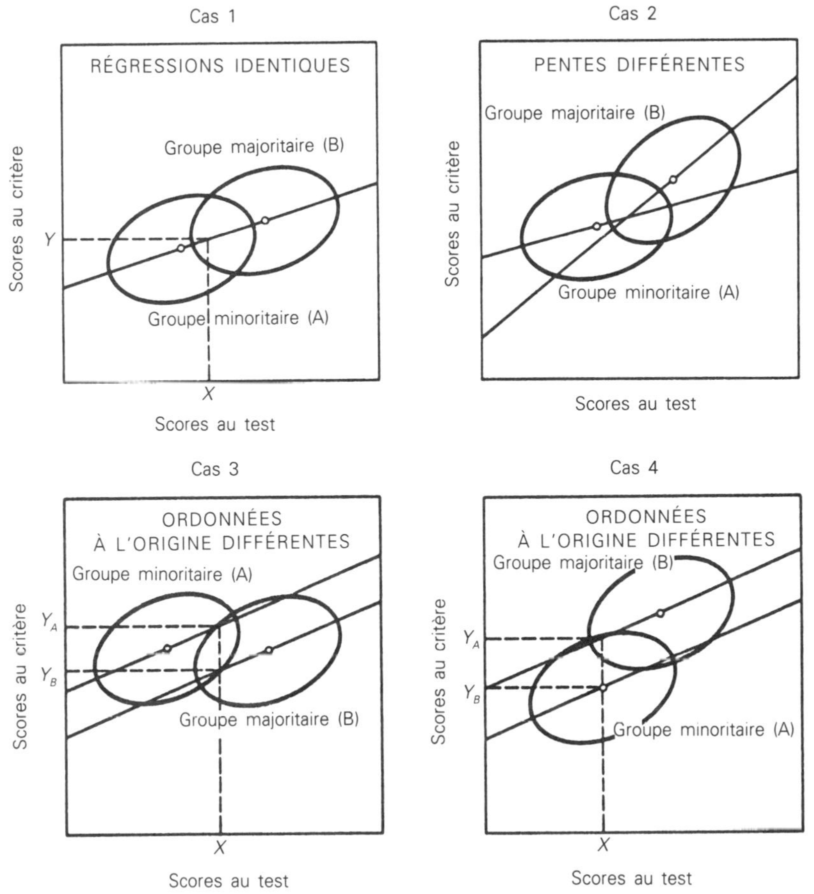

Figure 7-5. Biais de la pente et de l'ordonnée à l'origine lors de la prédiction de critères.

(*Note.* Les ellipses indiquent les zones où se concentreront les sujets des divers groupes lorsqu'ils sont placés dans un diagramme de corrélation en fonction de leurs scores au test et au critère).
(Cas 1, 2 et 4 adaptés de M. A. Gordon, 1953, p. 3.)

mais dont les droites de régression [donc les coefficients de validité] sont identiques. Dans ce cas, le test ne comporte aucun biais, puisque tout score *X* au test correspond dans les deux groupes à un même score *Y* au critère. Le cas 2 illustre pour sa part une situation de biais de la pente, avec un coefficient de validité moindre dans le groupe minoritaire.

Les études de validité différentielle font toutes face à un même problème méthodologique: le groupe minoritaire compte habituellement beaucoup moins de sujets que le groupe majoritaire. Dans de telles conditions, il se pourrait fort bien qu'un coefficient de validité de même valeur soit statistiquement significatif dans le groupe majoritaire, mais non dans le groupe minoritaire (c'est ce phénomène qu'on nomme validité d'un groupe unique). Par exemple, avec un échantillon de 100 sujets, un coefficient de corrélation de 0,27 est nettement significatif au seuil 0,01, tandis qu'il ne l'est même plus au seuil 0,05 lorsque l'échantillon ne compte plus que 30 sujets. C'est pourquoi, dans le cas de telles études de validité différentielle, la technique appropriée consiste à tester la **différence** entre les deux corrélations, plutôt qu'à tester séparément le niveau de signification de chacune d'elles (Humphreys, 1973). Dans ce dernier cas, en effet, il serait facile de «démontrer» qu'un test est valide, par exemple, pour les Blancs, mais qu'il ne l'est pas pour les Noirs; pour ce faire, il suffirait d'utiliser un échantillon aussi grand que possible de Blancs et un échantillon aussi petit que possible de Noirs!

Une analyse statistique très sophistiquée des résultats de 19 études publiées, où l'on avait calculé des coefficients de validité distincts pour des échantillons de travailleurs Blancs et Noirs, mit sérieusement en doute les conclusions formulées lors d'études précédentes (Schmidt, Berner & Hunter, 1973). En comparant dans chaque étude les coefficients de validité obtenus et la taille des échantillons, ces chercheurs démontrèrent que les écarts observés entre les coefficients de validité des groupes de Blancs et de Noirs n'étaient pas supérieurs à l'étendue prévisible des fluctuations dues au hasard. Dans le cadre d'une analyse encore plus exhaustive portant sur 39 études, ces mêmes chercheurs (Hunter, Schmidt & Hunter, 1979) confirmèrent leur résultat antérieur. Ce thème de la validité différentielle des tests selon que les candidats à des emplois provenaient ou non de groupes minoritaires fut l'objet d'une controverse qui dura plus d'une décennie. Certains chercheurs firent remarquer qu'en raison de faiblesses méthodologiques, les résultats de ces études n'étaient d'aucune façon concluants. Il importe toutefois de noter que les études de grande envergure et soigneusement conçues, soit en milieu industriel (Campbell, Crooks, Mahoney & Rock, 1973) soit en milieu militaire (Maier & Fuchs, 1973), n'apportèrent aucune preuve de validité différentielle. De façon générale, c'est dans les études les mieux conçues qu'on observait le plus de parallélisme entre les coefficients de validité.

De multiples études auprès de collégiens Blancs et Noirs ont donné des résultats similaires (Breland, 1979). Qu'il s'agisse du *Scholastic Aptitude Test* du *College Board* ou d'autres tests d'admission au collégial, les coefficients de validité obtenus pour des étudiants Noirs étaient généralement aussi élevés, ou même plus élevés, que ceux des Blancs. Les résultats demeuraient les mêmes selon que les deux groupes d'étudiants, Noirs et Blancs, fréquentaient la même institution ou des collèges différents. Intéressé par des groupes d'élèves beaucoup plus jeunes, B. C. Mitchell (1967) compara deux tests de préparation scolaire à des mesures standardisées de rendement à la fin de la première année primaire. Utilisant de larges échantillons d'enfants blancs et noirs, il obtint des coefficients de validité tout à fait similaires pour les deux groupes, avec même parfois des valeurs un peu plus élevées chez les Noirs. En résumé, en dépit d'une recension exhaustive des études effectuées et d'une analyse critique de leurs résultats, l'hypothèse voulant que les tests d'aptitudes soient moins valides, en tant que prédicteurs de rendement scolaire ou de performance au travail, pour les Noirs que pour les Blancs n'a reçu aucun support empirique (Hunter, Schmidt & Rauschenberger, 1984; Linn, 1978).

Bien qu'il existe beaucoup moins d'études parallèles avec d'autres minorités, on retrouve des résultats similaires dans le cas d'Américains d'origine hispanique, tant en milieu scolaire qu'en milieu de travail (Breland, 1979; Durán, 1983, 1988; Schmidt, Pearlman & Hunter, 1980). Cependant, dans le cas des Américains d'origine hispanique, l'interprétation des scores est rendue plus difficile par des degrés variables de bilinguisme, de même que par la présence dans le milieu familial d'attitudes et d'autres composantes culturelles qui influencent aussi bien les scores aux tests que le rendement à l'école ou dans l'emploi; à cause de ce double impact, la validité prédictive ne devrait pas être affectée. Au terme d'une recension soigneuse des études publiées sur l'utilisation de tests d'admission au collégial, Durán (1983) remarqua que ce n'est pas en modifiant le contenu des tests qu'on résoudra ces problèmes propres aux Américains d'origine hispanique; il faut plutôt s'attaquer directement à leurs causes. Néanmoins, au moment d'interpréter des résultats individuels de tests, il faut avoir à l'esprit l'impact possible de ces facteurs modulateurs associés au milieu culturel. De plus, toute généralisation à propos des Américains d'origine hispanique devrait tenir compte de différences possibles entre divers sous-groupes, tels les Portoricains, les Mexicains, et d'autres.

Biais de l'ordonnée à l'origine. Ce type de biais peut se produire même lorsque les coefficients de validité des deux groupes sont identiques. L'ordonnée à l'origine d'une droite de régression correspond au point de croisement de l'ordonnée par la droite en question [c'est la valeur de *Y* lorsque $X = 0$]. Un test fait montre d'un biais de l'ordonnée lorsqu'il fournit une prédiction systématiquement plus élevée ou plus faible dans l'un des deux groupes. Revenons au cas 1 de la figure 7-5, dans lequel les droites de régression des deux groupes, majoritaire et minoritaire, sont identiques [donc superposées]. Dans de telles conditions, il n'y a aucun biais de la pente non plus que de l'ordonnée; en effet, bien que les moyennes des deux groupes au test diffèrent significativement, on note un écart proportionnel entre les moyennes au critère. Dans le cas 3, par contre, les droites de régression des deux groupes ont une même pente, mais une ordonnée à l'origine différente; celle du groupe minoritaire (A) est supérieure à celle du groupe majoritaire (B), confirmant que la droite de régression *A* croise l'axe des *Y* plus haut que la droite *B* du groupe majoritaire. Bien que le coefficient de validité soit le même pour les deux groupes, un même score *X* au test correspond à un score différent dans chaque groupe pour le critère, ce qu'illustrent les points Y_A et Y_B. Un même score au test a donc une signification prédictive différente dans les deux groupes.

Les psychologues qui se préoccupent d'une possible iniquité des tests pour les membres de groupes minoritaires ont en tête la situation qu'illustre le cas 3. Remarquez que, dans ce cas, le groupe majoritaire dépasse l'autre au test, cependant que les deux groupes obtiennent des performances équivalentes au critère. En sélectionnant tous les candidats à l'aide d'un point de coupure établi pour le groupe majoritaire, on pénalisera injustement les membres de la minorité; en effet, si l'on utilise pour les deux groupes la droite de régression du groupe majoritaire, on **sous-évaluera** la performance au critère des membres du groupe minoritaire. Cette situation risque de se produire lorsqu'une forte proportion de la variance des scores du test n'a rien à voir avec la performance au critère et qu'elle a pour origine des fonctions où le groupe majoritaire est supérieur à l'autre. Pour se protéger contre le choix d'un tel test, il faut procéder à une description de tâches détaillée et à une évaluation rigoureuse de la validité du test.

C'est à ce problème du biais de l'ordonnée que réfère surtout le débat populaire autour de ce qu'on appelle «l'équité des tests». Bien qu'on utilise parfois les termes «équité des tests» et «biais des tests» de façon interchangeable pour désigner tous les problèmes d'utilisation des tests avec des groupes minoritaires, on associe plus souvent qu'autrement l'équité (ou l'iniquité) des tests au biais de l'ordonnée à l'origine. Cet usage est respecté dans le manuel *Uniform Guidelines on Employee Selection Procedures*. Dans la section 14B, intitulée *Équité*, on définit comme suit ce concept:

> Lorsque les membres d'une race, d'un sexe ou d'un groupe ethnique obtiennent de façon systématique, dans le cadre d'une procédure de sélection, des scores inférieurs à ceux des membres d'un autre groupe, sans que des différences similaires apparaissent aux indices de rendement au travail, cette procédure peut limiter injustement les perspectives d'emploi ou d'avancement des membres du groupe qui obtient des scores inférieurs.

L'étude empirique de situations concrètes de testage a toutefois révélé, soit l'absence de biais de l'ordonnée ou, plus souvent, la présence d'un léger biais en **direction opposée**, tel qu'illustré par le Cas 4 de la figure 7-5. Dans ce cas, en effet, la droite de régression du groupe majoritaire (B) croise l'ordonnée plus haut que celle du groupe minoritaire (A); par conséquent, l'utilisation pour les deux groupes de la droite de régression du groupe majoritaire et de son point de coupure conduit à surévaluer la performance au critère des membres du groupe minoritaire, ce qui constitue une discrimination **en faveur** de ces derniers. On retrouve de tels résultats dans des situations de prédiction de notes scolaires au collégial (Breland, 1979; Durán, 1983), de notes en faculté de droit (Linn, 1975), de performances dans des programmes de formation de l'armée et de l'aviation américaines (M. A. Gordon, 1953; Maier & Fuchs, 1973; Shore & Marion, 1972), et d'un large éventail de critères de performance en milieu industriel (voir la recension de Hunter, Schmidt & Rauschenberger, 1984).

On a démontré mathématiquement que le cas 4 de la **figure 7-5** se produit lorsque les deux groupes se distinguent sur le plan d'une ou de plusieurs **variables additionnelles** qui entretiennent une corrélation positive à la fois avec le test et le critère (Linn & Werts, 1971; Reilly, 1973); le léger effet de surévaluation n'est qu'un artifice statistique causé par l'analyse un à un des prédicteurs. Donc, plus on ajoute de prédicteurs à la batterie de tests, plus cette surévaluation diminue, un phénomène qu'on a pu observer empiriquement auprès de nombreuses populations, aussi bien des étudiants de droit que des commis de bureau et des élèves du préscolaire (voir Hunter, Schmidt & Rauschenberger, 1984).

Notons en terminant un phénomène très intéressant. On a observé des résultats similaires lorsque les groupes mis en comparaison se distinguaient selon leur niveau éducatif ou socio-économique. Par exemple, lorsqu'il s'agissait de prédire le succès dans des programmes de formation pour des emplois militaires spécialisés, la batterie *Army Classification* avait tendance à surévaluer la performance des décrocheurs du secondaire et à sous-évaluer celle des diplômés du collégial (Maier, 1972). Dans la même veine, divers tests d'aptitudes scolaires avaient tendance à sous-évaluer la performance au collégial des fils et des filles de professionnels, mais à surévaluer celle des jeunes dont les parents occupaient des emplois de niveau inférieur (Hewer, 1965). Bref, dans l'ensemble de ces études, la comparaison de groupes qui se distinguaient par leurs scores faibles ou élevés à des tests a mis en évidence, soit l'absence de tout biais de l'ordonnée à l'origine, soit un léger biais en faveur des groupes faibles.

Modèles Décisionnels Pour Une Utilisation Juste Des Tests. Les intérêts de recherche se sont progressivement déplacés de l'évaluation du biais des tests vers la mise au point de stratégies de sélection permettant une utilisation juste des tests auprès de minorités culturelles. Dans la mesure où une stratégie de sélection respecte le modèle de régression (modèle Cleary) illustré dans la figure 7-5, les individus seront choisis (pour une admission aux études collégiales, pour un emploi, etc.) strictement sur la base de leur performance prédite à un critère approprié. Cette stratégie mettra de côté tous les autres objectifs du processus de sélection, pour maximiser la performance générale au critère. Selon cette stratégie, si l'on veut utiliser les tests avec justice dans un processus de sélection, on doit se baser exclusivement sur la meilleure estimation de la performance critériée de chaque individu.

Divers autres modèles décisionnels ont été proposés; ils ont pour effet de sélectionner de plus larges proportions de personnes parmi ceux et celles qui ont des résultats plus faibles. Cet effet coïncide avec un objectif que l'on désigne habituellement par des termes tels que «discrimination positive» [*affirmative action*] ou la réduction d'un «impact nuisible» [*adverse impact*] dans le processus de sélection. Lors de leur introduction, ces modèles alternatifs parurent faire appel à des démarches fort différentes de celles qui relèvent du modèle de régression[10]. Toutefois, on démontra ultérieurement qu'ils correspondaient tous à des variantes d'un modèle plus général (Darlington, 1971; Gross & Su, 1975; Petersen & Novick, 1976). Les différences entre les divers modèles s'expliquent par les jugements de valeur implicites dans chacun d'eux. Nous avons déjà parlé, ailleurs dans ce chapitre (voir la figure 7-2), du rôle des valeurs dans les stratégies de décision. On se souviendra que l'attribution d'une **utilité** relative à chaque résultat requiert un jugement sur le caractère plus ou moins favorable ou défavorable de ce résultat. On utilise conjointement ces jugements de valeur, ainsi que la probabilité de chaque résultat, pour calculer l'utilité totale attendue (*UA*) de la stratégie de décision.

Les analyses théoriques de l'utilisation juste des tests ont démontré que les modèles proposés diffèrent sur le plan de leur définition de justice, en ce sens qu'ils attribuent implicitement des valeurs différentes à l'acceptation et au rejet de succès et d'échecs potentiels au sein de populations minoritaires et majoritaires. Le modèle de l'utilité attendue rend explicites ces valeurs sociales sous-jacentes. Cette approche exige une description explicite des utilités, qu'on ne peut obtenir par des moyens statistiques, car elle requiert une discussion ouverte et des approximations successives pour équilibrer des objectifs conflictuels (Darlington, 1976; Messick, 1980b). Parmi les objectifs à réconcilier, on retrouve le fait d'offrir des chances égales à tous les individus, de maximiser le taux de succès et la productivité, d'accroître la diversité démographique et la représentativité de la main-d'œuvre (du moins dans certains métiers) et d'accorder un traitement préférentiel à des groupes désavantagés à cause d'iniquités passées.

Le concept de désavantage dans le milieu de vie soulève lui-même une question psychologique fondamentale. Comment faut-il définir «désavantage» pour des fins à la fois d'utilisation des tests et de traitement préférentiel? Les catégories ethniques sont beaucoup trop larges et hétérogènes pour constituer des variables modulatrices efficaces dans la constitution de sous-groupes associés à ces objectifs. Toute «race», «couleur» ou sous-culture couramment reconnue recouvre un très grand nombre de différences dans le milieu de vie, dont la combinaison varie d'une personne à l'autre. Il serait plus fructueux d'utiliser des variables qui définissent plus clairement les expériences de vie et les circonscrivent mieux.

[10] Il existe de nombreux écrits, pour la plupart très techniques, sur les divers modèles décisionnels pour une utilisation juste des tests. On trouvera des résumés vulgarisés des caractéristiques différentielles et des implications de divers modèles dans les textes de Bond (1981), Dunnette et Borman (1979, p. 497-500), Gross et Su (1975, p. 350-351) et C. R. Reynolds (1982). On trouvera des explications plus détaillées dans Hunter et Schmidt (1976), de même que dans Hunter, Schmidt et Rauschenberger (1977).

Ce problème fut clairement soulevé par Novick et Ellis (1977) dans un article à la fois bien nuancé et riche en réflexions. Abordant la question d'un double point de vue psychologique et légal, ces chercheurs proposèrent que la psychométrie élargisse sa façon de concevoir l'évaluation en incluant des mesures de désavantage individuel et d'utilité individuelle en tant que variables standards dans la prise de décision. Les premières caractériseraient les individus en fonction de leur besoin d'un traitement compensatoire, les secondes en fonction de la valeur sociale de leur contribution éventuelle à la suite d'un tel traitement.

Abordant la question sous un autre angle, certains chercheurs ont exploré des techniques statistiques qui permettraient d'optimiser les objectifs combinés de la productivité et de la discrimination positive (Cronbach & Schaeffer, 1981; Schaeffer & Cronbach, 1980). À la lumière des données présentement disponibles, au moins une conclusion semble certaine: il est préférable de sélectionner des individus selon un ordre décroissant à partir des scores les plus élevés à des tests d'habiletés, plutôt que d'appliquer un point de coupure minimum. S'il est nécessaire de respecter un quota ou un rapport de sélection préétabli, on pourra ajuster directement la proportion relative des membres choisis dans une minorité en opérant la sélection **à l'intérieur** de chaque groupe. Du double point de vue de la productivité et de la proportion des membres de minorités, cette approche donne de meilleurs résultats (Hunter & Hunter, 1984; Hunter, Schmidt & Rauschenberger, 1977; *U. S. Department of Labor*, 1983b).

Il importe de souligner, en terminant, que les corrections statistiques des scores de tests, les points de coupure et les formules de prédiction offrent peu de promesses en tant que moyens pour corriger des iniquités sociales. Nous avons discuté plus tôt, dans ce chapitre, d'autres approches qui représenteraient des solutions plus constructives. L'une d'elles correspond à un testage d'aptitudes multiples accompagné de stratégies de classification, lesquelles permettent une utilisation aussi complète que possible des profils variés d'aptitudes privilégiés par divers milieux culturels. Les interventions adaptatives représentent une autre approche, par exemple des programmes de formation individualisés. Afin de maximiser l'adaptation de tels programmes aux caractéristiques individuelles, il est essentiel que les tests révèlent aussi complètement et précisément que possible le niveau actuel de développement de la personne sur le plan des habiletés exigées. Des modèles décisionnels généraux offrent un cadre approprié pour combiner une variété d'approches et de systèmes de valeur, de façon à évaluer l'efficacité d'ensemble de chaque solution.

CHAPITRE 8

L'analyse des items

Tout comme c'est le cas pour les autres étapes de la construction d'un test, la connaissance des concepts fondamentaux et des principales techniques d'analyse des items aide les utilisateurs à mieux évaluer les qualités et les faiblesses des tests publiés. De plus, l'analyse d'items peut se révéler fort précieuse lors de la préparation d'instruments informels ou locaux, tels les questionnaires et les examens que les enseignants préparent pour leurs élèves. Certains conseils généraux à propos de la rédaction des items, de même que les plus simples parmi les techniques statistiques d'analyse d'items, peuvent nettement améliorer la qualité de ces examens locaux; elles valent la peine d'être utilisées, même avec de petits groupes.

Il existe deux types d'analyse des items: l'une, qualitative, concerne leur contenu et leur forme, tandis que l'autre, quantitative, établit leurs propriétés statistiques. L'analyse qualitative comprend l'évaluation de la validité de contenu, discutée au chapitre 6, ainsi que l'évaluation des qualités d'écriture des items. L'analyse quantitative inclut surtout deux thèmes: le niveau de difficulté des items et leur pouvoir discriminant. La fidélité et la validité d'un test dépendent toutes deux en dernière analyse des caractéristiques de ses items. L'analyse des items permet, dès les premières étapes de construction du test, de garantir l'obtention de coefficients de fidélité et de validité élevés. La sélection, la substitution et la révision des items permettent d'améliorer grandement la valeur d'un test.

L'analyse des items peut nous conduire à raccourcir un test tout en améliorant sa fidélité et sa validité. Toutes choses égales d'ailleurs, un test plus long est plus fidèle et valide qu'un test plus court. Nous avons discuté dans le chapitre 5 l'impact sur la fidélité d'un test de son allongement ou raccourcissement; nous avons alors présenté la formule de Spearman-Brown, conçue pour estimer cet effet. Mais, ces estimations quant au changement de fidélité ne se concrétisent que lorsque les items ajoutés ou retranchés sont équivalents en tous points à ceux qui font déjà partie du test. On observera des change ments de validité similaires lors de l'addition ou du retrait d'items de validité comparable. Toutes ces estimations du changement de fidélité ou de validité renvoient donc à l'allongement ou au raccourcissement d'un test par le biais d'une sélection **au hasard** des items, sans analyse de ces items. Toutefois, lorsqu'on raccourcit un test en éliminant les items les moins satisfaisants, le test court pourra se révéler plus fidèle et valide que le test originel plus long.

LA DIFFICULTÉ DES ITEMS

Pourcentage De Réussite. Dans la plupart des situations de testage, on représente opérationnellement la difficulté d'un item par le pourcentage (ou la proportion) des personnes qui le réussissent; plus l'item est facile, plus ce pourcentage sera élevé. Un mot défini par 70 % (p = 0,70) des membres de l'échantillon de standardisation est considéré comme plus facile qu'un autre que 15 % (p = 0,15) seulement des sujets réussissent à définir. L'usage veut qu'on agence les items d'un test en ordre croissant de difficulté, de façon à ce que les sujets commencent par des questions relativement faciles, puis progressent vers des contenus de plus en plus difficiles. Cet agencement permet aux examinés d'aborder le test avec confiance; il réduit également les chances que ceux-ci consacrent beaucoup de temps à des items qui excèdent nettement leur niveau de compétence, négligeant ce faisant des items qu'ils peuvent aisément résoudre.

Dans le cadre du processus d'élaboration d'un test, c'est surtout dans le but de sélectionner des items de difficulté appropriée qu'on mesure leur niveau de difficulté. Étant donné que la plupart des tests d'habiletés ont pour objectif d'évaluer aussi précisément que possible le niveau de maîtrise atteint par chaque personne, un item que personne ne réussit est tout aussi inutile qu'un item que tous réussissent. Ces deux types d'items ne nous éclairent en rien sur les différences individuelles. De plus, comme ces items ne modifient pas la variabilité des scores au test, ils ne contribuent d'aucune façon à la fidélité ou à la valité du test. Plus la difficulté d'un item s'approche de 1,00 ou de 0, moins il fournit d'information différentielle à propos des examinés. À l'opposé, plus le niveau de difficulté s'approche de 0,50, meilleur devient son pouvoir discriminant. Supposons qu'à l'intérieur d'un groupe de 100 personnes, 50 réussissent un item et 50 l'échouent (p = 0,50). Cet item permet de différencier chacun de ceux qui l'ont réussi de chacun de ceux qui l'ont échoué, ce qui donne 2 500 combinaisons (50 × 50) ou unités d'information différentielle. De même, un item réussi par 70 % des sujets fournit 2 100 (70 × 30) unités d'information différentielle; avec un taux de réussite de 90 %, le nombre d'unités tombe à 900 (90 × 10), tandis qu'il devient nul à 100 % (100 × 0). On observe la même diminution progressive dans le cas d'items difficiles, c'est-à-dire réussis par moins de 50 % des sujets.

Dans une perspective de différenciation maximale, il semblerait donc souhaitable de ne choisir que des items dont le niveau de difficulté avoisine 0,50. Un facteur vient toutefois compliquer cette décision, soit la tendance des items d'un test à entretenir entre eux des liens significatifs; en effet, plus le test est homogène, plus élevées sont ces corrélations. À la limite, si on rédigeait un test composé uniquement d'items en parfaite corrélation dont le niveau de difficulté serait 0,50, les mêmes 50 personnes dans un groupe de 100 réussiraient chaque item; par conséquent, la moitié des membres du groupe obtiendraient un score parfait, tandis que l'autre moitié auraient un score de zéro. À cause de ces intercorrélations, il est préférable de choisir des items dont le niveau de difficulté varie modérément autour d'une moyenne de 0,50; de plus, cette variabilité doit être d'autant plus grande que les corrélations entre items (ou celles des items avec le score total) sont plus élevées.

Le choix d'un niveau de difficulté approprié doit tenir compte d'un facteur additionnel, soit la part de réussite attribuable aux devinettes dans le cas d'items à choix multiples. Afin de tenir compte du fait qu'une certaine proportion des examinés obtiendront la bonne réponse par hasard, on fixe la proportion attendue de réponses correctes à un niveau plus élevé qu'on ne le ferait pour des questions à développement. Par exemple, dans le cas de questions à cinq choix, le niveau moyen de difficulté devrait se situer à 0,69 (Lord, 1952).

Échelles d'intervalle. En exprimant le niveau de difficulté sous la forme d'un pourcentage de réussite, on se trouve à utiliser une échelle de type ordinal; elle fixe correctement le rang des items selon leur niveau relatif de difficulté. Par exemple, si les items 1, 2 et 3 sont respectivement réussis par 30 %, 20 % et 10 % des sujets, on peut conclure que l'item 1 est le plus facile des trois, tandis que l'item 3 est le plus difficile. Mais on ne peut inférer que la différence de difficulté entre les items 1 et 2 est identique à la différence entre les items 2 et 3. Des différences identiques de pourcentages ne correspondraient à des différences identiques de difficulté que dans le cas d'une distribution rectangulaire des indices de difficulté, c'est-à-dire de leur répartition uniforme sur toute l'étendue des niveaux. Il s'agit là d'un problème similaire à celui que nous avons rencontré dans le cas des centiles, qui correspondent eux aussi à des pourcentages. On se souviendra (voir la figure 4-4) que les centiles ne représentent pas des unités égales, mais que leur grandeur se modifie entre le centre et les extrémités de la distribution.

Toutefois, si nous postulons une distribution normale du trait mesuré par n'importe quel item, il devient possible de représenter le niveau de difficulté d'un item sur une échelle à intervalles égaux, celle de la distribution normale. Nous avons vu dans le chapitre 4 qu'environ 34 % des sujets d'une distribution normale occupent l'espace compris entre la moyenne et une unité d'écart type dans chaque direction (voir la figure 4-3). Utilisons cette information pour analyser la figure 8-1; elle illustre le niveau de difficulté d'un item réussi par 84 % des sujets. Puisque les sujets qui réussissent occupent la partie supérieure de la distribution, ce 84 % inclut la moitié supérieure (50 %), plus 34 % de la moitié inférieure (50 + 34 = 84). Par conséquent, tel qu'illustré par la figure 8-1, cet item se situe à 1 *ÉT* **sous** la moyenne. Un item réussi par 16 % des sujets se retrouverait à 1 *ÉT* **au-dessus** de la moyenne, puisqu'il ne reste plus que 16 % des sujets au-delà de ce point (50 − 34 = 16). Sur cette échelle, un item réussi par 50 % des sujets coïnciderait avec la moyenne et obtiendrait par conséquent un score de zéro. Les items les plus difficiles ont des valeurs positives, et les plus faciles des valeurs négatives. On peut retrouver dans une table de probabilités de la distribution normale, comprise dans n'importe quel manuel de statistique, le niveau de difficulté correspondant à n'importe quel pourcentage de réussite.

Parce que ces indices de difficulté exprimés en scores standards introduisent des valeurs négatives et des décimales, on les resitue habituellement sur une échelle plus pratique. La compagnie *Educational Testing Service* utilise l'une de ces échelles pour la mise au point de ses tests; l'unité est représentée par la lettre grecque *delta* (Δ). Voici la relation entre les scores standards (scores z) et les valeurs:

$$\Delta = 13 + 4z$$

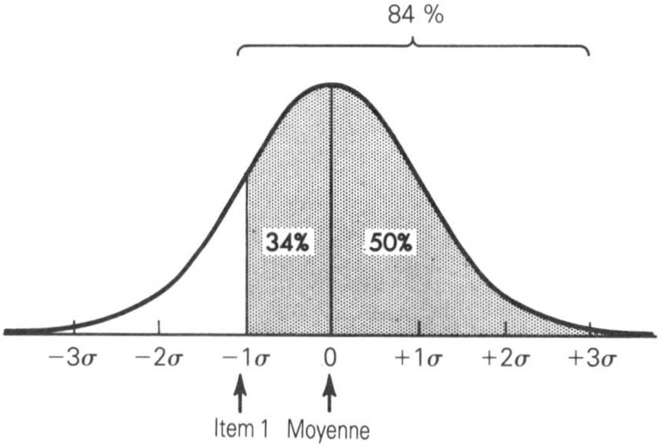

Figure 8-1. Lien entre le pourcentage de personnes qui réussissent un item et le niveau de difficulté de l'item exprimé en scores standards.

Les constantes 13 et 4 ont été arbitrairement choisies dans le seul but de créer une échelle qui élimine les valeurs négatives et crée une étendue de nombres entiers suffisamment grande pour rendre inutiles les décimales. Un item réussi par la quasi-totalité des sujets, par exemple 99,87 %, aurait un score standard de −3,00, ce qui donnerait un Δ de 1 [13 + 4(−3)]. En pratique, les chances d'obtenir un pourcentage de réussite plus élevé sont bien minces. À l'autre extrême, un item réussi par moins de 1 % (0,13 %) des sujets, se situerait à +3,00 *ÉT*, ce qui donnerait une valeur Δ de 25 [13 + 4(3)]. Enfin, un item de difficulté moyenne (score *z* de zéro) obtiendrait un Δ de 13 [13 + 4(0)]. L'échelle des Δ s'étend donc en pratique entre 1 et 25, avec une moyenne de 13.

L'ÉCHELLE ABSOLUE DE THURSTONE. Qu'on les présente sous la forme de pourcentages ou de scores standards, les indices de difficulté des items dépendent directement de l'étendue d'habiletés présente dans l'échantillon où ils furent calculés. Certaines situations de testage nécessitent cependant l'accès à des indices de difficulté applicables à des échantillons d'habiletés variables. Dans le cas des tests de rendement scolaire, par exemple, on peut souhaiter suivre la performance d'un enfant de façon continue durant plusieurs années consécutives, à l'aide d'une même échelle de comparaison. Il est bien sûr impossible, sur le plan pratique, d'échelonner un ensemble d'items qui couvrirait une aussi grande étendue d'habiletés en administrant ces items à un même groupe de sujets, car certains items seraient beaucoup trop difficiles pour une large majorité des sujets, tandis que d'autres seraient beaucoup trop faciles.

On retrouve un besoin similaire dans le cas de programmes de testage de très grande envergure, comme l'admission aux études collégiales, lesquels exigent l'administration à des moments différents de plusieurs versions équivalentes d'un même test. Nous avons abordé ce problème dans le chapitre 4, car il a un impact sur l'interprétation des scores totaux à des tests tels que le *Scholastic Aptitude Test*. Dans ce cas, on choisit comme solution de former un groupe de référence stable pour établir les paramètres de l'échelle de mesure; puis on reporte sur cette échelle les scores de tous les échantillons subséquents. Pour effectuer cette conversion, il faut insérer dans les tests administrés à toute paire de groupes, un ensemble commun d'items de liaison ou étalons. Ces items constituent un minitest, en ce sens qu'ils s'efforcent de reproduire fidèlement l'ensemble du test, tant par leur contenu que par leur forme. Ces minitests peuvent évidemment différer d'une paire d'échantillons à l'autre. Chaque nouvel ensemble d'items étalons s'apparente à une ou deux versions précédentes, qui, elles-mêmes, renvoient à d'autres versions, pour former ainsi une chaîne ininterrompue de minitests qui remonte jusqu'au groupe originel.

C'est grâce à cette méthode d'une série de groupes appariés qu'on peut réussir à mesurer sur une échelle uniforme la difficulté d'items individuels.

La technique statistique, mise au point par Thurstone (1925, 1947a), fut utilisée pour la mise au point de nombreux tests (ex.: Donlon, 1984; *STEP*, 1980). Cette procédure comporte deux étapes principales. Il faut d'abord calculer un indice de difficulté à l'intérieur de chaque groupe, en transformant les pourcentages de réussite en scores standards (scores z). On transforme ensuite tous ces indices en valeurs correspondantes pour l'**un** de ces groupes, choisi comme groupe de référence. N'importe quel groupe peut jouer ce rôle de groupe standard: le groupe des sujets les plus jeunes, le premier groupe testé, un groupe d'habiletés moyennes, ou tout autre groupe commode. L'unique exigence consiste à réunir un groupe d'items étalons qu'on administrera à deux ou plusieurs de ces échantillons et dont on échelonnera les difficultés à l'intérieur de chaque groupe.

Les indices de difficulté calculés pour les mêmes items dans deux (ou plusieurs) groupes permettent de situer ces groupes les uns par rapport aux autres, puis de convertir tous les indices d'un groupe à ceux de n'importe quel autre groupe. La figure 8-2 illustre de façon schématique cette procédure; elle situe les scores z d'un même item «*i*» dans deux groupes adjacents A et B. Le taux de réussite est plus élevé pour cet item dans le groupe B que dans le groupe A; son écart à la moyenne du groupe est donc plus petit dans le groupe B (z_B) que dans le groupe A (z_A). On calcule des valeurs similaires pour tous les **items communs** aux groupes A et B; elles permettent d'établir la formule de conversion qui servira à transformer les indices de difficulté de **tous** les items du groupe A en indices applicables au groupe B, et vice versa. À titre de procédure approximative de conversion, il suffit de tracer le diagramme de corrélation des scores standards A et B pour tous les items communs, puis de calculer et de tracer la droite de régression qui passe au centre de ce nuage de points; on utilisera cette droite pour trouver la valeur z_A pour tous les items du groupe B, et vice versa.

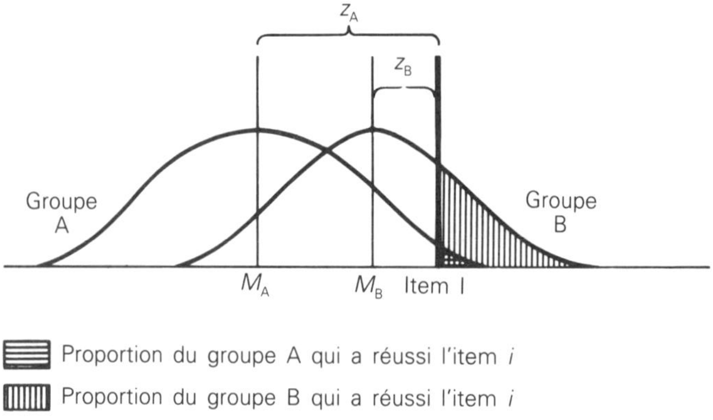

Figure 8-2. Valeur z représentant la difficulté relative d'un même item dans les groupes A et B.

Pour étendre le même processus de conversion à n'importe quel nombre de groupes, il suffit de procéder par couples successifs de groupes adjacents dont les distributions de scores se recoupent partiellement. Ainsi, dans le cas d'un test conçu pour couvrir les classes de la 1re à la 8e année, on pourra transformer les indices de 8e année en indices de 7e année, ceux de 7e année en indices de 6e année, et ainsi de suite jusqu'en 1re année. De façon générale, les groupes adjacents se ressemblent suffisamment pour qu'une bonne majorité des items puissent servir à effectuer cette liaison. Cependant, l'échantillon d'une classe donnée partagera probablement des segments de test différents avec celui de la classe immédiatement inférieure par comparaison à celui de la classe immédiatement supérieure.

Distribution des scores aux tests. Le niveau de difficulté d'un test dépend directement, bien sûr, de la difficulté des items qui le composent. La distribution des scores totaux permet de vérifier sans ambiguïté si le niveau de difficulté du test correspond bien au niveau souhaité pour la population à laquelle il est destiné. Si l'échantillon de standardisation représente bien cette population, on s'attend alors habituellement à ce que les scores se distribuent à peu près normalement.

Imaginons toutefois que la distribution obtenue ne soit pas normale, mais franchement asymétrique, telle qu'illustrée à la figure 8-3, parties A et B. La première distribution, caractérisée par une empilade de scores dans sa partie inférieure, suggère que le test possède un **plancher** trop élevé pour le groupe concerné, en ce sens qu'il compte trop peu d'items faciles permettant de bien discriminer parmi les sujets les plus faibles. Il en résulte que bon nombre de sujets obtiennent des scores de zéro ou presque à ce test,

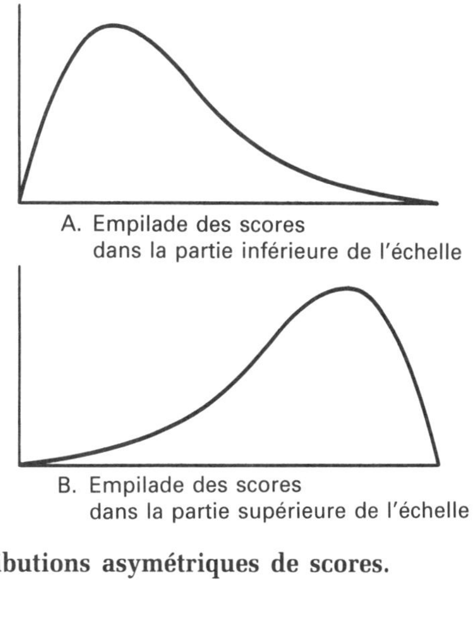

Figure 8-3. Distributions asymétriques de scores.

alors qu'ils devraient se disperser sur une assez grande étendue; d'où la concentration observée des scores à l'extrémité inférieure de la distribution. Cette empilade artificielle des scores est représentée schématiquement à la figure 8-4; on y montre comment un groupe qui, de façon générale, se distribue normalement, obtient une distribution asymétrique à un test particulier. La partie B de la figure 8-3 illustre une asymétrie opposée, c'est-à-dire une empilade des scores à l'extrémité supérieure, un résultat qui annonce un **plafond** insuffisant. Pour obtenir pareille distribution, il suffit d'administrer, à un groupe d'étudiants de niveau collégial ou universitaire, un test conçu pour la population générale; bon nombre d'entre eux obtiendront un score parfait ou presque. Un tel test ne permet pas de discriminer parmi les meilleurs élèves d'un groupe. Si l'on avait inclus dans ce test des items plus difficiles, quelques individus auraient fort probablement obtenu un score supérieur à celui que ce test permet.

Lorsque les données de l'échantillon de standardisation débouchent sur une distribution nettement asymétrique, on modifie habituellement le niveau de difficulté du test jusqu'à ce qu'on ait obtenu une distribution à peu près normale. Selon le type d'écart à la normalité observé, on pourra ajouter des items plus faciles ou plus difficiles, éliminer ou transformer d'autres items, modifier leur ordre de présentation, ou encore réviser les pondérations attribuées à certaines réponses. On poursuit ces corrections jusqu'à ce que la distribution devienne à peu près normale. Dans de telles conditions, le score le plus probable, c'est-à-dire celui obtenu par le plus grand nombre de personnes, devrait avoisiner 50 % de réponses correctes. Les personnes peu familières avec les techniques d'élaboration de tests jugeront sans doute honteusement faible un score moyen de 50 %. C'est pourquoi certains objecteront parfois que l'examinateur a fixé un seuil de passage trop faible pour le test en question, ou penseront que le groupe testé n'était pas particulièrement brillant! Ces deux conclusions n'ont bien sûr aucun sens lorsqu'on connaît les techniques d'élaboration des tests psychologiques. Ceux-ci sont en effet délibérément préparés et sciemment modifiés de façon à donner un score moyen d'environ 50 % de réponses correctes. C'est la seule façon de s'assurer qu'on pourra

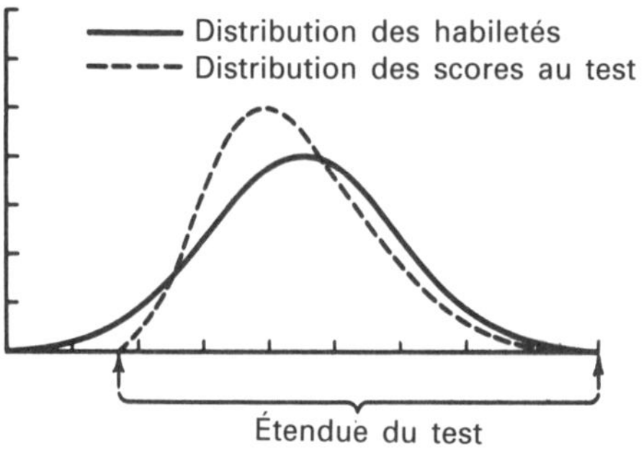

Figure 8-4. Asymétrie résultant d'un plancher insuffisant.

le mieux discriminer entre eux les individus qui occupent tous les niveaux d'habiletés. C'est lorsque la moyenne se situe autour de 50 % de réponses correctes qu'on a le plus de chances d'obtenir une distribution normale, avec un bon étalement des scores individuels jusqu'aux deux extrémités de la distribution[1].

LIENS ENTRE LA DIFFICULTÉ DES ITEMS ET LES OBJECTIFS DU TESTAGE. Dans la plupart des cas, les tests psychologiques standardisés sont conçus pour assurer une différenciation maximale entre les individus à tous les niveaux de l'échelle de mesure. Jusqu'à présent, c'est à ce type de test que référait notre discussion de la difficulté des items. Cependant, lorsqu'il s'agit d'élaborer des tests pour répondre à des objectifs spéciaux de testage, c'est le type de discrimination recherché qui guidera le choix de la forme de distribution jugée optimale et, par conséquent, celui d'items de difficulté appropriée. Ainsi, les items de tests destinés au dépistage des meilleurs candidats devraient avoir un niveau moyen de difficulté aussi proche que possible du rapport de sélection retenu. Par exemple, s'il s'agit de sélectionner le 20% supérieur des candidats, les meilleurs items sont ceux dont la valeur p tourne autour de 0,20 (ou un peu plus s'il faut tenir compte des devinettes dans le cas d'items objectifs). Puisqu'il n'est pas nécessaire, dans le cas de tests de sélection, de différencier les sujets **à l'intérieur** des groupes de candidats retenus ou rejetés, c'est en concentrant les items du test autour du point de coupure choisi qu'on utilise le plus efficacement possible le temps consacré au testage. Par exemple, dans le cas d'un test utilisé pour dépister les candidats à des bourses d'excellence au sein de la population des étudiants du collégial, les items devraient être beaucoup plus difficiles que la moyenne usuelle pour cette population. Parallèlement, s'il s'agit de sélectionner des élèves en difficulté d'apprentissage pour un programme de rattrapage, il faudrait plutôt utiliser des items nettement plus faciles que la moyenne.

Le testage de maîtrise constitue un autre exemple de l'ajustement du niveau de difficulté des items à des objectifs particuliers de testage. On se souviendra (voir le chapitre 4) que le testage de maîtrise est souvent assimilé au testage critérié. Si le test a pour but de s'assurer que les sujets ont adéquatement maîtrisé les rudiments d'une tâche ou acquis les connaissances préalables pour progresser à l'étape suivante d'un programme de formation, alors les items devraient se situer autour d'un niveau p voisin de 0,80 ou 0,90.

[1] De fait, la distribution normale permet une discrimination plus fine aux extrémités qu'au centre de l'échelle. Pour obtenir une discrimination de même qualité à tous les niveaux de l'échelle, il faudrait que la distribution soit rectangulaire. Toutefois, la distribution normale est préférable lorsque les scores doivent être soumis à des analyses statistiques additionnelles, car bon nombre de techniques statistiques postulent une normalité approximative des distribution des scores. Pour cette raison et quelques autres, il est probable que la plupart des tests d'usage général continueront encore longtemps à se distribuer normalement.

Dans de telles conditions, on s'attendra à ce que la majorité des examinés réussissent la presque totalité des items. Ainsi, les items très faciles (même ceux que tous réussissent), ceux qu'on élimine parce que non discriminants dans les tests psychologiques usuels, sont justement les items à privilégier dans un test de maîtrise. Parallèlement, si l'on rédige un prétest, administré au tout début d'un module d'apprentissage et destiné à vérifier si certaines des notions à enseigner sont déjà maîtrisées, les pourcentages de réussite devraient être très faibles pour la plupart des items. Dans pareil cas, il ne faut pas éliminer ces items, même ceux dont le niveau *p* est zéro, car ils précisent fort bien ce qui reste à apprendre.

Il ressort de cette analyse que le niveau de difficulté approprié des items d'un test dépend de son contexte d'utilisation. Même si, dans la plupart des cas, des items regroupés autour d'un niveau p moyen de 0,50 fournissent un maximum d'information sur le niveau de performance de chaque personne, on ne doit pas fixer de façon routinière le niveau de difficulté d'un test; il faut connaître l'utilisation qui sera faite des scores à ce test.

LE POUVOIR DISCRIMINANT DES ITEMS

Le Choix Du Critère. L'expression «pouvoir discriminant» réfère au degré de précision avec lequel un item différencie les examinés en regard du comportement que le test a pour but de mesurer. Lorsque le test dans son ensemble doit être confronté à un critère externe, ce même critère peut servir à l'évaluation et à la sélection des items. Cette procédure a surtout été utilisée pour la mise au point de certains tests de personnalité ou d'intérêts. C'est également la technique de sélection privilégiée pour les items d'inventaires biographiques, lesquels rassemblent une collection hétéroclite de données sur les antécédents personnels des individus.

Dans le cas de tous ces instruments, il n'existe pas de critère *a priori* pour juger si une réponse est correcte ou erronée ou pour lui assigner une pondération; on ne peut utiliser que la performance au critère des personnes qui ont donné chaque réponse particulière. À partir d'un bassin initial d'items, on retiendra ceux qui différencient le mieux les membres des diverses catégories d'un critère, tels divers emplois ou syndromes psychiatriques. On utilise souvent comme groupes critères ceux qui ont réussi un cours, un programme de formation ou un emploi particulier; on les opposera aux cas d'échec.

En ce qui concerne les items des tests de maîtrise décrits au chapitre 4, on peut effectuer l'évaluation en comparant la performance à ces items de personnes qui ont reçu une formation d'intensité variable dans le domaine en question (Panell & Laabs, 1979; Shepard, 1984). On confronte habituellement les taux de réussite à un prétest et à un post-test. Étant donné que ces tests ont pour but de vérifier si les examinés ont atteint un niveau préétabli de maîtrise, les différences individuelles sur le plan de la performance générale à un moment particulier sont réduites au minimum; par conséquent, l'analyse intrinsèque du groupe d'items ne donnera pas de résultats valables. Un critère externe, comme par exemple l'intensité de l'enseignement reçu, s'avère donc essentiel.

Dans le cas d'autres types de tests de rendement et de bon nombre de tests d'aptitudes, c'est le score total au test qui sert de critère pour évaluer le pouvoir discriminant des items[2]. En effet, il n'est pas facile d'identifier un critère externe pour les tests de rendement scolaire; quant aux tests d'aptitudes, l'importance croissante de la validation de construit justifie le recours au score total comme critère de sélection des items. Au cours des premières étapes d'élaboration d'un test, le score total fournit ainsi une première approximation du niveau de l'habileté, du trait ou du construit que le test tente d'opérationnaliser.

Examinons de plus près les conséquences du choix d'un critère externe ou interne (score total). Dans le premier cas, on maximise la validité du test en regard de ce critère externe, tandis que dans le second, on maximise la cohérence interne ou homogénéité du test. Dans certaines situations, ces deux approches peuvent conduire à des résultats très divergents, en ce sens que les items retenus à cause de leur validité externe seront ceux que l'on rejetterait sur la base de la cohérence interne. Imaginons, à titre d'exemple, un test d'aptitudes scolaires dont la version préliminaire est composée de 100 items d'arithmétique et de 50 items de vocabulaire. Pour sélectionner des items dans ce bassin initial, selon la méthode de la cohérence interne, on calculera un indice statistique d'accord entre la performance à chaque item et le score total aux 150 items de ce test. Il est bien évident que cet indice sera plus élevé pour les items d'arithmétique que pour ceux de vocabulaire, puisque le score total est issu d'un nombre deux fois plus élevé d'items d'arithmétique. Si l'on décide de retenir dans la version finale du test les 75 «meilleurs» items, il est fort probable que la plupart d'entre eux seront des problèmes d'arithmétique. Il se pourrait par ailleurs, qu'en regard d'un critère externe de rendement scolaire ultérieur, les items de vocabulaire se soient révélés des prédicteurs plus valides que les items d'arithmétique. Si tel était le cas, l'analyse interne des items aurait pour effet de réduire, plutôt que de hausser, la validité prédictive du test.

L'élimination d'items peu reliés au score total d'un test a pour effet de purifier ou d'homogénéiser ce test. Grâce à cette technique, on conservera les items dont le niveau moyen de leurs corrélations avec les autres items est le plus élevé. Cette technique de sélection d'items n'accroîtra la validité du test qu'à la condition que le bassin originel d'items mesure un trait unique et que ce trait fasse partie du critère. Certains types de tests mesurent toutefois une combinaison de traits, parce que le critère complexe qu'ils prédisent l'exige. Dans ce cas, la purification du test risque de réduire sa

[2] Les corrélations item-test seront quelque peu gonflées par les variances spécifiques et d'erreur que partagent l'item et le test. Il existe des formules de correction pour ce lien partie-tout (Guilford & Fruchter, 1978, p. 465-467).

représentativité à l'égard des caractéristiques du critère et, partant, d'atténuer sa validité.

Il existe une analogie entre la sélection d'items dans le but de maximiser la validité pragmatique d'un test et la sélection de tests dans le but de maximiser la validité prédictive d'une batterie d'instruments. On se souviendra que le test qui contribue le plus à la validité d'une batterie est celui dont la corrélation est à la fois aussi élevée que possible avec le critère et aussi faible que possible avec les autres tests de la batterie. En appliquant ce principe à la sélection d'items, on conclut que les items les plus satisfaisants sont ceux qui ont simultanément une validité externe aussi élevée que possible et une cohérence interne aussi faible que possible. Ainsi, on devrait accorder la préférence à un item en forte corrélation avec le critère et en faible corrélation avec le score total, par opposition à un item pour lequel ces deux corrélations seraient élevées, puisqu'on peut postuler que le premier de ces deux items évalue un aspect du critère que le reste du test ne mesure pas adéquatement.

On pourrait déduire de la discussion qui précède qu'il serait souhaitable d'adopter, pour la sélection des items, les mêmes méthodes que pour l'inclusion de tests dans une batterie. On calculerait ainsi la corrélation de chaque item, à la fois avec le critère et avec chacun des autres items. On pourrait ensuite pondérer, à l'aide d'une équation de régression, les items retenus selon cette méthode. Toutefois, cette approche n'est ni praticable, ni justifiable d'un point de vue théorique. Non seulement la quantité de calculs serait-elle énorme, mais de plus, parce que les corrélations entre items sont sujettes à d'importantes fluctuations d'échantillonnages, les coefficients de régression obtenus seraient trop instables pour constituer une base adéquate de sélection des items. Mentionnons une objection encore plus importante, soit le fait que le test obtenu aurait un contenu si hétérogène qu'il serait pratiquement impossible de donner aux scores une interprétation vraiment sensée.

La validité externe et la cohérence interne constituent tous deux des objectifs désirables dans le processus d'élaboration d'un test. Ce sont les objectifs d'utilisation du test qui guideront l'importance relative à accorder à ces deux critères de qualité. Dans le cas de plusieurs situations de testage, un compromis satisfaisant consiste à regrouper en tests ou sous-tests distincts des groupes d'items assez homogènes, chacun d'eux évaluant un aspect différent du critère externe. On s'assure ainsi d'une bonne couverture par le biais d'une variété de tests qui fournissent chacun un score aisément interprétable, plutôt que par un rassemblement hétérogène d'items dans un même test. De cette façon, on n'éliminera pas les items dont les indices de cohérence interne sont faibles; on les isolera. On obtiendra ainsi, à l'intérieur de chaque sous-test ou groupe d'items, un niveau satisfaisant de cohérence interne.

INDICES STATISTIQUES DU POUVOIR DISCRIMINANT. Étant donné que les réponses aux items sont habituellement cotées comme correctes ou erronées, la mesure du pouvoir discriminant des items exige souvent de comparer une variable dichotomique (l'item) à une variable continue (le critère). Dans certains cas, le critère sera lui aussi dichotomique, comme le fait d'obtenir ou non un diplôme, ou encore de réussir ou non dans un emploi. De plus, on pourra décider, pour certaines analyses, de dichotomiser un critère continu.

Plus d'une cinquantaine d'indices du pouvoir discriminant des items [ci-après nommés «indices de discrimination»] ont été conçus et utilisés pour élaborer des tests. Ils se distinguent notamment par leur applicabilité à des mesures continues ou dichotomiques; de plus, parmi ces derniers, certains postulent que le trait sous-jacent a subi une dichotomisation artificielle et qu'il se distribue de fait de manière continue et normale, cependant que d'autres postulent que le trait est fondamentalement dichotomique [ex.: le sexe]. Ils se distinguent également par leur lien avec le niveau de difficulté des items; en effet, certains indices de discrimination ne dépendent aucunement du niveau de difficulté de l'item, tandis que d'autres génèrent des indices de discrimination plus élevés pour les indices de difficulté médians (p autour de 0,50) que pour les valeurs plus extrêmes.

En dépit de leurs différences sur le plan des calculs et des postulats, la plupart des indices de discrimination donnent des résultats fort similaires (Oosterhof, 1976). En effet, même si les valeurs numériques peuvent différer d'un indice à l'autre, ce seront pratiquement les mêmes items qu'on rejettera ou conservera. De fait, les données à propos du pouvoir discriminant des items fluctuent plus d'un échantillon à l'autre que d'une méthode à l'autre. C'est pour cette raison que le choix d'une méthode dépend surtout de la quantité de calculs à effectuer et de la disponibilité ou non de divers supports pour réaliser ces calculs. Plusieurs types de supports ont été publiés, notamment des tables, des abaques ou des nomogrammes. Ces derniers prennent la forme de diagrammes de calcul, grâce auxquels il est possible, par exemple, de lire directement la corrélation item critère si l'on connaît le pourcentage de personnes qui ont réussi l'item dans les groupes fort et faible au critère (Guilford & Fruchter, 1978, p. 462-465; Jurgensen, 1947).

L'utilisation De Groupes Extrêmes. L'une des techniques usuelles de l'analyse d'items consiste à comparer le taux de réussite à chaque item des membres de deux groupes contrastés en regard du critère. Lorsque ce critère utilise une échelle de mesure continue, comme c'est le cas pour les notes scolaires, les appréciations du rendement au travail, les mesures de productivité ou les scores totaux du test, on crée des groupes supérieur (S) et inférieur (I) à partir des sujets qui occupent les deux extrémités correspondantes de la distribution. Il est bien évident que plus les groupes seront extrêmes, plus nette sera la différenciation entre eux. Par contre, si l'on définit des groupes très extrêmes, tels les 10 % supérieur et inférieur, la plus petite taille de ces échantillons réduira la fidélité des résultats. Dans le cas d'une distribution normale, le point d'équilibre de ces deux conditions se situe à 27 % (Kelley, 1939). Lorsque la distribution est plus aplatie que la normale, le point d'équilibre augmente et s'approche de 33 % (Cureton, 1957b). Dans le cas de petits groupes, par exemple un groupe d'élèves d'une même classe, l'erreur d'échantillonnage des indices statistiques obtenus est si grande qu'ils n'ont qu'une valeur très approximative. Dans ces conditions, il n'y a pas lieu de se préoccuper du pourcentage exact de sujets dans chacun des deux groupes contrastés; tout nombre commode compris entre 25 % et 33 % fera très bien l'affaire.

Dans le cas des très gros échantillons normalement distribués qui servent à la mise au point des tests standardisés, on a pris l'habitude d'utiliser les 27 % supérieur et inférieur de la distribution des sujets au critère. Plusieurs des tables et abaques, mis au point pour faciliter le calcul des indices de discrimination, postulent le respect de cette «règle du 27 %». Toutefois, en raison de l'accès de plus en plus facile à des ordinateurs puissants, il est à prévoir que ces divers supports conçus pour alléger les tâches de calcul feront place progressivement à des techniques plus exactes et plus sophistiquées. L'ordinateur permet d'utiliser les données de tous les examinés, ce qui est de loin préférable à l'examen des seuls groupes extrêmes.

Analyse Simplifiée Avec De Petits Groupes. Tenant compte que bon nombre d'analyses d'items portent sur des petits groupes, tels des étudiants d'un cours qui subissent des contrôles d'apprentissage périodiques, nous allons d'abord examiner une procédure simple, aisément applicable à ce type de situation. Imaginons qu'à l'intérieur d'un groupe de 60 élèves nous ayons choisi les deux sous-groupes de 20 élèves (33 %) qui ont obtenu respectivement les scores les plus élevés et les plus faibles à un test. Nous avons ainsi constitué trois groupes d'examinés: supérieur (S), médian (M) et inférieur (I). Il nous faut d'abord effectuer le décompte des bonnes réponses à chaque item dans chacun de ces trois groupes. Pour réaliser facilement ce décompte, on inscrit dans une première colonne le numéro de chacun des items, puis on crée trois autres colonnes, respectivement titrées S, M et I. Ensuite, ayant en main la copie d'un étudiant, on inscrit dans la colonne appropriée une marque vis-à-vis de chaque item correctement répondu. On procède ainsi à ce décompte avec les 20 sujets du groupe S, puis avec les 20 membres du groupe M et, enfin, avec les 20 examinés du groupe I. Nous sommes maintenant prêts à comptabiliser les marques et à inscrire les totaux pour chaque groupe et pour l'ensemble de la classe, tel qu'illustré au tableau 8-1, où seuls les sept premiers items sont représentés. On obtient un indice de discrimination sommaire pour chaque item en soustrayant le nombre de réponses correctes dans le groupe I du nombre correspondant dans le groupe S. Ces différences S – I apparaissent dans la colonne de droite du tableau 8-1; le nombre total de réponses correctes dans les trois groupes (S + M + I) constitue un bon indice du niveau de difficulté de l'item.

Tableau 8-1 Technique simple d'analyse des items: nombre de personnes ayant donné la bonne réponse dans chaque groupe critère

Item	S (20)	M (20)	I (20)	Difficulté (S + M + I)	Discrimination (S − I)
1	15	9	7	31	8
2	20	20	16	56*	4
3	19	18	9	46	10
4	10	11	16	37	−6*
5	11	13	11	35	0*
6	16	14	9	39	7
7	5	0	0	5*	5
•					
•					
•					
•					
75					

* Items analysés dans le texte.

L'examen du tableau 8-1 met en évidence quatre items problèmes qui feront l'objet d'un examen plus approfondi ou d'une discussion en classe. Deux items, les numéros 2 et 7, ont été pointés parce que l'un d'eux semble trop facile en raison d'une valeur p de 0,93 (56/60), tandis que l'autre paraît trop difficile avec un *p* de 0,08 (5/60). Les items 4 et 5, bien que satisfaisants sur le plan du degré de difficulté, obtiennent des indices de discrimination respectifs de +6 et 0. Nous ajouterions d'ailleurs à cette catégorie tout item ayant une différence S – I positive mais faible, environ trois ou moins, lorsqu'on compare des groupes de cette taille. Avec des groupes plus grands, on pourrait obtenir par hasard des différences encore plus grandes, même lorsque le pouvoir discriminant de l'item est nul.

Dans le cas d'examens rédigés par l'enseignante ou l'enseignant, l'analyse d'items vise à déceler des déficiences, soit dans le test, soit dans l'enseignement. Il suffit bien souvent de discuter les items douteux avec les élèves pour identifier le problème. Si c'est la formulation de la question qui pose problème, on pourra corriger l'item en vue d'un nouvel essai ultérieur, ou l'éliminer. La discussion pourra révéler, par ailleurs, que l'item est adéquat, mais que le contenu qu'il évalue n'a pas été bien compris. Dans ce cas, il faut reprendre l'étude de cette question. Dans le but de mieux cerner la source de l'inadéquation de l'item, il peut être utile, dans le cas surtout des items douteux, d'effectuer une analyse additionnelle, illustrée au tableau 8-2. Ce tableau indique le nombre de personnes des groupes S et I qui ont choisi chacune des alternatives proposées pour chacun des items présentés.

Tableau 8-2 Analyse des réponses à des items individuels

Item	Groupe	Choix de réponses				
		1	2	3	4	5
2	Supérieur	0	0	0	*20*	0
	Inférieur	2	0	1	*16*	1
4	Supérieur	0	*10*	9	0	1
	Inférieur	2	*16*	2	0	0
5	Supérieur	2	3	2	*11*	2
	Inférieur	1	3	3	*11*	2
7	Supérieur	*5*	3	5	4	3
	Inférieur	*0*	5	8	3	4

Note. Les bonnes réponses sont en italique.

Même si nous avons inclus l'item 2 dans le tableau 8-2, l'examen de la distribution des choix erronés ne nous apprend quasi rien de plus, puisqu'il n'y a que quatre choix erronés dans le groupe I et aucun dans le groupe S. Toutefois, une discussion de cet item avec les élèves devrait permettre de déterminer 1) si l'item (tronc et choix) était manifestement trop facile et donc sans grande valeur intrinsèque, 2) si quelque défaut de rédaction a contribué à révéler la réponse correcte, ou 3) s'il s'agit enfin d'un bon item qui échantillonna par hasard un morceau de matière bien enseigné et bien mémorisé. Dans le premier cas, l'item serait problablement abandonné, dans le deuxième il serait reformulé, cependant qu'il serait conservé tel quel dans le dernier cas.

Les données concernant l'item 4 laissent croire que le troisième choix présentait des implications insoupçonnées qui conduisaient 9 des élèves S à le préférer à la réponse correcte. Pour éclaircir la source du problème, il suffirait de demander à ces élèves d'expliquer les motifs de leur choix. Dans le cas de l'item 5, il semble y avoir erreur de formulation du tronc ou du choix correct, car ceux qui ont raté l'item se distribuent uniformément entre les quatre choix erronés. L'item 7 s'est révélé particulièrement difficile, puisque 15 élèves du groupe S et tous ceux du groupe I l'ont échoué. La légère concentration des réponses au choix (erroné) 3 indique que ce choix a suscité un attrait superficiel surtout au sein du groupe I, plus facile à induire en erreur. De plus, le fait qu'aucun élève I n'ait choisi la réponse correcte (choix 1) indique que cette alternative était formulée de façon telle que, à première vue ou pour des sujets ignorants, elle paraissait erronée. Ces deux caractéristiques devraient se retrouver dans tout bon item. Une discussion en classe devrait révéler que l'item 7 est un bon item qui s'est trouvé à échantillonner un morceau de matière que peu d'élèves avaient effectivement appris.

L'indice de discrimination. Lorsqu'on exprime en pourcentages le nombre de personnes des groupes critères S et I qui ont réussi chaque item, la différence entre ces deux pourcentages constitue un indice du pouvoir discriminant de l'item, indice que l'on peut interpréter sans tenir compte de la taille de l'échantillon particulier dont il est issu. La plupart des manuels de psychométrie présentent cet indice (voir, par exemple, Ebel, 1979; Johnson, 1951; Oosterhof, 1976) en lui donnant divers noms, tels que *U – L, ULI, ULD* ou tout simplement *D*. Bien que fort simple à calculer, il s'est révélé étroitement relié à d'autres mesures beaucoup plus complexes du pouvoir discriminant des items (Engelhart, 1965; Oosterhof, 1976). On peut illustrer le calcul de *D* à l'aide des données présentées dans le tableau 8-1. D'abord, on transforme en pourcentages les nombres de sujets des groupes S et I qui ont réussi chaque item. Puisque tous ces groupes comptent 20 sujets, on pourrait effectuer cette transformation en divisant chaque nombre par 20, puis en multipliant le résultat par 100. Il est toutefois plus simple de diviser 100 par 20, ce qui donne 5, puis de multiplier chaque nombre par cette constante. Ainsi, dans le cas de l'item 1, $15 \times 5 = 75$ (groupe S) et $7 \times 5 = 35$ (groupe I). Par conséquent, dans le cas de cet item, $D = 75 - 35 = 40$. On trouvera dans le tableau 8-3, le résultat de ces calculs pour les six autres items[3].

L'indice *D* peut prendre n'importe quelle valeur entre +100 et −100. Si tous les membres du groupe S et aucun du groupe I réussissent l'item, alors *D* est égal à 100; si ces taux de réussite sont inversés [peu probable!], alors $D = -100$. Si les deux groupes ont un même taux de bonnes réponses, alors $D = 0$. Comme c'est le cas pour bon nombre d'indices de discrimination, *D* n'est pas indépendant de la difficulté de l'item, mais biaisé en faveur

Tableau 8-3 Calcul de l'indice de discrimination

Item	Pourcentage de réussite		Différence (Indice de discrimination)
	Groupe S	Groupe I	
1	75	35	40
2	100	80	20
3	95	45	50
4	50	80	−30
5	55	55	0
6	80	45	35
7	25	0	25

Note. Les données proviennent du tableau 8-1.

[3] Le lecteur attentif aura sans doute remarqué qu'on peut obtenir le même résultat en multipliant tout simplement par 5 les différences inscrites dans la colonne de droite du tableau 8-1.

Tableau 8-4 Lien entre la valeur maximale de *D* et la difficulté de l'item

Pourcentage de bonnes réponses	Valeur maximale de *D*
100	0
90	20
70	60
50	100
30	60
10	20
0	0

des niveaux de difficulté intermédiaires. Le tableau 8-4 illustre la valeur maximale que *D* peut prendre à divers niveaux de difficulté. Lorsque les taux de réussite sont extrêmes, soit 100 % ou 0 %, il ne peut plus y avoir de différence entre les groupes S et I quant à leur performance; c'est pourquoi $D = 0$. À l'autre extrême, si le taux de succès à l'item est 50 %, il serait possible que tous les sujets du groupe S l'aient réussi et aucun du groupe I, ce qui donnerait une valeur *D* de 100 ($100 - 0 = 100$). Si l'item est réussi par 70 % des examinés, on peut illustrer comme suit la valeur maximale que *D* peut prendre: (S) 50/50 = 100 %; (I) 20/50 = 40 %; $D = 100 - 40 = 60$. On se souviendra que dans la plupart des situations de testage les meilleurs items sont ceux qui avoisinent un niveau de difficulté de 50 %. C'est pourquoi les indices de discrimination qui favorisent ce niveau de difficulté sont habituellement appropriés comme critères de sélection d'items. [En d'autres termes, le fait pour un indice de discrimination de dépendre de la difficulté n'est pas nécessairement un désavantage.]

Le Coefficient Phi. Plusieurs indices de discrimination présentent le lien entre l'item et le critère sous la forme d'un coefficient de corrélation. L'un d'eux est le coefficient phi (ϕ). Calculé à partir d'un tableau bivarié de quatre cases, ϕ est basé sur la proportion de réussites et d'échecs à l'item dans les groupes S et I. Comme tous les coefficients de corrélation, ses valeurs s'échelonnent entre +1,00 et −1,00. Le coefficient ϕ postule que les deux variables, item et critère, constituent de véritables dichotomies; donc, il ne s'applique qu'aux conditions dichotomiques qui ont servi à le calculer et ne peut être aucunement extrapolé à quelque lien sous-jacent entre les traits mesurés par l'item et le critère. Tout comme l'indice *D*, le coefficient ϕ est biaisé en faveur des niveaux de difficulté médians, en ce sens qu'il donne des valeurs maximalement élevées lorsque le découpage des dichotomies est voisin de 50–50.

Plusieurs outils de support sont disponibles pour faciliter le calcul des coefficients ϕ. Lorsque les groupes S et I comptent un même nombre de sujets, on peut calculer ϕ à l'aide des tables de Jurgensen (1947); il suffit d'y introduire les taux de réussite respectifs des groupes S et I. Étant donné qu'il est facile, lors d'une analyse d'items, de créer des groupes S et I de même taille, les tables de Jurgensen sont habituellement appropriées. Lorsque les deux groupes critères sont de taille différente, on peut calculer ϕ avec un autre ensemble de tables, celles d'Edgerton (1960); leur utilisation exige toutefois un peu plus de temps.

On peut aisément calculer le niveau de signification du coefficient ϕ grâce à son lien avec le khi carré et les tables de probabilités de la distribution normale. L'utilisation de ces tables permet de calculer, grâce aux formules ci-dessous, la valeur minimale de ϕ qui sera statistiquement significative aux seuils 0,05 et 0,01.

$$\phi_{0,05} = \frac{1,96}{\sqrt{N}}$$

$$\phi_{0,01} = \frac{2,58}{\sqrt{N}}$$

Dans ces formules N représente la somme des sujets des deux groupes critères. Ainsi, lorsque les deux groupes S et I comptent chacun 50 sujets, N sera égal à 100, et la valeur de ϕ minimalement significative au seuil 0,05 sera égale à $1,96 \div \sqrt{100} = 0,196$. Tout item pour lequel ϕ atteindra ou dépassera 0,196 sera considéré significativement relié au critère avec un niveau de confiance de 0,95.

La Corrélation Bisériale. Examinons maintenant, comme dernier exemple de mesure du pouvoir discriminant des items, la corrélation bisériale (r_{bis}), qui se distingue du coefficient ϕ de deux façons. Premièrement, r_{bis} postule que les traits sous-jacents à l'item et au critère se distribuent de façon continue et normale. Deuxièmement, cette technique fournit une mesure du lien item-critère qui ne dépend pas du niveau de difficulté de l'item.

Pour calculer une corrélation bisériale, nous avons besoin du score moyen au critère de ceux qui ont réussi l'item et de ceux qui l'ont raté, de l'*ÉT* de la distribution des scores au critère pour l'ensemble des sujets, ainsi que du taux de succès et d'échecs à l'item. La plupart des manuels de statistique présentent la formule de calcul de r_{bis} (ex.: Guilford & Fruchter, 1978, p. 304-306). Il existe également des tables, dans lesquelles il suffit d'introduire le taux de succès à l'item pour obtenir tous les autres éléments nécessaires au calcul de r_{bis} (Guilford & Fruchter, 1978, Table G, p. 520-521). On calcule l'erreur type de r_{bis} à l'aide d'une formule très simple qui utilise des éléments déjà présents dans la formule de r_{bis}. Ajoutons que l'ordinateur, lorsque disponible, calcule directement des corrélations bisériales, ainsi que leurs erreurs types.

LA THÉORIE DES RÉPONSES AUX ITEMS

Régression Item-Test. Les graphiques de régression item-test permettent d'illustrer simultanément la valeur des indices de difficulté et de discrimination d'un item. Pour les fins de cette illustration, imaginons un test fictif de 12 items où l'examiné doit donner de courtes réponses, comme c'est par exemple le cas du sous-test *Vocabulaire* dans les tests individuels d'intelligence générale. Le tableau 8-5 indique, pour chaque valeur du score total, la proportion des sujets qui ont répondu correctement à deux des items. Ces données sont représentées visuellement dans la figure 8-5.

On peut définir le niveau de difficulté d'un item comme équivalant à un seuil de 50 %, tout comme c'est l'usage lorsqu'on fixe des seuils sensoriels en psychophysique. C'est ce qu'on a fait dans la figure 8-5 en traçant des perpendiculaires à partir du point où chacune des deux courbes croise le niveau de 50 % jusqu'à l'axe horizontal où sont indiqués les scores totaux. On constate ainsi que les sujets dont le score total est environ 8 ont une chance sur deux de réussir l'item 7, alors que, pour l'item 12, cette probabilité n'est atteinte que chez ceux dont le score total est 10. Le pouvoir discriminant de chaque item est représenté par la pente de la courbe: plus elle est abrupte, plus la performance à l'item est étroitement reliée au score total et, partant, plus l'indice de discrimination est élevé. À vue d'œil, les items 7 et 12 paraissent avoir des indices de discrimination à peu près similaires.

L'examen des régressions item-total, comme celles illustrées à la figure 8-5, permet de visualiser le degré d'efficacité d'un item. Non seulement ces graphiques combinent-ils de l'information à propos de sa difficulté et de son pouvoir discriminant, mais ils donnent une image complète de la relation entre la performance à l'item et le score total. Par exemple, la courbe de

Tableau 8-5 Données fictives pour illustrer la régression item-test

Score total	Proportion de réponses correctes	
	Item 7	Item 12
12	1,00	0,95
11	0,82	0,62
10	0,87	0,53
9	0,70	0,16
8	0,49	0,05
7	0,23	0,00
6	0,10	0,00
5	0,06	0,00
4	0,03	0,00
3	0,00	0,00
2	0,00	0,00
1	0,00	0,00

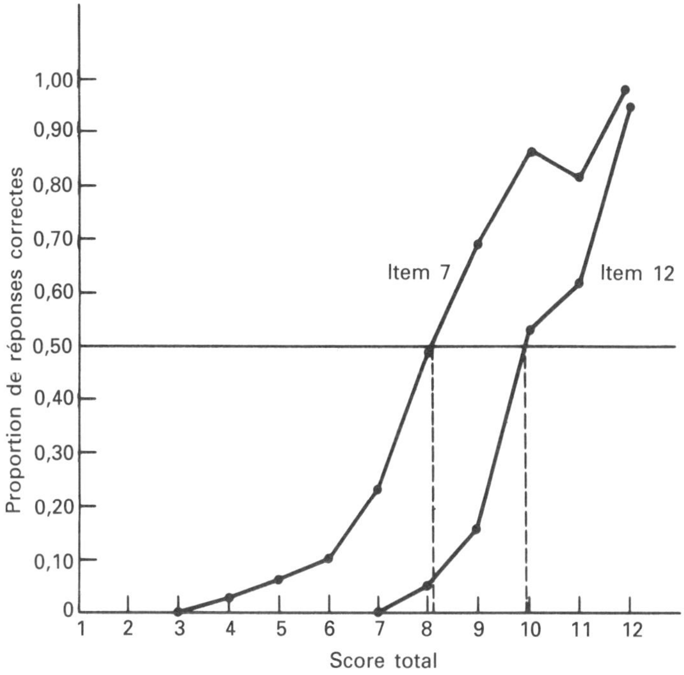

Figure 8-5 Régression item-test pour les items 7 et 12.
(Données extraites du tableau 8-5)

l'item 7 montre un phénomène d'inversion: les personnes qui ont eu un score total de 10 ont mieux réussi l'item que celles qui ont eu un score total de 11. Lorsqu'un tel résultat provient d'un petit échantillon, cette inversion a probablement peu d'importance; elle illustre toutefois le type d'information qu'une telle analyse des réponses aux items peut mettre en lumière.

Cependant, ce graphique fournit une information trop grossière et limitée, pour des fins de traitement mathématique additionnel, d'évaluation précise et de sélection des items. Cette approche a servi de point de départ à l'élaboration de formules d'analyse d'items très complexes et très sophistiquées, auxquelles on s'est intéressé de plus en plus au cours des années soixante-dix et quatre-vingt. L'une des raisons de leur popularité croissante est sans contredit la disponibilité d'ordinateurs rapides et puissants, sans lesquels il serait impensable d'effectuer les calculs que ces méthodes d'analyse exigent. La mise au point de logiciels, pour plusieurs de ces modèles d'analyse, a rendu très facile leur application courante. Nous allons décrire ci-dessous les principales caractéristiques de cette approche[4].

[4] On trouvera dans Baker (1977), Hambleton (1988), Hambleton et Swaminathan (1985), Hulin, Drasgow et Parsons (1983), ainsi que Weiss et Davison (1981), une introduction aux méthodes TRI et une évaluation critique de celles-ci. Lord (1980) en fait une présentation technique détaillée, tandis que Weiss (1983) analyse divers progrès techniques récents.

Caractéristiques De Base De La Théorie Des Réponses Aux Items. L'approche mathématique que nous étudions ici, dite théorie des réponses aux items (TRI), a également porté les noms de théorie des traits latents et de théorie des courbes caractéristiques d'items (CCI). L'un des aspects fondamentaux de cette approche est le lien postulé entre la performance de l'examiné à l'item et le niveau estimé d'un «trait latent» chez l'examiné, symbolisé par la lettre grecque θ (thêta). Dans le présent contexte, l'expression «trait latent» désigne un construit statistique; on ne postule aucunement qu'il s'agit d'un trait psychologique ou physiologique possédant une existence indépendante. Dans le cas de tests cognitifs, le trait latent porte habituellement le nom de l'habileté mesurée par le test. Le score total au test sert souvent d'estimation initiale de cette habileté.

On trace des courbes caractéristiques d'items en utilisant des fonctions dérivées mathématiquement, plutôt que les données empiriques servant à tracer les courbes de régression item-test. Ces fonctions mathématiques diffèrent d'un modèle TRI à l'autre et s'appuient sur des ensembles différents de postulats. Certains modèles utilisent des fonctions d'ogive normale (c'est-à-dire des distributions normales cumulées); d'autres utilisent des fonctions logistiques, qui tirent parti de quelques propriétés mathématiques commodes des relations logarithmiques. De façon générale, les résultats obtenus à l'aide de ces divers modèles se ressemblent passablement, sous réserve que leurs postulats soient respectés. La figure 8-6 illustre les courbes caractéristiques d'items de trois items fictifs. L'axe horizontal représente l'échelle d'habileté (θ), estimée à partir du score total au test et d'autres informations provenant des réponses au test dans un échantillon particulier. L'axe vertical représente P_i (θ), c'est-à-dire la probabilité d'une réponse correcte à l'item i en fonction de la position de la personne sur l'échelle d'habiletés (θ). Cette probabilité est dérivée de données sur la proportion des personnes de divers niveaux d'habiletés qui ont réussi l'item.

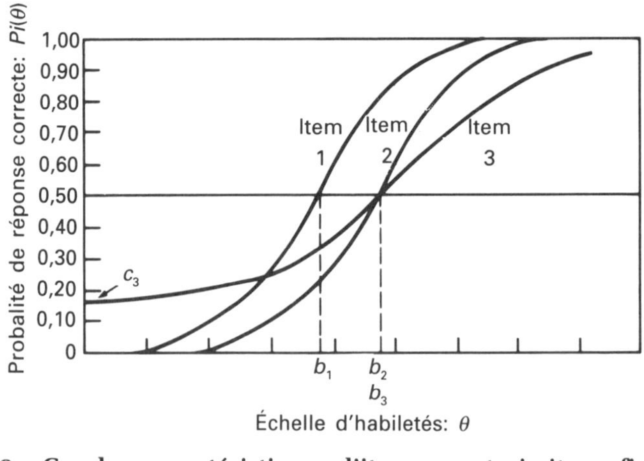

Figure 8-6 Courbes caractéristiques d'item pour trois items fictifs.

Dans le modèle complet, à trois paramètres, chaque CCI est définie par trois paramètres dérivés mathématiquement à partir des données empiriques. Le paramètre de discrimination (a_i) correspond à la pente de la courbe. Il est inversement proportionnel à la distance qu'il faut parcourir sur le continuum des habiletés (θ) pour accroître $P_i(\theta)$. Plus grande est la valeur de a_i, plus la pente est abrupte. Dans la figure 8-6, les items 1 et 2 ont un même a_i, ou indice de discrimination; l'item 3 a une valeur a_i plus faible, car la courbe grimpe moins rapidement. Le paramètre de difficulté de l'item (b_i) correspond au point sur l'axe de l'habileté où la probabilité d'une réponse correcte, soit $P_i(\theta)$, est égale à 0,50. On peut constater que les items 2 et 3 ont tous deux la même valeur b_i, alors que l'item 1 est plus facile, exigeant une habileté moindre pour que la probabilité d'une réponse correcte atteigne 0,50. Les modèles TRI conçus pour analyser des items à choix multiples comportent souvent un troisième paramètre, dénommé «paramètre de devinage» (c_i)[5]. Il représente la probabilité qu'une bonne réponse se produise par hasard. Dans le cas d'un item à choix multiples, même les examinés dont le niveau d'habileté est très faible ont une probabilité supérieure à zéro de donner une réponse correcte. Ceci est illustré par l'item 3 de la figure 8-6, dont l'asymptote inférieure est nettement au-dessus de zéro.

L'estimation des paramètres d'items et du niveau d'habileté s'effectue habituellement par des techniques itératives ou d'approximation successive; les approximations sont répétées jusqu'à ce que les valeurs estimées se stabilisent. En plus de fournir des indices de difficulté et de discrimination mathématiquement raffinés, les techniques TRI offrent plusieurs autres avantages. L'une des caractéristiques importantes de cette approche est sa façon de traiter la fidélité et l'erreur de mesure par le biais de **fonctions d'informations de l'item**. Calculées pour chaque item, ces fonctions offrent une base solide pour sélectionner les items. La fonction d'information de l'item tient compte de tous les paramètres de l'item pour évaluer son degré d'efficience en tant qu'outil de mesure à divers niveaux sur l'échelle d'habiletés.

La contribution la plus diffusée des modèles TRI concerne l'indépendance de leurs résultats à l'égard de l'échantillonnage, techniquement désignée **invariance des paramètres d'items**. Le fait que les paramètres d'items doivent demeurer invariants lorsqu'on les calcule avec des échantillons d'habileté variable est l'un des principes de base de tous les modèles TRI. Ceci signifie qu'on peut utiliser une échelle de mesure uniforme quel que soit le groupe. Ceci signifie également que des groupes, tout autant que

[5] Certains chercheurs recommandent de nommer c_i paramètre «d'asymptote inférieure» ou «de hasard» de la CCI, parce que les modèles à trois paramètres considèrent c_i comme indépendant de l'habileté, alors que le devinage est fonction du niveau d'habileté.

[**Note du traducteur**. Le néologisme «devinage» a pour but de signaler que ce paramètre évalue l'importance des **actions** des examinés pour deviner plus ou moins au hasard la réponse correcte.]

des individus, peuvent être testés avec des ensembles différents d'items, appropriés à leur niveau d'habileté, et que leurs scores seront directement comparables. Il faut cependant vérifier empiriquement si l'invariance prévue se produit de fait.

Lorsqu'il est question de tester plusieurs échantillons différents, une procédure consiste à faire appel à un large bassin d'items, ou banque d'items, qu'on aura au préalable étalonné auprès d'un large échantillon au hasard. Lorsque l'étendue de l'habileté est très grande, comme c'est le cas par exemple des séries de tests de rendement scolaire qui couvrent plusieurs classes, il est nécessaire d'utiliser des items communs (nommés items d'ancrage, de liaison, ou d'étalonnage) pour combler les écarts entre les groupes. Lorsque les items de la banque ont été étalonnés, on peut administrer à tout individu ou groupe n'importe quel sous-ensemble de ces items, et les scores qui en résulteront seront comparables.

D'autres Modèles TRI. Nous avons examiné dans la section précédente un modèle à trois paramètres. Lorsqu'on peut considérer comme négligeable l'impact du devinage sur la performance au test, des modèles à deux paramètres, qui omettent le paramètre de hasard (c_i), deviennent appropriés. Rasch (1966; voir aussi Andersen, 1983) a mis au point un modèle à paramètre unique, basé seulement sur la difficulté (b_i) d'un ensemble d'items, que d'autres chercheurs ont adapté et dont ils se sont faits les défenseurs (ex.: Wright, 1968, 1977; Wright & Stone, 1979). Ce modèle postule que les items ne se distinguent les uns des autres que de façon négligeable sur le plan du devinage et du pouvoir discriminant. Lorsqu'ils élaborent des tests, les promoteurs du modèle de Rasch élimineront fréquemment des items qui ne respectent pas ce postulat. On a également soutenu que les modèles TRI sont très «robustes», au sens statistique du terme, c'est-à-dire qu'on peut violer jusqu'à un certain point leurs postulats sans que les résultats soient faussés. Cette affirmation exige, évidemment, d'être vérifiée empiriquement.

Les modèles que nous avons présentés jusqu'à présent postulent l'**unidimensionnalité** du test; en d'autres termes, on présume que les réponses aux items peuvent être attribuées à un seul trait. On a également imaginé des modèles plus généraux, applicables à des tests multidimensionnels; toutefois, les démarches de calcul sont beaucoup plus onéreuses. D'autres variantes ont aussi été mises au point pour tenir compte de réponses graduées (par opposition à la dichotomie bon-erroné; Samejima, 1969), ou pour analyser les divers choix de réponses d'items à choix multiples (Bock, 1972).

Statut Actuel. Les mérites relatifs des divers modèles TRI font encore l'objet de nombreux débats. Il y a place pour beaucoup plus de vérifications des valeurs dérivées mathématiquement, non seulement à l'aide de données artificielles ou de simulations informatiques, mais aussi avec de véritables données. L'invariance des paramètres d'items a particulièrement besoin d'être étudiée dans de multiples situations concrètes. Certains psychométriciens s'appuient sur des arguments théoriques pour remettre en question l'application même des techniques TRI aux tests psychologiques. Par exemple, l'unidimensionnalité ne peut pas être vérifiée par les techniques usuelles d'analyse factorielle, puisque les intercorrélations entre items ont de fortes chances d'être curvilinéaires. De plus, les mêmes items peuvent faire appel à des combinaisons différentes d'habiletés selon que les individus possèdent des antécédents socio-culturels différents ou qu'ils se trouvent à des stades différents d'apprentissage.

Parallèlement, on poursuit activement l'application des méthodes TRI à des problèmes pratiques de testage. Ces techniques d'analyse d'items sont progressivement introduites dans les démarches de révision des batteries de tests que les éditeurs commerciaux ont élaborées pour le milieu scolaire. Mentionnons, à titre d'exemples, les *California Achievement Tests* et les *Comprehensive Tests of Basic Skills*. Les modèles TRI sont particulièrement appropriés à certains types nouveaux de testage, tel le testage adaptatif informatisé (TAI). Dans cette forme de testage, chaque examiné peut se voir présenter un ensemble différent d'items, où tous sont cependant scorés sur une échelle uniforme. L'une des applications majeures de l'approche TRI a pour cadre un projet en cours qui vise à élaborer une version TAI de la *Armed Forces Aptitude Battery* (Moreno, Wetzel, McBride & Weiss, 1984; Sands, 1984; Wiskoff & Schratz, 1988).

L'ANALYSE DES ITEMS DE TESTS DE VITESSE

Que la vitesse constitue ou non une composante pertinente de la fonction mesurée par un test, les indices statistiques d'items qui proviennent d'un test de vitesse peuvent être trompeurs. De fait, sauf pour les items complétés par la quasi-totalité des examinés, les indices d'items des tests de vitesse ne précisent que la position de l'item dans le test plutôt que sa difficulté intrinsèque ou son pouvoir discriminant. Les items situés vers la fin du test ne seront réussis que par un faible pourcentage des sujets, tout simplement parce que peu d'entre eux auront eu le temps de se rendre aussi loin. Quel que soit son réel niveau de difficulté, un item placé vers la fin d'un test de vitesse paraîtra difficile. Même si l'item ne demande au sujet que de se nommer, le taux de succès pourra être très faible si cet item est situé vers la fin d'un test de vitesse.

Parallèlement, dans le cas d'items auxquels une fraction seulement des examinés auront répondu, on obtiendra des indices de discrimination artificiellement gonflés. Parce que les sujets plus habiles ont tendance à travailler plus vite, ils ont de meilleures chances de se rendre jusqu'aux derniers items d'un test de vitesse. Par conséquent, indépendamment de la nature même de l'item, lorsque ce dernier se trouve vers la fin d'un test de vitesse, on obtient inévitablement une corrélation quelconque [= 0] entre le critère et l'item.

Dans le but de contrer certaines de ces difficultés, on pourrait n'effectuer l'analyse d'items qu'avec les seuls sujets qui ont essayé chacun d'eux. Cette solution n'est malheureusement pas très satisfaisante, sauf lorsque le nombre de ceux qui n'ont pas essayé l'item est petit. D'abord, cette procédure s'appliquerait à un échantillon qui décroîtrait rapidement, ce qui atténuerait considérablement la fidélité des résultats obtenus pour les derniers items. De plus, le groupe de sujets utilisés pour l'analyse des derniers items serait probablement très sélectif, donc peu comparable au plus grand groupe utilisé dans le cas des premiers items. En effet, ainsi qu'on l'a déjà signalé, les sujets plus rapides tendent également à mieux réussir. L'analyse des derniers items porterait donc sur un échantillon supérieur. Un tel facteur sélectif aurait pour effet de réduire le niveau apparent de difficulté des derniers items, puisque le taux de succès serait normalement plus élevé dans ce groupe supérieur que dans l'échantillon total. Notons que cette erreur est l'opposée de celle qui se produit lorsque le taux de succès des derniers items est calculé auprès de l'échantillon total; dans ce dernier cas, en effet, le niveau de difficulté est artificiellement gonflé.

Cette même procédure d'analyse sélective a un impact moins évident, mais tout aussi grand, sur les indices de discrimination. On a remarqué, par exemple, que certains examinés plus faibles au test, soucieux d'essayer tous les items à l'intérieur du temps alloué, ont tendance à parcourir rapidement l'ensemble du test et à inscrire leurs réponses presque au hasard. Ce comportement se manifeste moins fréquemment chez les sujets qui obtiennent de bons résultats. Par conséquent, l'échantillon sur lequel porterait l'analyse sélective des items risque d'être composé de quelques répondants très faibles, dont la performance ne sera guère supérieure au hasard, et d'un plus grand nombre de sujets rapides et très performants qui auront majoritairement donné la bonne réponse. Avec un tel groupe, la corrélation item-critère sera probablement plus élevée qu'elle le serait avec un échantillon plus représentatif. D'autre part, si l'échantillon utilisé pour les derniers items ne contient pas de sujets faibles qui ont répondu à peu près au hasard, alors l'étendue d'habiletés sera inévitablement très réduite. Dans de telles conditions, les indices de discrimination risquent d'être plus faibles qu'ils ne le seraient s'ils étaient calculés avec l'échantillon total non sélectif.

Ces impacts anticipés de la vitesse sur les indices de difficulté et de discrimination ont été vérifiés empiriquement, aussi bien lorsque les indices sont calculés avec l'échantillon total (Wesman, 1949) qu'avec ceux seulement qui ont essayé l'item (Mollenkopf, 1950a). Dans le cas de cette dernière étude, deux échantillons comparables d'élèves du secondaire reçurent deux versions d'un test de vocabulaire et deux versions d'un test de mathématiques. Toutes deux étaient composées des mêmes items, sauf que l'ordre était inversé d'une version à l'autre. On administra chaque version avec un minutage limité (conditions de vitesse) et très généreux (conditions de puissance), ce qui permit d'effectuer diverses comparaisons impliquant les versions et les minutages. Les résultats montrèrent clairement que, dans les tests de vitesse, la position de l'item influençait les indices de difficulté et de discrimination; de fait, lorsque le même item apparaissait plus loin dans le test de vitesse, il était réussi par un pourcentage plus élevé de ceux qui l'essayaient et sa corrélation item-critère était plus élevée.

Les difficultés observées, à propos de l'analyse d'items de tests de vitesse, sont tout à fait similaires à celles que nous avons mentionnées au chapitre 5, à propos de l'étude de la fidélité de ces tests. Diverses solutions, tant empiriques que statistiques, ont été imaginées pour contrer ces difficultés. L'une des solutions empiriques consiste à utiliser un minutage plus généreux lorsqu'on administre le test au groupe dont les résultats serviront à effectuer l'analyse d'items. Cette solution n'est toutefois acceptable que si la vitesse n'est pas une composante importante de l'habileté que doit mesurer le test. Outre les problèmes techniques que posent certains tests particuliers, il faut garder à l'esprit que les résultats d'analyses d'items provenant de tests de vitesse sont suspects et qu'ils faut les examiner très soigneusement.

LA CONTRE-VALIDATION

Signification De La Contre-Indication. Il est essentiel d'étudier la validité d'un test avec un échantillon de sujets différent de celui qui a servi à sélectionner les items. Cette opération indépendante de vérification de la validité du test entier porte le nom de contre-validation. Tout indice de validité calculé avec le même échantillon qui a servi à sélectionner les items bénéficiera des erreurs d'échantillonnage propres à cet échantillon particulier et sera donc artificiellement gonflé. De fait, on pourrait même obtenir, dans de telles circonstances, un coefficient de validité élevé alors que le test ne serait aucunement valide pour prédire ce critère particulier.

Supposons un échantillon de 100 étudiants en médecine, parmi lesquels on a choisi deux groupes critères contrastés, soit les 30 meilleurs et les 30 plus faibles sur le plan de leur rendement scolaire. Si nous comparons ces deux groupes sur un ensemble de traits qui n'ont rien à voir avec le succès en médecine, le hasard fera sans doute apparaître quelques différences significatives; on pourrait, par exemple, observer une surreprésentation, dans le groupe critère supérieur, de diplômés de collèges privés ou d'individus aux cheveux roux. Si nous décidions de scorer chaque individu en lui donnant un point s'il vient d'un collège privé et un point pour ses cheveux roux, les moyennes obtenues pour ces deux caractéristiques seraient évidemment plus élevées dans le groupe supérieur que dans le groupe inférieur. Cette différence ne confirmerait cependant pas la validité de ces deux prédicteurs, car ce processus de validation s'appuie sur un cercle vicieux. En effet, les deux prédicteurs furent au départ retenus à cause de fluctuations au hasard, propres à cet échantillon; et ce sont ces **mêmes** fluctuations qui ont engendré les différences entre les moyennes globales. Toutefois, si on effectue une vérification auprès d'un autre échantillon, ces fluctuations au hasard concernant les diplômés de collèges privés ou les individus aux cheveux roux risquent fort de disparaître ou de s'inverser, ce qui entraînera un affaissement de la validité des scores.

Un Exemple Concret. Une ancienne étude, réalisée avec le test des taches d'encre de Rorschach (Kurtz, 1948), démontre on ne peut plus clairement la nécessité d'une contre-validation. Dans l'espoir de démontrer l'utilité du Rorschach pour la sélection de gérants des ventes dans des compagnies d'assurances, on administra ce test à 80 de ces gérants. On les avait soigneusement sélectionnés dans un bassin de plusieurs centaines de gérants provenant de huit compagnies différentes d'assurance-vie, de façon à constituer un groupe critère supérieur de 42 gérants jugés très satisfaisants par leur compagnie respective, ainsi qu'un groupe critère inférieur de 38 gérants jugés insatisfaisants. Les 80 rapports de test furent examinés par un expert du Rorschach, lequel retint un groupe de 32 indices ou réponses caractéristiques qu'on retrouvait plus fréquemment dans l'un ou l'autre des deux groupes critères. On donna la cote +1 aux sujets qui manifestaient chacun des indices appararaissant plus fréquemment dans le groupe supérieur et 0 lorsqu'ils ne les manifestaient pas; de même, les cotes −1 et 0 furent utilisées pour les indices plus communs aux membres du groupe inférieur. Étant donné qu'il y avait 16 indices de chaque type, le score total d'un sujet pouvait varier entre −16 et +16.

Lorsqu'on appliqua au groupe original de 80 sujets la clef de correction basée sur ces 32 indices, 79 sur 80 furent correctement placés dans leur groupe d'appartenance, supérieur ou inférieur. La corrélation entre le score à ce test et le critère aurait donc été voisine de +1,00. Cependant, lorsqu'on effectua une contre-validation de ce test auprès d'un échantillon comparable de 41 gérants, soit 21 dans le groupe supérieur et 20 dans le groupe inférieur, le coefficient de validité chuta à +0,02, une valeur quasi nulle. Ceci confirma que la clef mise au point auprès du premier échantillon n'avait aucune validité pour sélectionner ce type de personnel.

Un Exemple Avec Des Données Aléatoires. Cureton (1950) a conçu une démonstration convaincante de ce phénomène de validité purement factice résultant de l'utilisation, dans des conditions complètement aléatoires, d'un unique échantillon pour sélectionner les items et valider le test. Le critère à prédire était le rendement scolaire moyen de 29 étudiants inscrits à un cours de psychologie. Il dichotomisa ce critère en isolant les notes B ou plus des notes C ou moins. Les «items» étaient constitués par 85 étiquettes, chacune portant un numéro de 1 à 85 sur l'une de ses faces. Afin de créer un score à ce «test» pour chaque étudiant, les 85 étiquettes furent placées dans un contenant, soigneusement brassées, puis jetées sur une table. Ainsi, les étiquettes dévoilant leur numéro furent enregistrées comme items réussis à ce test par l'étudiant. Il suffit de 29 lancers d'étiquettes pour établir le succès ou l'échec aux 85 items et attribuer ainsi un «score» à chaque étudiant. S'inspirant de la procédure adoptée pour générer ces scores aléatoires, Cureton donna à son test le nom de «Test psychokinésique projectif des B».

On effectua alors une analyse d'items, en utilisant comme critère le rendement scolaire des étudiants. Cette analyse permit de retenir 24 «items» discriminants; 9 d'entre eux se retrouvaient plus souvent chez les étudiants du groupe B+ et reçurent par conséquent une cote +1, tandis que les 15 autres, plus fréquents dans l'autre groupe, reçurent une cote −1. La somme de ces poids devint le nouveau score total de chaque étudiant. Malgré l'origine nettement aléatoire de ces «scores», on obtint dans le groupe originel une corrélation de 0,82 entre ces scores et le critère de rendement scolaire. Il s'agit là d'un résultat tout à fait similaire à celui des scores au Rorschach dans l'étude décrite plus haut. Dans les deux cas, le lien apparent entre les scores au test et la performance au critère résultait de l'utilisation des différences aléatoires, à la fois pour sélectionner les items et pour vérifier la validité des scores totaux au test.

Conditions influençant l'affaissement de validité. Le degré d'affaissement d'un coefficient de validité lors d'une contre-validation dépend partiellement de la grandeur du bassin originel d'items et de la proportion d'items conservés. Dans le cas d'un grand bassin d'items originels et d'une faible proportion d'items retenus, il y a plus de risques d'exploiter les différences dues au hasard et d'obtenir ainsi un coefficient de validité artificiellement gonflé. Le degré d'affaissement dépend également de la grandeur de l'échantillon. Étant donné que ce gonflement artificiel du coefficient de validité dans l'échantillon initial résulte de l'accumulation d'erreurs d'échantillonnage, les petits échantillons (où l'erreur d'échantillonnage est plus grande) produisent habituellement des affaissements de validité plus importants.

Si le choix des items s'appuie sur des hypothèses préalablement formulées, découlant d'une théorie psychologique ou d'une bonne connaissance du critère, on minimisera les risques d'affaissement de la validité. Par exemple, si l'on a formulé l'hypothèse que la réponse «Oui» à tel item doit apparaître plus souvent dans le groupe des meilleurs étudiants, on ne conservera pas cet item s'il s'avère que ce sont surtout les étudiants les plus **faibles** qui répondent «Oui». L'approche opposée, aveuglément empirique, consisterait, par exemple, à réunir un ensemble disparate de questions sans se préoccuper le moindrement de la pertinence de leur lien avec le comportement critère, puis de conserver toutes celles qui manifesteraient un lien significatif, positif ou négatif, avec le critère. Cette dernière approche devrait normalement engendrer un affaissement bien plus grand que la précédente. Mitchell et Klimoski (1986) ont présenté une démonstration fort bien conçue des différences d'affaissement de validité qui se produisent selon que le choix des items s'appuie sur une stratégie rationnelle ou empirique. En résumé, l'affaissement de validité lors d'une contre-validation sera d'autant plus grand que l'échantillon sera petit, que le bassin initial d'items sera grand, que la proportion d'items conservés sera petite et que les items auront été rassemblés sans l'appui d'un cadre conceptuel préétabli.

L'ÉVALUATION DU BIAIS DES ITEMS

Procédures Statistiques. Parce qu'elle constitue l'un des aspects de l'évaluation du biais des tests à l'égard des groupes minoritaires, l'analyse du biais des items suscite un intérêt croissant. Ce type d'analyse s'intéresse essentiellement à la **difficulté relative** d'items particuliers entre des groupes dont le bagage culturel ou les antécédents diffèrent. En termes psychométriques, on dira que des items sont biaisés lorsque des personnes d'habiletés égales, mais d'appartenance culturelle différente, n'ont pas la même probabilité de réussite. L'expression «habiletés égales» réfère ici à une égalité en regard du construit que le test a pour but d'évaluer. De nombreuses méthodes ont été élaborées pour dépister les items biaisés, certaines de type statistique et d'autres à base de jugements (Berk,1982). Deux approches principales se dégagent de l'éventail diversifié des méthodes statistiques. La première s'appuie essentiellement sur le pourcentage de succès à l'item dans chaque groupe (Angoff, 1982), tandis que la seconde, plus large et sophistiquée, correspond à une application de la théorie des réponses aux items (Ironson, 1982).

La première approche est illustrée par le diagramme de corrélation de la figure 8-7, dans lequel on retrouve le pointage des valeurs delta calculées à partir des taux de succès aux items d'un test de deux échantillons au hasard d'élèves blancs de niveau secondaire (Angoff et Ford, 1973). En raison de la très grande similitude des indices de difficulté, ces delta se sont regroupés de façon serrée autour de la diagonale, produisant une corrélation de 0,987. On appliqua la même technique à des échantillons comparables d'élèves blancs et noirs de niveau secondaire. Dans ces diagrammes, tout item qui s'éloigne de la diagonale sera identifié comme marginal et potentiellement biaisé.

Des recensions de recherches sur le biais des items ont révélé des divergences entre les résultats provenant de méthodes d'analyse différentes, de même que le jeu possible d'artefacts statistiques (Hunter, 1975; Ironson et Subkoviak, 1979; Pine, 1977). L'un des principaux problèmes a pour origine le lien étroit entre, d'une part, les différences intergroupes quant aux taux de succès moyens aux items et, d'autre part, les différences moyennes de performance à l'ensemble du test. Par conséquent, les items qui possèdent un bon pouvoir discriminant en regard du score total au test risquent d'être perçus comme biaisés, donc d'être éliminés. On a utilisé toutes sortes de techniques pour annuler l'effet de ces différences sur le plan du score total. Mentionnons notamment l'utilisation de groupes appariés sur une variable

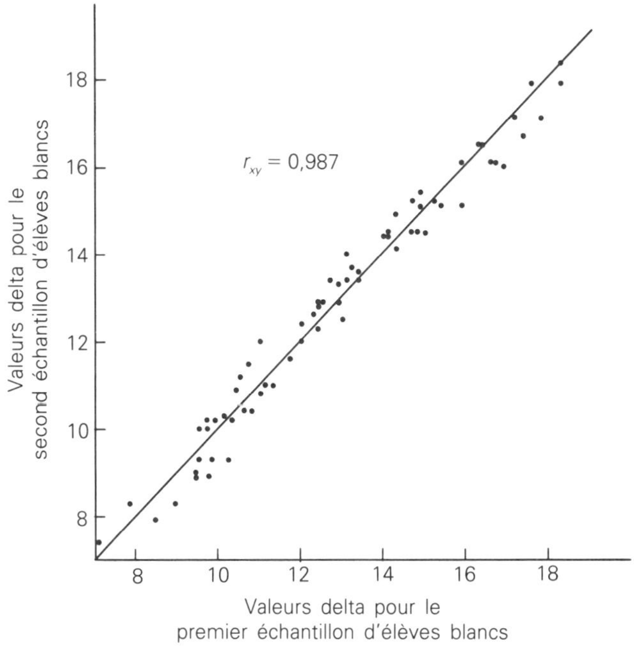

Figure 8-7 Distribution bivariée des indices de difficulté des items du *Preliminary Scholastic Aptitude Test* (PSAT: Verbal) pour deux échantillons au hasard d'élèves blancs du cours secondaire.
(Extrait de Angoff & Ford, 1973, p. 99. Reproduction autorisée par le *National Council on Measurement in Education.*)

étroitement reliée (Angoff et Ford, 1973), la comparaison des indices de difficulté des deux groupes à l'intérieur d'intervalles restreints de scores totaux (Scheuneman, 1979), ainsi que le calcul des corrélations partielles entre la réponse à l'item et le groupe d'appartenance, en maintenant constant le score total (Stricker, 1984a)[6].

Grâce à la généralisation des ordinateurs, la seconde approche, basée sur la théorie des réponses aux items (TRI), est en voie de devenir la méthode préférée. Elle s'applique particulièrement bien lorsque de larges échantillons sont disponibles. L'approche TRI permet de mesurer la difficulté d'un item de façon totalement indépendante des autres paramètres d'items. De plus, l'indice de difficulté de l'item (b_i) le situe, sur l'échelle d'habiletés commune ($\boldsymbol{\theta}$), en un point qui correspond à une probabilité de réponse correcte de 0,50.

La figure 8-8 illustre le diagramme de corrélation des difficultés (b_i) des items d'un test de vocabulaire à choix multiples administré à 58 élèves noirs et 168 élèves blancs de niveau secondaire. On avait préalablement

[6] De fait, on utilise le score vrai correspondant au score total au test, après avoir retiré l'item de ce score total.

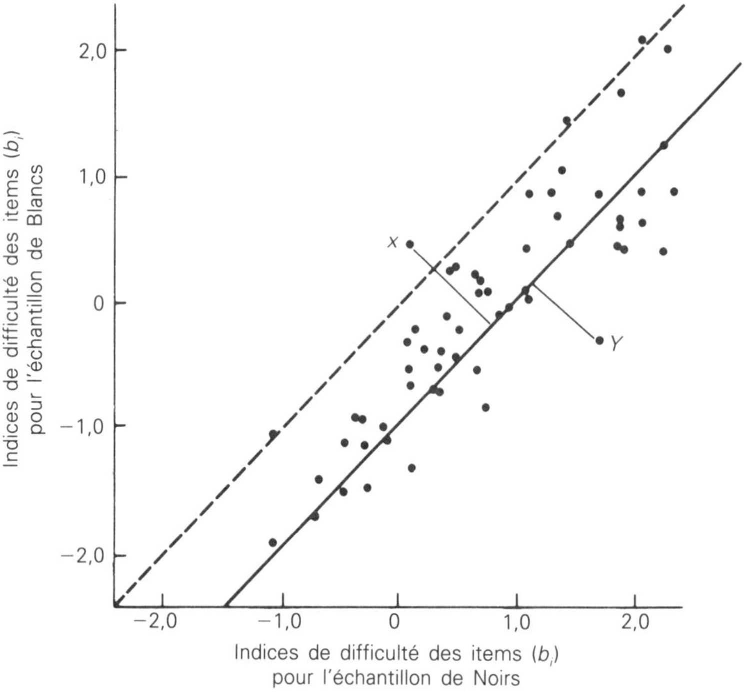

Figure 8-8 Distribution bivariée des indices de difficulté (b_i) dans des échantillons d'élèves noirs et blancs du cours secondaire.
(Adapté de Pine, 1977, p. 42.)

vérifié l'unidimensionnalité de ces items par le biais d'une analyse factorielle appliquée aux données de chaque groupe; les résultats avaient confirmé que cette condition était fort bien respectée. Si les items étaient également difficiles pour les deux groupes, ils se concentreraient autour de la diagonale pointillée. Parce qu'ils se regroupent plutôt autour de la diagonale non pointillée, située plus bas, on conclut que ces items sont plus difficiles pour les élèves noirs. Tout écart important par rapport à la diagonale du bas indique que l'item est biaisé. Par exemple, l'item x dans la figure 8-8 a été mieux réussi par les Noirs que par les Blancs, obtenant un indice de difficulté de 0 chez les Noirs et d'environ +0,5 chez les Blancs. L'item *y* illustre pour sa part une différence opposée, correspondant à des indices de difficulté de +1,75 et de −0,5 respectivement pour les Noirs et les Blancs. Une corrélation de 0,86 confirme la très forte relation linéaire qui existe entre les indices de difficulté obtenus dans ces deux groupes et, partant, la structure fort similaire de l'ensemble du test.

Signalons que nous n'avons présenté cet exemple que pour illustrer la procédure d'analyse. Les échantillons étaient petits et le test fut conçu et administré pour fins de recherche exclusivement. Pour évaluer un test en circulation, on vérifierait si l'écart des items à la droite de régression est statistiquement significatif; ceux qui dépasseraient une limite acceptable seraient examinés de près afin de prendre une décision appropriée.

Procédures à Base De Jugement. Il n'existe pas de «meilleure méthode» d'analyse du biais des items applicable à toutes les situations. Dans la mesure où des méthodes distinctes fournissent des informations partiellement différentes, on recommande d'utiliser une combinaison de méthodes. La combinaison appropriée dépend à la fois de l'utilisation prévue pour le test et du type d'interprétation des scores. De façon générale, la meilleure combinaison comprend des procédures statistiques et d'autres à base de jugement.

Lorsqu'on les applique correctement, les procédures à base de jugement peuvent fournir des informations inaccessibles par d'autres moyens (Scheuneman, 1982; Tittle, 1982). L'analyse à base de jugement trouve surtout son utilité lors des phases initiale et finale de l'élaboration d'un test; elle précède ainsi les analyses statistiques, puis leur fait suite. On y fait appel dès les premières étapes de rédaction, dans le but de dépister les contenus susceptibles d'offenser ou de rabaisser des groupes minoritaires, tout autant que ceux qui perpétuent des stéréotypes culturels à l'égard de certains emplois ou rôles sociaux. C'est dans ce but que les principaux éditeurs de tests font appel à leur personnel et à des consultants externes représentatifs pour réviser leurs banques préliminaires d'items (Berk, 1982, chap. 9). Ces révisions permettent également d'identifier les contenus culturellement circonscrits, donc peu connus de certaines populations spéciales d'examinés. Il faut cependant noter que ces révisions à base de jugement ne se sont pas révélées très efficaces pour prédire les différences entre populations sur le plan de la difficulté ou du pouvoir discriminant des items (Plake, 1980; Sandoval et Miille, 1980; Scheuneman, 1982). Des analyses statistiques demeurent essentielles pour obtenir ce type d'information.

D'autre part, on ne doit pas automatiquement présumer qu'il y a biais dès qu'un item est identifié comme marginal par les analyses statistiques. Ce résultat doit subir un second type, bien différent, de révision à base de jugement. Ce que l'on cherche, cette fois, ce sont les causes possibles de la marginalité observée. Les items statistiquement marginaux ne manifestent habituellement aucun trait commun, non plus qu'un motif évident de marginalité; il faut donc analyser chaque item individuellement. Certains de ces items marginaux peuvent ne refléter que des artefacts statistiques propres à la procédure utilisée; dans d'autres cas, le résultat déviant aura pour origine n'importe laquelle d'une grande variété de conditions qui ont chacune un impact différent sur l'interprétation des résultats du test. L'évaluation exacte de ces items déviants exige donc une bonne connaissance, à la fois de l'univers des contenus du test en question et des différences dans le vécu culturel propre à diverses populations d'examinés.

La déviance peut parfois s'expliquer par le fait que l'item ne mesure pas le même construit dans des groupes différents. Ainsi, un item qui propose une analogie peut mesurer le raisonnement verbal dans un groupe et le répertoire de vocabulaire dans un autre, tout simplement parce qu'il contient un mot clef inconnu de la plupart des membres de ce groupe. De même, un problème d'arithmétique peut évaluer les habiletés mathématiques dans un groupe et, dans un autre, l'habileté à comprendre des consignes verbales complexes. Dans le cas de ces deux exemples, le contenu ignoré n'était pas pertinent au construit mesuré par l'ensemble du test. Supposons par ailleurs qu'on découvre que les membres d'un groupe particulier ont plus de difficulté à résoudre des items de mathématiques où apparaissent des décimales; il s'agit là d'une différence fort pertinente au construit «habiletés mathématiques»; par conséquent, ces cas marginaux ne sont pas, de ce point de vue, des items biaisés.

Lorsque l'analyse statistique fait ressortir des items déviants, on pourra peut-être découvrir la source de cette déviance en effectuant d'autres analyses statistiques, comme l'analyse des choix erronés dans le cas d'items à choix multiples. Combinées à des révisions à base de jugement, ces analyses additionnelles devraient asseoir les bases d'une prise de décision judicieuse. On pourra éliminer l'item déviant, le réécrire au complet ou réviser une section déficiente; on pourra développer ou préciser davantage les consignes générales du test; enfin, après l'avoir examiné à nouveau, à la lumière du devis de rédaction, on pourra décider de conserver l'item tel quel. L'analyse d'items pourra même conduire à réviser le devis de rédaction du test, soit pour le modifier partiellement, soit pour préciser les inférences qu'il sera possible de faire à partir des scores.

TRAVAUX EXPLORATOIRES EN PSYCHOMÉTRIE

L'essor rapide de l'informatique au cours des années quatre-vingt a stimulé la réalisation de multiples recherches destinées à concevoir des modes de testage innovateurs (Embretson, 1985b). Ces recherches ont pour objet, non seulement le développement de nouveaux types d'items que la présentation informatisée rend possible, mais également la mise au point de techniques de rédaction d'items radicalement différentes. Présentement, la rédaction d'items tient plus de l'art que de la science. Même dans des conditions idéales, les consignes que reçoivent les rédacteurs ne précisent guère plus que le format des items et les frontières du domaine de contenus à couvrir. On se fie habituellement au prétestage empirique des items pour évaluer leur niveau de difficulté et leur pouvoir discriminant. N'existerait-il pas un moyen, avant le prétestage, de prédire ces indices statistiques d'items, en analysant tout simplement les caractéristiques physiques et sémantiques des stimuli? Mieux encore, ne pourrait-on pas rédiger des items de façon à leur donner les niveaux de difficulté et de discrimination désirés? Ne pourrait-on pas, grâce à la manipulation systématique de différentes caractéristiques des stimuli, déterminer d'avance les ressources cognitives exigées pour résoudre tel item particulier? Voilà les questions auxquelles les travaux en cours s'efforcent de répondre à l'aide de méthodes aussi bien empiriques que mathématiques (Bejar, 1985; Embretson, 1985a).

Il est possible d'explorer les exigences cognitives des stimuli qui composent un test grâce aux techniques de décomposition de tâche mises au point dans le domaine de la psychologie cognitive [voir le chapitre 4]. Ces procédures permettent d'explorer les liens entre, d'une part, diverses caractéristiques des items et, d'autre part, la vitesse et les types d'erreurs. Plusieurs études de ce genre ont été réalisées à l'aide d'items spatiaux (Mulholland, Pellegrino & Glaser, 1980; Pellegrino, Mumaw & Shute, 1985). Par exemple, les stimuli proposés dans un test d'analogies spatiales peuvent être classifiés en fonction: 1) de leur complexité, c'est-à-dire du nombre d'éléments distincts à identifier (ex.: forme, grandeur, position), et 2) des transformations effectuées, c'est-à-dire du nombre de modifications apportées au stimulus au sein de la paire à évaluer. Dans le cas de certains problèmes de visualisation spatiale, où l'examiné doit choisir les pièces qu'il faut assembler pour constituer un objet donné, les pièces peuvent être simplement séparées; on peut aussi modifier leur disposition, leur faire subir une rotation, ou combiner plusieurs de ces transformations.

D'autres études se sont intéressées aux caractéristiques sémantiques des stimuli verbaux. On peut, par exemple, construire les items de tests de raisonnement verbal en faisant appel à des principes logiques connus (Colberg, 1985). Cette approche pourrait garantir qu'un seul des choix de réponse soit vraiment juste et que chaque processus logique soit représenté par une proportion prédéterminée de la banque d'items. Elle permettrait également de manipuler expérimentalement le niveau de complexité logique des items, puis de vérifier empiriquement l'impact de ce facteur sur leur niveau de difficulté. Quelques chercheurs se sont essayés à rédiger des séries à compléter, formées de lettres et destinées à évaluer le raisonnement inductif (Butterfield, Nielsen, Tangen & Richardson, 1985). Ils préparèrent d'abord un ensemble très détaillé de règles de rédaction de ces séries de lettres; puis, ils formulèrent des hypothèses sur ce que font les gens lorsqu'ils tentent de comprendre ces séries. Ces hypothèses furent testées par le biais d'études empiriques sur la difficulté de ces items de séries à compléter.

Ces recherches sur la prédiction de la difficulté des items, à partir des propriétés physiques et sémantiques des stimuli, facilitent non seulement la mise au point par les rédacteurs d'items de tests plus efficaces, mais préparent également la voie à une rédaction informatisée des items. Il est en effet théoriquement possible de créer des logiciels qui contiennent des spécifications détaillées pour la rédaction d'items (voir, par exemple, Butterfield et al., 1985). Ces nouvelles procédures d'élaboration de tests offrent sans contredit des avantages fort impressionnants. Toutefois, il faut prendre soin de ne pas trop espérer de l'une ou l'autre de ces approches. Il est fort probable, par exemple, qu'un test puisse mesurer de manière très efficace certains construits cognitifs clairement identifiés et, pourtant, ne pas faire preuve d'un haute validité prédictive dans des situations pratiques importantes. Voilà pourquoi il est essentiel de tenir compte de ces deux composantes de la validation de construit qu'Embretson (1983) nomme représentation du construit et empan nomothétique [voir le chapitre 6]. La décomposition des tâches fournit de l'information sur la représentation du construit; l'empan nomothétique exige pour sa part d'étudier les liens entre les scores au test et un réseau étendu d'autres variables, comprenant des critères externes. Mentionnons une seconde mise en garde à propos des dangers d'une surgénéralisation, soit la nécessité d'un bagage de connaissances pertinentes afin de pouvoir fournir un rendement adéquat dans n'importe quelle matière scolaire ou champ d'expertise. Les processus sont souvent reliés à des contenus; on ne peut les évaluer avec exactitude en l'absence d'un contenu approprié.

En résumé, lorsqu'elles sont appliquées correctement, les procédures décrites dans la présente section peuvent apporter une contribution significative à la rédaction systématique et structurée d'items de tests. De plus, en identifiant les construits mesurés par un test, ces techniques peuvent grandement améliorer notre compréhension des raisons pour lesquelles certains tests prédisent bien certains critères. Ajoutons le bénéfice additionnel associé à l'utilisation diagnostique de ces tests, dans la mesure où il devient possible d'associer les forces et les faiblesses des individus à des processus cognitifs précis.

APPENDICE B

Plan suggéré pour l'évaluation d'un test

NOTE: Le plan ci-dessous présente des informations de base applicables à presque tous les tests. Dans le cas de tests particuliers, il faudra sûrement mentionner des détails additionnels. Pour bien se préparer à effectuer l'évaluation d'un test, on devrait lire attentivement les *Standards for Educational and Psychological Testing*, ainsi qu'un bon échantillon de descriptions de tests dans les *Mental Measurements Yearbooks*.

A. Informations Générales

Titre du test (en précisant, s'il y a lieu, l'édition analysée et les versions disponibles)

Auteur(s)

Maison d'édition, date de publication, en précisant, s'il y a lieu, la date de parution des manuels, des normes et de tout matériel d'appoint (particulièrement important dans le cas de tests dont le contenu ou les normes peuvent devenir périmés)

Temps d'administration nécessaire

Coûts (cahiers, feuilles-réponses, autre matériel de test, services de correction disponibles)

B. Brève Description des Objectifs et de la Nature du Test

Type général de test (ex.: individuel ou de groupe, de rendement, batterie d'aptitudes multiples, inventaire d'intérêts)

Population cible (étendue d'âges, types de sujets)

Nature du contenu (ex.: verbal, numérique, spatial, moteur)

Présence de sous-tests et de scores séparés

Types d'items

C. Évaluation Pratique

Caractéristiques qualitatives du matériel de test (ex.: présentation matérielle du cahier du test, qualité rédactionnelle de son contenu, facilité d'utilisation, attrait, durabilité, adaptation aux examinés)

Facilité d'administration, incluant la possibilité d'administration par ordinateur

Clarté des consignes

Procédures de correction, incluant les services de correction par ordinateur ou la disponibilité de logiciels

Qualifications et formation requises pour les examinateurs

Validité apparente et accueil à prévoir par les examinés

D. Évaluation Technique

1. Normes

Types (ex.: centiles, scores standards)

Échantillon de normalisation: nature, taille, représentativité, procédures suivies pour le rassembler, possibilité de normes pour des sous-groupes (ex.: selon l'âge, le sexe, l'éducation, l'emploi, la région)

2. Fidélité

Types et procédures (ex.: test-retest, versions parallèles, bissection, Kuder-Richardson ou coefficient alpha), incluant la taille et la composition des échantillons utilisés

Fidélité intercorrecteurs, s'il y a lieu

Équivalence des versions

Stabilité à long terme, lorsque disponible

[Erreurs types de mesure et marges d'erreur pour des seuils de confiance usuels]

3. Validité

Types appropriés de procédures de validation (ex.: de contenu, pragmatique – concomitante ou prédictive –, de construit)

Démarche méthodologique spécifique suivie pour évaluer chaque type de validité, ainsi que les résultats obtenus

Taille et composition des échantillons utilisés

E. Commentaires d'Évaluateurs Experts

À puiser dans les *Mental Measurements Yearbooks* ou dans d'autres sources

F. Évaluation d'Ensemble

Sommaire des principales forces et faiblesses du test, en faisant appel à toutes les sections du plan ci-dessus

RÉFÉRENCES

ABRAHAMS, N. M., & ALF, E., JR. (1972). Pratfalls in moderator research. *Journal of Applied Psychology*, *56*, 245-251.

AHLSTRÖM, K. G. (1964). *Studies in spelling: I. Analysis of three different aspects of spelling ability* (Report No. 20). Uppsala, Sweden: Uppsala University, The Institute of Education.

AMERICAN EDUCATIONAL RESEARCH ASSOCIATION, AMERICAN PSYCHOLOGICAL ASSOCIATION, & NATIONAL COUNCIL ON MEASUREMENT IN EDUCATION. (1985). *Standards for educational and psychological testing*. Washington, DC: American Psychological Association.

AMES, L. B. (1937). The sequential patterning of prone progression in the human infant. *Genetic Psychology Monographs*, *19*, 409-460.

ANASTASI, A. (Ed.). (1965). *Individual differences*. New York: Wiley.

ANASTASI, A. (1981a). Coaching, test sophistication, and developed abilities. *American Psychologist*, *36*, 1086 1093.

ANASTASI, A. (1981b). Diverse effects of training on tests of academic intelligence. In B. F. Green (Ed.), *Issues in testing: Coaching, disclosure, and ethnic bias* (p. 5-20). San Francisco: Jossey-Bass.

ANASTASI, A. (1985d). Some emerging trends in psychological measurement: A fifty-year perspective. *Applied Psychological Measurement*, *9*, 121-138.

ANASTASI, A. (1986a). Evolving concepts of test validation. *Annual Review of Psychology*, *37*, 1-15.

ANASTASI, A., & DRAKE, J. (1954). An empirical comparison of certain techniques for estimating the reliability of speeded tests. *Educational and Psychological Measurement*, *14*, 529-540.

ANDERSEN, E. B. (1983). Analyzing data using the Rasch model. In S. B. Anderson & J. S. Helmick (Eds.), *On educational testing* (p. 193-223). San Francisco: Jossey-Bass.

ANGOFF, W. H. (1962). Scales with nonmeaningful origins and units of measurement. *Educational and Psychological Measurement*, *22*, 27-34.

ANGOFF, W. H. (1964). Technical problems of obtaining equivalent scores on tests. *Journal of Educational Measurement*, *1*, 11-13.

ANGOFF, W. H. (1966). Can useful general-purpose equivalency tables be prepared for different college admissions tests? In A. Anastasi (Ed.), *Testing problems in perspective* (p. 251-264). Washington, DC: American Council on Education.

ANGOFF, W. H. (1974). Criterion-referencing, norm-referencing, and the SAT. *College Board Review*, *92*, 3-5, 21.

ANGOFF, W. H. (1982). Use of difficulty and discrimination indices for detecting item bias. In R. A. Berk (Ed.), *Handbook of methods for detecting test bias* (p. 96-116). Baltimore: Johns Hopkins University Press.

ANGOFF, W. H. (1984). *Scales, norms, and equivalent scores*. Princeton, NJ: Educational Testing Service.

ANGOFF, W. H. & FORD, S. F. (1973). Item-race interaction on a test of scholastic aptitude. *Journal of Educational Measurement*, *10*, 95-105.

Army Air Forces aviation psychology program, research reports. (1947-1948). (Nos. 1-19). Washington, DC: U.S. Government Printing Office.

BABAD, E. Y., & BUDOFF, M. (1974). Sensitivity and validity of learning-potential measurement in three levels of ability. *Journal of Educational Psychology*, *66*, 439-447.

BAKER, F. B. (1977). Advances in item analysis. *Review of Educational Research*, *47*, 151-178.

BAKER, F. B. (1988). Computer technology in test construction and processing. In R. L. Linn (Ed.), *Educational measurement* (3rd ed.). New York: American Council on Education/Macmillan.

BART, W. M., & AIRASIAN, P. W. (1974). Determination of the ordering among seven Piagetian tasks by an ordering-theoretic method. *Journal of Educational Psychology*, *66*, 277-284.

BARTLETT, C. J., & EDGERTON, H. A. (1966). Stanine values for ranks for different numbers of things ranked. *Educational and Psychological Measurement*, *26*, 287-289.

BEJAR, I. I. (1985). Speculations on the future of test design. In S. E. Embretson (Ed.), *Test design: Developments in psychology and psychometrics* (p. 279-294). Orlando, FL: Academic Press.

BELL, F. O., HOFF, A. L., & HOYT, K. B. (1964). Answer sheets do make a difference. *Personnel Psychology*, *17*, 65-71.

BELMONT, J. M., & BUTTERFIELD, E. C. (1977). The instructional approach to developmental cognitive research. In R. V. Kail, Jr., & J. W. Hagen (Eds.), *Perspectives on the development of memory and cognition* (p. 437-481). Hillsdale, NJ: Erlbaum.

BENNETT, G. K., SEASHORE, H. G., & WESMAN, A. G. (1984). *Differential Aptitude Tests: Technical Supplement*. San Antonio, TX: Psychological Corporation.

BERK, R. A. (Ed.). (1982). *Handbook of methods for detecting test bias*. Baltimore: Johns Hopkins University Press.

BERK, R. A. (Ed.). (1984a). *A guide to criterion-referenced test construction*. Baltimore: Johns Hopkins University Press.

BERK, R. A. (1984b). Selecting the index of reliability. In R. A. Berk (Ed.), *A guide to criterion-referenced test construction* (p. 231-266). Baltimore: Johns Hopkins University Press.

BERNSTEIN, L. (1956). The examiner as an inhibiting factor in clinical testing. *Journal of Consulting Psychology*, *20*, 287-290.

BERSOFF, D. N. (1981). Testing and the law. *American Psychologist*, *36*, 1047-1056.

BERSOFF, D. N. (1983). Regarding psychologists testily: The legal regulation of psychological assessment. In C. J. Scheirer & B. L. Hammonds, (Eds.), *Psychology and law* (p. 37-88). Washington, DC: American Psychological Association.

BINET, A., & SIMON, TH. (1905). Méthodes nouvelles pour le diagnostic du niveau intellectuel des anormaux. *Année Psychologique*, *11*, 191-244.

BOCK, R. D. (1972). Estimating item parameters and latent ability when responses are scored in two or more nominal categories. *Psychometrika*, *37*, 29-51.

BOLTON, T. L. (1891-1892). The growth of memory in school children. *American Journal of Psychology*, *4*, 362-380.

BOND, L. (1981). Bias in mental tests. In B. F. Green (Ed.), *Issues in testing: Coaching, disclosure, and ethnic bias* (p. 55-77). San Francisco: Jossey-Bass.

BOND, L. (1988). The effects of special preparation of examinees on tests of scholastic ability. In R. L. Linn (Ed.), *Educational measurements* (3rd ed.). New York: American Council on Education/Macmillan.

BRELAND, H. M. (1979). *Population validity and college entrance measures* (College Board Res. Monog. No. 8). New York: College Entrance Examination Board.

BRENNAN, R. L. (1984). Estimating the dependability of the scores. In R. A. Berk (Ed.), *A guide to criterion-referenced test construction* (p. 292-334). Baltimore: Johns Hopkins University Press.

BRIDGEMAN, B. (1974). Effects of test score feedback on immediately subsequent test performance. *Journal of Educational Psychology*, *66*, 62-66.

BROGDEN, H. E. (1946a). An approach to the problem of differential prediction. *Psychometrika*, *11*, 139-154.

BROGDEN, H. E. (1946b). On the interpretation of the correlation coefficient as a measure of predictive efficiency. *Journal of Educational Psychology*, *37*, 65-76.

BROGDEN, H. E. (1951). Increased efficiency of selection resulting from replacement of a single predictor with several differential predictors. *Educational and Psychological Measurement*, *11*, 173-196.

BROGDEN, H. E. (1954). A simple proof of a personnel classification theorem. *Psychometrika*, *19*, 205-208.

BROWN, A. L. (1974). The role of strategic behavior in retardate memory. In N. R. Ellis (Ed.), *International review of research in mental retardation* (Vol. 7, p. 55-111). Orlando, FL: Academic Press.

BROWN, C. W., & GHISELLI, E. E. (1953). Percent increase in proficiency resulting from use of selective devices. *Journal of Applied Psychology*, *37*, 341-345.

BUCHWALD, A. M. (1965). Values and the use of tests. *Journal of Consulting Psychology*, *29*, 49-54.

BUDOFF, M., & CORMAN, L. (1974). Demographic and psychometric factors related to improved performance on the Kohs learning potential procedure. *American Journal of Mental Deficiency*, *78*, 578-585.

BURKE, M. J., & FREDERICK, J. T. (1984). Two modified procedures for estimating standard deviations in utility analyses. *Journal of Applied Psychology*, *69*, 482-489.

BURNHAM, P. S. (1965). Prediction and performance. In *From high school to college: Readings for counselors* (p. 65-71). New York: College Entrance Examination Board.

BUROS, O. K. (Ed.). (1978). *The eighth mental measurements yearbook*. Lincoln, NE: Buros Institute of Mental Measurements.

BUTCHER, J. N. (Ed.). (1985a). Perspectives on computerized psychological assessment [special issue]. *Journal of Consulting and Clinical psychology*, *53*(6).

BUTTERFIELD, E. C., NIELSEN, D., TANGEN, K. L., & RICHARDSON, M. B. (1985). Theoretically based psychometric measures of inductive reasoning. In S. E. Embretson (Ed.), *Test design: Developments in psychology and psychometrics* (p. 77-147). Orlando, FL: Academic Press.

CALDWELL, O. W., & COURTIS, S. A. (1923). *Then and now in education*, 1845-1923. Yonkers, NY: World Book Co.

CALLENDER, J. C., & OSBURN, H. G. (1980). Development and test of a new model for validity generalization. *Journal of Applied Psychology*, *65*, 543-558.

CAMPBELL, D. T. (1960). Recommendations for the APA test standards regarding construct, trait, and discriminant validity. *American Psychologist*, *15*, 546-553.

CAMPBELL, D. T., & FISKE, D. W. (1959). Convergent and discriminant validation by the multitrait-multimethod matrix. *Psychological Bulletin*, *56*, 81-105.

CAMPBELL, J. T., CROOKS, L. A., MAHONEY, M. H., & ROCK, D. A. (1973). *An investigation of sources of bias in the prediction of job performance: A six-year study*. Princeton, NJ: Educational Testing Service.

CAMPIONE, J. C., & BROWN, A. L. (1979). Toward a theory of intelligence: Contributions from research with retarded children. In R. J. Sternberg & D. K. Detterman (Eds.), *Human intelligence: Perspectives on its theory and measurement* (p. 139-163). Norwood, NJ: Ablex.

CANFIELD, A. A. (1951). The «sten» scale - A modified C-Scale. *Educational and Psychological Measurement*, *11*, 295-297.

CARROLL, J. B. (1963). A model of school learning. *Teachers College Record*, *64*, 723-733.

CARROLL, J. B. (1970). Problems of measurement related to the concept of learning for mastery. *Educational Horizons*, *48*, 71-80.

CASHEN, V. M., & RAMSEYER, G. C. (1969). The use of separate answer sheets by primary age children. *Journal of Educational Measurement*, *6*, 155-158.

CLEARY, T. A. (1968). Test bias: Prediction of grades of Negro and white students in integrated colleges. *Journal of Educational Measurement*, *5*, 115-124.

COLBERG, M. (1985). Logic-based measurement of verbal reasoning: A key to increased validity and economy. *Personnel Psychology*, *38*, 347-359.

COLLEGE BOARD. (1983a). *The SAT: About taking the Scholastic Aptitude Test*. New York: College Entrance Examination Board. [Slide show to accompany *Taking the SAT*]

COLLEGE BOARD. (1983b). *200-800: What does it all mean? How to interpret SAT and achievement test scores*. New York: College Entrance Examination Board. [Slide show to accompany test-taker score reports]

COLLEGE BOARD. (1984). *Taking the SAT: A guide to the Scholastic Aptitude Test and to the Test of Standard Written English*. New York: College Entrance Examination Board.

COLLEGE BOARD. (1984-1985). *About the achievement tests*. New York: College Entrance Examination Board.

COLLEGE BOARD. (1985). *ScoreSense: Understanding your SAT scores* [Microcomputer program]. New York: College Entrance Examination Board.

COLLEGE BOARD. (1985-1986a). *ATP guide for high schools and colleges*. New York: College Entrance Examination Board.

COLLEGE BOARD. (1985-1986b). *College admissions and advising report*. New York: College Entrance Examination Board.

COLLEGE BOARD. (1985-1986c). *College counseling report*. New York: College Entrance Examination Board.

COLLEGE BOARD. (1985-1986d). *College planning report*. New York: College Entrance Examination Board.

COLLEGE BOARD. (1985-1986e). *Using your college planning report*. New York: College Entrance Examination Board.

CONGER, A. J., & JACKSON, D. N. (1972). Suppressor variables, prediction, and the interpretation of psychological relationships. *Educational and Psychological Measurement*, *32*, 579-599.

COOLEY, W. W., & GLASER, R. (1969). The computer and individualized instruction. *Science*, *166*, 574-582.

CRONBACH, L. J. (1951). Coefficient alpha and the internal structure of tests. *Psychometrika*, *16*, 297-334.

CRONBACH, L. J., & GLESER, G. C. (1965). *Psychological tests and personnel decisions* (2nd ed.) Champaign: University of Illinois Press.

CRONBACH, L. J. & MEEHL, P. E. (1955). Construct validity in psychological tests. *Psychological Bulletin*, *52*, 281-302.

CRONBACH, L. J., & SCHAEFFER, G. A. (1981). *Extensions of personnel selection theory to aspects of minority hiring* (Report 81-A2). Stanford, CA: Stanford University, Institute for Research on Educational Finance and Governance.

CULLER, R. E., & HOLAHAN, C. J. (1980). Test anxiety and academic performance: The effects of study-related behavior. *Journal of Educational Psychology*, *72*, 16-20.

CURETON, E. E. (1950). Validity, reliability, and baloney. *Educational and Psychological Measurement*, *10*, 94-96.

CURETON, E. E. (1957a). Recipe for a cookbook. *Psychological Bulletin*, *54*, 494-497.

CURETON, E. E. (1957b). The upper and lower twenty-seven per cent rule. *Psychometrika*, *22*, 293-296.

CURETON, E. E., (1965). Reliability and validity: Basic assumptions and experimental designs. *Educational and Psychological Measurement*, *25*, 327-346.

CURETON, E. E., Cook, J. A., Fischer, R. T., Laser, S. A., Rockwell, N. J., & Simmons, J. W. (1973). Length of test and standard error of measurement. *Educational and Psychological Measurement*, *33*, 63-68.

DARLINGTON, R. B. (1971). Another look at cultural fairness. *Journal of Educational Measurement*, *8*, 71-82.

DARLINGTON, R. B. (1976). A defense of «rational» personnel selection, and two new methods. *Journal of Educational Measurement*, *13*, 43-52.

DARLINGTON, R. B., & STAUFFER, G. F. (1966). A method for choosing a cutting point on a test. *Journal of Applied Psychology*, *50*, 229-231.

DAVIS, W. E. (1969a). Effect of prior failure on subjects' WAIS Arithmetic subtest scores. *Journal of Clinical Psychology*, *25*, 72-73.

DAVIS, W. E. (1969b). Examiner differences, prior failure, and subjects' arithmetic scores. *Journal of Clinical Psychology*, *25*, 178-180.

DENNY, J. P. (1966). Effects of anxiety and intelligence on concept formation. *Journal of Experimental Psychology*, *72*, 596-602.

DOBBIN, J. (1984). *How to take a test: Doing your best*. Princeton, NJ: Educational Testing Service.

DONLON, T. F. (Ed.). (1984). *The College Board technical handbook for the Scholastic Aptitude Test and achievement tests*. New York: College Entrance Examination Board.

DROEGE, R. C. (1966). Effects of practice on aptitude scores. *Journal of Applied Psychology*, *50*, 306-310.

DUBOIS, P. H. (1966). A test-dominated society: China 1115 B.C.-1905 A.D. In A. Anastasi (Ed.), *Testing problems in perspective* (p. 29-36). Washington, D.C.: American Council on Education.

DUBOIS, P. H. (1970). *A history of psychological testing*. Boston: Allyn and Bacon.

DUNNETTE, M. D., & BORMAN, W. C. (1979). Personnel selection and classification systems. *Annual Review of Psychology*, *30*, 477-525.

DURÁN, R. P. (1983). *Hispanics' education and background: Predictors of college achievement*. New York: College Entrance Examination Board.

DURÁN, R. P. (1988). Testing of linguistic minorities. In R. L. Linn (Ed.), *Educational measurement* (3rd ed.). New York: American Council on Education/ Macmillan.

DYER, H. S. (1973). Recycling the problems of testing. *Proceedings of the 1972 Invitational Conference on Testing Problems, Educational Testing Service*, 85-95.

EBBINGHAUS, H. (1897). Über eine neue Methode zur Prüfung geistiger Fähigkeiten und ihre Anwendung bei Schulkindern. *Zeitschrift für angewandte Psychologie*, *13*, 401-459.

EBEL, R. L. (1962). Content standard test scores. *Educational and Psychological Measurement*, *22*, 15-25.

EBEL, R. L. (1972). Some limitations of criterion-referenced measurement. In G. H. BRACHT, K. D. HOPKINS, & J. C. STANLEY (Eds.), *Perspectives in educational and psychological measurement* (p. 144-149). Englewood Cliffs, NJ: Prentice-Hall.

EBEL, R. L. (1979). *Essentials of educational measurement* (3rd ed.). Englewood Cliffs, NJ: Prentice-Hall.

EBEL, R. L., & DAMRIN, D. E. (1960). Tests and examinations. *Encyclopedia of Educational Research* (3rd ed.), 1502-1517.

EDGERTON, H. A. (1960). A table for computing the phi coefficient. *Journal of Applied Psychology*, *44*, 141-145.

EMBRETSON, S. E. (1983). Construct validity: Construct representation versus nomothetic span. *Psychological Bulletin*, *93*, 179-197.

EMBRETSON, S. E. (1985a). Multicomponent latent trait models for test design. In S. E. Embretson (Ed.), *Test design: Developments in psychology and psychometrics* (p. 195-218). Orlando, FL: Academic Press.

EMBRETSON, S. E. (Ed.). (1985b). *Test design: Developments in psychology and psychometrics*. Orlando, FL: Academic Press.

EMBRETSON, S. E. (1986). Intelligence and its measurement: Extending contemporary theory to existing tests. In R. J. Sternberg (Ed.), *Advances in the psychology of human intelligence* (Vol. 3, p. 335-368). Hillsdale, NJ: Erlbaum.

EMBRETSON, S. E. (1987). Toward development of a psychometric approach. In C. S. Lidz (Ed.), *Dynamic assessment: An interactive approach to evaluating learning potential* (p. 135-164). New York: Guilford Publications.

ENGLEHART, M. D. (1965). A comparison of several item discrimination indices. *Journal of Educational Measurement*, *2*, 69-76.

ESQUIROL, J. E. D. (1838). Des maladies mentales considérées sous les rapports médical, hygiénique, et médico-légal (2 vols.). Paris: Baillière.

ESTES, W. K. (1974). Learning theory and intelligence. *American Psychologist*, *29*, 740-749.

EVANS, F. R., & PIKE, L. W. (1973). The effects of instruction for three mathematics item formats. *Journal of Educational Measurement*, *10*, 257-272.

EXNER, J. E., JR (1966). Variations in WISC performance as influenced by differences in pretest rapport. *Journal of General Psychology*, *74*, 299-306.

FELDHUSEN, J. F., & KLAUSMEIER, H. J. (1962). Anxiety, intelligence, and achievement in children of low, average, and high intelligence. *Child Development*, *33*, 403-409.

FELDMAN, D. H., & BRATTON, J. C. (1972). Relativity and giftedness: Implications for equality of educational opportunity. *Exceptional Children*, *38*, 491-492.

FERGUSON, R. L., & NOVICK, M. R. (1973). *Implementation of a Bayesian system for decision analysis in a program of individually prescribed instruction* (ACT Res. Rep. No. 60). Iowa City: American College Testing Program.

FEUERSTEIN, R. (1979). *The dynamic assessment of retarded performers: The Learning Potential Assessment Device, theory, instruments, and techniques*. Baltimore: University Park Press.

FEUERSTEIN, R. (1980). *Instrumental enrichment: An intervention program for cognitive modifiability*. Baltimore: University Park Press.

FEUERSTEIN, R., RAND, Y., JENSEN, M. R., KANIEL, S., & TZURIEL, D. (1987). Pre-requisites for assessment of learning potential: The LPAD model. In C. S. Lidz (Ed.), *Dynamic assessment: An interactive approach to evaluating learning potential* (p. 35-51). New York: Guilford Publications.

FLANAGAN, J. C. (1947). Scientific development of the use of human resources: Progress in the Army Air Forces. *Science*, *105*, 57-60.

FLANAGAN, J. C. (1962). Symposium: Standard scores for aptitude and achievement tests: Discussion. *Educational and Psychological Measurement*, *22*, 35-39.

FLAVELL, J. H. (1963). *The developmental psychology of Jean Piaget*. New York: Van Nostrand Reinhold.

FRANZ, S. I. (1919). *Handbook of mental examination methods* (2nd ed.). New York: Macmillan.

FREDERIKSEN, N., & GILBERT, A. C. F. (1960). Replication of a study of differential predictability. *Educational and Psychological Measurement*, *20*, 759-767.

FREDERIKSEN, N., & MELVILLE, S. D. (1954). Differential predictability in the use of test scores. *Educational and Psychological Measurement*, *14*, 647-656.

FRENCH, J. W. (1962). Effect of anxiety on verbal and mathematical examination scores. *Educational and Psychological Measurement*, *22*, 553-564.

FRENCH, J. W. (1966). The logic of and assumptions underlying differential testing. In A. Anastasi (Ed.), *Testing problems in perspective* (p. 321-330). Washington, DC: American Council on Education.

GAGNÉ, R. (1965). *The conditions of learning*. New York: Holt, Rinehart and Winston.

GALTON, F. (1883). *Inquiries into human faculty and its development*. London: Macmillan.

GAUDRY, E., & SPIELBERGER, C. D. (1974). *Anxiety an educational achievement*. New York: Wiley.

GESELL, A., & AMATRUDA, C. S. (1947). *Developmental diagnosis* (2nd ed.). New York: Hoeber-Harper.

GHISELLI, E. E. (1956). Differentiation of individuals in terms of their predictability. *Journal of Applied Psychology*, *40*, 374-377.

GHISELLI, E. E. (1959). The generalization of validity. *Personnel Psychology*, *12*, 397-402.

GHISELLI, E. E. (1960). The prediction of predictability. *Educational and Psychological Measurement*, *20*, 3-8.

GHISELLI, E. E. (1963). Moderating effects and differential reliability and validity. *Journal of Applied Psychology*, *47*, 81-86.

GHISELLI, E. E. (1966). *The validity of occupational aptitude tests*. New York: Wiley.

GHISELLI, E. E. (1968). Interaction of traits and motivational factors in the determination of the success of managers. *Journal of Applied Psychology*, *52*, 480-483.

GINSBURG, H., & OPPER, S. (1969). *Piaget's theory of intellectual development: An introduction*. Englewood Cliffs, NJ: Prentice-Hall.

GLASER, R. (1963). Instructional technology and the measurement of learning outcomes. *American Psychologist*, *18*, 519-522.

GOLDBERG, L. R. (1971). A historical survey of personality scales and inventories. In P. McReynolds (Ed.), *Advances in psychological assessment* (vol. 2, p. 293-336). Palo Alto, CA: Science & Behavior Books.

GOLDSCHMID, M. L., & BENTLER, P. M. (1968b). *Manual: Concept Assessment Kit – Conservation*. San Diego, CA: Educational and Industrial Testing Service.

GOODENOUGH, F. L. (1949). *Mental testing: Its history, principles, and applications*. New York: Rinehart.

GORDON, L. V., & ALF, E. F. (1960). Acclimatization and aptitude test performance. *Educational and Psychological Measurement*, *20*, 333-337.

GRE information bulletin. (1986-1987). Princeton, NJ: Educational Testing Service.

GREEN, D. R., FORD, M. P. & FLAMER, G. B. (Eds.). (1971). *Measurement and Piaget: Proceedings of the CTB/McGraw-Hill Conference on Ordinal Scales of Cognitive Development*. New York: McGraw-Hill.

GRONLUND, N. E. (1973). *Preparing criterion-referenced tests for classroom instruction*. New York: Macmillan.

GRONLUND, N. E. (1974). *Determining accountability for classroom instruction*. New York: Macmillan.

GRONLUND, N. E. (1985b). *Stating objectives for classroom instruction* (3rd ed.). New York: Macmillan.

GROOMS, R. R., & ENDLER, N. S. (1960). The effect of anxiety on academic achievement. *Journal of Educational Psychology*, *51*, 299-304.

GROSS, A. L., FAGGEN, J., & MCCARTHY, K. (1974). The differential predictability of the college performance of males and females. *Educational and Psychological Measurement*, *34*, 363-365.

GROSS, A. L., & SU, W. H. (1975). Defining a «fair» or «unbiased» selection model: A question of utilities. *Journal of Applied Psychology*, *60*, 345-351.

Guidelines for computer-based tests and interpretations. (1986). Washington, DC: American Psychological Association.

GUILFORD, J. P., & FRUCHTER, B. (1978). *Fundamental statistics in psychology and education* (6th ed.). New York: McGraw-Hill.

GUION, R. M. (1977). Content validity: Three years of talk – What's the action? *Public Personnel Management*, 6, 407-414.

GUION, R. M. (1983). Recruiting, selection, and job placement. In M. D. Dunnette (Ed.), *Handbook of industrial and organizational psychology* (p. 777-828). New York: Wiley.

GULLIKSEN, H. (1950). *Theory of mental tests*. New York: Wiley.

GULLIKSEN, H., & WILKS, S. S. (1950). Regression tests for several samples. *Psychometrika*, *15*, 91-114.

GUTKIN, T. B., & WISE, S. L. (Eds.). (1988). *The computer as adjunct to the decision-making process*. Hillsdale, NJ: Erlbaum.

GUTTMAN, I., & RAJU, N. S. (1965). A minimum loss function as determiner of optimal cutting scores. *Personnel Psychology*, 18, 179-185.

GUTTMAN, L. (1944). A basis for scaling qualitative data. *American Sociological Review*, 9, 139-150.

HALVERSON, H. M. (1933). The acquisition of skill in infancy. *Journal of Genetic Psychology*, 43, 3-48.

HAMBLETON, R. K. (1984a). Determining test length. In R. A. Berk (Ed.), *A guide to criterion-referenced test construction* (p. 144-168). Baltimore: Johns Hopkins University Press.

HAMBLETON, R. K. (1984b). Validating the test score. In R. A. Berk (Ed.), *A guide to criterion-referenced test construction* (p. 199-230). Baltimore: Johns Hopkins University Press.

HAMBLETON, R. K. (1988). Principles and applications of item response theory. In R. L. Linn (Ed.), *Educational measurement* (3rd ed.). New York: American Council on Education/Macmillan.

HAMBLETON, R. K., & NOVICK, M. R. (1973). Toward an integration of theory and method for criterion-referenced tests. *Journal of Educational Measurement*, *10*, 159-170.

HAMBLETON, R. K., & SWAMINATHAN, H. (1985). *Item response theory: Principles and applications*. Norwell, MA: Kluwer Nijhoff.

HARDT, R. H., EYDE, L. D., PRIMOFF, E. S., & TORDY, G. R. (1981). *The New York State Trooper job element examination: Final technical report*. Albany: New York State Police. (National Technical Information Service, Springfield, VA 22161).

HARRIS, J. A. (1973). The computer: Guidance tool of the future. In W. E. Coffman (Ed.), *Frontiers of educational measurement and information systems – 1973* (p. 121-142). Boston: Houghton Mifflin.

HARRIS, M. J., & ROSENTHAL, R. (1985). Mediation of interpersonal expectancy effects: 31 meta-analyses. *Psychological Bulletin*, *97*, 363-386.

HARTSHORNE, H., & MAY, M. A. (1928). *Studies in deceit*. New York: Macmillan.

HARTSHORNE, H., MAY, M. A., & MALLER, J. B. (1929). *Studies in service and self-control*. New York: Macmillan.

HARTSHORNE, H., MAY, M. A., & SHUTTLEWORTH, F. K. (1930). *Studies in the organization of character*. New York: Macmillan.

HAWK, J. A. (1970). Linearity of criterion-GATB aptitude relationships. *Measurement and Evaluation in Guidance*, *2*, 249-251.

HEWER, V. H. (1965). Are tests fair to college students from homes with low socio-economic status? *Personnel and Guidance Journal*, *43*, 764-769.

HILL, K. T., & SARASON, S. B. (1966). The relation of test anxiety and defensiveness to test and school performance over the elementary school years. *Monographs of the Society for Research in Child Development*, *31*(2, Serial No. 104).

HOFER, P. J. & GREEN, B. F. (1985). The challenge of competence and creativity in computerized psychological testing. *Journal of Consulting and Clinical Psychology*, *53*, 826-838.

HOLLAND, P. W., & RUBIN, D. B. (Eds.). (1982). *Test equating*. Orlando, FL: Academic press.

HOLTZMAN, W. H. (Ed.). (1970). *Computer-assisted instruction, testing, and guidance*. New York: Harper & Row.

HORST, P. (1954). A technique for the development of a differential prediction battery. *Psychological Monographs*, *68*(9, Whole No. 380).

HULIN, C. L., DRASGOW, F., & PARSONS, C. K. (1983). *Item response theory: Applications to psychological measurement*. Homewood, IL: Dow Jones-Irwin.

HUMPHREYS, L. G. (1952). Individual differences. *Annual Review of Psychology*, *3*, 131-150.

HUMPHREYS, L. G. (1973). Statistical definitions of test validity for minority groups. *Journal of Applied Psychology*, *58*, 1-4.

HUNTER, J. E. (1975, December). *A critical analysis of item means and item-test correlations to determine the presence or absence of content bias in achievement test items.* Paper presented at the National Institute of Education Conference on Test Bias, Annapolis, MD.

HUNTER, J. E., & HUNTER, R. F. (1984). Validity and utility of alternative predictors of job performance. *Psychological Bulletin*, *96*, 72-98.

HUNTER, J. E., & SCHMIDT, F. L. (1976). Critical analysis of the statistical and ethical implications of various definitions of *test bias*. *Psychological Bulletin*, *83*, 1053-1071.

HUNTER, J. E., & SCHMIDT, F. L. (1981). Fitting people into jobs: The impact of personnel selection on national productivity. In M. A. Dunnette & E. A. Fleishman (Eds.), *Human performance and productivity: Vol. 1. Human capability assessment* (p. 233-284). Hillsdale, NJ: Erlbaum.

HUNTER, J. E. & SCHMIDT, F. L. (1983). Quantifying the effects of psychological interventions on employee job performance and work force productivity. *American Psychologist, 38*, 473-478.

HUNTER, J. E., SCHMIDT, F. L., & HUNTER, R. F. (1979). Differential validity of employment tests by race: A comprehensive review and analysis. *Psychological Bulletin, 86*, 721-735.

HUNTER, J. E., SCHMIDT, F. L., & RAUSCHENBERGER, J. M. (1977). Fairness of psychological tests: Implications of four definitions for selection utility and minority hiring. *Journal of Applied Psychology, 62*, 245-260.

HUNTER, J. E., SCHMIDT, F. L., & RAUSCHENBERGER, J. M. (1984). Methodological, statistical, and ethical issues in the study of bias in psychological tests. In C. E. Reynolds & R. T. Brown (Eds.), *Perspectives on bias in mental testing* (p. 41-99). New York: Plenum.

IRONSON, G. H., GUION, R. M., & OSTRANDER, M. (1982). Adverse impact from a psychometric perspective. *Journal of Applied Psychology, 67*, 419-432.

IRONSON, G. H., & SUBKOVIAK, M. J. (1979). A comparison of several methods of assessing item bias. *Journal of Educational Measurement, 16*, 209-225.

JACKSON, D. N. (1970). A sequential system for personality scale development. In C. D. Spielberger (Ed.), *Current topics in clinical and community psychology* (Vol. 2, p. 61-96). Orlando, FL: Academic Press.

JACKSON, D. N. (1973). Structured personality assessment. In B. B. Wolman (Ed.), *Handbook of general psychology* (p. 775-792). Englewood Cliffs, NJ: Prentice-Hall.

JAEGER, R. M. (1973). The national test-equating study in reading (The Anchor Test Study). *NCME Measurement in Education, 4*(4), 1-8.

JAEGER, R. M. (Ed.). (1977). Applications of latent trait models [Special Issue]. *Journal of Educational Measurement, 14*(2).

JOHNSON, A. P. (1951). Notes on a suggested index of item validity: The U-L index. *Journal of Educational Psychology, 42*, 499-504.

JURGENSEN, C. E. (1947). Table for determining phi coefficients. *Psychometrika, 12*, 17-29.

KAISER, H. F. (1958). A modified stanine scale. *Journal of Experimental Education, 26*, 261.

KAISER, H. F., & MICHAEL, W. B. (1975). Domain validity and generalizability. *Educational and Psychological Measurement, 35*, 31-35.

KATZ, M. R. (1974). Career decision-making: A computer-based System of Interactive Guidance and Information (SIGI). *Proceedings of the 1973 Invitational Conference on Testing Problems, Educational Testing Service*, 43-69.

KAVRUCK, S. (1956). Thirty-three years of test research: A short history of test development in the U.S. Civil Service Commission. *American Psychologist, 11*, 329-333.

KELLEY, T. L. (1928). *Crossroads in the mind of man: A study of differentiable mental abilities*. Stanford, CA: Stanford University Press.

KELLEY, T. L. (1939). The selection of upper and lower groups for the validation of test items. *Journal of Educational Psychology, 30*, 17-24.

Kelley, T. L. (1943). Cumulative significance of a number of independent experiments: Reply to A. E. Traxler and R. N. Hilkert. *School and Society*, *57*, 482-484.

Keyway candidate brochure. (1985a). Princeton, NJ: Educational Testing Service.

Keyway opens a new era in testing. (1985b). *ETS Developments*, *30*(4), 8-10.

Keyway user brochure. (1985c). Princeton, NJ: Educational Testing Service.

user brochure. (1985c). Princeton, NJ: Educational Testing Service.

Kirchner, W. K. (1966). A note on the effect of privacy in taking typing tests. *Journal of Applied Psychology*, *50*, 373-374.

Knobloch, H., & Pasamanick, B. (Eds.). (1974). *Gesell and Amatruda's developmental diagnosis* (3rd ed.). New York: Harper & Row.

Knoell, D. M., & Harris, C. W. (1952). A factor analysis of spelling ability. *Journal of Educational Research*, *46*, 95-111.

Kraepelin, E. (1892). *Über die Beeinflüssung einfacher psychischer Vorgänge durch einige Arzneimittel*. Jena: Fischer.

Kraepelin, E. (1895). Der psychologische Versuch in der Psychiatrie. *Psychologische Arbeiten*, *1*, 1-91.

Kramer, J. J., & Mitchell, J. V., Jr. (Eds.). (1985). Computer assessment and interpretation: Prospects, promise, and pitfalls [Special issue]. *Computers in Human Behavior*, *1*(3/4).

Kuder, G. F., & Richardson, M. W. (1937). The theory of estimation of test reliability. *Psychometrika*, *2*, 151-160.

Kuhlmann, F. (1912). A revision of the Binet-Simon system for measuring the intelligence of children. *Journal of Psycho-Asthenics, Monograph Supplement*, *1*, 1-41.

Kurtz, A. K. (1948). A research test of the Rorschach test. *Personnel Psychology*, *1*, 41-51.

Larkin, J. H., McDermott, J., Simon, D. F., & Simon, H. A. (1980a). Expert and novice performance in solving physics problems. *Science*, *208*, 1335-1342.

Larkin, J. H., McDermott, J., Simon, D. F., & Simon, H. A. (1980b). Models of competence in solving physics problems. *Cognitive Science*, *4*, 317-345.

Lawrence, S. W., Jr. (1962). The effects of anxiety, achievement motivation, and task importance upon performance on an intelligence test. *Journal of Educational Psychology*, *53*, 150-156.

Lennon, R. T. (1966a). A comparison of results of three intelligence tests. In C. I. Chase & H. G. Ludlow (Eds.), *Readings in educational and psychological measurement* (p. 198-205). Boston: Houghton Mifflin.

Lennon, R. T. (1966b). Norms: 1963. In A. Anastasi (Ed.), *Testing problems in perspective* (p. 243-250). Washington, DC: American Council on Education.

Lerner, B. (1980b). The war on testing: Detroit Edison in perspective. *Personnel Psychology*, *33*, 11-16.

Linn, R. L. (1975). Test bias and the prediction of grades in law school. *Journal of Legal Education*, *27*, 293-323.

Linn, R. L. (1978). Single-group validity, differential validity and differential prediction. *Journal of Applied Psychology*, *63*, 507-512.

Linn, R. L. (Ed.). (1989). *Educational measurement* (3rd ed.). New York: American Council on Education/Macmillan.

LINN, R. L., ROCK, D. A., & CLEARY, T. A. (1969). The development and evaluation of several programmed testing methods. *Educational and Psychological Measurement*, *29*, 129-146.

LINN, R. L., & WERTS, C. E. (1971). Considerations for studies of test bias. *Journal of Educational Measurement*, *8*, 1-4.

LIVINGSTON, S. A., & ZIEKY, M. J. (1982). *Passing scores: A manual for setting standards of performance on educational and occupational tests*. Princeton, NJ: Educational Testing Service.

LORD, F. M. (1952). The relation of the reliability of multiple-choice tests to the distribution of item difficulties. *Psychometrika*, *17*, 181-194.

LORD, F. M. (1980). *Applications of item response theory to practical testing problems*. Hillsdale, NJ: Erlbaum.

LORET, P. G., SEDER, A., BIANCHINI, J. C., & VALE, C. A. (1974). *Anchor Test Study: Equivalence and norms tables for selected reading achievement tests*. Washington, DC: U.S. Government Printing Office.

LUTEY, C., & COPELAND, E. P. (1982). Cognitive assessment of the school-age child. In C. R. Reynolds & T. B. Gutkin (Eds.), *The handbook of school psychology* (p. 121-155). New York: Wiley.

MAIER, M. H., (1972). *Effects of educational level on prediction of training success with ACB* (Tech. Res. Note 225). Alexandria, VA: U.S. Army Research Institute for the Behavioral and Social Sciences.

MAIER, M. H., & FUCHS, E. F. (1972). *Development and evaluation of a new ACB and aptitude area system* (Tech. Res. Note 239). Alexandria, VA: U.S. Army Research Institute for the Behavioral and Social Sciences.

MAIER, M. H., & FUCHS, E. F. (1973). *Effectiveness of selection and classification testing* (Res. Rep. 1179). Alexandria, VA: U.S. Army Research Institute for the Behavioral and Social Sciences.

MAIER, M. H., & HIRSHFELD, S. F. (1978). *Criterion-referenced job proficiency testing: A large scale application* (Res. Rep. 1193). Alexandria, VA: U.S. Army Research Institute for the Behavioral and Social Sciences.

MANDLER, G., & SARASON, S. B. (1952). A study of anxiety and learning. *Journal of Abnormal and Social Psychology*, *47*, 166-173.

MARCO, G. L. (1981). Equating tests in an era of test disclosure. In B. F. Green (Ed.), *Issues in testing: Coaching, disclosure, and ethnic bias* (p. 105-122). San Francisco: Jossey-Bass.

MASLING, J. (1959). The effects of warm and cold interaction on the administration and scoring of an intelligence test. *Journal of Consulting Psychology*, *23*, 336-341.

MASLING, J. (1960). The influences of situational and interpersonal variables in projective testing. *Psychological Bulletin*, *57*, 65-85.

MASLING, J. (1965). Differential indoctrination of examiners and Rorschach responses. *Journal of Consulting Psychology*, *29*, 198-201.

MATARAZZO, J. D. (1983). Computerized psychological testing. *Science*, *221*, 323.

Matarazzo, J. D. (1986a). Computerized clinical psychological test interpretation: Unvalidated plus all mean and no sigma. *American Psychologist*, *41*, 14-24.

MATARAZZO, J. D. (1986b). Response to Fowler and Butcher on Matarazzo. *American Psychologist*, *41*, 96.

McCall, W. A. (1922). *How to measure in education*. New York: Macmillan.

McCarthy, D. (1944). A study of the reliability of the Goodenough drawing test of intelligence. *Journal of Psychology, 18*, 201-216.

McCormick, E. J., & Ilgen, D. (1980). *Industrial psychology* (7th ed.). Englewood Cliffs, NJ: Prentice-Hall.

McDermott, P. A., & Watkins, M. W. (1985). *McDermott Multidimensional Assessment of Children* (M-MAC). San Antonio, TX: Psychological Corporation.

Meehl, P. E., & Rosen, A. (1955). Antecedent probability and the efficiency of psychometric signs, patterns, or cutting scores. *Psychological Bulletin, 52*, 194-216.

Menne, J. W., McCarthY, W., & Menne, J. (1976). A systems approach to the content validation of employee selection procedures. *Public Personnel Management, 5*, 387-396.

Messick, S. (1980a). *The effectiveness of coaching for the SAT: Review and reanalysis of research from the fifties to the FTC*. Princeton, NJ: Educational Testing Services.

Messick, S. (1980b). Test validity and the ethics of assessment. *American Psychologist, 35*, 1012-1027.

Messick, S. (1981). The controversy over coaching: Issues of effectiveness and equity. In B. F. Green (Ed.), *Issues in testing: Coaching, disclosure, and ethnic bias* (p. 21-53). San Francisco: Jossey-Bass.

Messick, S., & Jungeblut, A. (1981). Time and method in coaching for the SAT. *Psychological Bulletin, 89*, 191-216.

Millman, J., Bishop, C. H., & Ebel, R. (1965). An analysis of test-wiseness. *Educational and Psychological Measurement, 25*, 707-726.

Mitchell, B. C. (1967). Predictive validity of the Metropolitan Readiness Tests and the Murphy-Durrell Reading Readiness Analysis for white and Negro pupils. *Educational and Psychological Measurement, 27*, 1047-1054.

Mitchell, J. V. (Ed.). (1983). *Tests in print III*. Lincoln, NE: Buros Institute of Mental Measurements.

Mitchell, J. V. (Ed.). (1985). *The ninth mental measurements yearbook*. Lincoln, NE: Buros Institute of Mental Measurements.

Mitchell, T. W., & Klimoski, R. J. (1986). Estimating the validity of cross-validity estimation. *Journal of Applied Psychology, 71*, 311-317.

Mollenkopf, W. G. (1950a). An experimental study of the effects on item-analysis data of changing item placement and test time limit. *Psychometrika, 15*, 291-317.

Mollenkopf, W. G. (1950b). Predicted differences and differences between predictions. *Psychometrika, 15*, 409-417.

Moreno, K. E., Wetzel, C. D., McBride, J. R., & Weiss, D. J. (1984). Relationship between corresponding Armed Services Vocational Aptitude Battery (ASVAB) and computerized adaptive testing (CAT) subtests. *Applied Psychological Measurement, 8*, 155-163.

Mulholland, T., Pellegrino, J. W., & Glaser, R. (1980). Components of geometric analogy solution. *Cognitive Psychology, 12*, 252-284.

Naylor, J. C., & Shine, L. C. (1965). A table for determining the increase in mean criterion score obtained by using a selection device. *Journal of Industrial Psychology, 3*, 33-42.

NEVO, B. (1985). Face validity revisited. *Journal of Educational Measurement, 22*, 287-293.

NEVO, B., & SFEZ, J. (1985). Examinees' feedback questionnaires. *Assessment and Evaluation in Higher Education, 10*, 236-249.

NITKO, A. J. (1984). Defining «criterion-referenced test.» In R. A. Berk (Ed.), *A guide to criterion-referenced test construction* (p. 8-28). Baltimore: Johns Hopkins University Press.

NITKO, A. J. (1988). Designing tests that are integrated with instruction. In R. L. Linn (Ed.), *Educational measurement* (3rd ed.), New York: American Council on Education/Macmillan.

NORRIS, L., SCHOTT, P. S., SHATKIN, L., & BENNETT, M. F. (1986). *The development and field testing of SIGI PLUS* (ETS Res. Mem. 86-6). Princeton, NJ: Educational Testing Service.

NOVICK, M. R., & ELLIS, D. D., JR. (1977). Equal opportunity in educational and employment selection. *American Psychologist, 32*, 306-320.

NOVICK, M. R., & LEWIS, C. (1967). Coefficient alpha and the reliability of composite measurements. *Psychometrika, 32*, 1-13.

On your own: Preparing for a standardized test (videodisk). (1987). Princeton, NJ: Educational Testing Service.

OOSTERHOF, A. C. (1976). Similarity of various item discrimination indices. *Journal of Educational Measurement, 13*, 145-150.

OSBURN, H. G., CALLENDER, J. C., GREENER, J. M., & ASHWORTH, S. (1983). Statistical power of tests of the situational specificity hypothesis in validity generalization studies: A cautionary note. *Journal of Applied Psychology, 68*, 115-122.

OSS ASSESSMENT STAFF. (1948). *Assessment of men: Selection of personnel for the Office of Strategic Services*. New York: Rinehart.

PANELL, R. C., & LAABS, G. J. (1979). Construction of a criterion-referenced, diagnostic test for an individualized instruction program. *Journal of Applied Psychology, 64*, 255-261.

PAUL, G. L., & ERIKSEN, C. W. (1964). Effects of test anxiety on «real-life» examinations. *Journal of Personality, 32*, 480-494.

PEARLMAN, K., SCHMIDT, F. L., & HUNTER, J. E. (1980). Validity generalization results for tests used to predict job proficiency and training success in clerical occupations. *Journal of Applied Psychology, 65*, 373-406.

PEEL, E. A. (1951). A note on practice effects in intelligence tests. *British Journal of Educational Psychology, 21*, 122-125.

PEEL, E. A. (1952). Practice effects between three consecutive tests of intelligence. *British Journal of Educational Psychology, 22*, 196-199.

PELLEGRINO, J. W., & GLASER, R. (1979). Cognitive correlates and components in the analysis of individual differences. *Intelligence, 3*, 187-214.

PELLEGRINO, J. W., MUMAW, R. J. & SHUTE, V. J. (1985). Analysis of spatial aptitude and expertise. In S. E. Embretson (Ed.), *Test design: Developments in psychology and psychometrics* (p. 45-76). Orlando, FL: Academic Press.

PETERSEN, N. S., & NOVICK, M. R. (1976). An evaluation of some models for culture-fair selection. *Journal of Educational Measurement, 13*, 3-29.

PETERSON, J. (1926). *Early conceptions and tests of intelligence*. Yonkers, NY: World Book Co.

PHILIPPE, J. (1894). Jastrow – exposition d'anthropologie de Chicago – tests psychologiques, etc. *Année Psychologique*, *1*, 522-526.

PINARD, A., & LAURENDEAU, M. (1964). A scale of mental development based on the theory of Piaget: Description of a project. *Journal of Research in Science Teaching*, *2*, 253-260.

PINDER, C. C. (1973). Statistical accuracy and practical utility in the use of moderator variables. *Journal of Applied Psychology*, *57*, 214-221.

PINE, S. M. (1977). Applications of item characteristic curve theory to the problem of item bias. In D. J. Weiss (Ed.), *Applications of computerized adaptative testing* (Res. Rep. 77-1). Minneapolis: University of Minnesota, Department of Psychology, Psychometric Methods Program.

PINNEAU, S. R. (1961). *Changes in intelligence quotient from infancy to maturity.* Boston: Houghton Mifflin.

PLAKE, B. S. (1980). A comparison of a statistical and a subjective procedure to ascertain item validity: One step in the test validation process. *Educational and Psychological Measurement*, *40*, 397-404.

POPHAM, W. J. (1984). Specifying the domain of content or behaviors. In R. A. Berk (Ed.), *A guide to criterion-referenced test construction* (p. 29-48). Baltimore: Johns Hopkins University Press.

POPHAM, W. J., & HUSEK, T. R. (1969). Implications of criterion-referenced measurement. *Journal of Educational Measurement*, *6*, 1-9.

POWERS, D. E. (1983). *Effects of coaching on GRE Aptitude Test scores* (GRE Board Research Report GREB No. 81-3R). Princeton, NJ: Educational Testing Service.

POWERS, D. E. (1986). Relations of test item characteristics to test preparation/test practice effects: A quantitative summary. *Psychological Bulletin*, *100*, 67-77.

POWERS, D. E., & SWINTON, S. S. (1984). Effects of self-study for coachable test item types. *Journal of Educational Psychology*, *76*, 266-278.

Practicing to take the GRE General Test (software editions). (1986). Princeton, NJ: Educational Testing Service.

PRIMOFF, E. S. (1975). *How to prepare and conduct job element examinations.* Washington, DC: U.S. Government Printing Office.

PRIMOFF, E. S. & EYDE, L. D. (1988). Job element analysis. In S. Gael (Ed.), *The job analysis handbook for business, industry, and government* (Vol. 2, p. 807-824). New York: Wiley.

RAJU, N. S., & BURKE, M. J. (1983). Two new procedures for studying validity generalization. *Journal of Applied Psychology*, *68*, 382-395.

RAMSEYER, G. C., & CASHEN, V. M. (1971). The effect of practice sessions on the use of separate answer sheets by first and second graders. *Journal of Educational Measurement*, *8*, 177-181.

RASCH, G. (1966). An individualistic approach to item analysis. In P. F. Lazarsfeld & N. W. Henry (Eds.), *Readings in mathematical social sciences* (p. 89-107). Cambridge, MA: MIT Press.

REDICK, R. L. (1975). A compilation of measurement devices compendia. *Measurement and Evaluation in Guidance*, *8*, 193-202.

REICHENBERG-HACKETT, W. (1953). Changes in Goodenough drawings after a gratifying experience. *American Journal of Orthopsychiatry*, *23*, 501-517.

REILLY, R. R. (1973). A note on minority group test bias studies. *Psychological Bulletin*, *80*, 130-132.

RENTZ, R. R., & BASHAW, W. L. (1977). The National Reference Scale for reading: An application of the Rasch model. *Journal of Educational Measurement*, *14*, 161-179.

RESNICK, L. B. (Ed.). (1976). *The nature of intelligence*. Hillsdale, NJ: Erlbaum.

REYNOLDS, C. R. (1982). Methods for detecting construct and predictive bias. In R. A. Berk (Ed.), *Handbook of methods for detecting test bias* (p. 199-227). Baltimore: Johns Hopkins University Press.

RODGER, A. G. (1936). The application of six group intelligence tests to the same children, and the effects of practice. *British Journal of Educational Psychology*, *6*, 291-305.

ROID, G. H. (1984). Generating the test items. In R. A. Berk (Ed.), *A guide to criterion-referenced test construction* (p. 49-77). Baltimore: Johns Hopkins University Press.

ROID, G. H. (1986). Computer technology in testing. In B. S. Plake & J. C. Witt (Eds.), *The future of testing* (p. 29-69). Hillsdale, NJ: Erlbaum.

ROID, G. H., & GORSUCH, R. L. (1984). Development and clinical use of test-interpretive programs on microcomputers. In M. D. Schwartz (Ed.), *Using computers in clinical practice* (p. 141-149). New York: Haworth Press.

RORER, L. G., HOFFMAN, P. J. LAFORGE, G. E., & HSIEH, KUO-CHENG. (1966). Optimum cutting scores to discriminate groups of unequal size and variance. *Journal of Applied Psychology*, *50*, 153-164.

ROSENTHAL, R. (1966). *Experimenter effects in behavioral research*. New York: Appleton-Century-Crofts.

ROSENTHAL, R., & ROSNOW, R. L. (Eds.). (1969). *Artifact in behavioral research*. Orlando, FL: Academic Press.

RULON, P. J. (1939). A simplified procedure for determining the reliability of a test of split-halves. *Harvard Educational Review*, *9*, 99-103.

SACKS, E. L. (1952). Intelligence scores as a function of experimentally established social relationships between the child and examiner. *Journal of Abnormal and Social Psychology*, *47*, 354-358.

SAMEJIMA, F. (1969). Estimation of latent ability using a response pattern of graded scores. *Psychometric Monographs*, No. 17.

SANDOVAL, J. H., & MIILLE, M. P. W. (1980). Accuracy judgments of WISC-R item difficulty for minority groups. *Journal of Consulting and Clinical Psychology*, *48*, 249-253.

SANDS, W. A. (1984). Computerized adaptative testing (CAT) for the U.S. armed forces: Progress and plans. *Proceedings of the 26th Annual Conference of the Military Testing Association*, *1*, 327-331.

SARASON, I. G. (1961). Test anxiety and the intellectual performance of college students. *Journal of Educational Psychology*, *52*, 201-206.

SARASON, I. G. (Ed.). (1980). *Test anxiety: Theory, research, and applications*. Hillsdale, NJ: Erlbaum.

SARASON, S. B. (1954). *The clinical interaction, with special reference to the Rorschach*. New York: Harper.

SARASON, S. B., DAVIDSON, K. S., LIGHTHALL, F. F., WAITE, R. R., & RUEBUSH, B. K. (1960). *Anxiety in elementary school children*. New York: Wiley.

SARASON, S. B., HILL, K. T., & ZIMBARDO, P. (1964). A longitudinal study of the relation of test anxiety to performance on intelligence and achievement tests. *Monographs of the Society for Research in Child Development*, *29*(7, Serial No. 98).

SATTLER, J. M. (1970). Racial «experimenter effects» in experimentation, testing, and interviewing. *Psychology Bulletin*, *73*, 137-160.

SATTLER, J. M. (1982). *Assessment of children's intelligence and special abilities* (2nd ed.). Boston: Allyn and Bacon.

SATTLER, J. M., & THEYE, F. (1967). Procedural, situational, and interpersonal variables in individual intelligence testing. *Psychological Bulletin*, *68*, 347-360.

SAUNDERS, D. R. (1956). Moderator variables in prediction. *Educational and Psychological Measurement*, *16*, 209-222.

SCHAEFFER, G. A. & CRONBACH, L. J. (1980). *Tables relating quality of persons hired to selection rate for minority applicants* (Report 80-A20) [Microfilm]. Stanford, CA: Stanford University, School of Education, Institute for Research on Educational Finance and Governance.

SCHERICH, H. H., & HANNA, G. S. (1977). Passage-dependence data in the selection of reading comprehension test items. *Educational and Psychological Measurement*, *37*, 991-997.

SCHEUNEMAN, J. D. (1979). A new method of assessing bias in test items. *Journal of Educational Measurement*, *16*, 143-152.

SCHEUNEMAN, J. D. (1982). A posteriori analyses of biased items. In R. A. Berk (Ed.), *Handbook of methods for detecting test bias* (p. 180-198). Baltimore: Johns Hopkins University Press.

SCHMIDT, F. L., BERNER, J. G., & HUNTER, J. E. (1973). Racial differences in validity of employment tests: Reality or illusion? *Journal of Applied Psychology*, *58*, 5-9.

SCHMIDT, F. L., GAST-ROSENBERG, L., & HUNTER, J. E. (1980). Validity generalization results for computer programmers. *Journal of Applied Psychology*, *65*, 643-661.

SCHMIDT, F. L., & HUNTER, J. E. (1977). Development of a general solution to the problem of validity generalization. *Journal of Applied Psychology*, *62*, 529-540.

SCHMIDT, F. L., & HUNTER, J. E. (1983). Individual differences in productivity: An empirical test of estimates derived from studies of selection procedures utility. *Journal of Applied Psychology*, *68*, 407-414.

SCHMIDT, F. L., HUNTER, J. E., MCKENZIE, R. C., & MULDROW, T. W. (1979). Impact of valid selection procedures on work-force productivity. *Journal of Applied Psychology*, *64*, 609-626.

SCHMIDT, F. L., HUNTER, J. E., & PEARLMAN, K. (1981). Task differences as moderators of aptitude test validity in selection: A red herring. *Journal of Applied Psychology*, *66*, 166-185.

SCHMIDT, F. L., HUNTER, J. E., PEARLMAN, K., & SHANE, G. S. (1979). Further tests of the Schmidt-Hunter Bayesian validity generalization model. *Personnel Psychology*, *32*, 257-281.

SCHMIDT, F. L., HUNTER, J. E., & URRY, V. W. (1976). Statistical power in criterion-related validation studies. *Journal of Applied Psychology*, *61*, 473-485.

SCHMIDT, F. L., MACK, M. J., & HUNTER, J. E. (1984). Selection utility in the occupation of U.S. Park Ranger for three modes of test use. *Journal of Applied Psychology*, *69*, 490-497.

SCHMIDT, F. L., PEARLMAN, K., & HUNTER, J. E. (1980). The validity and fairness of employment and educational tests for Hispanic Americans: A review and analysis. *Personnel Psychology*, *33*, 705-724.

SCHMITT, N., MELLON, P. M., & BYLENGA, C. (1978). Sex differences in validity for academic and employment criteria, and different types of predictors. *Journal of Applied Psychology*, *63*, 145-150.

SCHOENFELDT, L. F., SCHOENFELDT, B. B., ACKER, S. R., & PERLSON, M. R. (1976). Content validity revisited: Test development of a content-oriented test of industrial reading. *Journal of Applied Psychology*, *61*, 581-588.

SEASHORE, H. G. (1962). Women are more predictable than man. *Journal of Counseling Psychology*, *9*, 261-270.

SECHREST, L. (1963). Incremental validity: A recommendation. *Educational and Psychological Measurement*, *23*, 153-158.

SEGUIN, E. (1907). *Idiocy: Its treatment by the physiological method*. New York: Bureau of Publications, Teachers College, Columbia University. (Original work published 1866).

SHARP, S. E. (1898-1899). Individual psychology: A study in psychological method. *American Journal of Psychology*, *10*, 329-391.

SHEPARD, L. A. (1984). Setting performance standards. In R. A. Berk (Ed.), *A guide to criterion-referenced test construction* (p. 169-198). Baltimore: Johns Hopkins University Press.

SHORE, C. W., & MARION, R. (1972). *Suitability of using common selection test standards for Negro and white airmen* (AFHRL-TR-72-53). Lackland Air Force Base, TX: Personnel Research Division, Air Force Human Resources Laboratory.

SIGI: A computer-based System of Interactive Guidance and Information. (1974-1975). Princeton, NJ: Educational Testing Service.

SIMON, H. A. (1976). Identifying basic abilities underlying intelligent performance of complex tasks. In L. B. Resnick (Ed.), *The nature of intelligence* (p. 65-98). Hillsdale, NJ: Erlbaum.

SOMMER, R. (1894). *Diagnostik der Geisteskrankheiten für praktische Ärzte und Studierende*. Wien und Leipzig: Urgan und Schwarzenberg.

SPEARMAN, C. (1904). «General intelligence» objectively determined and measured. *American Journal of Psychology*, *15*, 201-293.

SPEARMAN, C. (1927). *The abilities of man*. New York: Macmillan.

SPIELBERGER, C. D. (Ed.). (1972). *Anxiety: Current trends in theory and research* (Vol. 2). Orlando, FL: Academic Press.

SPIELBERGER, C. D., ANTON, W. D., & BEDELL, J. (1976). The nature and treatment of test anxiety. In M. Zuckerman & C. D. Spielberger (Eds.), *Emotions and anxiety: New concepts, methods, and applications* (p. 317-345). New York: LEA/Wiley.

SPIELBERGER, C. D., GONZALEZ, H. P., & FLETCHER, T. (1979). Test anxiety reduction, learning strategies, and academic performance. In H. F. O'Neil, Jr., & C. D. Spielberger (Eds.), *Cognitive and affective learning strategies* (p. 111-131). Orlando, FL: Academic Press.

SPIELBERGER, C. D., GONZALEZ, H. P., TAYLOR, C. J., ALGAZE, B., & ANTON, W. D. (1978). Examination stress and test anxiety. In C. D. Spielberger and I. G. Sarason (Eds.), *Stress and anxiety* (Vol. 5, p. 167-191). New York: McGraw-Hill/ Hemisphere.

STEP manual and technical report. (1980). Princeton, NJ: Educational Testing Service.

STERNBERG, R. J. (1977). *Intelligence, information processing, and analogical reasoning: The componential analysis of human abilities.* Hillsdale, NJ: Erlbaum.

STERNBERG, R. J. (1979). The nature of mental abilities. *American Psychologist, 34*, 214-230.

STERNBERG, R. J. (1980). Representation and process in linear syllogistic reasoning. *Journal of Experimental Psychology, General, 109*, 119-159.

STERNBERG, R. J. (1981). Testing and cognitive psychology. *American Psychologist, 36*, 1001-1011.

STERNBERG, R. J. (Ed.). (1982). *Advances in the psychology of human intelligence* (Vol. 1). Hillsdale, NJ: Erlbaum.

STERNBERG, R. J. (1984). What cognitive psychology can (and cannot) do for test development. In B. S. Plake (Ed.), *Social and technical issues in testing: Implications for test construction and usage* (p. 39-60). Hillsdale, NJ: Erlbaum.

STERNBERG, R. J. (1985). General intellectual ability. In R. J. Sternberg (Ed.), *Human abilities: An information-processing approach* (p. 5-29). New York: Freeman.

STERNBERG, R. J., & WEIL, E. M. (1980). An aptitude × strategy interaction in linear syllogistic reasoning. *Journal of Educational Psychology*, 72, 226-239.

STRICKER, L. J. (1966). Compulsivity as a moderator variable: A replication and extension. *Journal of Applied Psychology, 50*, 331-335.

STRICKER, L. J. (1984a). The stability of a partial correlation index for identifying items that perform differentially in subgroups. *Educational and Psychological Measurement, 44*, 831-837.

STRICKER, L. J. (1984b). Test disclosure and retest performance on the SAT. *Applied Psychological Measurement, 8*, 81-87.

SUBKOVIAK, M. J. (1984). Estimating the reliability of mastery-nonmastery classifications. In R. A. Berk (Ed.), *A guide to criterion-referenced test construction* (p. 267-291). Baltimore: Johns Hopkins University Press.

SUPER, D. E., et al. (1970). *Computer-assisted counseling.* New York: Teachers College Press.

SWEZEY, R. W., & PEARLSTEIN, R. B. (1975). *Guidebook for developing criterion-referenced tests.* Arlington, VA: U.S. Army Research Institute for the Behavioral and Social Sciences.

SWINTON, S. S., & POWERS, D. E. (1985). *The impact of self-study on GRE test performance* (Res. Rep. 85-12). Princeton, NJ: Educational Testing Service.

SYMONDS, P. M. (1931). *Diagnosing personality and conduct.* New York: Century.

TAYLOR, H. C., & RUSSELL, J. T. (1939). The relationship of validity coefficients to the practical effectiveness of tests in selection. Discussion and tables. *Journal of Applied Psychology, 23*, 565-578.

TENOPYR, M. L. (1977). Content-construct confusion. *Personnel Psychology, 30*, 47-54.

TERMAN, L. M. (1916). *The measurement of intelligence.* Boston: Houghton Mifflin.

THORNDIKE, R. L. (1949). *Personnel selection: Test and measurement techniques*. New York: Wiley.

THURSTONE, L. L. (1925). A method of scaling psychological and educational tests. *Educational Psychology*, *16*, 433-451.

THURSTONE, L. L. (1938). Primary mental abilities. *Psychometric Monographs*, No. 1.

THURSTONE, L. L. (1947a). The calibration of test items. *American Psychologist*, *2*, 103-104.

THURSTONE, L. L. (1947b). *Multiple factor analysis*. Chicago: University of Chicago Press.

TITTLE, C. K. (1982). Use of judgmental methods in item bias studies. In R. A. Berk (Ed.), *Handbook of methods for detecting test bias* (p. 31-63). Baltimore: Johns Hopkins University Press.

TORDY, G. R., Eyde, L. D., Primoff, E. S., & Hardt, R. H. (1976). *Job analysis of the position of New York State trooper: An application of the Job Element Method*. Albany, NY: New York State Police.

TRAXLER, A. E., & HILKERT, R. N. (1942). Effect of type of desk on results of machine-scored tests. *School and Society*, *56*, 277-296.

TRYON, G. S. (1980). The measurement and treatment of test anxiety. *Review of Educational Research*, *50*, 343-372.

TSUDZUKI, A., HATA, Y., & KUZE, T. (1957). (A study of rapport between examiner and subject.) *Japanese Journal of Psychology*, *27*, 22-28.

U.S. Department of Labor. (1968). *Pretesting orientation exercices* (Manual; Test booklet). Washington, DC: U.S. Government Printing Office.

U.S. DEPARTMENT OF LABOR. (1970). *Manual for the USES General Aptitude Test Battery, Section III: Development*. Washington, DC: U.S. Government Printing Office.

U.S. DEPARTMENT OF LABOR. (1971). *Doing your best on aptitude tests*. Washington, DC: U.S. Government Printing Office.

U.S. *Department of Labor*. (1975). Development of USES aptitude test battery for teller (banking) (Tech. Rep. S-259 R 75). Washington, DC: Author.

U.S. DEPARTMENT OF LABOR. (1980b). *Manual for the USES General Aptitude Test Battery, Section IV: Specific Aptitude Test Batteries*. Washington, DC: U.S. Government Printing Office.

U.S. DEPARTMENT OF LABOR. (1983b). *The economic benefits of personnel selection using ability tests*. (USES Test Res. Rep. No. 47). Washington, DC: U.S. Government Printing Office.

UŽGIRIS, I. C., & HUNT, J. MCV. (1975). *Assessment in infancy: Ordinal Scales of Psychological Development*. Champaign: University of Illinois Press.

WAHLSTROM, M., & BOERSMAN, F. J. (1968). The influence of test-wiseness upon achievement. *Educational and Psychological Measurement*, *28*, 413-420.

WAITE, R. R., SARASON, S. B., LIGHTHALL, F. F., & DAVIDSON, K. S. (1958). A study of anxiety and learning in children. *Journal of Abnormal and Social Psychology*, *57*, 267-270.

WALD, A. (1947). *Sequential analysis*. New York: Wiley.

WALD, A. (1950). *Statistical decision function*. New York: Wiley.

WEEKLEY, J. A., FRANK, B., O'CONNOR, E. J., & PETERS, L. H. (1985). A comparison of three methods of estimating the standard deviation of performance in dollars. *Journal of Applied Psychology*, *70*, 122-126.

WEISS, D. J. (1976). *Computerized ability testing, 1972-1975* (Final Report of Project NR 150-343). Minneapolis: University of Minnesota, Department of Psychology, Psychometric Methods Program.

WEISS, D. J. (Ed.). (1983). *New Horizons is testing: Latent trait test theory and computerized adaptative testing*. Orlando, FL: Academic Press.

WEISS, D. J., & DAVISON, M. L. (1981). Test theory and methods. *Annual Review of Psychology*, *32*, 629-658.

WESMAN, A. G. (1949). Effect of speed on item-test correlation coefficients. *Educational and Psychological Measurement*, *9*, 51-57.

WHIMBEY, A., (1975). *Intelligence can be taught*. New York: Dutton.

WHIMBEY, A. (1977). Teaching sequential thought: The cognitive-skills approach. *Phi Delta Kappan*, *59*, 255-259.

WHIMBEY, A. (1980). Students can learn to be better problem solvers. *Educational Leadership*, *37*, 560-565.

WICKES, T. A., JR. (1956). Examiner influence in a testing situation. *Journal of Consulting Psychology*, *20*, 23-26.

WIGGINS, J. S. (1973). *Personality and prediction: Principles of personality assessment*. Reading, MA: Addison-Wesley.

WISKOFF, M. F., & SCHRATZ, M. K. (1988). Computerized adaptive testing of a vocational aptitude battery. In R. F. Dillon and J. W. Pellegrino (Eds.), *Testing: Theoretical and applied perspectives*. New York: Praeger.

WISSLER, C. (1901). The correlation of mental and physical traits. *Psychological Monographs*, *3*(6, Whole No. 16).

WOLF, T. H. (1973). *Alfred Binet*. Chicago: University of Chicago Press.

WOMER, F. B. (1970). *What is National Assessment?* Ann Arbor, MI: National Assessment of Educational Progress.

WRIGHT, B. D. (1968). Sample-free test calibration and person measurement. *Proceedings of the 1967 Invitational Conference on Testing Problems, Educational Testing Service*, 85-101.

WRIGHT, B. D. (1977). Solving measurement problems with the Rasch model. *Journal of Educational Measurement*, *14*, 97-116.

WRIGHT, B. D., & STONE, M. H. (1979). *Best test design: Rasch measurement*. Chicago: Mesa Press.

YATES, A. J., et al. (1953-1954). Symposium on the effects of coaching and practice in intelligence tests. British *Journal of Educational Psychology*, *23*, 147-162; 24, 1-8, 57-63.

INDEX DES NOMS PROPRES

INDEX THÉMATIQUE

E

F

G

H

I

K

L

M

N

O

P

Q

R

S

T

U

V

TABLE DES MATIÈRES DU MANUEL ANGLAIS*

PREMIÈRE PARTIE
LE CONTEXTE DU TESTAGE PSYCHOLOGIQUE

* Table des matières correspondant à la sixième édition de la version anglaise du manuel.

DEUXIÈME PARTIE

PRINCIPES TECHNIQUES ET MÉTHODOLOGIQUES

TROISIÈME PARTIE
TESTS DU NIVEAU GÉNÉRAL D'INTELLIGENCE

CINQUIÈME PARTIE
TESTS DE PERSONNALITÉ

APPENDICES

Achevé d'imprimer
en l'an mil neuf cent quatre-vingt-quatorze
sur les presses des ateliers Guérin,
Montréal (Québec)